憲法第9条改正問題と平和主義

――争点の整理と検討――

大阪弁護士会
憲法問題特別委員会

信 山 社

序

大阪弁護士会会長

畑　守人

　この度，大阪弁護士会では，憲法問題特別委員会の編集により，「憲法９条改正問題と平和主義――争点の整理と検討――」と題する論考集を発刊する運びとなりました。

　憲法改正問題，とりわけ憲法９条の改正問題は，今までに幾度と無く議論の対象とされてきました。国際的には，東西冷戦時代が終わり，アメリカ合衆国が世界の警察を任じるという新たな秩序が築かれ，国内では55年体制が崩れるという情勢の中で，憲法改正の気運が高まりました。

　2005年４月に衆議院及び参議院の憲法調査会の最終報告がなされ，同年10月には自民党が新憲法草案を公表しました。民主党は，従来の護憲から創憲に踏み出し，憲法公布から60年に当たる2006年までに新たな憲法のあり方を国民に示したいとの見解を公にしていました。

　日本弁護士連合会は，2001年２月に，このような政治の動きに対して，適切かつ迅速な対応をとるためには，憲法問題全般につき，調査，研究，啓発及び具体的方策の立案をし，適切な措置をとることを目的とする憲法委員会を組織しました。大阪弁護士会も，2004年に３月に，日本国憲法の基本的原理である国民主権，平和及び人権保障を実現し，憲法を市民の暮らしに生かしていくため，憲法に関する問題について，調査，研究，啓発及び具体的方策の立案をなし，これに基づき適切な措置をとることを目的とする憲法問題特別委員会を設置しました。

　その後，2007年５月に日本国憲法改正手続きに関する法律が成立し，憲法改正問題はより具体性を帯びてきましたが，2009年に政権交代があり，新たに政権与党となった民主党による政権運営の中で憲法改正問題が政治課題に上ることは今のところないものと思われますが，いつ何時憲法改正の議論が動き出すかは予断を許しません。

　大阪弁護士会憲法問題特別委員会では，その発足以来，９条を中心とする憲法改正問題について，様々なテーマを選んで討論，学習会，シン

ポジウムを開催して調査研究を進めてまいりました。法律家の集団である弁護士会は，国の根本法規である憲法の改正問題について国民の広範な議論のために調査研究した情報を国民の前に提供する責任がありますが，憲法問題特別委員会の調査研究の成果を公表することは，その責任の一端を果たすことになると考えます。

本書は，憲法改正問題の中でも，最もイデオロギーの対立が見られる憲法9条の改正に焦点を当てて，さまざまな問題について積極，消極の両面からの議論を提起しており，会員のみならず，広く国民が真摯にそしてより深く議論に参加して，恒久平和主義や基本的人権の尊重のあり方を考えるための一助になることを期待します。

はじめに

大阪弁護士会憲法問題特別委員会委員長
児 玉 憲 夫

　日本国憲法は，アジア・太平洋戦争の悲惨な体験を踏まえ，無謀な戦争を深く反省し，憲法は，権力をコントロールし国民の人権を保障するものであるとの立憲主義のもと，国民主権と基本的人権の尊重を基本原理とするとともに，戦争と戦力を放棄する恒久平和主義を高らかに宣言している。

　日本弁護士連合会は，憲法施行50年にあたる1997年の下関人権擁護大会において「国民主権の確立と，平和のうちに安全に生きる権利の実現を求める宣言」を，2005年の鳥取人権擁護大会においては「立憲主義の堅持と日本国憲法の基本原理の尊重を求める宣言」を各採択した。

　2008年には富山人権擁護大会において，その前年5月に自由民主党と公明党により国民投票法が成立し，2010年5月に施行され，憲法96条に基づく改正案が国会に発議されることが可能になった状勢のもとで，2008年4月に名古屋高等裁判所がイラク派兵差止め訴訟において，航空自衛隊のイラク派兵が憲法前文の平和的生存権と憲法9条1項に違反するとの司法判断を下したことを受けて，「平和的生存権および日本国憲法9条の今日的意義を確認する宣言」を行った。

　これら宣言は，弁護士および弁護士会・日本弁護士連合会が，弁護士法第1条により，基本的人権を擁護し社会正義を実現すべき社会的使命を課されていることから，武力の放棄と平和を希求する憲法理念を容認し，それをより一層推進しようとするものであった。

　ところで弁護士会は，強制加入制を採っていることから，自由民主党が2005年11月に「新憲法草案」を公表して憲法9条2項の全面改正を主張し，他の各政党がこれに同調したり反対する立場を表明しているのと同様に，弁護士会の所属会員にも9条改正について，あくまで反対する護憲派から改憲派まで諸々の意見が存在する。

　そのことも配慮して，上記日弁連の各宣言は，護憲か改憲かを明文で

明らかにしない表現になっているともいえる。全国の単位弁護士会の中には，9条改正の賛否について「早く会の総意を明確にすべし」とか「会内改憲派の人が表に出て来て，早く雌雄を決してくれ」との意見が存在しているとのことである（自由と正義2009年8月号の福島県弁護士会会員の投稿）。

そのような単位会と異なり大阪弁護士会の当委員会（総数86名）には，立憲主義と平和主義を唱えながらも改憲を強く主張する会員も存在し，その賛否をめぐる議論が委員間で闘わされてきた。

本書の構成が，最初に改憲論を置き，それと論争するかたちで，護憲論と国際情勢をどう見るか，の議論で展開されているのはそのためである。決して改憲派が多数であるためこのような構成になったのではないことをご理解いただきたい。

私は，これら議論を通じて，護憲と改憲の基本的な対立点に次の4点があると思う。

1つは，人間の「生命」以上に大切なものがある，と認めるか否かである。

伝統、文化とか国の存在そのものが大切であるとするのが改憲論であり，「生命」こそが大切とするのが護憲論といえよう。

2つは，アジア，特に中国をどうみるかである。

中国の急激な軍備予算の増大を含め，この国を警戒するか，他国の侵略まではないだろうと考えるかで意見は分かれる。

3つは，終戦までの我が国の歴史をどうみるかである。

歴史認識は中国，韓国，その他のアジア諸国との間で今まで種々議論されて来たが，改憲か護憲がの議論を大きく左右している。

4つは，9条がこれ迄果たしてきた役割の問題である。

9条が国際的緊張と現実政治の間で，自衛隊の組織と活動に対して制約を及ぼし，海外での武力行使ならびに集団的自衛権の行使を制限してきたとみるか否かである。

本書の各論稿は，これら対立点について，関連する課題を含めて詳しく論じている。

ここ数年の憲法9条をめぐる我が国の動きに2つの局面がある。

　第1の局面は，改憲を政治の課題として，我が国と郷土を愛する子供達の育成をめざす「教育基本法」の改正と，問題点の多い憲法改正手続きのための国民投票法を成立させた阿倍元首相が急に退陣し，その後の福田，麻生内閣がことさらに改憲問題に触れず，今夏政権交代した民主党内閣も，当面は9条改正を回避する姿勢をとっていることに現れている明文改憲論の衰退である。

　しかし，他方，2009年6月には自由民主党と公明党が，国民投票法に定められた憲法審査会を始動させる手続規定を衆議院で可決したように，国家が明文改憲そのものを放棄したのではないことを忘れてはならない。

　第2の局面は，国際貢献という美名のもとに，2003年のイラク特措法による自衛隊の派遣や空輸活動，アフガニスタン救援のための給油活動，2009年3月からはアデン湾で外国船まで含めて護衛する海賊対処法の制定など，自衛隊の海外派遣をすすめ，集団的自衛権と武力の行使を容認して，海外でも軍隊が戦争可能な「普通の国」になろうとしている，危険な解釈改憲論の動きである。

　安倍内閣が置きみやげとした「安全保障の法的基盤の再構築に関する懇談会」の報告書が2009年6月に提出されたが，これが仮に実現化されると，敵基地攻撃論を含めて，9条の明文改憲などは不要になるであろうと言われている。

　このような局面の中で，市民ひとりひとりが，我が国と世界の平和と安全についてどう考えるか，それとの関連で憲法9条を改めるのか，護るのかを選択しなければならない。

　本書は，当弁護士会の憲法問題特別委員会の第2部会（9条関連）が，平成16年7月の委員会発足時から今日までに行った各議題の報告と討議をまとめたものである。護憲か改憲か，いずれの立場を選ぶにしろ，それが我々と我が国の未来と現状にどのような影響をもたらすかを，それぞれの立場から提示するものである。

　いずれの立場を選ぶかにあたり，参考にしていただければ幸いである。

本書の構成と概要

大 槻 和 夫

　大阪弁護士会憲法問題特別委員会は，「日本国憲法の基本原理である国民主権，平和及び人権保障を実現し，憲法を市民の暮らしに生かしていくため，憲法に関する問題について，調査，研究，啓発及び具体的方策の立案をなし，これに基づき適切な措置をとることを目的」（憲法問題特別委員会規則第2条）として，2004（平成16）年4月1日に設置され，同年7月から活動を開始した。憲法改正問題が具体的な政治日程に上ってきたことを念頭に置いて，法律家団体である弁護士会として，憲法問題，とりわけ，憲法改正問題に取り組むために設置されたものであった。同委員会は，第1部会（基本的人権），第2部会（平和主義），第3部会（統治機構・地方自治），第4部会（憲法改正手続）の4つの部会を設け，憲法改正問題に関する調査・研究，シンポジウム開催などによる啓発活動，憲法改正手続法案に対する意見表明などの活動を行ってきた。

　本書は，憲法問題特別委員会第2部会（平和主義）が行ってきた憲法9条改正問題についての調査研究活動の結果をまとめた報告書である。

　ところで，弁護士会は当該地域の弁護士全員が加入する強制加入団体であり，当然のことながら，憲法改正問題についても会員の意見は様々である。こうした弁護士会内部の多様性は憲法問題特別委員会にも反映し，委員の中にも護憲論から改憲論まで様々な意見の持ち主がいる。本書では，徳永委員と荒尾委員の論考が改憲論の立場からのものである。また，護憲論に立つ論考の中でもその内部には様々な意見の違いがある。従って，本書は大阪弁護士会としての共通意見を述べるものではなく，各論考はあくまでも執筆者各人の個人的見解であることをお断りしておきたい。

　以下，本書の概要を述べる。

　第1部「憲法9条改正の是非」は，現在論じられている憲法9条改正論議の概要を検討したものである。西「各政党は憲法9条改正に対し，どのような意見を表明しているのか」はこれまでに発表されている各政

党の憲法9条改正に対する意見を比較検討したもので，政治過程における憲法9条改正論議の現在と将来を展望したものである。徳永「9条改憲の必要性とその論理」は，改憲論の立場から9条改正の必要性を日本の安全保障の観点，国際貢献の観点，立憲主義の観点の3点から整理して論じている。この西，徳永両論文により，憲法9条改正論議で考察の対象とされるべき主題（改憲論）が提示されている。これに対して富﨑「どうして憲法9条を改正してはならないのか」，辻「憲法改正理由の点検と護憲の必要性」はそれぞれやや異なる角度から改憲論に反対する見解を述べたものである。富﨑論文は軍隊の本質論から出発して憲法9条改正反対，自衛隊違憲の見解を展開し，なお，侵略に対する備えとしてはスイス等の民兵制度を参照しつつ，市民による自発的な武装抵抗を提唱している。辻論文は改憲論による改正理由を検討した上で，戦争の原因を究明しつつ善隣外交による平和構築を主眼とするのが護憲論の立場だとしている。

　第2部「憲法9条を考察するための基本視角」は，憲法9条をめぐる直接的な解釈論，立法論から一歩退いて，憲法9条問題を論じるにあたって考慮されるべき基本問題を検討したものである。荒尾「憲法と国家」は日本国憲法が前提としている契約論的国家観だけでは国家の正当性根拠として不十分であり，歴史と伝統に支えられた国家の継続性を重視する歴史的国家観との調和を図る必要があるとし，この立場からの改憲論を展開する。辻「戦争と人間」は，戦争は支配者利益のために行なわれるという本質を見抜き，戦争で死ぬのはいやだというのが人間本来の思いに由来する人間の尊厳の連帯を自国民を超えて世界に及ぼすことにより，平和を広げてゆくべきであると訴える。岡田「兵器の生産，使用制限について」は核兵器に代表される兵器技術の高度発達が人類を殺す側と殺される側に分別したとし，兵器の生産・使用の制限に取り組む良心の戦いを述べる。加納「歴史認識問題」は太平洋戦争（大東亜戦争）に対する反省から日本国憲法が制定されてという歴史的経緯を踏まえて，先の戦争を正当化する一部議論を批判し，先の戦争における日本の戦没者のうち半数以上が餓死者，病死者（栄養失調）であったということに現れている当時の日本軍の体質を指弾している。梅田「コスタリカの試

み」は世界で唯一の非武装中立国家を実現させている中米コスタリカの平和，教育，環境政策を紹介し，日本の国のあり方を考える際のひとつの参考とすることを提唱している。

　第3部「国際情勢と憲法9条改正問題」は憲法9条改正問題を考えるにあたって考慮されるべき国際情勢問題を取り上げている。井関「冷戦終結に伴う国際環境の変化とアメリカの世界戦略」は，冷戦後のアメリカの世界戦略とこれに伴う日米軍事一体化の動きの中で敢行されたイラク侵攻がもたらした悲惨な人権侵害の事実を踏まえて，憲法9条改正論の目指す集団的自衛権の容認が冷戦終結後の日米同盟再編の動きと連動したものであり，9条改憲は我が国の一層の対米従属化，アメリカの戦争への荷担につながると主張する。西「沖縄問題を見つめる一視点」は米軍基地が密集する中で沖縄住民が被ってきた被害状況と，先の戦争の際に発生した沖縄の集団自決をめぐる教科書検定問題を取り上げ，日米安保と沖縄米軍基地の存在が沖縄住民の平和的生存権を侵害し続けていると述べる。大槻「中国・台湾情勢と日本」は鄧小平による改革開放政策採用後の中国の経済発展と軍事力強化の現状，及び，台湾海峡情勢の歴史的変遷を述べ，日本及び世界が台頭する中国と向き合ってゆく場合の中国認識の問題点について論じている。高木「朝鮮半島情勢と日本」は日本人の朝鮮半島観がとかくステレオタイプ的な「正しさ」をめぐって争われる現状から遠く離れた外国と同じような客観的に眺める姿勢を獲得する必要があるという立場から，盧武鉉政権下で問題とされた韓国における親日派問題，韓米同盟の歴史と現状，北朝鮮に関する諸問題を取り上げる。梅田「東アジアにおける平和構築」はＥＵを初めとして世界各地で進んでいる地域的統合・地域的協力の動きを踏まえて，東アジアにおいても地域的統合・地域的協力を進めることによって平和構築を目指すべきだとの観点から，現状と問題点を述べる。

　以上の第1部から第3部までの検討を踏まえて，第4部では憲法9条改正問題を法的観点から検討している。梅田「国際法・国際連合における安全保障の規制」は国際法における戦争違法化の流れを踏まえて，国連による安全保障の枠組みを解説し，集団的安全保障と集団的自衛権の違い，国際刑事裁判所創設に至る戦争犯罪・国際人道法の形成，国連Ｐ

ＫＯ活動の展開，アメリカによるイラク戦争発動と国連安全保障理事会の活動，民間団体（ＮＧＯ）による平和・安全保障問題への取り組みなどを論じている。児玉「日米安保条約と憲法９条」は憲法９条の改正の可否を論じるにあたって避けて通れない日米安保条約，日米同盟について，その成立から現在に至る変遷を追い，「冷戦の子」として生まれた日米安保条約の根本的な見直しが必要であると主張している。杉島「個別的自衛権とは」は国際法における戦争違法化の流れの中では自衛権は国連憲章によって厳格な要件のもとに認められた例外的なものと捉えるべきだという立場から，国連憲章で認められている自衛権の内容を検討し，最後に，憲法９条は自衛権を認めているかという問題を論じている。武村「集団的自衛権」は国連憲章が定める集団的安全保障体制と集団的自衛権の間の矛盾，集団的自衛権の行使例がいずれも介入国自身の自衛が問題となるものではなかったことなど集団的自衛権の孕む問題性を指摘し，日本における憲法９条改正論は集団的自衛権を憲法上認めることにその狙いがあるとされるが，実際には現行憲法下でも，米軍に対する出撃基地の提供など，事実上，集団的自衛権を認めたと解される先例があるとした上で，憲法９条を改正して集団的自衛権の行使を認めるべきであるという見解とこれに反対する見解の根拠をそれぞれ検討した上で，集団的自衛権を認めることは憲法の目指す平和主義から大きく後退することになるとして，これに反対する意見を述べている。大槻「国際協調活動とは何か」は多義的に使われる国際協調活動について，その様々な形態を検討し，とりわけ冷戦終結後の国連安保理による国際協調活動が伝統的ＰＫＯ活動から次第にその領域を拡大していること，欧米先進諸国は時には国連安保理決議により，時には国連外で行動するなど，時と場合に応じて様々な形態の国際協調活動を展開しているが，これは欧米先進諸国の国家戦略の一環としてなされている側面があると論じ，こうした国際協調活動の実態に鑑み，日本が憲法を改正して海外での武力行使を伴う国際協調活動に参加するのであれば，その前提として，日本の国としての価値観，明確な国益概念の定立が必要となり，それができないのであれば，武力行使を伴う国際協調活動への参加には慎重であるべきと主張する。藤木「平和的生存権について」は日本国憲法前文に規定

されている平和的生存権の歴史的思想的背景，憲法をめぐる裁判で平和的生存権概念が果たしてきた役割，憲法学上の平和的生存権論を検討した上で，自民党憲法草案が前文から平和的生存権のくだりを削除していることに疑問を呈している。笠松「憲法9条の改定により人権状況はどのように変化するか」は9条改憲により軍事的公共性が優位を占める結果，様々な人権規定の制約が生じるとして，人権保障の観点から9条改憲に警鐘を鳴らしている。

　本書の概要は以上のとおりであるが，憲法9条改正問題は我々弁護士が専門とする法固有の問題に加えて，その性質上，国際政治や歴史認識上の問題にも考察を広げざるを得ず，本書でも，そうした弁護士にとって専門外の諸問題についても考察を加えている。このため，思わぬ記述の過誤があるかもしれないが，ご寛容いただきたい。

　また，本書のもととなった委員会での報告は数年次にわたっているため，記述の中にはやや現時点の情勢とずれを感じさせる表現になっている場合もある。この点は最終校正の段階でできる限りの補正を試みたが，この点もご了解願いたい。

目　次

第1部　憲法9条改正の是非

第1章　憲法9条改正に対する各政党の意見 …西　　晃…3
1. 自由民主党 (3)
2. 公明党 (6)
3. 民主党 (8)
4. 日本共産党 (10)
5. 社会民主党 (11)
6. 各党の見解のまとめと重要な相違点 (12)

第2章　9条改憲の必要性とその論理 ……………徳永信一…15
1. 総論―その目的と概要 (15)
2. 9条平和主義の空洞化―9条をめぐる改憲論争の背景 (18)
3. 日本の安全保障からみた9条改憲の論理 (22)
4. 国際貢献の観点からの9条改憲の論理 (24)
5. 立憲主義の回復としての9条改憲の論理 (25)
6. 補遺・実質改憲と形式改憲 (27)

第3章　どうして憲法9条を改正してはならないのか
　　　　　………………………………………………富﨑正人…33
1. 軍隊は国民を守らない (33)
2. 軍隊保持・戦争の損得勘定 (36)
3. 日本国憲法 (38)
4. 他国が侵略してきたら (39)
5. 核兵器等について (41)
6. 結　論 (42)

第4章　憲法改正理由の点検と護憲の必要性 …辻　公雄…44
1. 憲法改正の動きの推移 (44)

2　共通の土俵と分かれ目（44）
　　　3　戦争の実情と原因（46）

第2部　憲法9条を考察するための基本視角

第1章　憲法と国家──改憲論の立場から
………………………………………………………荒尾幸三…51
　　　1　憲法とは何か（51）
　　　2　日本国（現行）憲法の性格と改正の視点（53）

第2章　戦争と人間 ……………………………辻　公雄…63
　　　1　国家観と憲法改正（主として9条）について（63）
　　　2　戦争の分析の歴史的経緯と未来（68）
　　　3　狂気の戦争をなくすことはできるのか（76）

第3章　兵器の生産・使用制限について ………岡田忠典…80

第4章　歴史認識問題 ……………………………加納雄二…92
　　　1　本稿の論点―戦争責任について，乃至は，昭和の大戦をどう評価するか？（92）
　　　2　アジアに対する侵略について（92）
　　　3　太平洋戦争について（93）
　　　4　戦争を振り返る時に事実として認識していただきたいこと（95）
　　　5　まとめ（100）

第5章　コスタリカの試み ………………………梅田章二…102
　　　1　はじめに（102）
　　　2　内戦から軍隊を禁止する憲法の制定へ（102）
　　　3　平和の危機の中で平和路線を維持する（103）
　　　4　コスタリカの「積極的」平和主義とは（104）
　　　5　アリアス大統領のノーベル平和賞の受賞（105）
　　　6　コスタリカの教育と福祉（106）
　　　7　選挙最高裁判所による民主的選挙の実施（108）
　　　8　政治亡命の権利を保障（109）

- 9 産業と環境保護政策（110）
- 10 イラク戦争への支持声明は，憲法違反（110）
- 11 まとめ（111）

第3部　国際情勢と憲法9条改正問題

第1章　冷戦終結に伴う国際環境の変化とアメリカの世界戦略 …………………………………井関和彦…115

- 1 はじめに――本稿の課題（115）
- 2 アメリカのイラク侵攻名目の虚偽（118）
- 3 自民党の新憲法試案が目指す憲法9条2項の撤廃の狙い（118）
- 4 集団的自衛権の解禁でわが国は軍事政策において対米で自立しうるのか（121）
- 5 アメリカ・ブッシュ政権はいかなる国防政策を採ってきたか（122）
- 6 アメリカによるQDR'06の具体的実施――日米軍事同盟の強化（127）
- 7 イラク侵攻はイラクに何をもたらしたか――イラクの現状（134）
- 8 結論（140）

第2章　沖縄問題を見つめる一視点 ……………西　晃…143

- 1 はじめに――執筆者と沖縄の関わり（143）
- 2 白昼の大学構内に米軍軍用ヘリが墜落した事件のこと（144）
- 3 沖縄地上戦と「集団自決」教科書検定問題について（148）
- 4 欠かせない視点――沖縄地上戦の記憶と承継（151）
- 5 終わりに――私たちの願う平和とは――それは憲法9条そのもの（152）

第3章　中国・台湾情勢と日本 ………………大槻和夫…155

- 1 中国の改革開放政策（155）
- 2 改革に伴うひずみと新たな政策課題（160）

　　　　3　改革開放政策の今後（168）
　　　　4　台湾をめぐる情勢（170）
　　　　5　中国人民解放軍の特質と軍事力強化（182）
　　　　6　中国をめぐる国際戦略──米中日を中心に（191）
　　　　7　中国・台湾情勢と日本の安全保障（195）
　　　　8　リオリエント──世界は中国をどう受け入れるのか（199）
　第4章　朝鮮半島情勢と日本 …………………高木吉朗…217
　　　　1　日本人の朝鮮半島観（217）
　　　　2　韓国における親日派問題（221）
　　　　3　韓米同盟の歴史（226）
　　　　4　北朝鮮の情勢（234）
　第5章　東アジアにおける平和構築 ……………梅田章二…258
　　　　1　はじめに（258）
　　　　2　世界における地域的統合・地域的協力の現状（258）
　　　　3　東アジアでの地域的協力の現状（260）
　　　　4　東北アジアでの地域協力は困難か（261）
　　　　5　ASEANを軸とする安全保障の枠組み（262）
　　　　6　「ASEAN＋3」（264）
　　　　7　「6カ国協議」と東北アジアの平和構想（265）
　　　　8　NGOによる市民社会からの平和構想（266）

第4部　法的観点から見た憲法9条改正問題

　第1章　国際法・国際連合における安全保障の規制
　　　　　…………………………………………梅田章二…273
　　　　1　戦争違法化への世界史的な流れ（273）
　　　　2　国連憲章における安全保障の枠組み（277）
　　　　3　集団的安全保障と集団的自衛権（280）
　　　　4　戦争犯罪・国際人道法の形成から国際刑事裁判所の創設へ（283）
　　　　5　国連は安全保障に現実に機能してきたか（284）

第2章　日米安保条約と憲法9条──日米安保をどう評価するか……………………………………………児玉憲夫…292
  1　はじめに（292）
  2　日米安保体制と自衛隊（294）
  3　駐留米軍の合憲性（304）
  4　日米安保をどう評価するか（307）

第3章　個別的自衛権とは……………………………杉島幸生…313
  1　「自衛権」とはなにか（313）
  2　国連憲章と自衛権（315）
  3　日本国憲法と自衛権（320）

第4章　集団的自衛権……………………………………武村二三夫…322
  1　はじめに（322）
  2　集団的自衛権とは（323）
  3　従来の政府解釈と日本国の集団的自衛権の行使と目されるもの（327）
  4　アメリカの要請（334）
  5　解釈改憲の試み（336）
  6　集団的自衛権の行使を認めるべきとの意見の根拠（337）
  7　集団的自衛権の行使を認めるべきではないとの意見の根拠（340）

第5章　国際協調活動とは何か………………………大槻和夫…346
  1　はじめに（346）
  2　国際協調活動とは何か（346）
  3　憲法9条と国際協調活動（373）
  4　政党の憲法改正案と国際協調活動（388）
  5　国際協調活動のために憲法9条の改正が必要か（389）

第6章　平和的生存権について………………………藤木邦顕…395
  1　自民党憲法草案の規定（395）
  2　日本国憲法における平和的生存権論（395）
  3　日本国憲法9条及び前文の平和的生存権の歴史的・国際的

　　　　普遍性（397）
　　4 平和的生存権をめぐる裁判例（398）
　　5 平和的生存権をめぐる学説（404）
　　6 改めて平和的生存権について（408）
第7章　憲法9条の改定により人権状況はどのように変化
　　するか ……………………………………笠松健一…411

第1部　憲法9条改正の是非

第1章　憲法9条改正に対する各政党の意見

西　　　　晃

　この論考では以下の5つの主要政党に関し，憲法9条改正に関する意見表明を整理した[1]。なお，憲法9条改正関連で言えば，前文の中の文言（「政府の行為によって再び戦争の惨禍が起こることのないよう決意し」など平和主義に関連する部分）の削除問題や，自民党新憲法草案76条3項に新設されている「軍事裁判所」設置問題など派生する重要な論点が存在するが，ここでは主要5政党（自民・民主・公明・共産・社民）の憲法9条の文言改正に対する基本的スタンスという観点で整理したものである。

　周知の通り2009年8月30日の衆議院議員総選挙において民主党が圧勝し，国民新党・社民党との3党連立政権が誕生した。今後の憲法9条を巡る改憲議論にも少なからぬ影響を与えることになろう。ただ，主要各党の憲法9条に関する基本的スタンスにはなお大きな変更はないものと判断し，以下の論考をそのまま掲載するが，自公政権下における改憲議論を踏まえたものであることをご了解願いたい。

1　自由民主党

　(1)　周知の通り，自由民主党は，2005（平成17）年11月22日，「新憲法草案」を発表し（以下単に自民党草案ないし草案という），現憲法下で初めて，政権政党として，具体的な条文の形で憲法改正案を示した。2007（平成19）年1月に実施された党大会においても，上記新憲法草案を元に憲法改正をめざすこと，そして早期に憲法改正国民投票手続を整備することが確認された。2007年5月に国民投票法が成立した後の2008（平成20）年1月の党大会においても上記改憲方針に変更はない。勿論この草案が同党の最終意見というも

のではなく，今後様々な観点からの見直しがあり得るものであるが，憲法9条改正に関する条項案に関しては，党内憲法調査会プロジェクトチームでの数次の検討内容を見ても，同党の基本的方針として今後大きく変更される可能性は少ないものと思われる。

(2) 具体的な草案の内容を見てみる。
　現行日本国憲法9条に関する改正部分は，草案の第2章（安全保障），9条及び9条の2に規定されている。まず，第2章の表題（タイトル）が現行憲法では「戦争の放棄」になっているが，自民党草案では「安全保障」に改められている。その上で，現行憲法の9条1項はそのまま維持されつつ，第2項が全面削除され，代わりに9条の2として4箇条からなる新設規定が盛り込まれている。自民党草案の具体的条項内容は次の通りである。
第9条（平和主義）
　「日本国民は，正義と秩序を基調とする国際平和を誠実に希求し，国権の発動たる戦争と，武力による威嚇又は武力の行使は，国際紛争を解決する手段としては，永久にこれを放棄する。」
第9条の2（自衛軍）
① 「我が国の平和と独立並びに国及び国民の安全を確保するため，内閣総理大臣を最高指揮官とする自衛軍を保持する。」
② 「自衛軍は前項の規定による任務を遂行するための活動を行うことにつき，法律の定めるところにより，国会の承認その他の統制に服する。」
③ 「自衛軍は，第1項の規定による任務を遂行するための活動のほか，法律の定めるところにより，国際社会の平和と安全を確保するために協調して行われる活動及び緊急事態における公の秩序を維持し，又は国民の生命若しくは自由を守るための活動を行うことができる。」
④ 「前2項に定めるもののほか，自衛軍の組織及び統制に関する事項は法律で定める。」

(3) 自民党草案の特徴について
(イ) 最大の特徴は，現行憲法9条2項を全面削除した点にある。現行憲法

９条の構造は第１項の規定（国際紛争解決手段としての戦争の永久放棄）を受け，「前項の目的を達するため，陸海空その他の戦力は，これを保持しない。国の交戦権はこれを認めない」としていて，「戦力」の不保持と「交戦権」の否定を明確にしていた。ここから，一切の戦争を行わない国という戦後日本の基本的施策が形成されて来たのである。勿論現行憲法のもとにおいても主権国家としての自衛権そのものが否定されているという解釈はとられず，他国からの武力攻撃に対応するための自衛力（自衛のための実力）を保持することは可能であるという見解が多数を占めて来たのであり，現行の自衛隊に関しても，一貫して（憲法９条違反ではなく）現行憲法に適合するという解釈が政府によりとられ続けてきた。しかしながら上記憲法９条２項の存在がある故に，常に自衛隊の装備や展開目的は，わが国に対する直接・間接の侵略に備えた最小限度の実力規模である必要があり，またわが国の防衛に直接的には関係を持たない自衛も含むとされる，いわゆる「集団的自衛権」行使[2]についても，憲法上認められないものとされてきた（1954〔昭和29〕年の衆議院外務委員会で明らかにされた政府見解はその後も今日まで基本的に維持されている）。以上のような経過を踏まえ現行の自衛隊については，その目的・装備・機能・行動規範等いずれの観点からも常に現行憲法９条２項から来る制約が意識されてきた（現行の自衛隊が，攻撃型航空母艦の保持，長距離弾道ミサイル，トマホークミサイル等を保持することができないという点は政府答弁からも明らかであるが，その根拠は９条２項に求めることができる）。

　㈡　９条２項を全面削除し，代わりに「自衛軍」設置を明記するという自民党草案の基本的な意図は，現行憲法９条２項が存在することによって規制されてきた「自衛隊」についての上記縛りを解き放ち，自衛権（個別的及び集団的）並びに国際の要請（国連には何ら限定されておらず，この点は後記民主党見解との相違点である）に基づく武力行使を憲法上容認することにあると言ってよい。そこで展開される部隊はもはや「自らは外に向かって攻撃しない」部隊であるという縛りはない。自衛目的ないし国際の必要に応じて展開される「陸軍」であり「海軍」そして「空軍」ということになる。もとより自民党草案においても，現行９条１項は維持されているのであるから，侵略戦争は当然のこと，紛争解決手段として用いられる戦争（武力の行使，武力による威嚇を含む）について，当然にこれを肯定するものではない。しかし

１　自由民主党

ながら，わが国の自衛目的あるいは国際の平和活動の目的遂行のためであれば，国内・国外を問わず，日本国自衛軍が展開可能となるのであり，その目的遂行上必要な装備，戦力の保持も当然に容認されるのである。すなわち自民党草案では，国際社会の平和と安定を実現し，日本国及び日本国民を守るため，そしてテロ等の不当な暴力を国際社会から根絶するためには，新しい「安全保障観」が必要であること，そして従前の「専守防衛」型安全保障，「集団的自衛権行使の禁止」などという縛りは，もはや今日の時代要請に合わないと主張しているのである。

(ハ) 以上の解釈は，自民党憲法草案の文言や，自民党内憲法調査委員会での議論内容，さらには草案発表時の説明等（草案発表時の桝添要一自民党憲法調査会事務局長の会見など）からも合理的に導くことができるものである。従って一部に存在する「今の自衛隊をそのまま憲法上位置づけるだけ」という認識・評価は，法解釈としても，また自民党内の改憲草案作成過程からも誤った認識というべきである。自民党新憲法草案による自衛軍とは，決して現行の自衛隊法に基づく自衛隊がそのまま右から左に承継されるという性質のものではない。新憲法草案9条の2という理念に従った新たな活動目的や装備，性能を伴う別のシステムに変容されることが当然に想定されるのである。

2 公明党

公明党の憲法9条改憲論に関する現時点での見解は，以下のとおりである。

(1) 2005（平成17）年10月31日付「公明新聞」から

公明党としては，憲法9条の1，2項は堅持し，自衛隊の存在の明記や国際貢献のあり方については，現行憲法に新しい条文を付け加える「加憲」の議論の対象として憲法議論を進めて行く。

(2) 公明党第6回全国大会（2006年9月）で承認された「運動方針」より
　　抜粋
「加憲の概要について」
○今なぜ「加憲」方式なのか

「わが党は，現行の日本国憲法は優れた憲法であり，国民に広く支持されていると認識しています。なかでも現行憲法の掲げる国民主権，基本的人権の保障，平和主義という基本的な理念や平和主義の象徴である第9条は，わが国の平和と発展の基礎であり，今後も堅持すべきです。しかし同時に，憲法制定以来60年が経過し，時代状況が大きく変化したことや，制定当時は想定されなかった新たな問題が提起されていることを踏まえ，21世紀にふさわしい国の規範として，現行憲法を補強する必要性が出てきています。

　従ってわが党は，現行憲法に対する高い評価を前提として，その理念を今後も堅持・発展させていくことを再確認しつつ，憲法制定以来のわが国の急速な社会発展と，わが国を取り巻く国際情勢の変化に伴い，新たに必要とされる理念を加え，現行憲法を補強する『加憲』が適切だと考えています。

　米国，フランスといった立憲主義の先進国も『加憲』あるいは『加憲』型の改正を基本にしています。憲法改正をめぐり世論が大きく分かれる中，『加憲』方式こそ，国民的コンセンサス（合意）が得られやすい民主的かつ現実的な方式であると確信しています。」

○平和主義の下で国際貢献を進める視点

　「わが国が一国平和主義ではなく国際平和への責務を負っていることは，現行憲法の国際主義からも明らかです。この前文と憲法9条で表された平和主義の理念，精神性は，今後も堅持するべきであり，むしろ，今こそ国民全体で再確認し，国際社会に対し平和主義からのメッセージを力強く発進するべきです。特に，今日の国際社会が直面しているテロ，貧困，地域紛争，地球環境問題，感染症などの不安を解決するため，一人ひとりの人間の生存と尊厳を保障する『人間の安全保障』の理念に立ち，より積極的に国際貢献に取り組むべきです。」

(3)　なお公明党第6回全国大会で新代表に選出された太田昭宏氏は，幹事長代行時代の2004（平成16）年5月3日のNHK憲法記念日特集「憲法9条と世界の中の日本」に出演し，「9条が果たした役割は極めて大きい。文言を含めて堅持する」とした上で「現在の自衛隊は憲法の枠内」と述べるとともに，自衛隊について憲法に明記することについては「検討していい問題だ

と思う」と述べている。

さらに集団的自衛権について「9条は専守防衛が基本である」として,「集団的自衛権（行使）は認められないとする今の政府解釈は正しいと思う」と指摘した上で,「仮に同条の文言を変えることになった場合でも,集団的自衛権の不行使を明確にするべき」との考えを示している。この点に関しては2007（平成19）年3月25日に出演したテレビ番組（テレビ朝日）でも「自民党の（改正）草案は集団的自衛権の行使を認めることが裏にある。われわれは集団的自衛権を認めない」「（自民党が行使容認を認めれば）相当ぶつかりあう」と語り,安倍（元）首相主導の有識者懇談会での議論にも随所で警戒感を示すなど,繰り返し集団的自衛権行使に懸念を表明していた。

ただ,あくまで筆者の感想ではあるが,その後2007年後半にかけて,同党の基本的スタンスに大きな変更はないものの,やや「集団的自衛権」に関する議論について認容・寛容の姿勢が強まって来ているようにも思える。今後の推移に注目したい。

3　民　主　党

民主党は2005（平成17）年,民主党「憲法提言」を発表したが,その中で「より確かな安全保障の枠組みを形成するために」として,以下の提言をしている（一部を抜粋）。以下の見解は2007（平成19）年1月及び2008（平成20）年1月の党大会においても同党の基本的安全保障政策として確認されている。

(1)　民主党の基本的考え
(イ)　憲法の根本規範としての平和主義を基調とする。
(ロ)　憲法の「空洞化」を許さず,より確かな平和主義の確立に向けて前進する。

(2)　わが国の安全保障に係る憲法上の4原則・2条件
(イ)　わが国の安全保障活動に関する4原則
①　戦後日本が培ってきた平和主義の考えに徹する
日本国憲法の「平和主義」は,「主権在民（国民主権）」,「基本的人権の尊

重」と並ぶ，憲法の根本規範である。今後の憲法論議に際しても，この基本精神を土台とし，わが国のことのみならず，国際社会の平和を脅かす者に対して，国連主導の国際活動と協調してこれに対処していく姿勢を貫く。

②　国連憲章上の「制約された自衛権」[3]について明確にする

先の戦争が「自衛権」の名の下で遂行されたという反省の上に立って，日本国憲法に「制約された自衛権」を明確にする。すなわち，国連憲章第51条に記された「自衛権」は，国連の集団安全保障活動が作動するまでの間の，緊急避難的な活動に限定されているものである。これは，戦後わが国が培った「専守防衛」の考えに重なるものである。これにより，政府の恣意的解釈による自衛権の行使を抑制し，国際法及び憲法の下の厳格な運用を確立していく。

③　国連の集団安全保障活動を明確に位置づける

憲法に何らかの形で，国連が主導する集団安全保障活動への参加を位置づけ，曖昧で恣意的な解釈を排除し，明確な規定を設ける。これにより，国際連合における正統な意思決定に基づく安全保障活動とその他の活動を明確に区分し，後者に対しては日本国民の意思としてこれに参加しないことを明確にする。こうした姿勢に基づき，現状において国連集団安全保障活動の一環として展開されている国連多国籍軍の活動や国連平和維持活動（ＰＫＯ）への参加を可能にする。それらは，その活動の範囲内においては集団安全保障活動としての武力の行使をも含むものであるが，その関与の程度については日本国が自主的に選択する。

④　「民主的統制」（シビリアン・コントロール）の考えを明確にする

集団安全保障活動への参加や自衛権の行使にかかる指揮権の明確化をはかる。同時に，「民主的統制」に関する規定を設けて，緊急時における指揮権の発動手続や国会による承認手続きなど，軍事的組織に関するシビリアン・コントロール機能を確保する。その従来の考え方は文民統制であったが，今日においては，国民の代表機関である「国家のチェック機能」を確実にすることが基本でなければならない。

㈠　わが国において安全保障に係る原則を生かすための２つの条件

①　武力の行使については最大限抑制的であること

新たに明記される「自衛権」についても，戦後日本が培ってきた「専守防

衛」の考えに徹し，必要最小限の武力の行使にとどめることが基本でなければいけない。また，国連主導の集団安全保障活動への参加においても，武力の行使については強い抑制的姿勢の下に置かれるべきである。そのガイドラインについては，憲法附属法たる安全保障基本法等に明示される。

② 憲法附属法として「安全保障基本法（仮称）」を定めること

広く「人間の安全保障」を含めてわが国の安全保障に関する基本姿勢を明らかにするとともに，民主的統制（シビリアン・コントロール）に係る詳細規定や国連待機部隊等の具体的な組織整備にかかる規定および緊急事態に係る行動原則など，安全保障に関する基本的規範を取り込んだ「基本法」を制定する必要がある。この基本法は憲法附属法としての性格を有するものとして位置づけられる。

4　日本共産党

日本共産党は，憲法9条を含む憲法改正反対を明確に主張している政党であるが，同党の機関誌2005年10月29日付「しんぶん赤旗」の記事では，自民党新憲法草案に対する論評として，以下の主張が掲載されている。また2006年1月に開かれた党大会においても9条を含む憲法「改正」に断固反対する旨を確認している。

「日本国憲法前文の最初の文章は，『……政府の行為によって再び戦争の惨禍が起ることのないやうにすることを決意し，ここに主権が国民に存することを宣言し，この憲法を確定する』と結ばれています。前文をうけて，第9条は，第1項で戦争放棄，第2項でそれを裏付けるものとして，戦力の不保持，交戦権の否認を明記しています。これこそ，侵略戦争の反省に立って，2度と戦争を起こさない国として歩むという『日本の基本』を定めた平和原則です。

自民党の『新憲法草案』の最大の特徴は，この平和原則を投げ捨てることです。前文を全面的に書き換え，『政府の行為によって再び戦争の惨禍が起ることのないやうにする』という言葉を，完全に削除しています。9条2項も完全削除し，代わって『自衛軍を保持する』と明記しています。

『新憲法草案』は，9条1項を残し，『平和主義』を『継承』するかのよ

うな装いもとってはいます。しかし，9条2項の廃棄は，『戦争放棄』を規定した1項をふくめた9条全体を廃棄するのと同じです。『戦力保持の禁止』という2項の規定が『歯止め』になり，自民党政府も，『海外での武力行使はできない』という建前を崩すことはできませんでした。9条2項を廃棄して『自衛軍』保持を明記することは，その『歯止め』を完全に取り払うことを意味します。現に，『新憲法草案』は，『自衛軍』といいつつ，海外派兵もできるようにしており，イラク戦争のような戦争に参戦する道を開くものとなっています。」

5　社会民主党

　社会民主党は，憲法9条を含む憲法改正に反対することを明確にしている政党であるが，自民党新憲法草案については，福島瑞穂党首の談話等繰り返しこれを批判しており，2006年1月の同党大会においても自民党新憲法草案に反対し，その後も今日に至るまで護憲の姿勢を強く打ち出している。なお，同党の自民党新憲法草案に対する詳細な批判的主張は，社民党憲法部会が2006年1月20日に出した自民党「新憲法草案」批判（案）に詳しい。以下は2005年11月の福島党首談話の一部引用である（同党HPから）。

　「本日，自民党が新憲法草案を取りまとめた。草案は，戦力の保有を禁じ，交戦権を否認した9条2項を全面的に削除して『自衛軍の保持』を明文化するなど，現憲法の平和主義の理念を根底から覆した。改正どころではなく，現憲法と戦後民主主義への挑戦であり，到底，容認できる内容ではない。

　草案は，『戦争の放棄』という国民の意思を示した第2章の表題を『安全保障』と単純に項目化したほか，自衛軍が『国際社会の平和と安全の確保』の名の下に，海外で武力行使することを可能とし，集団的自衛権の行使を容認する方向に踏み込んだ。他項で軍事裁判所の設置を明記したことも，かつての『軍法会議』同様，自衛軍が戦争を遂行する軍隊であることを証明するものである。戦争を否定した国から『戦争のできる国』へと変質させていくことには，断固として反対する。」

6　各党の見解のまとめと重要な相違点

(1)　現行日本国憲法9条とその有権的解釈を支える政府（内閣法制局）見解を基軸とするならば，その基軸からの変更を積極的に求め，現行憲法9条に基づくものとは別の「安全保障観」を積極的に提言しているのが自由民主党である。民主党も，自衛権の制約のあり方や，特に国連の位置づけについて，自民党新憲法草案とは，一定の隔たりがあるものの，現行憲法の基軸からの変更を求めている点では同じ指向性を持つ。このように上記両党は現行憲法9条の規範の明示的変更を，現行憲法の改憲手続を通じて実現して行こうとすることを提言している点で共通している。

とりわけ自民党新憲法草案で目指されていることは，自衛目的あるいは国際平和実現のための武力行使の容認という点であり，テロを防止し，自国並びに国際の平和と安全のための積極的な行動（武力行使も含む）の憲法的容認という点である。交戦権否認の条項削除からも見て取れるように，状況に応じて日本の軍隊が他国と交戦状態に至るということも想定内ということになる。そこではこれまで自衛隊の海外派遣の際に常に議論されてきた，「復興・人道支援目的」「非戦闘地域における後方支援活動」「携行する武器・弾薬の制限」「正当防衛要件に準ずる武器使用基準」などという9条2項に基づく縛りは必要なくなる。そしてそれに代わるものとして「自衛」「国際社会の平和と安全」という目的要件に照らした合理的規制ないし合目的的制限がかかることになろうが，現行憲法の解釈に比して大幅に緩和されたものになることが想定されるのであり，逆に言えばこれまでの厳格な縛りを改めることこそが9条改憲の目的であり，むしろ積極的な国際の安全保障に貢献でき，わが国及び国民の安全保障にも資するということになるのである。

公明党の加憲論が以上のような議論にどのような形で関与するかについては，はっきりしないものがある。というのは，純粋な憲法解釈論からすればむしろ同党は現行の内閣法制局見解の考え方に強い親和性を有しており，憲法の条項の変更（加憲）を求めているという点では改憲論の一陣営ということになるが，憲法9条に関しては，現行政府見解の立場に近いからである。とりわけ集団的自衛権行使に道を開くことを目的とした9条改憲論に関して

は同党の太田代表も指摘するとおり「相当ぶつかりあう」ことが予想されると言えるからである（実際に2008年5月より与党内ＰＴ内で議論が始まったいわゆる「自衛隊派兵恒久法原案」の検討においては，集団的自衛権行使につながる議論そのものは容認しつつも，方向性については一貫して警戒感を示し続けていた）。

　これらの点に関する調整について尚不透明な部分を残しつつも，大きな方向性として言えば，戦後日本が一貫してきた専守防衛施策を大転換するというのが9条改憲を提言する政党の主眼ということになる。

　(2)　以上に対し，共産・社民両党は，現行憲法9条の堅持を強く主張している。両党によれば自民党新憲法草案や民主党などが提言する9条2項放棄，自衛軍の設置は，自衛や国際平和を謳ってはいるものの，本来の日本の防衛目的ではない，例えばイラク戦争などを典型とする他国のレジーム変革や先制攻撃を目的としたアメリカの仕掛ける戦争に，日本が正面から荷担するものに過ぎないという。それは結局日本が再びアメリカと一緒になって他国で武力の行使を行うことを意味するのであり，「二度と戦争をしない」と世界に誓った平和憲法の基本的理念すら完全に放棄してしまうことに他ならないとするのである。そしてこれら9条擁護を指向する政党は，概ね国際平和あるいは国際貢献に対する日本の果たす役割については非軍事・民生分野でのそれを主張しており，教育面，文化面，科学面，民生部門などでの積極的な役割を果たすことを提言している。

　現地でボランティア活動をする邦人までもが攻撃対象とされ，拉致され死亡する事件（2008年8月）が発生しているアフガンの治安状況，イラク戦争で多くの尊い人命が奪われている状況等に鑑みれば，「軍事力では何も解決しない」というのが真実である。そうであれば今こそ憲法9条の精神を尊重し，平和的解決方法を模索する事こそ，真の国際貢献でありテロ対策だとするのが両党の立場である。

　(3)　現行憲法9条2項を削除し，新たな安全保障観に基づく自衛軍創設規程を設けることは，単に現行自衛隊を「認めるか否か」というような問題ではない。わが国が戦後一貫してとって来た戦争放棄施策，平和国家の意味合

いを根本から問い直し，改めて「日本の安全保障観」そのものを主体的に（再）選択するものである。2007（平成19）年5月には憲法改正国民投票法が成立し，早ければ2010年にも憲法改正案が国会で発議され，同年秋にも国民投票という可能性が出てきた（その後2007年7月の参院選の与党惨敗を受け，相当程度改憲スケジュールの進行が大幅に鈍化したという議論もあるが，一方で自民・民主大連立という手法で一気に加速するという見方もある）。

　本稿自体は各党見解を可能な限り公平に解説する意図で執筆したものであり，「改憲」「護憲」そのいずれが正しいか否かという点を議論するものではない。言うまでもなくそのいずれを選択するかは主権者たる国民の判断である。ただいずれを選択するにしても，それぞれの主張に含まれる意味合いを十二分に理解することが主権者としての権利行使の大前提になることだけは間違いない。

1　（集団的自衛権）
　　「例え自国が直接攻撃を受けていなくとも，連帯関係にある他の国が攻撃を受ける場合には，自国に対する攻撃とみなし，反撃することができる」とするもの（田畑茂二郎『国際法新講』195頁）。
　　本文中においても指摘した通り，わが国においては一般に集団的自衛権行使は現行憲法上禁止されていると解釈されているが，近時は，連帯関係にある他国と物理的に近接状態にある時に他国が攻撃された場合を含めるか否か（例えば公海上を並走する米国艦船と日本国艦船があり，米国艦船が攻撃対象になった場合これに反撃することの可否など）に関して議論される傾向にある（2006（平成18）年10月16日，久間防衛庁〔＝当時〕長官発言や安倍首相〔＝当時〕設置による有識者懇談会での議論など）。なおジュリストNo.1343（2007年10月15日号）の特集「日本と国際公秩序」（集団的自衛権・国際刑事裁判所の原理的検討）の中の「日本国憲法と集団的自衛権」（大石眞京都大学教授執筆）では，この間の集団的自衛権を巡る国内の議論がわかりやすく整理されている。
2　ここでの「制約された自衛権」という概念であるが，「戦後日本が培ってきた『専守防衛』の考えに徹し，必要最小限の武力の行使にとどめることが基本でなければいけない」との記載を見る限り，現在の政府見解通り個別的自衛権行使に限定する趣旨のようにも理解できなくはないが，国連憲章51条を引用していることからも，個別的自衛権のみならず集団的自衛権行使を含むものとして使用されていると理解するのが自然である。その上で自衛権行使に（制約されたという表現で）一定の歯止めをかけて行こうとするもののようである。

第2章　9条改憲の必要性とその論理

徳永信一

1　総論──その目的と概要

(1)　街角で「9条改憲は戦争への道」という刺激的なスローガンが書かれたポスターに出くわしてギョッとしたことがある。筆者のような9条改憲論者は，生命と人権を軽んじ，戦争を肯定する反平和主義者だというレッテルを貼られ，しばしば感情的な非難を浴びせられるのを忍ばなければならなかった。

しかし，9条を改憲すべきだという主張は，護憲論と同じく何よりも平和を目的とするものである[1]。冒頭でこのことを指摘するのは，ともすれば感情的な擦れ違いに終わりがちな9条をめぐる論争を行う上において，お互いに，「平和」という共通の土俵に立つものであることを確認する必要を感じているからである。そして，このことによって，沸き立つ議論を少しでも冷静で噛み合うものにできるのではないかと期待するからに他ならない。

9条改憲の是非は，まず，軍隊の保持や日米同盟の維持・強化という選択肢が，わが国の安全保障にとって必要かつ有効なものであるかどうかを，わが国が現在置かれている国際情勢に照らして検討することからはじめられなければならないものである。

いわゆるグローバル化により，世界が商品経済を介した相互依存のネットワークに組み込まれた現在，わが国の平和は，世界の平和から孤立して存立するものではありえない。そして国際社会もまた，国際連合を中心に，恒久的な平和を構築するための真剣な努力を続けているのだと信じることにしたい。その文脈において，9条改憲論は，平和構築へ向けられた国際社会の苦闘に対する日本の責務と態度を問うものでもある。

(2)　一括りに9条改憲論といっても，その論拠は多様である。敢えて大別すると，3つの範疇に分類することができよう。1つは，わが国を取り巻く北東アジアにおける軍事バランスの観点からみたわが国の安全保障政策上の必要に係るもの，1つは，世界の平和構築に向けた国際貢献の必要をいうもの，そして，もう1つは，非武装平和を謳う憲法文言と現実（憲法事実）との乖離によって揺らいでいる立憲主義の回復という観点からのものである[2]。

　第1の安全保障政策上の必要からなされる議論と第2の国際貢献の観点からなされる改憲論は，日本国憲法制定から60年以上経った現在における国際情勢の変化に伴ってわが国の平和戦略を変更する必要性をいうものである。それは，わが国の恒久的な平和を守るには，①軍隊の保有，②日米安保の強化，③国際平和活動への積極的参加のいずれか，またはその全部が必要であると主張するものである。米国，中国，ロシア，北朝鮮という4つの核保有国に取り囲まれるという21世紀初頭の日本が置かれている現実に照らし，日本の平和にとって，これら3つの政策選択にかかる客観的根拠と説得力の有無が，その当否を分けるものとなっている。

　第3の立憲主義の回復という観点からの立論は，「陸海空軍その他の戦力は，これを保持しない」とする憲法9条2項の文言と最新鋭兵器を保有している自衛隊と駐留米軍がわが国の安全保障を担ってきた現実との甚だしい乖離を出発点とするものである。占領統治が終結し，主権を回復してからも，わが国は，9条の文言に合わせて自衛隊を解消し，日米安保を廃棄するという選択をしなかった。しかし，自衛隊や日米安保の正当性に疑念をもたらす9条の文言を改正することなく，内閣法制局による9条の公権的解釈により，その規範的内容を修正・変更しながら，その時々の現実的必要に合わせていくという手法をとって対処してきた。その詳細は後述するところであるが，「戦力に至らない必要最小限の実力」とか，「集団的自衛権は保有するが行使できない」といった謎かけのような政府見解がそれである。ところが，その結果，近代立憲主義が前提としている憲法文言の規範的内容に対する共通理解と国民的確信が失われ，規範の空洞化と恣意的な政治的解釈を生むことになった。近代立憲主義の中核ともいえる「法の支配」は，いま深刻な危機に直面しているのである[3]。

　そして，なによりも国民の安全と生存に関する重要な選択は，現に生きて

いる「国民」に委ねられるべきではないのか。それこそが自己統治をいう国民主権の要請するところではないのか。9条改憲論が提起している立憲主義の危機とその回復という主張は，こうした文脈に基づくものである。

(3) 憲法改正の議論と新自由主義，新保守主義といった思想的背景が論じられているので，9条改憲との関係においても簡単に触れておきたい[4]。

規制緩和を要請する新自由主義については，他の憲法条項の改正はともかく，9条改憲との論理的関連は明確ではない。ブッシュ政権下で有力だったいわゆるネオコン（新保守主義）との結びつきをいうのであれば，徹底した個人主義と自由主義を標榜する新自由主義が西欧的価値の普遍性をいうネオコンの台頭を招いたという限りにおいて，その関連性を認めることはできよう。西欧的な人権思想と民主主義のグローバル化が，世界平和をもたらすという信念に基づくネオコン的軍事戦略の結果がアフガン戦争であり，イラク戦争であった。

しかし，私たちがイラクやアフガンで見たものは，固有の道徳と慣習を有する伝統的社会に人権や民主主義といった西欧的価値観と制度をそのままの形で安易に持ち込むことの危険であった。他方，中国におけるチベット族，ウイグル族の自治・独立を求める政治的動乱やテロの背景にも，中国政府が押しつけてくる制度やイデオロギーとそれぞれの民族が保持してきた伝統的な宗教文化や価値観との対立があることを指摘することができる。そこでは，チベット族やウイグル族が伝統的文化や価値観を守るために人権と民主主義を主張しているという側面がある。

わが国の保守主義者が，日本的伝統を尊重するものであるとすれば，ネオコン的な新保守主義の思想とは本来的に異なるものである。しかし，隣国である中国の軍拡と北朝鮮の核の脅威が目にみえて増大するなかで，保守派は，米国に対する信頼と不信との間でアンビバレントな往還を続けている。米国との同盟を強化するために9条改正が必要だとするものもあれば，米国に頼らないために9条改正によって独自の軍隊を持つべきだと主張するものもある。

本稿執筆時においては，オバマ政権がどのような軍事政策ないし外交政策をとるかは判然としないが，米国が採用する軍事外交政策は，日本の安全保

障と直結する。米国が同盟国である日本にどのような軍事的貢献を求め，中国と北朝鮮に対してどのような外交的対応を行うかは，日本の安全保障上の重要な問題となる[4]。

資本主義のボーダレスな膨張による戦争を展開する「米国の危険」が9条護憲論のキーワードであるように，人権を抑圧しながら軍拡に走る「中国・北朝鮮の脅威」は，9条改憲論のキーワードである。

2　9条平和主義の空洞化——9条をめぐる改憲論争の背景

(1)　国際情勢の変化と平和憲法の空洞化

憲法が掲げる非武装平和の崇高な理想と国連中心主義に基づく平和構想は，戦後の歴史的経過と国際情勢の変化によって空洞化してきた。空洞化は対外的には国際条約－日米安保と国連憲章－の締結・加盟と国際情勢の変化によって生じ，国内的には自衛隊の発足と米軍の駐留によって生じたものである[5]。その空洞化は，2つの相反する政治的ベクトルを生んでいる。一方は，平和憲法は，すでに形骸化した歴史的モニュメントであり，現実的対応を妨げる「足枷」であると主張し，もう一方は，平和憲法の理想は，政治が目指すべき道標であり，むしろ，その「足枷」としての役割に現実的機能を認める立場である[6]。いうまでもなく前者は改憲を後者は護憲を主張する。また，国連中心主義の空洞化については，改憲派は，平和構築に向けた国連の企てに積極的に参加し，これを実質化する方向を支持し，最終的に軍事力を手段とする国連の集団安全保障体制に否定的な護憲派と対立している[7]。

9条平和主義の空洞化という観点から，9条をめぐる改憲論と護憲論の論争を整理してみたい。

(2)　空洞化その1——崇高な理想

日本は，戦後60年以上続いた平和の恩恵を受け，その間に高度の経済成長を遂げることができた。しかし，一部の護憲論者が掲げているスローガン，すなわち，その平和が，憲法9条とその崇高な理想によって護られてきたという主張には疑問を感じざるをえない。戦後60年の平和は，憲法9条ではなく，むしろ，憲法9条の崇高な理想と精神を踏みにじってきたもの，すなわ

ち，自衛隊と日米安保によって護られてきたというべきではなかろうか。

確かに，憲法9条は，制定当時，非武装平和の崇高な理想を高らかに謳うものであった[8]。日本の非軍事化は連合国の占領政策そのものであったが，国際連合による集団安全保障体制によって戦争を根絶する構想も素朴に信じられていたはずだった。しかし，1949年に毛沢東の中国共産党が内戦に勝利して蔣介石の国民党政権を台湾に追いやり，1950年にソ連と中国の支援を得た金日成の侵略による朝鮮戦争が勃発したことに衝撃を受けた米国は，自衛隊の前身である警察予備隊を発足させ，日米安保条約の締結により，サンフランシスコ講話条約後も米軍が駐留することになった。

わが国が主権を回復したとき，実質的な軍隊である自衛隊があり，米軍という世界最強の軍隊が駐留していたのである。すなわち，憲法に掲げられた非武装平和の崇高な理想は，独立回復後60余年の間，一度たりとも実行されたことはないのである。

ところで憲法前文の「平和を愛する諸国民の公正と信義に信頼して，われわれの安全と生存を保持しようと決意した」との下りは，日本国憲法が謳う平和哲学の中核であった。今日，わが国は4つの核保有国に囲まれている。

1つは米国である。対テロ戦争を闘う「米国の危険」については他の論考において詳しい分析がなされているはずである。他の3国，ロシア，中国，北朝鮮は，いずれも軍備拡大・軍事優先政策をとり，大規模かつ組織的な人権弾圧政策を実行している。中国の一党独裁体制も北朝鮮の金王朝独裁も思想・言論の自由を厳しく制約しており，民主主義とは相いれない。プーチンが全権力を掌握しているロシアにしてもとても民主的な体制とは呼べないだろう。それらの脅威と危険は米国に勝るとも劣らない。今日，これらの周辺諸国を「平和を愛する諸国民」としてかれらに日本の安全と生存を委ねることが，賢明な策だとは到底思えない。

憲法の崇高な理想に代わって自衛隊とともに日本の平和を守ってきたのが日米同盟であるが，冷戦終結後，様変わりした国際情勢のなかで，今後も日米同盟を維持・強化すべきかどうかは慎重な検討を要する政策課題である。北朝鮮の核開発の脅威はもとより[9]，中国の軍事大国化という今日の現実と向き合うなかで，日米同盟の維持・強化が必要であり，そのためには集団的自衛権行使に向けた法整備が急務だという論者があり，他方では，それに疑

2　9条平和主義の空洞化——9条をめぐる改憲論争の背景　　19

問を呈する論者がいる。いずれにしても，日米同盟の今後のあり方は，わが国の安全保障政策上の最大の論点であり，集団的自衛権の行使に関する議論，すなわち9条改憲に関する論議は，日本の安全を論じるうえで避けて通ることのできないものとなっている。

(3) 空洞化その2——国連中心主義

憲法が掲げる非武装平和の理想は，国際連合による集団安全保障に対する期待と信頼をその基礎に置いていた。

しかし，その構想は，中国共産党の勝利と朝鮮戦争の勃発，そして欧州を分断した東西冷戦のなかで頓挫せざるをえなくなった。国連安保理は，拒否権を持つ5大国（米国，英国，仏国，ソ連，中国）間の対立によって機能不全に陥り，わが国の安全を委ねるに値しないものとなった。

1980年代末期のソ連共産圏の崩壊により，冷戦が終わった後，イラクのクウェート侵攻を契機とする湾岸戦争においてみられたように，国連の集団安全保障が機能しうるかに思われた時期もあったが，続くソマリアでの軍事介入の失敗，ダルフール問題，コソボ紛争への対応，そしてイラク戦争におけるアメリカの独走と失敗に見られるように，国際紛争解決に関する国連の限界を露呈する事態が続いている。

他方，1999年，コソボを空爆したNATO軍がとった「人道的介入」の論理は，国連においても2005年，カナダ政府のイニシアティブにおいて「保護する責任」として採択された[10]。それは人権保障の名において行う武力行使を正当化するものであり，その対象となる「破綻国家」が論じられるようになった。2001年の米国で生じた同時多発テロ以降は，テロ組織を支援する「ならずもの国家」への対応が論じられる一方，米国主導のもとでアフガン戦争，イラク戦争が遂行される事態となった。しかし，イラク戦争を正当化するはずだった大量破壊兵器はイラク国内に存在しなかったことが判明し，イラク戦争の正当性の欠如とその泥沼化は，アメリカ単独主義の危険とともに国連の限界を改めて世界に知らせることになった。

また，近年提唱されている「人間の安全保障」は，国家の安全ではなく，人々の人権保障の視点から安全保障を果たすという新しい視点に立つものであり，カナダやノルウェーが主導する「人間の安全保障ネットワーク」は，

国連の機能を補う試みとして注目されている。これをもって平和構築に向けた新しい胎動として評価することもできるが，それが「貧困からの自由」とともに「恐怖からの自由」という文脈を有し，テロや人権弾圧に対する武力行使を正当化する論理を内包していることに対する警戒も根強い[11]。

　憲法の崇高な理想が前提としていた国連の集団安全保障の構想は，いまもなお未完のプロジェクトである。現時点では，十分に機能しえない国連安保理による集団安全保障にわが国の安全を委ねることはできない。この未完のプロジェクトを幻想だとして諦めるのか，その補完に向けた動きも含め，国際社会の平和構築への努力を信じ，その実現に向けて積極的に関わっていくのか。空洞化した国連中心主義に対し，日本はどのような態度を採るのかが今国際社会から問われている。そしてその回答の如何は，9条改憲と表裏一体のものである。

(4) 空洞化その3――戦力不保持

　9条2項は，「陸海空軍その他の戦力」の保持を禁じるが，自衛隊と駐留米軍の存在は，その規範的内容を空洞化させてきた。イージス艦やステルス戦闘機といった最先端の兵器を保有する自衛隊が「戦力」に該らないという解釈を理解して納得することは困難である。また，日米安保条約に基づく駐留米軍が「戦力」であることは自明である。この矛盾を説明するため，内閣法制局の政府見解は，①自衛のための必要最小限度の実力は9条2項の「戦力」ではないという論理をもって自衛隊の存在を認め，②わが国が主体ではない軍隊は9条2項が保持を禁じる「戦力」に該らないという論理で日米安保に基づく駐留米軍を認めてきた。他方，自衛隊が9条2項に違反しないとの解釈を維持するため，その活動に歯止めをかけてきた。例えば，③国連憲章が認めている集団的自衛権については，わが国はこれを保有しているが，行使することはできないとし，④自衛隊の海外派遣は，非戦闘地域に限られ，人道支援を目的とするものであり，紛争解決を目的とする武力行使と一体となる武器使用は許されないとしてきた。

　これらの政府見解は，その時々の政治情勢を切り抜ける官僚答弁として発展してきた経緯もあり，非常に複雑なものとなっている。そのガラス細工のような精緻さを称賛する者もあるが，一般市民がこれを理解したうえで，正

しく議論することは極めて困難になってしまった。駐留米軍や自衛隊という現実と「戦力」の保有を禁じる9条2項との乖離をつなぐはずの政府見解もまたそれ自体，9条2項の素朴な理解からは大きくかけ離れたものとなってしまっているのである。

　こうした憲法9条2項の規範的意味の空洞化は，国民の間における共通の理解とその規範的確信を曖昧なものとし，恣意的な政治解釈を抑制できなくし，立憲主義を揺るがすことになる。その結果，後述する立憲主義の回復という観点からの9条改憲論の登場を促すことになったのである。

3　日本の安全保障からみた9条改憲の論理

(1)　その1——日米安保強化論

　歴史上も稀な片務的同盟である日米同盟の庇護のもと，戦後のわが国は外交と軍事を米国に委ね，経済に邁進し，平和と繁栄を築いてきたともいえる。この認識に立てば，日米同盟の維持はわが国の国是ともいうべき基本政策となる。

　当然のことながら，日米同盟の必要を支えてきた東西冷戦が終結した今，その維持と強化を要請する国際情勢上の必要とは何かが問われることになる。朝鮮半島，台湾海峡を抱えた「北東アジアの危険な三日月地帯」は，中東と並び世界で最も不安定な地域の一つである。そこには北朝鮮の核の脅威があり，さらには，営々と軍事拡大を続け，既にわが国の軍事力を遥かに凌駕した中国の軍事的脅威がある[12]。中国は，将来，台湾を併合するのに必要であれば，軍事力行使も躊躇わないことを世界に宣言している。大国中国の動向は，軍事面だけでなく，環境，資源，エネルギー，食糧等，多方面にわたり，日本国民の生活と密接な関わりを持つようになったが，その非民主的体制と人権軽視の姿勢は，わが国に対する「中国の脅威」を増幅させている。戦後，中国に併合されたチベット自治区や新疆ウイグル自治区における中国政府の組織的な人権抑圧は，国際社会から民族の宗教と文化の抹殺を図るものとの非難を受けながらも継続されており，暴動や苛烈なテロに続く報復的な弾圧が繰り返されてる。戦争が最大の人権侵害であるとすれば，大規模で組織的な人権侵害は戦争そのものである。平和を目指す者は，誰であれ「中国

の脅威」から目を逸らしてはならないはずである。

　日米同盟の維持・強化のためには，集団的自衛権の行使を禁じ，自衛隊を軍隊でないとする憲法9条の改正は避けられないとするのが，安全保障の観点からする改憲論の論理である。日米同盟を恒久的なものとするためには，特殊な歴史的経緯から生まれた片務的な「物と人との協力」を対等な「人と人との協力」へと変えなければならないという主張である[13]。

　確かに，隣国から米国に向けて発射された弾道ミサイルが発射されても，これを迎撃することは集団的自衛権の行使にあたるからできないという内閣法制局の論理は，シェーファー元駐日大使がいうようにクレイジーである。このままでは，米国の国民は，日米同盟を維持する必要性を納得しないだろう。

　他方，自衛隊が普通の軍隊となることによって米国の軍事戦略に組み込まれ，米軍による戦争のお先棒を担ぐことになるという議論があるが，ことはそう単純ではない。NATOにおける米国の同盟国でありながらイラク戦争に反対したフランス，ドイツの例もある。むしろ，自衛隊が普通の軍ではないために，わが国は兵器や戦略の独自性を持てず，米国に追随せざるをえないという側面も指摘されている。かつて三島由紀夫が叫んだように「憲法を改正しなければ，自衛隊は，米軍の傭兵となる」という一見奇矯とも思えた主張も真実味をもって迫ってくる。

(2)　その2——独自武装論

　わが国がいくら日米同盟の維持と強化を求めても，米国が今後も北東アジアの軍事戦略を変更しないという保障はない。仮に，台湾が中国に併呑される事態となれば，米国はアジアの安全保障において，日本との同盟関係より，中国との連携を優先するようになるだろう。あるいは，米国の伝統的外交政策であったモンロー主義に回帰し，アジアの安全保障に対する関与そのものから撤退する可能性も杞憂ではない。前者は，米民主党のなかにおいて，後者は，米共和党の中で実際にみられる議論である。米国が中国との連携を優先するか，アジアの安全保障からの撤退を決断したとき，その後ろ楯を失ったわが国は，中国の軍事的脅威と直接向き合うことになる。果たして軍事的脅威を増しつつある中国に，非武装平和主義をもってわが国はの安全保障を

全うできるだろうか。かつて独立していたチベットの平和国家を侵略し，現在もなお組織的な人権侵害を続けている中国に対してそれを期待することは難しい。

日米同盟以外にも，日韓，日印，日台，日豪の同盟，あるいは「人間の安全保障ネットワーク」に加盟するといった日本が検討すべき安全保障の選択肢がある。しかし，そのためには，自衛隊を普通の軍隊とし，集団的自衛権の行使を認めなければならない。

日米同盟を維持，強化するにしても，これを破棄するにしても，ますます巨大化する「中国の脅威」に向き合い，将来的な平和と独立を守るためには，自衛隊を軍隊として認め，それに相応しい人員と装備を配置し，法制を整える必要がある。

4 国際貢献の観点からの9条改憲の論理

昭和21年の憲法制定議会において東大総長だった南原繁は，9条2項は，「国家自衛権の正統性」と，将来国連参加の際に「国際貢献」で問題が生ずるとの危惧を表明した。それは「互いに血と汗の犠牲を払うこと」なしで「世界恒久平和の確立」をする国連に参加できるのかというものであった。その危惧は東西冷戦終結後，現実問題としてわが国に投げかけられている。

現在の政府見解は海外での自衛隊による任務遂行のための武器使用は憲法9条が禁じる武力行使に該当するというものである。任務遂行のための武器使用が認められない現状のままでは，自衛隊の海外派兵による国際貢献はいかにも中途半端なものと言わざるをえない。世界各国との貿易による経済繁栄を享受してきた日本は，自由貿易体制の維持と世界平和に責任を持ち，貢献すべきだというのが「外なる平和」の議論である。国際社会は平和構築にむけたわが国の覚悟と準備を見守っている。

ここでの問題は，9条2項が前提としていた国連の集団安全保障の可能性を信じるか断念するかである。平和構築に向けた国際社会の努力を信頼するなら，その取り組みに参加すべきである。武力による集団安全保障そのものが間違いだというのであれば，国連を中心とする国際社会に背を向けることになり，国際協調主義を前提とする9条の精神そのものに反することにもなり

かねない。それは敵をつくらずに済むかも知れないが，おそらく本当の味方も仲間も得ることはできないだろう。

　経済面での貢献をしているからそれでよいとの考えは，湾岸戦争において国際社会から冷水を浴びせられることになった。富者が金員を提供することを当然の義務だと考えるイスラム社会からは，日本は国際的責任を果たさない無責任な国に見えたのである。南原繁が貴族院で憲法草案を批判したように「血と汗の犠牲を払うこと」なしでは，平和構築に取り組む国際社会の一員としては見なされないと知るべきである。

　そもそもＰＫＦやISAF等における国連の武力行使を伴う平和構築の活動については，それが平和にとって有害であるとか，わが国は，経済的に十分貢献しているから自衛隊を派遣する必要はないとの主張も散見するが，それが平和を阻害するというのであれば，国連決議に反対すべきであり，経済的支援も行わないのが筋である。

　アフガン戦争やイラク戦争に関する国連決議に賛同するのであれば，世界の恒久平和を築くため，国際社会の一員として自衛隊の海外派兵を積極的に行うべく法環境の整備につとめ，他国と同じように武力行使を伴う任務に携わり，「血と汗の犠牲を払う」覚悟を示すべきである。憲法前文にあるように「平和を維持し，専制と隷従，圧迫と偏狭を地上から永遠に除去しようと努めている国際社会の建設に尽力し，そこにおいて名誉ある地位を占め」ることこそが最大の安全保障だからである。そのために必要ならば，9条改憲を躊躇すべきではない。

5　立憲主義の回復としての9条改憲の論理

(1)　国民的共通理解の不在

　立憲主義は法規範によって権力を抑制する点に本来の意義がある。その立憲主義が有効に機能して「法の支配」が行われるためには，憲法規範の内容が，国民の間において了解されていることが前提となる。憲法条項の規範的意義が，国民に共有され，国民的確信になることによって，はじめて立憲主義が可能になるのである。ところが9条2項を素直に読んで了解できる非武装平和主義―目的の如何を問わず一切の戦力を保持せず，自衛隊の存在を違

憲だとする主張─に賛同する声はかつてなく小さくなっている。憲法学会でも自衛隊を違憲とする学者は少なくなり，マスコミにおいてもかつて自衛隊を否定してきた朝日もこれを容認し，基本法において統制するという方向転換を行ったことが象徴的である[14]。

　では，自衛のための必要最小限度の実力としての自衛隊は9条2項が禁じる「戦力」ではないとし，米軍の駐留は9条2項にいう「保持」に該らないという政府見解が国民の間に定着しているかといえるのだろうか。その論理は複雑であり，精巧なガラス細工のような脆さがある。子供たちに自衛隊が軍隊ではなく，同盟国や友軍に対する攻撃を目の当たりにしてもこれをただ見守るしかなく，国際貢献のために派遣されても，その任務の遂行に必要な武器使用が認められないといった判じ物めいた事態を説明して納得させるのは至難の技である。9条2項の政府見解を教えられた子供たちは，憲法とはなんとごまかしに満ちた大人の嘘なのかと思うだろう。軍隊は保持しないといいながら，自衛隊を容認している大人の方便が子供には通用するとは思えないし，かえって憲法や立憲主義に対する軽視を生む危惧さえある。

(2) 恣意的な政治解釈の危険

　政府見解は，あくまで政治の産物である。内閣法制局といえども時の政権からの独立性については制度的な担保はない。憲法9条の規範的意義を，政治部門の解釈に委ねることは，恣意的な政治解釈の可能性に道を開くことになる。例えば，安倍晋三首相の諮問機関であった「安全保障と防衛力に関する懇談会」は，集団的自衛権の行使を限定的に認める9条の解釈改憲の道を開くためのものであった。また，民主党の小沢一郎は，国連決議のもとでの海外派兵と武力行使は，なんら9条に違反しないとの持論を表明している。規範的内容に関する共通理解のない状況のなかでは，むしろ，どのような解釈であっても，主唱する者の政治的影響力によって押し通されていく危険がある[15]。かかる状況は9条2項の空洞化による副産物であり，立憲主義の危機そのものである[16,17]。

(3) 平和的生存に関する国民の選択

　国民の平和的生存をめぐる方法と選択は，現に生きている国民に委ねられ

るべきである。過去の教訓、死者の議論の数々は重要であるが、それは、尊重されるべきものであっても、現在生きているものの生存に向けた議論や選択を拘束することはできない。これは国民主権に基づく立憲主義の限界に関わる議論である[18]。

　また、未来の国際情勢は、不可知である。その合理的な分析や検討は重要であるが、これまでの国際情勢に関する専門家の議論の多くは、現実に裏切られてきたことを忘れてはならない。キッシンジャー外交による米中接近然り、ソ連共産圏の崩壊然り、北朝鮮による拉致事件然り、その核実験然り。専門家の合理的想定は、常に裏切られる可能性がある。

　日本国憲法は、60数年前、現在とは大きく異なる国際情勢とわが国の置かれた特殊な状況のなかで生まれたものであった。自衛隊のあり方、集団的自衛権のあり方、国際貢献のあり方は、いま生きている国民の安全と生存に関わる選択であり、その選択に委ねるべきである[19]。精巧で複雑な政府見解の解釈をめぐる議論が官僚と法曹に独占され、国民から遠いところにある現状をみていると、なおさらである。過去の歴史的経緯と国際情勢に基づく安全保障上の制約を現在に生きる国民に強いる合理性も正当性もない。その制約は改憲という立憲的手段によって取り除かれるべきである[20]。

6　補遺・実質改憲と形式改憲

　平成21年8月「安全保障と防衛力に関する懇談会」は麻生総理に報告書を提出した。その内容は、安倍首相下の懇談会が先鞭をつけた集団的自衛権の行使の可能性に関する議論を全面的に支持したうえ、従来の専守防衛論を見直して敵基地攻撃能力の保持の検討を促し、武器輸出3原則、参加5原則の見直し、自衛隊の恒久的海外派遣法の整備を求めるなど、これまでの9条政府見解を大幅に見直すものであった。同年9月の政権交代により、本年度の防衛大綱にこの提言が盛り込まれるかどうかは不透明だが、いずれこれが9条解釈論として定着すれば、実質的な9条改憲は、ほぼ完成することになる。

　皮肉なことに、解釈改憲による実質改憲が完成すれば、明文改憲による形式改憲の必要は、大幅に低下する。本論で述べた第1の安全保障上の必要と第2の国際貢献上の必要がほぼ消滅するからである。そのとき、なお明文改

憲を必要とするかどうかは，本論で立憲主義回復のための改憲論として呈示した観点をどのように評価するかにかかっている。

「立憲主義へのアフェクション」[21]を持ち続けたいと考える筆者としては，明文改憲によって形式（憲法文言）と実質（憲法解釈・憲法事実）を合致させることは，日本国憲法が真に国民の国民による国民のための憲法となるために必要不可欠の過程であると信じている。

1 　改憲と護憲の論争軸は多々ある。明治憲法の改正という形をとった日本国憲法の法的正当性をめぐる8月革命説や無効説については，歴史観や憲法観もからむため論争はいたずらに激化するばかりで一向に深化しないことが多い。しかし，9条改憲については，「平和の恒久的維持」という共通の土俵が成立しうることを指摘しておくことは議論にとって有益であると思われる。

2 　いわゆる「押しつけ憲法論」からの改憲論は，日本国憲法全体に係るものであることもあって，独立のものとしては取り上げない。また，無効論は，国際法優位説と改正限界説のドグマを母胎とする宮沢俊義の八月革命説のネガであり，一卵性双生児である。却って八月革命説を強化する役割を果たしており，ここでいう立憲主義的改憲論とは別物である。筆者は日本国憲法は明治憲法を改正したものだという歴史的経緯を重視する立場に立つが，そのことはここで論じられている日本国憲法の立憲主義的改憲論とは直接関わるものではない。

3 　立憲主義も多義的な言葉であり，「権力の自己規制」「法の支配」「多元的共存の保障」といったものがその中核的な要素としてあげられる。しかし，いずれにしても，当該憲法の規範的内容に係る基本的枠組みについて国民の間に共通の理解と確信が欠けているところでは，およそ立憲主義は成り立ち得ない。そもそもそれは「憲法」といえるのであろうか。

4 　2009年，オバマ大統領は，プラハで核兵器の将来的廃絶を提唱する演説を行い，ノーベル平和賞を受賞した。オスロでの受賞演説において彼はキング牧師の演説「暴力は決して恒久的な平和をもたらさない。それは社会の問題を何も解決しない。それはただ新たな，より複雑な問題を生み出すだけだ」を称揚しつつ，2つの戦争の指導者としてこう語った。「間違ってはいけない。世界に邪悪は存在する。非暴力の運動では，ヒトラーの軍隊をとめることはできなかっただろう。交渉では，アルカイダの指導者たちに武器を置かせることはできない。武力行使がときに必要だということは，冷笑的な態度をとることではない。それは人間の不完全さと，理性の限界という歴史を認めることだ」。

5 　サンフランシスコ講和条約と抱き合わせに締結された日米安保条約は，独立後も米軍の駐留を可能にした。国連憲章は，集団的安全保障体制を採り，集団的自衛権を主権国の固有の権利としている。国際連合への加盟は，国際法上，わが国が集団的自衛権を保有していることを明らかにするものである。また，国際法と国内法に関する一

元論（国際法優位説）の立場に立てば，日米安保と国連憲章によって国内法である憲法は既に改正されたと見ることができる。

6　平成20年の日弁連富山人権大会では，憲法9条が有する今日的意義として「自衛隊の組織・装備・活動等に対し大きな制約を及ぼし，海外における武力行使および集団的自衛権行使を禁止するなど，憲法規範として有効に機能していること」を指摘し，この「足枷」としての機能を重要視する旨の決議が採択された。それは，反面，自衛隊の現状を肯定することになるため，会場では護憲派からも厳しい批判の声があがった。

7　護憲派は，憲法の理想の空洞化については，その崇高な理想の実体化を求めるが，国連中心主義の空洞化については，その実体化に向けた日本の取り組みに批判的である（例えば，アフガンでのISAFへの参加，ソマリア沖護衛艦派遣）。理想と現実の一致に向けた姿勢が局面ごとに変わっているように思われる。

8　憲法発布に先立つ1946年6月28日の衆議院委員会で，共産党の野坂参三が「侵略戦争の放棄」だけにすべきで，「正しい戦争」を行えるようにすべきだと主張したのに対して吉田首相は次のように反論した。
「戦争放棄に関する本案の規定は，直接には自衛権を否定はしておりませぬが，第9条第2項において一切の軍備と国の交戦権を認めない結果，自衛権の発動としての戦争も，また交戦権も放棄したのであります。従来近年の戦争は多く自衛権の名において戦われたのであります。……故にわが国においてはいかなる名義をもってしても交戦権はまず第一自ら進んで放棄する。……世界の平和確立に貢献する決意をまずこの憲法において表明したいと思うのであります。」

9　北朝鮮の核実験を受け，国連安保理は，2006年と2009年の2回にわたり，北朝鮮の核保有を「脅威」とし，国連憲章第7章に基づく制裁決議を全員一致で採択し，加盟国に対し，船舶の臨検を含め，厳しい制裁実施を要請している。

10　コソボ空爆の「人道的介入」については，ドイツの哲学者ハーバーマスは「緊急避難」としてその合法性を認めている。わが国でも，あくまで非武装平和を貫く立場からこれに反対する大江健三郎と，軍事介入を拒むことは残虐な人権侵害を容認することになるとしてこれを擁護するスーザン・ソンタグの往復書簡論争が朝日新聞に掲載されて国民の関心を引いた。

11　「人道的介入」「保護する責任」「人間の安全保障」に関する記述は，高橋哲也・山影進編『人間の安全保障』（東京大学出版会）を参照した。また，小此木政夫・礒﨑敦仁編『北朝鮮と人間の安全保障』（慶応義塾大学出版会）所収の神谷万丈論文『「人間の安全保障」論の北朝鮮問題への適用可能性』は，統治度の弱すぎる「破綻国家」と違い，統治度の強すぎるゆえに人々の安全と自由が脅かされている北朝鮮への「人間の安全保障」の適用は，北朝鮮側からみれば，体制変革の要求と同義になるため，その適用は現実的ではないとし，「北朝鮮の軍事力，特に核爆発装置と弾道ミサイルを考えれば，そのような要求を行うことの危険性を，ここであらためて説明する必要はあるまい」と結んでいる（同 p.83）。

12　中国の軍事的脅威：平成18年，民主党の前原誠司，自民党の麻生太郎の両議員が中国の軍事的脅威を論じ一般に認識されるようになった。同年発行された英国軍事戦略

研究所の「ミリタリーバランス」によれば，中国の軍事費は日本を抜き（名目1.3倍，実質2倍），米国に続いて2位になったとされている。中国は日本を仮想敵国として軍備拡大を進め，全アジアを射程に入れた核ミサイルの整備を済ませ，短距離弾道ミサイルは500基，核弾頭30を保有し，近年は戦闘機，原子力潜水艦の整備を進め，日本の領海を頻繁に侵犯している。平成19年には人工衛星を攻撃する兵器の開発に成功し，平成21年には空母建設を開始した。中国の軍事的脅威は，兵器装備の面だけでなく，人民解放軍が国軍ではなく一党独裁を敷く中国共産党の軍隊であり，権力闘争の激化による冒険主義の危険を払拭できないという面にも注意を要する。また，「北東アジア非核化構想」というものが論じられているが，これは日本が米国の核の傘を外れる（日米安保の廃棄）を条件に，ロシアと中国から日本を攻撃しないという確約を得ることを内容としているが，果たしてロシアと中国の「確約」が「核の傘」に代わる平和の担保足りうるだろうか。ソ連が日ソ中立条約を破棄して北方領土を占拠した歴史や，中国がチベットと交わした17条協定における約束を反故にしてきた過去の教訓から，彼らの約束を安易に信用することはできないのではないかという心配を拭えない。なお，「中国の脅威」の有無については議論のあるところであり，別稿でこれを否定する立場から詳細な論考がなされているが，ここでの改憲論は，前述した軍事，政治，歴史の観点から，「中国の脅威」を危険視する立場から立論するものである（残念ながら，その検証を行う能力を筆者は有していないが，平松茂雄著『「中国の戦争」に日本は絶対に巻き込まれる』（徳間書店）を参考にさせて頂いた）。

13 坂元一哉「日米同盟の絆」pi：「しかし，相互的は相互的でも，『物と人との協力』という相互性，すなわち基地と安全保障の交換という相互性は，非対称的な相互性である。そしてこの『物（基地）』と『人（軍隊）』という非対象性こそが安保条約に対して日米双方から不満が生じる根本的な原因のように思われる。人（軍隊）を出す方はそのリスクを負わない相手を尊敬せず，物（基地）を出す方はその不便とコストを理解しない相手の態度をおもしろくなく感じるからである。」

14 2005年5月3日付朝日新聞： 朝日新聞は憲法記念日に特集を組み8ページにわたって社説を掲載し，9条改憲に反対しつつも，「自衛隊」と「日米安保」については容認し，基本法によって制約する方向性を示した。

15 立憲主義の目的が法規範による権力の抑制であるならば，政治的な解釈が，憲法解釈そのものを変更していく事態が，立憲主義に反する契機を有していることは明らかである。国民の理解から遊離した政府見解をもってしては，有力な政治家や内閣が，「これが正しい解釈だ」と宣言することによる解釈変更を押しとどめる歯止めを期待することは困難ではないか。

16 高橋和之「立憲主義と日本国憲法」p58は，以下のようにいう。「憲法9条と自衛隊・安保条約・国際貢献の現実との矛盾は，誰の目にも明らかであろう。では，どうしたらよいか。ここで，現実に対応しうるように憲法を改正すべきだという意見と改正すべきでないという意見が対立する。立憲主義にとってのそれぞれの問題点を検討しておこう。」
「改正論者は次のように主張するであろう。憲法規範に反する実態が続くことは，憲法に対する規範意識を鈍麻させ，立憲主義にとっては害が大きすぎる。圧倒的多数の

国民が実態の方を支持している現実があるとすれば、実態に合わせて憲法を改正すくほうがよいのではないか。政府は、9条が非現実的だという世論の支持をよいことに、歯止めのない『解釈改憲』の道を歩んでいる。これ以上『解釈改憲』を許すことは、立憲主義の基礎を堀崩すことになり、かえって危険である。むしろ憲法改正により、現実に即して憲法上許されることと許されないこととの線引きを明確化し、今後は憲法を厳密に守っていくことを誓ったほうがよいのではないか。改正をしたからといって、自衛隊や安保条約の保持が憲法上義務づけられることになるわけではない。戦争放棄の理想が現実性を獲得し、多数の国民の支持を受けるときには、その政策を実現することは憲法改正により禁止されはしないのである。」

17 「空文化されればされるほど政治的利用価値が生じてきた、というところに、新憲法の不思議な魔力があり、戦後の偽善はすべてここに発したと言っても過言ではない。完全に遵奉することの不可能な成文法の存在は、道義的頽廃を惹き起こす」（三島由紀夫「道理の実現―『変革の思想』とは」・読売新聞昭和45年1月）。

18 佐藤幸治「憲法（第三版）」p 100：「過去の国民（死者）は現在の国民（生者）を拘束することはできない。立憲主義を支える道徳理論によるならば、過去の国民（死者）が現在の国民（生者）を拘束することが許されるのは、現在の国民（生者）が自由を保持しつつ自己統治をなすことを容易にする制度枠組を構築する、換言すれば、現在の国民（生者）が自由な主体として自己統治をなすことができる開かれた公正な統治過程を保障するという場合のみである。」

19 いわゆる平和的生存権の権利性を認め、憲法が国民の安全保障を平和的手段に限定しているとする主張は、逆に、国民の安全保障をめぐる政治的選択を狭めるものではないか。平和的生存権に関しては、阪本昌成「憲法理論Ⅰ（第三版）」p 223：「平和的生存権」の享有主体は、「全世界の国民」となっていること、戦争の不存在という意味での「平和」を維持する手段も、完全非武装から最新鋭の軍隊の存在を前提とするもの等、さまざまであって、右条項の内包と外延があくまで抽象的であることを考慮すれば、その裁判規範性の承認には消極的とならざるをえない。「われらは、全世界の国民が、……平和のうちに生存する権利を有することを確認する」と高々とうたいあげたのは、グローバルな理念を世界に向けて発信するためであった。

20 この立場は、非武装平和を規定させる憲法9条2項の削除を要請するが、それが削除された場合であっても、法律によって完全非武装を選択することを妨げるものではないことに留意されたい。国民の平和的生存のために軍隊を法律によって放棄することを選択することを妨げるものではない。非武装平和主義という政策が、生きた国民の選択としてなされるのであれば、なんら問題とはならない。

21 佐藤幸治「憲法〈第三版〉」（青林書院）「初版はしがき」には、著者の「立憲主義へのアフェクション」がP・A・フロインドの『法と正義について』の一節「法の存在理由は、芸術の場合と同じように、人間実存の多様性と無秩序を愛しみつつ、それに一定の秩序を付与し『無秩序』と『秩序』との間に均衡と適正な緊張関係を保持することにあるのではないか、新しい展望も交差光線に照らさなければ間違ったものになる危険があり、法においても芸術においても、『知性』を除いては、≪絶対的なるもの≫はないのではないか」への共感に根ざすものであるとされている。また、同書

「新版はしがき」では，著者は「日本及び日本をとりまく国際社会は大きく変わりつつあるが，そうした只中にあって，『立憲主義へのアフェクション』をますます強くしている。生きた『人間』の現実の日常生活に基盤をおきながら，≪良き社会≫の形成に向けて努力すること，そこにこそ『政治』の存在理由があり，日本国憲法はそうした『人間』と『政治』のためにこそあるという思いを一層強くしている」としておられる。

第3章　どうして憲法9条を改正してはならないのか

富﨑正人

1　軍隊は国民を守らない

(1)　軍隊とは

軍隊と呼ばれるものもそれぞれの国により違いがあり，一義的に定義することは難しいが，近代の軍隊は「政府の指揮命令系統下にある武装組織で，社会の安全や治安維持を目的とする警察とは区別され，警察よりも格段に強力な破壊力を備えたもの」と定義しても大きな間違いはないといえよう。

(2)　国王の軍隊と国民軍

歴史的な軍隊のあり方について，国王の軍隊と，国民軍とを区別することができる。

国王の軍隊は，常備軍としての貴族(武士)階級や傭兵によって構成され，平民階級のものは兵士になることはできなかった。むしろ，このころの平民は国王により支配されるものであり，国王の軍隊とは対立する立場にあった。

これに対し，国民軍とは近代市民革命以後に形成されたもので，一般国民が兵士となることが可能となり，あるいは一般国民が徴兵制度により兵役を強制されることとなった。国民軍は，一部の身分ではなく国民によって構成される，国土と国民を守る「正義」の部隊である，という市民革命のもたらしたイデオロギーに基づくもの（原田敬一『国民軍の神話』〔吉川弘文館〕3頁）である。

なお，国民軍が国土を国民を守るというのは，イデオロギー以上に「迷信」である。

(3) 歴史的事実として軍隊がしてきたこと
　歴史的事実として，軍隊が国民を守ったことはほとんどなく，行ってきたことは，侵略と国民の弾圧である。
　(イ) 国王の軍隊
　国王の軍隊が行ったことは，平民の抑圧と対外侵略であったことはほぼ異論はないであろう。国王の軍隊が当該国の平民を結果として守ったことはあったとしても，それは支配の対象を他国に取られまいという動機からであり，平民を守るというよりは自らの利益を確保するためであった。
　(ロ) 国民軍
　国民を守るとされる国民軍も，国民を守ったことはほとんどない。
　① 対外侵略
　ナポレオン戦争，ナチスドイツ軍によるヨーロッパ・アフリカ侵略，旧日本軍によるアジア侵略，アメリカ軍によるアフガニスタン・イラク侵略など，枚挙にいとまがない。
　国民軍が国民国土を守ったのは，国民軍が初めて誕生したフランス革命戦争の初期くらいのものではなかろうか。
　② 国民の弾圧
　米騒動においては10万人の軍隊が動員された。
　人民軍と称する中華人民共和国軍隊も天安門事件において市民を制圧した。
　海上自衛隊の掃海艇ぶんごは，2007年5月沖縄県辺野古の基地建設反対運動を弾圧するために派遣された。無能な総理大臣により，権力者としては隠蔽すべき軍隊の本質が露呈したといえよう。
　③ 国民を守らなかった例
　旧日本軍は満州崩壊時にも，沖縄戦においても国民を守らなかった。

(4) 国民を守らない理由
　民主国家と呼ばれる国であっても理想的な形態は現実にはあり得ず，権力者と一般国民は対立する関係にあり，権力者が政府を動かすのであるから，軍隊は権力者の利益のために動かされる。あるいは，権力行使者は腐敗するものであり，腐敗した権力行使者は国民と対立すると言ってもよい。
　たとえ，軍隊が国民を守ったように見えることがあっても，それはたまた

ま利害が一致しただけである。軍隊が国民を守るというのは迷信である。

(5) 国民は兵士になっても使い捨てられる
(イ) 旧日本軍
　兵站概念を欠如した上，合理性を欠いた上層部の無謀な作戦により，多くの兵士が病死・餓死に追い込まれた。
(ロ) アメリカ軍
　ベトナム帰還兵は政府の命令に従って戦地で辛酸をなめたにもかかわらず，路上生活者の8割はベトナム帰還兵と言われ，正当な補償を受けているとは言えない。また，湾岸戦争での劣化ウラン弾による放射線被爆もなかったことにされており，イラク，アフガン帰還兵についてもベトナム帰還兵と同様の問題が生じている。
(ハ) 兵士の多くは貧困階層出身者
　アメリカの兵士の多くは，低所得者層の若者，生活困窮者，米国籍を求める不法移民等である。日本でも，格差社会が進行すれば，貧困層から軍隊に就職口を求めるものが増えるであろう。

(6) 軍隊の病理現象
(イ) 軍産複合体
　1961年にアメリカのアイゼンハワー大統領により指摘された現象であり，軍部と軍需産業が結びつき政府に大きな影響を及ぼしている体制をさす。現在は，軍需産業はアメリカで極めて肥大化しており，そのため，アメリカの戦争や軍事介入が増えている可能性は大である。
　なお，久間元防衛相は2007年1月24日，軍事産業の成長を図るためにも武器輸出3原則の緩和を主張した。2009年7月には経団連が武器輸出3原則の緩和を提言した。
(ロ) クーデターによる政権の奪取
　本来，政府の命令下にあるべき者が，武力により政府を簒奪するものであり，民主制度を否定するものとなる。

2　軍隊保持・戦争の損得勘定

(1)　軍隊を保持すること自体の費用と負荷
(イ)　2008年の世界の軍事費は約1兆4640億ドル，日本は463億ドル，アメリカは6070億ドルである（ストックホルム国際平和研究所・AFPBB NEWS）。
(ロ)　軍隊用地，訓練用地，港湾なども別目的に有効利用できる。
(ハ)　装備に多大な資源を用い，燃料・火薬などを訓練で多大に消費する。
(ニ)　射爆場の土地を破壊・汚染し，排ガスなども大量に排出する。
(ホ)　軍事機密保持，組織維持のために，国民の人権を制限する。
　2007年には，自衛隊がイラク派兵反対運動をしている市民団体，政党，ジャーナリスト，宗教団体，個人の情報収集を行っていることが明らかになった。

(2)　戦争
(イ)　どこかの島に他国軍が上陸した場合
　軍隊を持っていた場合には，軍事的反撃をする。しないと，なんのために軍隊を持っているのか，ということになる。
①　局地戦争で終わった場合
　勝利の場合でも得る物は，漁業権益や海底資源であるが，実際に開発できるかは課題が残る。
　他方，戦死者・負傷者が出て，多額の戦費，資源などを失い，さらに広範囲の環境汚染が生じる。ちなみに戦費の参考として2007年8月26日の富士山麓火力演習の1日の砲弾費用は3億1000万円だそうである。
　敗戦の場合には得る物は何もなく，他方では勝利の場合と同様に戦死者・負傷者が出るなどの損失が生じる。
②　全面戦争に発展した場合
　失う物は局地戦に比べて遙かに大きなものになり，一般国民にも死傷者がでたり，財産を失うおそれが強い。
③　結　論
　軍隊を持って守れたとしても，損失が得るものを遙かに上回り，国民的な

損失は膨大なものになる。戦争で国の威信などが仮に守られたとしても，人の命に比べれば何の値打ちもない。

　漁業の利益・資源などは外交で解決する方が，金を払うことになっても，はるかに得である。

　(ロ)　他国を侵略した場合

　アメリカのイラクへの侵攻は侵略であり，陸自の自衛隊の派遣や空自の輸送活動もこれに荷担するもので，自衛隊も既に侵略を行っている。自衛隊の呼称が軍隊になれば，アメリカの侵略への荷担行為はより容易く行われるようになり，あるいは単独で侵略を行うことも十分考えられる。

　他国を侵略して得られるものは，権益であろうが，それも永遠に保持することはできない。保持にも膨大なリスクと負担が伴う。

　他方で失うものはあまりにも大きい。戦死者・負傷者が出ること，戦費，資源を失うことも侵略を受けた場合と同様であり，さらに，被侵略国の兵士，住民を殺傷し，町を破壊し，財産を破壊し，環境を破壊する。アメリカのイラクでの戦死兵は公式発表では3千数百名とされおり，イラク戦争の戦費は08年度予算で2400億ドルが計上されて，過去分5000億ドルをあわせると7400億ドルになる。イラク民間人の死者は94,349～102,949人（09.11.30, IRAQ BODY COUNT）とされている。財産的被害は不明だが膨大なものであることは間違いない。

　そして被侵略国の国民の怨みを買い，国際社会から非難を受け，孤立する。さらに，日本全土がテロの標的となり，安全が失われ，また，テロ対策のため国民の権利が大幅に制限される。

　侵略で失われるものは膨大であり，仮に侵略で得られる権益があっても，それを貿易で得た方が遙かに得である。

(3)　結　　論

　軍隊と戦争で得するのは軍需産業などごく一部の人間であり，国民のためにはならない。軍隊は権力者の私利に使われるだけである。

3　日本国憲法

(1)　前文1項は,「政府（governmennt）の行為によって再び戦争の惨禍が起ることのないようにすることを決意し」,第9条2項「陸海空軍その他の戦力はこれを保持しない。」としている。

　そして,9条1項で「国権の発動たる戦争（war as a sovereign right of nation）と武力による威嚇又は武力の行使は,国際紛争を解決する手段としては,永久にこれを放棄する」とし,9条2項で国の交戦権（The right of Belligerency of the state）は認めない」とした。

　上記の軍隊と戦争の本質に照らし,国家として軍隊を保持し,政府（権力者）が戦争を行い,軍隊を動員できるようにすることは,国民と国土の利益にならず,逆に膨大な損害を与えることになるので,現憲法の前文と9条を変更する必要は全くない。

　付言すれば,自衛隊は軍隊であり違憲であり,廃止すべきである。

(2)　憲法9条と戦後の「平和」

　戦後60年間日本は平和であったと本当に言えるのであろうか。改憲論には,戦後の平和を守ったのは,憲法9条を踏みにじった自衛隊と日米安保に基づく駐留米軍であるというものもある。これには強い違和感を感ぜざるを得ない。しかし,この主張の問題提起を深く受け止めると,今まで「平和」と言っていたものは,単に,他国から日本領域に弾が飛んでこなかっただけのことではないかということに思い至らざるを得ない。では,なぜ,弾が飛んでこなかったかーそれは,アメリカの戦争に荷担（少なくとも支援——基地の提供,資金的援助,最後はイラクへの派兵まで）し,アメリカが勝ち続けていたことによるのではないか。すると,日本は戦後60年ずっとアメリカとともに戦争してきたという事実を認めざるを得なくなるが,それが客観的・歴史的に正しい見方であろう。戦後60年,日本は平和ではなく,戦争を（少なくとも戦争に荷担）してきたのである。したがって,自衛隊と米軍の駐留の存在が平和を守ったという論も正しくないことになる。

　そして,日本は戦争に荷担していたが,ただ,憲法9条の存在が,日本人

が海外で戦争をするということまではさせないという機能を果たしていたことは認められる。ただし，近時には後方支援の名目でこれも破られ，イラク派兵においては，現実の戦闘行為に至った危険は極めて高く，戦闘に至らなかったことを幸運と言うべきである。

今後，日本がとるべき道は，9条を改悪することではなく，アメリカへの戦争協力をやめ，日本から米軍基地を撤去し，他国への戦闘行為に一切荷担しない，本当に戦争をしない平和を求めることである。

4　他国が侵略してきたら

主要国（日本も憲法に反して）は軍隊を保有しているし，世界最強のアメリカは身勝手に武力行使・侵略を繰り返している。他国政府も過ちを犯し，日本に侵略してくるかもしれない。その時，どうするか。ここが9条改変論者の拠り所である。ちなみに日本はアメリカに占領されている国であるが，改憲論者は殆どこれに触れようとしない。

他国から侵略された場合，被侵略国は侵略軍を排除するためあらゆる方策をとってもよいはずで，侵略軍と戦うことも当然認められてよい。これを自衛権というのであれば，自衛権はあらゆる国にあるといってもよい。ただし，この意味での自衛権を持つということと，軍隊を持つこととは直結しない。では，どうすべきか

(1)　軍隊の保持

既に述べたように，軍隊は権力者を守ろうとするかもしれないが，国民を守ろうとはしない。逆に侵略軍に国土が制圧された場合は，侵略軍の手先となって国民を弾圧する。

例えば，イラクにおけるマリキ政府の治安部隊はアメリカ軍と一緒にファルージャのレジスタンスや市民を攻撃した。

日本では60年安保の時には自衛隊の治安出動を岸首相が要請した。

また，侵略国の指示に従う政府の命令で，軍隊は対外侵略に派遣される。日本のイラク派兵がこれである。

(2) 完全無抵抗

　日本国民が，侵略国の統治に一切協力せず傀儡政府などを作らなければ，侵略国による統治は極めて困難を極め，実効支配は長く続かないだろう。しかし，世の常として自らの利益のためには同胞も裏切る者がでてくるものであり，ほぼ間違いなく傀儡政府が形成されるであろう。さらに，属国の軍隊を組織され，国民弾圧，対外侵略に使われる。

(3) 市民による抵抗運動（レジスタンス）
(イ) 市民の自衛権
　私はもし日本が外国軍隊に侵略されたなら銃を持って戦いたいと思う。そのような仲間が日本に多数いると信じる。ただ，普通の人間は銃の扱い方も戦い方も全く知らない。効率よく戦い，生存率を高めるためには訓練を受ける必要がある。ここで市民の自衛権というものを構想したい。
　市民の自衛権の概要として以下のようなものを考える。
① 社会権的側面
（i）国民は政府から，小銃等の小火器の扱いや戦闘の訓練の供与を受ける権利を有し，政府はこれに応じて訓練施設や要員を準備して訓練を与えなければならない。（費用負担はないが，無給。軍隊に比べると政府の費用は格段に少なくて済む。）
　あるいは，自動車教習所類似の戦闘訓練教習所で各個人の負担において資格を取得する方法も考えられる。
（ii）訓練を終了した国民は，他国の侵略があった場合に必要とする武器等を政府から供給される権利を有する。
（iii）最初の訓練期間は一定期間長期を要すると思われるので，その期間休職（当然無給）しても，復帰後休職前と同じ職務に付かせる義務を雇用主は負担する。その後の練度維持訓練は短期で済むので各自の休暇に行う。
② 自由権的側面
（i）他国から侵略されたとき，各人が侵略軍と交戦しようとする場合に，政府は各人の行為を妨害してはならない。
（ii）侵略軍との交戦行為については，各人は刑法等刑事法令や民事賠償責任の適用を免除される。

(iii) 各人は敵前逃亡の権利を有する。
(ロ) 軍事施設がなければ，ブッシュでも攻撃の口実を見つけることができないはずだが，ブッシュはそれでも難癖を付けてくるかもしれない。
　30万人の自立した戦士がいる国を侵略軍が長期にわたって占拠を続けることは不可能である。大会戦をする必要はなく，ゲリラ的なレジスタンス活動を継続していけば侵略軍は耐えることができない。少し前にはベトナムの例がある。現在進行中のイラクにおいても，世界最強のアメリカ軍も全土の制圧は不可能で，いずれ撤退することになろう。
(ハ) 市民兵の例
① 米国におけるミリシア（militia—義勇軍，市民軍）
　米国には憲法修正2条に記されている民兵が武器を保持する権利により，多数のミリシアが存在する。ミリシアとは本来は国家・政府とは完全に独立した市民の市民による市民のための軍隊である。（ウィキペディア）
② 大韓民国民防衛隊
　1975年に制定された民防衛基本法により発足，総数628万に上り，非常時には動員される。（同）
　40歳までの男性が対象，女性も志願すれば入隊できる。（同）
③ スイス
　国民皆兵・徴兵制であるが，専門の職業軍人は約1500人。非常事態には6時間以内に30～40万人の兵士が動員できる。（「スイスの軍事力」みや）

5　核兵器等について

(1) 軍隊をもたない国を核攻撃する意味はない
　核抑止理論は，相手が核を持つからこちらも報復のために核を持つとするものだが，相手から言えばこちらが核を持つから相手も核を持つということになる。相手国に核を廃棄しろというのであれば，自ら核を持たず，あるいは先に廃棄しなければならない。
　核抑止論は双方が合理的な考えに立つという前提である。相手が合理的思考をしないというのであれば，核抑止論は根拠を失う。
　世界から核兵器をなくしたいというのであれば，最初から核兵器を持つ必

要はない。

(2) そもそも，平和利用であっても，核燃料生産自体の高コスト，放射線の危険性と管理コストの大きさ，事故の場合の被害の甚大さと永続性，廃棄物処理の困難と高コストを考えれば，核は使用すべきではないのである。

(3) ミサイル防衛システム
有効性は望めない。
「朝日新聞，2008年11月21日
　　ミサイル迎撃失敗　海自試験
　防衛省は20日，弾道ミサイル防衛（BMD）の海上配備型迎撃ミサイルSM3を搭載した海上自衛隊のイージス艦「ちょうかい」が米ハワイ沖で発射実験を行ったと発表した。発射は成功したが，標的のミサイル迎撃には失敗した。海自のSM3発射試験は昨年12月に続いて2度目。日本のBMDは，SM3で敵の弾道ミサイルを迎撃し，撃ちもらした場合は地上配備の地対空誘導弾パトリオット3（PAC3）で再び狙うシステム。昨年の試験は迎撃に成功したが，今回は標的の発射時刻などをイージス艦に知らせない条件で実施された。費用は約62億円。」
　技術的に困難（例えば同時に複数のミサイルが発射された場合などはまだ試験の想定外であろう）であるし，相手が対抗策として囮の弾道を用いるなどした場合にはさらに複雑なシステムが要求されることになろう。実用化されても実効性は期待できず，費用対効果は極めて悪いものになる。
　日本はアメリカからパトリオットを導入し，ミサイル防衛の共同開発に参加したが，膨大な費用を税金から支払い，軍需産業（特にアメリカの）を儲けさせ，日本の電子技術をアメリカに強奪されるだけである。

6　結　論

(1) 軍隊を持つこと自体が国民のためにはならず，ましてや侵略が国民の利益にならないことは明らかである。
　そして，外国からの侵略を受けないためは，外交によりそのような事態を

避けることが必要であるが，むしろ軍隊を持たない方が他国の脅威とならず，日本侵略の口実を与えることもない。

それでも，理性を失った他国が侵略してくる可能性は否定し得ないが，その時は市民が侵略者に協力せず，あるいは，立ち上がって排除する方策を取るべきである。

それが，軍隊を持つことよりは遙かに賢明な選択である。

(2)　しかし，多くの国に軍隊がある。その理由は何か。
(イ)　国家の成立と軍隊

国家の出自においては他に優越する暴力装置が不可欠であったから，歴史的に国家と軍隊は不可分のものとして発生した。

(ロ)　国家から軍隊が消滅するため下地の成立
①　国民国家の成立により，軍隊（国民軍）と警察は分離した。
②　近代主権国家の成立により，1国の主権の及ぶ範囲が領土（領海，領空）によって明確に確定された。
③　国家主権の尊重と不可侵の理想が国際社会に生まれた。

これらにより，一国の領土が侵されることなく，かつ，1国内には警察が優越した暴力装置としての地位を確保できれば，軍隊は不要になる。

(ハ)　しかし，現実には，多くの国に軍隊が存在する。
①　他国を支配したがる権力者の存在
②　軍産複合体の存在と権力者との癒着
③　国民の伝統的思考様式（国家に軍隊は当たり前）と，それを強化する権力者及びその手先であるマスコミによる情報操作（仮装敵国の作出等）

これらのために，権力者は軍隊を持ちたがり，国民も軍隊の存在を許容するので，残念ながら軍隊が多くの国に存在する。

【参考文献】
①　太田一男『権力非武装の政治学』（法律文化社）
②　萱野稔人『国家とはなにか』（以文社）

第4章　憲法改正理由の点検と護憲の必要性

辻　　公　雄

1　憲法改正の動きの推移

　憲法改正の声は古くからありました。朝鮮戦争が勃発した時は，日本の軍隊を否定していたアメリカが自国の軍事戦略の一環として日本の再軍備を求めたのが始まりです。それ以来，日本の軍備は，警察予備隊，保安隊，自衛隊と次第に軍隊化の道を歩んできました。そのことと憲法の関係については，誰にも自衛権はある，日本の憲法も自衛の為の軍隊や戦争は禁じていない，という解釈改憲でした。しかし，アメリカのイラク侵略に加担して，自衛隊をイラクに派兵することはどう見ても憲法違反です。そこで，解釈改憲ではどうにもならず，憲法改正の必要性が表面化しました。小泉政権は，憲法改正へ踏み出し，読売新聞は改憲を社是とし，産経新聞，日本経済新聞は改憲賛成，毎日新聞は論憲，朝日新聞はギリギリ平和憲法維持ですがいつ改憲になっても不思議ではない力関係になっています。

2　共通の土俵と分かれ目

(1) 憲法改正論と護憲論の差はどこからくるのか
　共通点はどこで，分岐点はどこからどういう理由で生じてくるのでしょうか。それを冷静に分析することが不可欠です。改憲論者も日本の平和の維持と恒久化を目指していると言っています。
　双方の意見の差の最大点は，国際情勢の評価です。改正論者は，世界は武力対立の危険な状況にあり，今までは主として日米安保が日本の平和を維持してきた。今後は中国の脅威に直面するので，その対策として日米安保の対

等性と日本の軍事力が不可欠であるというものです。なお，一部民族派は米国のみに頼っていくことは，米国が中国と協定を結ぶなど何が起こるかわからないので米国から独立するために憲法を改正せよという意見もあります。

そして，その理由として，日本国憲法の求める崇高な平和理念は現実の必要性から破綻しており，現実及びその延長線上をゆくことが真に平和を確立する方法である。現実の必要性とは，日米安保，米軍駐屯基地の存在が歴史的平和貢献の機能であると強調し，国連中心の平和構築は不可能な状態に陥っているという。そして，現時点の日本は米国，ロシア，北朝鮮，中国の4つの核に囲まれており，日米共同の，あるいは日本独自武装の軍隊を持つことが当然の道だ。そして，最も日本に脅威なのは，大国主義・権力主義・全体主義の中国であるというものです。

これらの論における少数エリート支配の中国の不安定性など国際的武力対立の危険論については，傾聴に値すると思われます。しかし，改憲論者は他国を信用せず，武力には武力を持つことが最も安心できるという発想で，他国との経済交流，文化交流など信頼関係を育むことにほとんど価値を認めておらず，その努力をしようともしていない。

以前はソ連，今は中国を非常な脅威とぶちあげ，近隣との対立をあおり，ますます信頼関係を希薄化させる中で対抗のための武力を増加させることは，世界中を危機に陥れることになることを軽視している。一体何が戦争の原因かということと，それを取り除くという考えが欠如している。戦争で誰が犠牲になるのかという個人尊重から出発すべきという最も大切な思考回路がない。

(2) その他の改憲論の根拠

国際情勢以外に次のようなものが改憲の根拠としてあげられています。日本の海外進出や海外への出資資産の軍事的防御。日本の社会の権利主張の乱用と非行や乱れや個人主義の行き過ぎは，日本国憲法やそれを体現した教育基本法が原因であり，日本の伝統，天皇中心や忠孝精神が必要。また，日本国憲法はアメリカの押し付けたものであり，現在の生きている人間がその生き方を決めるべき，等などがあります。

これら社会の荒廃については，経済界や政治家の責任を勝手に憲法や国民

に転嫁しているに過ぎません。最強の軍隊とキリスト教を持つアメリカ社会の荒廃ぶりを見れば，9条改正と社会の充実は関係ないことはすぐにわかります。押付け論については日本人が作れなかった天皇主権から国民主権という革命的変革という面を見ざるを得ません。要は結果として日本国民が納得したか，その中身はいいか悪いかということを冷静に見るべきです。日本は外国の文化は取り入れ，日本に合ったものはどんどん消化してきています。仏教，漢字，近代法典や西洋医学などいろいろあり，今回の憲法でも国民主権，男女平等，司法権の確立，個人の尊重などいくつもいいものがあります。60年余りの平和は，憲法が大きく関与しており，個人の権利が認識されてきたのも憲法のお陰です。憲法の中身を冷静に検討して議論するべきなのに，9条についてのみ押付けというのは，問答無用という非民主的発想です。

3　戦争の実情と原因

現代の戦争は，一部の部族間紛争や宗教戦争を除いては，絶対に勝利する強国が弱者の持っている資源の獲得や制度に対する変革を求めて行われていると言えます。部族間紛争や宗教戦争も背後に控える大国の代理戦争を現地の人々がしているとも言えます。特に，アメリカの世界戦略とこれに符合しない国との武力紛争が大半です。

強国がその考え方に他国を従わせようと強要したり，強国が他国の利権を不当に取得しようとすれば，争いが起こるのは当然です。強国の意に添わぬというだけで殺されてしまう弱者の国民をどう見るかが我々に課された最大の責任です。具体的事例を見れば事態は明らかです。何も悪いこともしていない，武力攻撃もしていないイラクの国民が何万人も殺され，何百万人もが難民になっていることを，アメリカや他の国の人々はどう考えているのでしょうか。

ブッシュ大統領は，アメリカのイラク侵略での米兵の死者が2000名に達した時は，アメリカの犠牲にさせてしまって申し訳ないと涙を流したと言われています。しかし，何万人ものイラク民間人の死には当然という姿勢です。アメリカの戦争の実態を詳しく知る必要があります。米兵でイラクに派兵されているのは，少数民族，経済的低層階級の白人，黒人が圧倒的です。彼ら

は，市民権の獲得や生活のために志願しているのです。１日も早く家族の元に返りたいと述懐しています。アメリカのイラクでの石油利権や親米政権作りは，このような経済的下層の米兵の命と引き換えに行われているのです。このような弱者の命を犠牲にしてのアメリカの利権作りを求めているのは，アメリカとそのおこぼれをもらおうとする国の利権屋であり，軍需産業であり，一国の予算案を左右するほどのけた違いの金持ち，強者，富者なのです。彼らは，自分は安全なところにいて，財と権力を増やしているのです。

戦争の原因は，国民の目にとまらぬ所で操作され，弱者は命と生活を奪われているだけです。この構図を見抜いて行動するしかありません。世界各国の市民，そしてアメリカの市民が自分そして隣人の生命を第一義に考え出した時に，今世紀の戦争は終焉を迎えると思います。

敵が攻めてくるから自衛のための軍隊が必要だと国民に思わせ，軍隊を増強するとすれば，その論理は敵国，世界中の国も振り回す権利が生じます。その結果，物欲の権化の権力者の暴走，ボタンの掛け違い，誤解やケアレスミスで大戦争が生じる可能性は大です。それよりも，戦争の原因は弱者を道具にした少数強者の利害のためと見抜いてそのことを宣伝し，ふえん説得することの方が戦争防止の確率は数段上回ります。

他国の利権や資源の平等な分配は，利害関係や欲や人間の利己心の強さからくる他人抑圧の短絡思考が絡むので難しいことですが，少なくとも武力不行使を宣言し，その他の権謀術策はその真相を解明して，広く議論の中で改善していくしかないと思われます。私は，能天気な平和論をぶつつもりは全くありません。現実的な方法論を採るしかありませんが，行動の奥底には戦争の原因，非道さ，強者の身勝手さを忘れずに現実的に対応すべきと思っています。

人間には他人の命も無視する凶暴さもありますが，他人を慈しむ隣人愛もあるのです。軍備の全廃も不可能とは言い切れません。絶対平和を求めつつも，戦争は絶対に避けなければなりません。たとえ強者が無理難題を吹っかけてきても武器を使ったり使われたりしてはならないのです。正義の戦争より不正義の平和の方がベターな状態です。

核兵器の登場により人類の未来の共存が武力ではあり得ないことが明らかとなりました。

平和構築のための戦争原因の解明と宣伝，国連の充実と善隣外交，世界の人々との交流と信頼の増加に役立つのは護憲の立場です。

第2部　憲法9条を考察するための基本視角

第1章　憲法と国家——改憲論の立場から

荒尾幸三

1　憲法とは何か

(1)　「憲法」はその国の統治の基本条件を定めた根本法であるが，性格の異なる2つのタイプがあるとされる。

「憲法」は，英語・フランス語の「constitusion」，ドイツ語の「verfassung」の訳語であり，「constitusion」の本来の意味は，組織や構成，伝統や体質を指しており，そこから派生して，「constitusion」・「verfassung」とは，国の全体的な統治のあり方，それが拠ってきたるその国の歴史的に形成されてきた伝統や文化を記したものとされている。例えば，イギリスではひとつにまとまった憲法典はなく，「マグナカルタ」，「権利の請願」，「権利の章典」，「王位継承法」，「人身保護律」，「議会法」など歴史的に積み重ねられてきた重要な法律，慣習，判例などをまとめて，「constitusion」＝「憲法」と捉えている。

高坂正堯教授は，「憲法と拙く訳されているconstitusionの現代の日本語の訳としては，司馬遼太郎氏の"国のかたち"がもっとも適切だと私は思う」とし，佐藤幸治教授もこれに賛意を述べている（佐藤幸治『憲法とその"物語性"』〔有斐閣〕57頁）。つまり，憲法の本来の意味というのは，国の統治のあり方やその拠ってたつ伝統や文化を記した「国のかたち」，「国柄」であり，その国で歴史的に形成されてきた文化や伝統を体したものということができる。憲法は，道徳的にも知的にも不完全な人間の智恵で国家を設計するがごとくつくるものではなく，積み重ねられてきた祖先の叡智，伝統の中に発見するものである。

(2) 以上に対して,「憲法」にはもうひとつ,フランス革命やアメリカの独立宣言を支えた17〜18世紀の政治思想,政治哲学から生まれた近代的性格を持つ「憲法」がある。

これは,18世紀に絶対主義に対抗する市民革命が起こり,この市民革命によって支えられた政権を正当化するために制定された「憲法」であり,アメリカの独立宣言(なお,アメリカ憲法は保守主義に立つもので,独立宣言と性格を異にする。中川八洋『正統の憲法 バークの哲学』〔中公叢書〕9頁)やフランスの1789年人権宣言,1791年・93年憲法がこれである。そして,市民革命による政権を正当化する論拠となったのが,ホッブズ(1588〜1679),ロック(1632〜1704),ルソー(1712〜1778)のいわゆる社会契約説である。一般的な社会契約説によれば,国家ができる以前の自然状態でもたらされる万人の万人に対する無政府状態的な戦いを回避するために,個々人が社会契約を結んで一つの政治共同体である国家(政府)を作って個々人の有する生命,身体,財産に対する権利を放棄してそこに主権を与える,このような契約に基づき主権を付与された国家(政府)は,個々人の生命,身体,財産を守る義務を負担し,政治行為を行うに当たって個々人に対して何をしてよい,何をしてはいけないという取り決めが必要となるが,その取り決めが「憲法」であるとされる。社会契約説によれば,国家の正当性の唯一の源は,個々人の生命,身体,財産を守り,万人の万人に対する戦いを防ぐこと,つまり,権力を制限し個々人の生存権を確保することであり[1],こうした枠組みを守るための取り決めごととして作られた憲法では,国家を個人の外側にあるものとして外在的,機能的に捉えられることになる。従って,このような国家観からは,前の世代から受け継ぎ次の世代に受け渡していくという歴史の連続性や自分達の国や共同体を守るという国防を説明することは困難であるし(あるとすれば,市民革命を経て生まれた政権を維持,防衛するための戦いでしかない),さらには,国や共同体を支える倫理,道徳の由来を説明することもまた困難である。

以上のように,「憲法」には2つの性格の異なる憲法があり,それぞれが描く国家像,国家観を異にしており,日本の場合,明治憲法は前者に,現行憲法は後者の範疇に位置づけされる。

(3) 立憲主義について

　憲法は，前述した2つの性格を有する憲法のいずれであれ，国民の権利が国王や国（政府）によって侵害されてきたという苦い経験から，国民の権利の保護のために　国王や国の活動，権能を制約するという重要な機能を持っている。この立憲主義は憲法に欠かせない重要な機能であるが，憲法の描く国家観の違いにより，国を個人の外在的存在と捉え個人の生存権の確保にこそ国の果たすべき役割があるとする近代的性格の憲法にあっては，立憲主義が強調され，その適用範囲を広く解する傾向が強い。

2　日本国（現行）憲法の性格と改正の視点

(1) 制定の経緯——どのようにして現行憲法は生まれたか

　日本国憲法の制定経緯は，要約すると，次のとおりである（詳細は，『日本国憲法を生んだ密室の9日間』〔創元社〕参照）[2]。

　昭和20年8月14日のポツダム宣言受諾の後，マッカーサー連合国司令官は同年10月11日に幣原喜重郎首相に対し，明治憲法（大日本帝国憲法）の改正を示唆し，これを受けて同年10月13日に松本丞治国務大臣を委員長とする憲法問題調査会（以下「松本委員会」という）が設置された。松本委員会は委員会案をまとめ，ポツダム宣言で要求されている民主化を満たすものと信じて翌昭和21年2月8日に「憲法改正要綱」をマ総司令部（GHQ）に提出した。

　ところが，同年2月1日の毎日新聞の一大スクープにより松本案の全文を知り，それが明治憲法とほぼ同じ内容であり到底受け入れることはできないと判断したマッカーサーは，2月3日に総司令部民政局に日本国憲法草案の作成を命じ，同時に，次の3原則を謳った「マッカーサー・ノート」を手交した。

① 天皇の義務と権力は，憲法に従い，憲法内に認められる人民の基本的意思に従って実施される
② 戦力の否定——日本の陸，海，空軍は永久に認めない（戦争の完全放棄）
③ 封建制度の廃止

民政局は直ちに草案の作成に着手し，翌2月4日から2月12日までの間に

民政局の25人のメンバーによって書き上げられた総司令部案が2月13日に松本委員長と吉田茂外務大臣に提示された。同案には現行憲法の国民主権，戦争の放棄（平和主義），基本的人権の3原則が盛り込まれており，一読した両大臣は狼狽したが，総司令部案に抵抗することも適わないことから，松本委員長は総司令部案を基礎にして3月2日にとりまとめた草案を，3月4日に総司令部に持参して徹夜の折衝によりまとめ，3月6日に「憲法改正草案要綱」として発表した。
　政府は4月17日に「憲法改正草案」を発表し，6月20日から帝国議会で憲法改正論議がはじまり，衆議院（4月10日に戦後初の衆議院選挙が行われた），貴族院でそれぞれ一部修正可決され（いわゆる芦田修正など），明治憲法73条の改正手続をとって11月3日に「日本国憲法」として公布されたものである（施行は昭和22年5月3日）。なお，その間，1月19日に極東国際軍事裁判所が設置され，5月3日からいわゆる東京裁判が開廷された（判決は昭和23年11月12日）。
　特に，マ・ノートに表明された戦争の完全放棄は，「日本国ガ再ビ米国ノ脅威トナリ又ハ世界ノ平和及安全ノ脅威トナラザルコトヲ確実ニスル」とのアメリカの初期対日方針（占領政策）に基づくものであり，これを受けたものが9条の戦争放棄条項であることは明らかである。

(2)　正統性をめぐる問題
　このように，日本国憲法は，アメリカの強力な軍事力（核の力）を背景にマ総司令部民政局の進歩主義者がワイマール憲法やソビィエト憲法（スターリン憲法）を参考に僅か12日間で作成した総司令部案をベースに，議会での一部修正を経て成立したものであった。昭和21年4月の総選挙を経験した衆議院での審議を経て制定されたとはいえ，主権の回復されていない占領下のことであり，憲法制定過程での日本の主体性，自発性はほぼ封殺され，日本の伝統と文化の連続性が断ち切られるという歴史の断絶があり，そこに「国のかたち」を語る「憲法」としての性格を認めることはできない。この意味で日本国憲法が，「押しつけ憲法」，「押し戴き憲法」などと称される所以である。
　一方で，日本国憲法の持つ国家観と，「国の始めた戦争」により塗炭の苦

しみを味わい310万人もの国民の生命が失われたことによる国家への不信感，警戒感とがスムーズに結びつき，戦後占領下の未だ主権の回復されていない状態での制定には問題があるとはいえ，昭和27年の独立により自主的な憲法改正の機会が得られたにもかかわらず——民政局の憲法草案担当者らも独立後の改正を当然のこととして想定していたにもかかわらず——その後一度も改正が行われてこなかったことは，現行憲法がこの国に受け入れられ，広く定着したものと見ることもできる。なかでも現行憲法の基本原則のうち，象徴天皇制と国民主権及び基本的人権の尊重が国民に広くゆるぎなく定着していることは明らかである。

(3) 日本国憲法の国家観

日本国憲法は，前述したように，「日本国政府ハ日本国国民ノ間ニ於ケル民主主義的傾向ノ復活強化ニ対スル一切ノ障碍ヲ除去スベシ。言論，宗教及思想ノ自由並ニ基本的人権ノ尊重ハ，確立セラルベシ」とのポツダム宣言第10項及びアメリカの前記初期対日方針を背景にマ総司令部民政局の作成した草案に沿って制定されたものであり，草案作成にかかわった民政局の担当者らは革新的思想を持つ進歩主義者が多くを占めていたこと，ワイマール憲法やソビィエト憲法を参考としたこと，日本の過去の遺制を断ち戦争に駆り立てた軍国主義者を排除することが戦勝国アメリカの国益に適うことなどから，その正当化のためにも勢い社会契約説に軸足を置いた草案が作成されたのである。

このような政治思想や当時の国際情勢及び戦勝国アメリカの国益に立って制定された日本国憲法が描く国家観は，次のとおりである。国家は自由と民主主義，個人の生命，身体，財産の保護にのみ専念すべきとする中性国家であり，「国家は個人に奉仕すべきもの」で，国家は価値や道徳を語らず（価値中立），国家は個人の「私」の生活や内面にはかかわらないし，かかわってはならない[3]。丸山真男のいう「真理とか道徳とかの内容的価値に関して中立的立場をとり，そうした価値の選択と判断はもっぱら個人の良心に委ねる」という近代国家観である。そこでは，国家は個人に外在する機能的存在とみなされる。

こうした国家に先立つ個人の存在を前提する国家観（「契約論的国家観」，

「市民的国家観」）は，戦後民主主義を長く支配してきたものであり，戦前の過剰な国家主義への反省に立つとき，理解できないことではない。しかし，それだけでは不充分であると思われる。機能的国家観では，そもそも国家がどうして存在するのか，その存在が何によって支えられ，持続しているのかという根本的な論点について十分な説明をすることができないからである。

(4) 歴史的国家観

(イ) 自らの力による市民革命を経た国家では以上に述べた「契約論的国家観」に支えられた市民的側面が濃厚である。しかし，近代をくぐり抜けた近代国家は，市民的側面の他に，歴史的文化的側面によっても支えられている。この「歴史的国家観」は，国家のあり方はあくまで歴史的であり，習俗や様式，習慣などの文化や伝統と切り離すことのできないものであり，国家としての継続性と統治の継続性こそが国家の正当性の根拠と考える。ルソーと同時代人のデイビッド・ヒューム（1711～1776）やフランス革命の革命原理に徹底して対峙した保守主義者エドモンド・バークの考えがそれである。イギリス，ベルギー，スペインなど立憲君主制をとる国はこの「歴史的国家観」に支えられている。ここでは統治の正当性の基礎としての「国家」と統治の実体である「政府」が明瞭に区別され，その上で統治の正当性は国家としての継続性に支えられており，政治の実際が王政から民主制に代わろうと，そこには統治上の継続性があるとするもので，君主はまさに国家の継続性を象徴するものである。バークは，自由とは抽象的な人間の権利ではなく（ただ生まれたというだけで人間が自由を権利として持つものではなく），イギリス人がその固有の歴史の中で獲得し，保持し，具体的なものとして行使してきた歴史的産物である，この意味で，自由はイギリスという国家と対立するものではない，という[4]。また，高坂正堯教授は，国家を「力の体系」「利益の体系」「価値の体系」の複合体と捉えているが，この「価値の体系」とは，福田恆存のいう「それぞれの民族の歴史のうちにある固有の生き方であり，そこから生まれた文化的価値」[5]に代表されるその国で歴史的に形成され保持されてきた文化や伝統，日常の生活様式に含まれる価値の体系を指すものと思われる。なお，「伝統」という言葉に誤解があってはならないので説明すると，「伝統」とは，過去に創造された建築物や生活様式・芸術・学問が

そのまま存続しているということではなく,「伝統」とは,常に創られ続けていくものであり,人間社会の中で常に試みられる「革新」のなかで,古き良きものに何らかの価値を認め,それとの連続性を改めて意識に上らせようとする意図が働くとき,それが「伝統の創造」となるのである[6]。「伝統」とは国民における「精神の形」であり,「伝統は,慣習の意味は何かと意識化してみるところに生じる」(小林秀雄)ものである。

(ロ) グローバリズムと国家

ここで少し脇道にそれるが,国のかたちを考える上で「グローバリズム」を避けて通ることはできないので,この点について触れる。1990年代に社会主義が相次いで崩壊した後,市場原理至上主義に支えられたグローバル経済が国境を越えて世界の市場を席捲するグローバリズムと呼ばれる事態が出現した。この人,モノ,金,情報が国境を越えて自由に流動化することによってボーダーレスの時代が到来し,国家はますます希薄化し存在価値が失われていくのではないかといわれてきた。

ところが,グローバリズムの進展とともに実情は予想とは違って世界各地でナショナリズムの高揚をもたらし,国民国家化を推し進める結果となり,経済のグローバル化が逆に国家の果たすべき役割を再認識させる事態が生じている。市場原理が働くには市場の安定を前提とし,そのためには国家の役割,規制が不可欠である。さらに,グローバル経済の恩恵から疎外された集団は,集団のアイデンティティを求め,集団の結束による生活の確保,政治的要求の実現を目指すことになる。「グローバリズムによって,一方で『マックワールド』が出現し,他方で『ジハード』が人を引きつける」と喩えられるように,グローバリズムは,一方でマクドナルド・ワールドに象徴される消費文化を世界にもたらし,他方でその反作用として宗教的・民族的ファンダメンタリズムを覚醒させ,今やこの両者が国民国家とそれを支える民主主義を崩壊の方向へと追いやっているとみる向きもある(ベンジャミン・バーバー『ジハード対マックワールド』〔三田出版,1997年〕)。

しかし,国家こそが,その両者の間にあって,むしろ歴史的健全性,伝統に支えられた規範意識によって,グローバル経済のもたらす没倫理的,脱規範的意識と民族的・宗教的ファンダメンタリズムの持つ排他的・閉鎖的超規範意識との対立を調整することが可能であり,国家にその役割が期待される

と考えられるに至っている[7]。何故かといえば，グローバリズムやファンダメンタリズムの持つ没倫理性と超規範性を調整，制御しうる倫理や規範は，国家や社会集団の中にしか存在しないからである。

このように，グローバリズムが続くとしても，なお伝統と文化に根差した国家の存在はその重要性を増すことになるのである。

(5) 憲法改正への視点

このようにみてくると，近代国家はどの国も市民的側面と歴史的文化的側面を合わせ持つものであり，その一方を欠くことはできない。長い歴史と天皇制を保持してきた日本において歴史的文化的側面を過少化することは妥当ではないと思われる。問題は，日本が歴史的に作り出し，生活様式や思考の習慣の中に根を下ろしてきた文化や価値観を，西欧から導入した「契約論的・市民的」な思考とどのように平衡をとるかということであり，これを憲法改正の視点からいえば，ＧＨＱの指導，半ば強制の下に日本国憲法が西欧的な「政治的・市民的」な思考の導入に性急の余り，「歴史的文化的」な思考が追いやられた「歴史の断絶」をどのように繋ぎ合わせるかということである。言い換えれば，国家を個人の内に取り戻すことである。それは日本人自らが自由な意思に基づき憲法を選び直すことでもある。

こうした視点からすると，とりわけ現行憲法9条の戦争の放棄と20条及び89条の政教分離，憲法前文には問題があるといわざるを得ない。

(イ) 9条について

前述したように，アメリカの占領政策，対日政策により現行9条が創製され，国の自衛権の存否及び範囲に混乱を来したが，国家に自衛権があり，自衛権には個別的自衛権と集団的自衛権が含まれることは，国際法上も明らかである。

ところで，社会契約論的ないし市民的国家観によれば，国家は個人の権利及び生命の確保こそが最大の課題であるから，国家が外敵との闘いに個人の生命の犠牲を求めることは困難である。国や共同体を守るための外敵との戦いに対しては十分な論拠を提供し得ないのである。また，過度のグローバリズム，グローバル経済に立ち向かう有効な倫理的，道徳的な規範の提示もなしえない。

これに対し，歴史的文化的国家観によれば，国や共同体を自らの手で守る戦力を持ち，集団的自衛権を含む自衛権，交戦権の行使は当然に容認される。西欧には社会契約論的思考以前から国や共同体を守るために危険を顧みず生命を賭けて闘うという思考伝統があり[8]，日本でも同様であった。とあれここで何よりも重要なことは，軍及び交戦権行使のあり方である。現行9条は国際社会における日本の選択肢を狭めているとの現状認識に立ち，危険なもの——軍備，集団的自衛権——を憲法上予め封じておくのではなく，これを憲法上認めた上で，軍の暴走と侵略戦争（濃淡は別にして）を許した戦前の反省を踏まえ，軍並びに個別的自衛権及び集団的自衛権の行使を厳格な民主的コントロール下に置き，自衛権（戦力）の具体的な行使要件と政府の明確な責任体制を確立することである。軍及び交戦権の容認論には，一部のマスコミや憲法改正反対論者から，戦前への復帰とか軍国主義の復活を許すものとの型どおりの批判がなされるが，冷静な事実認識に立てば，自由主義的民主国家への道を歩み国際社会で一定の地位を確保してきた現在の日本が戦前に復帰するようなことはおよそ考えられない。人間は過ちを犯す不完全なものとの認識に立ち，過去の不幸な過ちを補いつつ際どい平衡を保つことが求められるのである。

　ところで，9条の改正はそれが戦争に繋がるとする平和主義論者からの批判が強い。平和主義者の論は，「戦争の中に犯罪あるいは悪徳」を見て，「戦争は悪であるとの確信」と「戦争を廃止したいとの願望」から成り立っている。戦争と平和の問題は大変重い問題であるが，スペインの哲学者オルテガの鋭い分析があるので，その平和論（戦争論）を次に紹介する。①「戦争」とは，国際紛争解決のための最終手段である，しかもこれは紛争を解決するために人類が考案した人為的な手段，制度であり，動物はこれを知らない。②「国際紛争」とは，利害の紛争もあるが，重要なものは権力をめぐる闘争であり，相手の支配，精神的支配をその目的とする。そして，③「紛争は解決せらるべし」との文明の鉄則から，戦争が起こりうる。以上から，④戦争を廃棄する唯一の方法は，戦争より合理的かつ実効的に国際紛争を解決する平和のための文明のルール（平和のための新しい国家間の国際法），手段を考案することであるが，それは気の遠くなるような事業であり（平和は単に戦争のない状態という消極的なものではない），人類はその考案になお懸命の努力

を重ね模索中であるが，残念ながら現在の国際法は国際紛争を合理的かつ実効的に解決するレベルまでに至っていない，とする[9]。大国間の大量核兵器の保有による平和は，オルテガのいう真の平和ではなく単に戦争がない状態でしかなく，核のバランスが崩れれば戦争に至る危険性を孕んでいるし，ソ連の崩壊による米ソの対立が解消してから後も，核兵器の使用に至らない武力衝突が世界中で絶えることがないのも，オルテガの戦争＝平和論から説明できる。

　以上の国際社会の現状認識にたてば，我が国の安全のための集団的自衛権を含む自衛権の行使はもとより，国連を中心とした国際貢献，国際協調活動への参加を可能にする9条改正の必要性は極めて高いといわなければならない。このような国際社会の現実の下で各国と同様に軍備及び集団的自衛権を持ち，その適正な行使を図りつつ自らの安全を自らで確保することが平和への道筋であって，それが直ちに戦争に繋がるとの指摘は一面的すぎる。国際社会で生き延びるためには際どい平衡が求められるのである。

　㈣　20条及び89条の政教分離について

　アメリカの占領政策のもう一つの重要な方針は，昭和20年12月15日の「神道指令」（正確には，「国家神道〈神社神道〉に対する政府の保証，支援，保全，監督及び弘布の廃止に関する覚書」）による政教分離政策であった。これは，戦前日本の超国家主義，軍国主義，侵略戦争をもたらしたのは国家神道の教義であるとして神道を国家から切り離し，民主主義の根幹をなす信教の自由を確保する必要があると考えたものである。神道指令の目的には，「神道の理論及び信仰が日本国民を欺き，これを侵略戦争に導こうとする軍国主義的及び超国家主義的宣伝に再び悪用されることを防止するものである」と掲げられており，現行憲法の政教分離を定めた20条及び89条はまさにこの指令に由来している。

　信教の自由の保障と国家と宗教の分離を定める政教分離は近代国家に必須の大原則であり，西欧では繰り返される凄惨な宗教戦争を経て，民主主義の根幹をなすものとして制度化されたものである。近代における政教分離原則は，その国の宗教と国家をめぐる歴史によって微妙に内容を異にするが，何よりも政府による積極的な宗教活動や特定宗教への支援・優遇を禁ずるという意味である。例えば，アメリカの政教分離主義は政府が特定の宗教や宗派

を優遇しないという意味での分離主義であり、政府が宗教に一切関わってはならないという意味では決してない。国家に儀式は必要であり、儀式には宗教性を伴う。国家的儀式にどの宗教が用いられるべきかといえば、国家の歴史とともに最も長く持続してきた宗教となると、西洋ではキリスト教が、アラブ世界ではイスラム教が選ばれるように、日本では神道が選ばれるのである。このように考えると、政教分離の具体的な適用範囲については、日本の歴史的背景、宗教感情、神道の沿革・性格などを考慮されるべきであり、現行憲法の適用範囲は西欧各国の特定宗教との接し方と比較しても形式的、厳格に過ぎ、日本国民の実情からかけ離れたものになっているといわざるを得ない。神道の歴史は古く仏教伝来以前から霊をまつる素朴な宗教として広く日本に定着していたものであり、「神道は祭天の古俗」（久米邦武）であった。明治から戦前までの国家神道は長い神道の歴史からみれば例外的なものであったのである。国家と特定の宗教が結びつくことがあってはならないが、公的な機関が神社に参拝して戦没者に対し儀礼的行為をなしたり、霊を慰めることは認められるべきである。

(ハ) 前文について

最後に現行憲法の前文について触れる。

前文もまたマ総司令部の草案によるものであったことは既に明らかになっている。それは日本人自らの思いに立って作られたものではない。崇高な理想が語られてはいるが、抽象的に過ぎ「人間相互の関係を支配する崇高な理想」が何を指しているのかも不明である。さらに、そこには日本の国柄、歴史、文化や伝統は一切語られておらず、歴史が絶ち切られている。また、「平和を愛する諸国民の公正と信義に信頼して」との部分は、マ総司令部の当時の国際情勢の認識を表明したものであって、その後の現実との乖離は著しい[10]。福田恆存から、「猫の目の様に変わる国際政治の現状判断を織り込み、それを大前提として各条項を定めるなど、どう考へても」見当違いも甚だしい[11]との鋭い批判があるとおりである。

憲法の顔である前文には、歴史の継続性と先の戦争の反省を踏まえた基本理念を掲げるべきである。

1 フランシス・フクヤマ『歴史の終わり（上）』260〜268頁

2　西修『日本国憲法を考える』〔文春新書〕34〜46頁，林修三＝小林直樹＝色川大吉＝江藤淳『憲法論争』〔NHKライブラリー〕106頁以下
3　佐伯啓思『国家についての考察』〔飛鳥新社〕214〜217頁
4　佐伯・前掲書245頁
5　福田恒存「平和の理念」『日本を思ふ』〔文春文庫〕239頁
6　坂本多加雄『国家学のすすめ』〔ちくま新書〕54頁
7　佐伯啓思『倫理としてのナショナリズム』〔NTT出版〕260〜281頁
8　同上121〜122頁
9　色摩力夫『オルテガ』〔中公新書〕176〜192頁
10　西修・前掲書48〜61頁
11　福田恒存「当用憲法論」『日本を思ふ』〔文春文庫〕298〜299頁

第2章　戦争と人間

辻　公雄

……国家が国民に死ね，殺せという権利はあるのか
　　個人の尊厳の輪の広がりの歴史と未来……

1　国家観と憲法改正（主として9条）について

(1)　憲法と国家観の2つの立場
　憲法の性格から日本の憲法の改正（この項では主として9条）を論じる立場である。
　1つはイギリスに代表される徐々に変化していく国の最高法規ないし憲法は伝統や文化を表したものであり，もう1つはアメリカやフランスに代表されるような独立や市民革命など急激に変革された時に作られた国の憲法は社会契約論に基づく近代的性格をもったものであるという。
　ただし，伝統文化憲法論の立場でも伝統は創造され変革されていくことは認めるという。
　そして，日本の憲法については急激な変革の中で作られた近代的性格を有したものであり，日本の伝統や文化を断ち切っており，あるべき国家にはふさわしくないという。
　日本の文化や伝統としては，長い歴史と天皇制であり，国家の儀式形式としての神道であるという。

(2)　2つの立場の現状への適用
　(イ)　憲法の性格について2つの立場があるという説明は理解できるが，伝統文化憲法でもその伝統は変革創造されるものであるから，2つの立場から来る憲法にはそんなに差はないのではないか。

軍備については，伝統文化憲法論者は，社会契約論からくる近代的性格をもつ憲法や国家は，権力を制限し個々人の生命身体財産を守り，個々人の生存権を確保することを目的とする。だから国や共同体を守るために危険を顧みず命を賭けて闘うことが成り立ちがたいという。
　しかし，軍備や戦争の絶対者が近代的憲法をもつアメリカであることからみれば，軍備や戦争と憲法の性格はあまり関係がないと思われる。
　つまるところ，改正の是非と日本の現状をどうみるか，今後の未来像をどうみるか，どのような価値観を重視するかの考えによることになる。
　憲法で伝統を決めることは，一部権力者による国民の操縦につながる。
　(ロ)　個人を内部に入れた国家や伝統の継続を重視する人々の考えは，一般国民とは別に国家や重要な伝統があり，それを運営する者は一般国民ではなく，改憲論者らを含む一部エリートという認識があると思われる。
　このような哲人思想や貴族思想が適合した時代もあったが，歴史の中でその役目は終えたのではないだろうか。
　社会の価値観として個人としての欲求をこえた重要なものがあることは事実である。
　家族や他人への思いやり，正義感，謙虚さや協調性などいろいろ重要なものがある。
　どのような文化，伝統が大切かは社会がその資料を多角的立場から提示することは必要な事もあるが，最終的には一般市民の総意の中で決められるべきことであろう。憲法で伝統の中味を定めることは，時の政権による国民操縦に使われる危険が大きい。権力により強制された伝統や愛国心は危険でこそあれ，何の価値もない。
　また，伝統文化を重視する改正論者のいう命よりも大切なものがあるという論は憲法上の事としては納得できない。個人として命より大切なものがあると考えることにとどまるべきである。ましてや自らは安全地帯に位置して，一般国民に国家の伝統の為に命をかけろということは到底許されない。命よりも大切なものがあり国家がそれに命をかけよと命令できるのか否か，天皇と国民の関係，国民の役目と欠けている点やその原因など伝統や価値観について広く論議をしていこう。

(3) 憲法と価値観
(イ) 憲法に重要な価値観が記されることは当然である。
　日本国憲法は，国民主権，三権分立，基本的人権の尊重，平和主義を重要な柱としており，その価値観に基づいている。
　封建制や全体の為に個人が犠牲にされる習慣をかえるべく個人の尊重を重視したのである。
　悲惨な戦争体験から平和主義に徹したのである。
　社会，国家にどのような価値観が必要かは広く議論すべきことであるが，例えばフランスの国旗は，自由，博愛，平等を表しているとしている。私はこの３つに正義と平和を入れれば国家や日本社会のあり方を示すものにできるのではないかと思う。
　(ロ) 憲法改正論者の日本国内の現状分析は，国民は権利ばかり主張し，勝手な個人主義に走っている。このままでは社会は荒廃してつぶれる。外国からの攻撃にも耐えられないというのであろう。
　私も教育の荒廃，ニートや派遣労働による労働状況の悪化，物質至上主義による理念の欠如など現象的な面についての認識や危惧感については共通するところが多い。私自身も正義と人間愛そして相互に個人を尊重する共同体の構築の必要性を痛感している。しかしこれらを憲法改正につなげることは単細胞の独善的な発想である。
　これらの荒廃現象は，新自由主義からくる市場競争万能主義に基づく社会的格差拡大，弱肉強食を是としてきた結果である。エリート教育と公立学校の放置，非正規労働者の増大，金銭万能社会の醸成等々を，積極的にもくろんできた拝金主義の財界や与党だった当時の自民党が主として作ってきたものである。このように他者への配慮や個人の尊重意識の低い，自分のことだけを考えている財界や自民党が憲法改正を求めているのである。
　現権力者の求めている社会は，単純な憲法改正論者が求めている理想社会（多分，天皇制で日本民族の結集をはかり，上は下を思いやり，下は分をわきまえ礼節を守り，国や社会のために尽くし，和と協調のみんなが幸せになる社会と想像される）など歯牙にもかけられず，福祉の抑制，格差社会の助長と弱者を一層おさえつけ命まで犠牲にして，現支配者の財力と権力の一層の強化がはかられ，社会は荒廃を招くだけである。右翼的発想の憲法改正論はその理念

の純粋性の是非は別としても，未来を開く時代の潮流にも合致せず，一方的決めつけは日本を危険に陥れる確率が大きいので，多数派にはならないと思われる。問題は民主党の一部や保守本流の経済的権益確保の立場から弱肉強食をオブラートに包んだ冷徹な憲法改正論との対決である。学者としては小林節氏であり，弁護士会においても，存立基盤が分化する中で，企業法務弁護士がどう動くかが大きな要素である。

私は，現在の競争を主とした適切な市場社会と必要な公的部門や最低限のセイフティネットを設ける建前の現行社会に原則的には異論はないが，各論になるといろいろな不備が山積しており，その改革は緊急に必要と考えている。ただ一方的，観念的なことのみに走らず，人間の知恵の限界を配慮しながら社会の実像をみたうえで現実的な国民の幸福度の高くなる方策を一段ずつ作っていかねばならない。

(4) 主権者……民主主義と市民の位置づけ
(イ) 主権者の推移

社会ないし国家の権力者あるいは主権者を誰におくことがその社会を望ましいものにできるのかという基本問題がある。

これは抽象的一義的に決められるわけではなく，歴史的にも変遷推移してきた。長，部族長，王，貴族，賢人，宗教家，封建領主，君主，独裁者，立憲制，国民などである。

集団の形態や富や知識，情報，人権意識，生活力の発達などによりそれに応じた権力の存立方法が決められて，時代と環境に応じた役割を果たしてきた。

そして，現代国家においては，君主や独裁者の色合いを残す部分もあるが，国民が主権者として社会と国作りの最高権限を持っている形となっている。

時代の変化と試行錯誤の末にたどりついた国民主権は現代では比較的には最も望ましいものとされている。

この主権者たる国民の意思を国家意思として反映させる制度が民主主義といえる。

国民主権と民主主義の課題は，国民の意思が結集し国家に反映できているのか，また，多様な国民の意思を反映することは構造的に可能か，反映され

ている現状の国家意思は果たして国民や国家に役立っているのかという問題がある。

(ロ) 市民の位置づけ

国民主権や民主主義については，国民ないし市民をどうみるかという事が基本的問題である。

大衆ないし一般市民についてはいろいろな感じ方，捉え方がある。

消極的な見方としては，市民は知識や理念がないか，あるいは低い。自分のことや目前のことや金や出世のことのみ関心をもつ。餓死寸前まで政治や社会のことを真剣に考えない。選挙は利権に絡む人間がやっているだけだ。我儘で身勝手な国民とそれに媚びて利権と保身にうつつを抜かすのが今の政治状態だ。

要するに，市民は馬鹿で彼らに社会や国家のあり方を委ねられるというのか，民主主義は衆愚政治だというのである。

確かに，利権と権力の癒着構造，支配者と結託するマスコミそしてその強大な影響力を鑑みる時，どれだけ健全な未来を展望できるかについて大いに不安を感じる。

一定の社会観をもっている人はともすれば，それになじまぬ者を批判や排除しがちである。しかしながら，この社会の土台を支えているのは大衆であり，また大衆を幸せにするのが社会全体の目的である。

朝起きてからの24時間の生活を考えると，水，食事，トイレ，交通，テレビ，酒，スポーツなど，インテリや思想家の世話になっていることはほとんどない。我々の生活と幸せの大半は大衆のおかげである。

私はいろいろな人や考えに接する中で人間の多様性とその存在価値，社会のあり方の未知性を感じるようになり，また，一般市民の感性と情感に感動するようになった。一面的な角度からの人間観や社会観は間違っていると思うに至った。

権力云々の問題も人間や社会の一部分の現象でしかないことも感じるに至った。

ただ，人間にはそれぞれの分野，専門があり，その分野で物事を深め提唱する責任はある。弁護士に即して言えば，法と実務の接点にあり，そのことから判明する問題点を提唱する責任がある。

1 国家観と憲法改正（主として9条）について

ただ，人間の未知性，社会の未知性を感得し，固定した考えに即応した形作りを急ぐ必要はない。政治や社会構造については，それが人間や社会の全存在ではないが，必要不可欠なことではあるという認識をして，過大な要求や期待はしないが，決してあきらめずコツコツやっていくことである。

謙虚さと柔軟さ，そして勇気と行動力をもってやっていくのが最も望ましい姿勢と言える。

そして，価値観の中心に人間は平等であり，あらゆる人々の個人の尊重を置くとき，それを比較的安全に維持向上させるのは民主主義だと思う。格差社会の上層部や支配者層に重点を置くことは，それ以外の大多数の人々にとって危険で損なことである。

無限の可能性と変化を秘める未来に対して市民に基盤をおいた思考で工夫をこらしてやっていくしかない。

2 戦争の分析の歴史的経緯と未来

(1) 序

戦争についてはその残虐性は明らかであるが，人々は戦争を肯定し紛争の解決や利権獲得の道具として活用してきた。しかし，第2次世界大戦や戦争の性格の変化は，戦争の意味を根本的に分析する機会を与えてくれた。

戦争についての正しい分析と対策なしには人類は生きていけないのではないかというところまできている。

(2) 動物の生存と闘争

動物が地球上に誕生以来，絶滅したもの，変種したもの，新種のものなど変遷しつつもその営みは営々と続いている。

彼らの生存の為の活動は食料確保そのものであり，そのための知恵や闘争があった。その闘争は必要な食料確保のためであり，勢力拡大の為の敵の殺戮はなかった。

人間も動物生存法則にのっとった形で成長してきたが，そのうち仲間との闘争が生じてきた。当初の闘争目的は食料確保を主とするものであったと思われる。これらの闘争は，部族などのグループ全体の生存の問題であり，グ

ループ全体で闘争が行われる情況であったと思われる。

　しかし，そのうち闘争は，食料確保の範囲を超えた勢力圏の拡大の為に行われるようになった。奴隷確保や宗教的支配，利権，権力争いが闘争の原因になってきた。闘争目的が生存の確保から離れるに従い，戦士部隊が誕生し，彼らの幹部がグループの方針としての闘いの決断をするようになった。

　戦争の形態の推移は世界各地によって異なると思われるが，日本の戦国時代やヨーロッパでの国同士間の闘いはトップの判断において行われる勢力拡大や利権，権力闘争であり，専制君主は国民を人間としてではなく，道具や物として私物化していたものであった。

(3)　闘う戦士の思い

　所属団体の為に戦う戦士は団体の繁栄ないし存続と忠誠心をよりどころとして戦っていたとされており，そのような評価もそんなに間違ってはいなかったかもしれない。

　一方，自分の命を捨てて団体の為に闘うというが，相手も同じような意識で闘っている。私は，双方共が正義の為に闘うということは客観的にはあり得ないのにどうして自己の命を捨ててまでやるのかずっと疑問であった。テレビや小説で戦国時代の闘いを知る度に不思議であった。

　これについて1つの解明ポイントとなる解説に接した。それは，闘う戦士を組織的に作ったのは織田信長ということだそうだが，当初に組織された戦士は闘いに現場近くまで行くが，怖くてすべて逃げてしまったということである。この事を防止するために，戦場から逃げた者は故郷に帰ってもその存在を認めない，生活できないように追い込むことにした。その結果，戦士は現場から逃げずに戦い，強力な部隊となったというのである。

　私はこの話に感動した。人間は自己の命，家族の命が大切であり，それを犠牲にするようなことが嫌なのである。ところが部下が命が惜しくて闘わない状態になれば，幹部は自己の権力欲が満たされない。そこで戦士が逃げられないような教育，組織，風土を作って戦わせるのである。

　自由とか正義とかいろいろ唱えても，命を捨てて支配者の為に働けという原則は現在まで一貫していることを見抜く必要がある。

　その事を現時点で示すエピソードがある。

韓国ではオリンピックなどで活躍した選手は兵役免除となり，野球で頑張った選手が兵役免除の恩恵に浴し，うれしいと満面に笑いをたたえているのをテレビで見た。またイラクに派遣された米兵がその任務を終えて米国へ帰ろうとしていた時に自爆攻撃に遭って死亡した事件があった。これに対して戦友が，つらいことにも耐えて兵役を務め故郷へ帰り家族と共に生活できるということになったのに，その時に殺されるなんてと涙ぐんでいた。
　また日本の第2次世界大戦で出兵する時，村中で兵士に日の丸をあげて祝いをするが，兵士の家の中では命をかける出兵に親子で悲嘆にくれていたという事例も多かったといわれている。
　社会主義国ベトナムでも金持ちは兵役回避のための裏工作をしていると日本への出稼ぎベトナム人は述べている。自由主義国，社会主義国，富んだ国，貧乏な国，人権尊重の国，未開の国，すべての国において，国民は死ぬのはいや，兵役はいやと言っているのである。
　戦争で死ぬのはいやだというこの単純で根源的なことをまず見据える必要がある。
　このような自分の命，家族の生命を危険にさらすことはいやなことであり，それらの危険の最大原因が軍備と戦争であると言う自明のことがどうして表面化しなかったのか。
　日本において表面化しなかった原因の1つは，靖国神社における戦死者を英霊化し，国に尽した立派な人間だとする顕彰制度である。このような死ぬことさえ立派な事だと思わせる顕彰制度という虚構は外国でも多数行われている。それが戦争をいつまでも無くせない最大の原因である。
　又，これらの世論操作の根源は教育基本法改正に象徴される学校教育と事実を伝えないマスコミ報道である。
　本来は死ななくてもよい方法があるのに国の為，伝統の為などと言われて戦場に駆り出され，戦死すれば立派なことをした人間だったとほめたたえることによって遺族の悲しみを戦争賛美感情に転化させ，社会を軍国主義化させていくのである。
　「きけわだつみのこえ」には，死ぬことを決して望んでいなかった若者が，父母や妻におわびと感謝の念を残して散っていった悲惨な事実が示されている。冷静に物事をみる必要がある。

(4) 戦争の部分的終焉と残存戦争

(イ) 部分的終焉

　文字通りの食料確保の為の闘いは動物間では昔も今も続けられている。

　人間の間でもそれに類する闘いがあったものと思われる。また生存を拡大した意味の勢力や権力争いも続けられた。しかし，個人の命や環境，国土の繁栄などから，そのような闘いはかえって得にならないということで，日本の戦国時代もヨーロッパでの国間の争いも終焉に向かった。

　これらは，人間がその上下関係や隣接者間の関係において人権の尊重や相互の理解が深まってきたからといえる。

(ロ) 未開発国資源観

　しかし，第1次，第2次世界大戦は起こった。

　日本国内やヨーロッパの中枢の国間の相互尊重と理解は向上したが，世界の未開発の国の資源を獲得しようとする富と権力の戦いが起こされた。

　人間間の相互理解は，未開発国には及ばず，未開発国とそこの人間は，軍事大国の為の資源とみなされたのである。

　更に，民主主義制度が確立されず，一部少数者が支配している国間の戦争も引き続いている。

(5) 最後の戦争消滅論

(イ) 現在の戦争原因

　現代における戦争は，米ソ対決の緊張は大幅に少なくなったとはいえ，米国の価値観を世界に及ぼそうとすることとそれに対立する国間で多くのトラブルが生じている。

　米国の価値観は民主主義や自由の尊重とされているが，これを米国の帝国主義，利権主義，強国主義，一部富者の論とみる人もある。他方，米国に対立する価値観は，市民主義，社会主義，平等主義，独裁主義，民族主義，宗教，反貧困，被収奪といえよう。これらの価値観に基づく世界各国の情況は，いろいろな側面が入り混じり交錯して複雑な形態を呈している。

　しかし，現代の戦争の最大原因は，一国の支配者層の利得の為である。そして，武力により人工的に起こす消費構造で一部強者の利得の維持拡大のためである。

㈡　原点からの検討
①　武力による統一について
　原始的な戦争の原因である食料獲得をめぐる闘いは，現代ではほぼ不要になったといえる。現代の戦争原因としては，世界の警察を自任するアメリカによれば，自由と民主主義への脅威であるという。それは米国の自由と民主主義への直接侵略と共に世界中での自由と民主主義への対決する動きに対処しなければならないというものである。
　米国民ないし世界の人の自由と民主主義を守る為にも米国は軍隊を組織して命をかけて他国民の命を奪うのだということになれば，今後の人類史上戦争終結の見通しはない。日本の戦国時代は織田や徳川の武力と知謀で治まったと言えようが，世界は人種，文化も全く異なる国や人々からなっており，米国の武力と文化で統一できるはずがない。米国民以外が米国の力と論理に承服できるはずがない。ましてや米国あるいはその中の一部の者の利権優先主義で世界が納得するはずがない。また，昔と大きく違うことは核兵器の存在である。
　1974年の国連総会でアメリカ代表のサイミントン上院議員が発表した数だけでも，米国は広島型原爆にして61万5385発分の核兵器を持ち，地球上の人類を16回全滅できるというのである。核兵器は拡散しており，相当数の国において敵国に壊滅的な打撃を与える核兵器が存在している。追いつめられれば，自衛ないし報復として核兵器が使われる確率は極めて高い。一国による世界支配の前に核兵器により人類は滅びてしまう。
　米国でのライフル乱射事件について，ライフル協会会長は，国民全部がライフルをもって自衛すれば安全になると主張しているが，その誤りは明らかであろう。個々人の防衛と国の防衛は質が異なるとしても，ライフル協会会長の発想は国が強力な武器，軍隊をもつことで平和が保持されるという考えに類似しており，軍備強化による平和の維持論の危険性は明白である。
　人間を虫けらのように扱う軍隊は，1人の天才と100万人のバカで構成することが最も機能を発揮すると言われている。このような組織に，我々の未来の平和をかけるリスクの大きさを認識する必要がある。
②　人間の尊厳と範囲
　自由や民主主義を確立するために，最も尊重されるべき自国の兵士の命を

犠牲にして他国の人の生命を奪うことは主客転倒している。このような論理に賛同するのは次のような事由による。

(a) 攻撃を加える方の国の兵士は，自国を中心とした自由と民主主義を守ることの重要さを学校や家庭やマスコミで一方的にたたき込まれる。

その中味は自国の自由と民主主義を守り，相手の国に自由と民主主義を確立するため，相手の国の人々を殺す，自らも命を捨てよというのである。最も重要な命の尊重のことをごまかしている。

死んだらあの世で幸せになれるとか，死んだら靖国で会おうなどと，冷静に考えれば笑い話にもならないことを信じさせられている。

小学生でもわかる論理の矛盾を見抜くことが重要である。

アメリカのベトナム戦争へ出兵したネルソンという兵隊が，戦争でベトナム人を殺そうとした時，そのベトナム兵から「あなたは黒人でしょう。共に不幸な人間のために闘う立場にある人が私を殺すのですね」と言われて，衝撃をうけたが，その時はベトナム兵を殺してしまったと後悔と反省の念をこめて述懐し，その後，世界中で反戦の講演をしている。

自己も相手も命の確保と幸せを求めているのである。
少し冷静になるだけで，自国の自由と民主主義のために自己の命をかけたり，相手を殺すことのバカさと非論理性が判る。

ただ，米国のイラク派兵のように，その兵の多くは，黒人，少数民族，貧乏人である。生命の大切さ，戦争の無意味さを多少は感じても，目前の生活費のために，思考を停止させられるのである。

(b) 軍隊により自由や民主主義を確保するのだと述べている政治家や実業家，軍部の上層部は次のような思考をしている。

自分自身，家族，故郷，そして自分の国の財産や文化，それらの基準となる自由と民主主義を守らなければならない。その方法として自分や身内は安全なところにいて自分達と無関係な者を軍隊に入れ，彼らに敵をやっつけさせる，というものである。

平成19年5月の新聞報道によると，イギリスでは，軍隊に入っていたヘンリー王子をイラクに派兵することは，生命の危険があるからと中止させている。

即ち，自分は安全で自由で金持ちでいたいから市民に戦争をさせ，戦利品

で自分らは潤うというわけである。

ちなみに，長谷川如是閑が言ったように，戦場行くのは，先ず閣僚と国会議員本人及び家族ということにすれば戦争はおこらない。憲法九条改正を唱えるマスコミや高級官僚もその次に戦場へいくべしとすれば世の中はいっぺんに平和になる。

思いやりとか愛とかを自分や身内までしか考えられないのであるから，とうてい相手の国の国民に思い至ることはない。相手の国の国民は虫けらであり，鬼であり，人間ではないという発想である。第2次大戦で，米国は日本人をジャップと呼びベトナム戦争でベトナム人をベトコンと呼んで殺し合いをさせたのである。日本も鬼畜米英と呼んでいた。

この点について私はブッシュの思いやりとその限界をみた。

ブッシュはイラクでアメリカ兵1000人が戦死（2008年まででは計4000人以上が戦死）したことに対して，申し訳ないと心よりつぶやき神に謝罪して祈ったという。ブッシュは敬虔なクリスチャンだという。私も彼の神への祈りの映像をみてそれを否定する気にはなれない。しかし，彼がアメリカ兵の命をそこまで尊重し，敬虔な気持ちになるなら，その半分の同じ思いを相手国の兵士や更に民間人に持ってくれないのだろうか。ブッシュの映像をみて，本当に悲しかった。彼にとって相手国の人は，障害物であり物体でしかないのだろう。

声高く愛国心が唱えられているが，第1次大戦でドイツの商人は敵国フランスに武器を売っていたし（『死の証人』岩波新書），日本の最近のことでは軍事的愛国心忠誠心に最も近いはずの防衛庁で兵器にからんだ汚職が発生している。守屋防衛省事務次官は最も憂国の士たるべき立場にあるはずだが，日米の政治家・企業と癒着して多大の利権に私利私欲で泥まみれになり，国家に大損害をかけ，国民を愚弄している。第2次世界大戦で捕虜になった上官が自ら命じた残虐行為の責任を部下に押し付けて死刑を免れ，他方部下は，自分は処罰されるべき行為は全くしていないが，日本軍隊の非道な行為のことを思うと外国人からみれば自分を責めるのは無理からぬことと考え，世界が展開する時の小さな不条理の1つとして死刑を甘受している。この軍隊の吐気をもよおすような実態を知る必要がある。愛国心を唱える者達のいい加減さを見抜くと共に，単細胞的に物事を決めつけず総合的に人と社会政治経

済の本質を見極めて平和論を考える必要がある。

③ 人間の尊厳の連帯

出兵兵士も戦争に行くことを嫌がっており，それは人間本来の当然の思いである。また，兵士を戦争に行かせようとする上層部の自己のみ安全論が不当なことは論を待たない。

そして現代戦争の動機は自由と民主主義の確保といわれている。利権獲得のためとは正面切って言えない社会にまで進化したのだ。

人間の尊厳については自分や家族，自国民にまでは及ぼせるところまできている。この思いを隣接国や世界の人々に及ぼせば，相互理解，相互尊重の雰囲気ができる。小田実の「遠くの他人の深刻な状況に涙を流せる心がないと，平和は来ない」の言葉に，理想と現実の結合そして平和作りの唯一の真髄がこめられている。

平和は軍隊ではなく，相互交流からくる経済的交流文化的交流により最も確実に達成できる。

④ 具体的行動

具体的には，各国の市民の交流，平和活動を広げ個々の人間の尊厳を高めることである。

戦争が一部の者の利権の為に国民が犠牲になるバカげたことであるという感情を，戦争をしていない国にもしている国にも広げることである。

現にイラク戦争について，アメリカでは3万人に及ぶ脱走兵や兵役拒否者が出ている。イスラエル兵でも兵役拒否で服役されている。このような抵抗運動を支援していくことが大切である。

運動の具体的積極的な方法としては，国際的非核地域の設定運動が有効な平和運動といえる。これは，核を持たない地域を設定し，そこでは核製造はもちろんしないが，核所有国はその地域に核を使用しないことを認めさせるのである。既に世界の数箇所で設定されている。日本に関していえば，韓国，北朝鮮，日本を中心に東北アジアに非核地域を作り，中国，ロシア，米国にこの地域への核使用をしないことを認めさせるのである。このような地域が増えていけば，核の制約，そして軍備の縮小に連なり平和へ近づくことができる。

平和ゾーンで軍備大国を包囲していく積極的平和作りの運動といえる。

⑤　人間の尊厳の連帯と軍備

　いくら人間の尊厳といっても他国の人がそれをいつどう実践してくれるかわからない。一部企業の利権の為に，愛国心を振り回し若者を扇動して武力を行使する国がありうるので，人間の尊厳だけを説くのは無責任だという考えもあり，それは道理である。

　現実の世界は複雑であり，有限の知能しかない人間の考えた1つの理念や理論で完全に律することはできない。人類生存を含む自然の深さと未知に思いをはせ，人間の能力の限界をいつも心において行動する事は不可欠なことである。

　個人の尊厳の連帯と軍備との関係は，世界における各国の事情によって異なる。アラブ諸国やイスラエルに即刻武器放棄を唱えても何の効果もなかろう。但し人間の連帯を説くことは有用であろう。

　しかし，日本においては，中国と韓国と北朝鮮，近隣のアジア諸国，米国，ヨーロッパ，中近東，アフリカ，国連を見定めての現実的結論を考えることになろう。

　この結論については広く協議してまとめたいと考えているが，あえて言えば，日本は当面最小限の武力は持つが，当然の事ながら自衛のためであり，日本の領土外には軍隊や武器を絶対に出さないという方針が無難ではないかと思う。その事により各国から信頼され，平和への流れができてくる。あらゆる個人の尊厳と戦争のくだらなさを説いて各国の市民が連帯していくのである。この事以外で日本や世界に戦争がなくなり平和がくるという高い確率の方策はないと考える。

3　狂気の戦争をなくすことはできるのか

(1)　戦争の原因を探ること

　明治から第2次世界大戦に至る集団的殺人行為である戦争を日本中がどうして賛美したのだろうか。戦前や戦中のマスコミや知識人，国民の間で，集団的殺人の是非や原因を論じたものはほとんどない。人間の精神構造の一部にある狂信性が他の発想を抑圧する。殺人はいけないことであり，殺されればそれで人生が終わりとなる。偏った思想や哲学に，自己の死まで簡単に委

ねてしまうのは何故かと考える必要がある。
　命をあることに賭けるということはあり得る。それは個人が深く考えて個人が決めることだ。全員が同じ理由で命をかけることは洗脳以外の何ものでもない。このような単純なことがわからなくなる原因を探らなくては戦争はなくならない。

(2)　人間の精神構造の複雑さ
　他人を殺して可とする理不尽さがまかり通ることは，人間の精神の良い意味でも悪い意味でも複雑さからではないか。自己の国の財産や命の保全のために他国と闘うということは理論的にはあり得るし，そのような現実もありうると思う。
　しかし，戦争一般を抽象的に捉えず，具体的に日本が行ってきた戦争をみると，それは自国を守る為とは言えず，自国の財産や権力増加の為に他国の利権を奪取する為に行ったものである。欧米の植民地獲得戦争も同じである。そのことは，少し冷静さを持って考えれば，すぐわかることである。そして，日本の利益の為と言っても，それは日本の中の利権者，強者の為に，一般国民が命を差し出すことである。このようなことが何故まかり通ったのか。
　これは，人間の精神構造の中にある残虐性や利己主義，目前の利益に迎合する動物的保身・利己心ではなかろうか。それが精神構造の他の理性的要素を抑圧して暴走する。現に軍需産業の企業の社員は，戦争が起ってくれれば儲かってよいと公言している者もいる。人間の利己心の為には他人や外国人の命はどうでもよいという残虐性がひそんでいるのである。現に，米国の利権と支配を求めるイラク侵略に対して，米国はもちろんのこと，利権の一部のおすそわけを期待して，日本でも知らん顔の半兵衛どころか侵略に加担しているのである。このように考えると，強者による弱者への生命の道具化という戦争の本質だけをつきつめても，人間の精神構造が危険なものである限り，いつ暴発するかもしれない。

(3)　戦争防止方法
　従って，戦争をなくすには，2方面からの努力が必要である。
　1つ目は，戦争は，支配者層利益のために弱者の命を強者が奪うだけのも

のであるという戦争の本質を訴えること。誰が得をし，誰が損をするか，命まで取られる理由はどこにあるのかを考えることである。

　2つ目は，他人を殺さなければやっていけないような生活水準や社会環境から脱却する方法論，社会制度を提示すること。

　現代社会において，餓死防止の為の戦争はほとんどなく，あり得ても国際的な支援や協力の中で解決できる事柄である。宗教や民族主義による抗争も国連による対応などで十分に解決の目途はある。やっかいなのは，自国の存在や宗教観，経済の維持向上の為に他国を抹殺屈服させようという動きである。これに対しては，やはり戦争の本質，生命，個人尊重の精神を普及させ，現実に行われている戦争が何の為に行われているか，誰が得をし誰が命までなくなるような損をするのかも分析して，戦争は一部の者のみが利得する為のものであることを認識し，大多数の国際的市民の連携を持つことである。

　ここで，先に述べたように，人間の精神構造の一部にある目前の自己保身本能からくる残虐性を各人がどこまで克服できるかの問題が出てくる。

　直接の人殺しはイヤだという人は多いだろうが，他国間の人殺しは関係がない，自国の経済的向上によい，自国が安全なら，あるいは得があるなら強い方を支援してもよい，自分に直接被害はない，自分が安全ならよいというぐらいの気持ちは多くの人々の精神の深層にある。それを強者は操っている。

　人間の精神の理性的部分を活性化し，残忍な狂信的部分を鎮静化する社会環境を作っていくことが必要である。利己心や競争も社会の活性化と向上の一因と言われる中で，人間と社会のあり方についての完全な形態確立というものはなく，永遠に求め続けるべき課題となる。

　3つ目は，経済的文化的交流による相互理解と連帯感の向上である。経済的交流，事業の交流は社会の基本構造に関するものである。その発展は国と国の関係を強く結びつける。ただ，経済的交流も最低限のルールは守られなければならない。相手の国を奴隷化するような方式は禁止し，共に富の向上につながるものでなければ本物でもなく長続きもしない。

　以上のように，人間がどこまで周囲の人々を自己の立場に近づけて考えられるかが，戦争回避のカギ，人類存亡のカギを握っていると考える。

　我々は，個々の人間尊重や戦争の本質，平和の重要性について，考えるだけではなく，社会へアピールしていくことが不可欠である。

戦争の実態，本質，悲惨さ，人間の精神構造について，もっともっと事実を調査し，文献を読み，意見交換をして中味を深化させる必要がある。
　そして，社会的現象を常に点検し，それらを制度的観点からとらえて警鐘していかなければならない。例えば，現在，世界を席捲している新自由主義という強者による弱者の駆逐論は戦争に直結する危険な考えであると反論していかなくてはならない。

【参考文献】
① 高橋哲哉『靖国問題』(筑摩書房出版)
② ネルソン『ネルソンさん，あなたは人を殺しましたか』(講談社出版)
③ 長谷川如是閑「戦争絶滅受合法案」雑誌『我等』の巻頭言（1929年1月号）
④ 朝日新聞　天声人語（1974年10月23日）
⑤ 小田実『平和論』(大月書店)
⑥ 荒井とみよ『中国戦線はどう描かれたか』(岩波書店)
⑦ カント『永遠平和のために』(岩波書店)
⑧ 『きけわだつみのこえ』(岩波文庫)
⑨ 辻井喬『新祖国論』(集英社)
⑩ 神坂次郎『特攻隊員たちへの鎮魂歌』(PHP文庫)
⑪ ダグラス・ラミス『なぜアメリカはこんなに戦争をするのか』(昌文社)
⑫ 保阪正康『「きけわだつみのこえ」の戦後史』(文藝春秋)
⑬ デヴィット・ハーヴェイ『新自由主義』(作品社)
⑭ 山村雅治『小田実追悼集』(山村サロン)
⑮ むのたけじ『戦争絶滅へ，人間復活』(岩波新書)

第3章　兵器の生産・使用制限について

岡田忠典

はじめに

科学技術の進展は，遂に原子爆弾を生むに至った。核爆発力の兵器への応用を進言したアインシュタインは，予想されたとは言え，すさまじい破壊力に絶望的心情も交え「今度うまれたら，科学者でなく，鉛管工になりたい」と述懐している。そして，一転して核兵器廃絶運動の先頭に立った。

核兵器は絶対兵器である。頂点に位置する兵器の存在が許容されれば，強大な破壊力を持つ兵器が，大手を振って生産・保持されるようになるのは，自然の成り行きである。絶対的な兵器を持つ一連の国家は，限られた資源の獲得，果ては，爆発的な人口問題の解決まで，正義の名のもと，他の国々を恫喝するのではないか。

兵器使用の大義名分が如何に浅薄・空虚なもの，そして，使用の結果被った犠牲が過大であったか。人類は体験し過ぎているのではないか。

さらに，最近中国がミサイルを発射して，自国が打ち上げた古くなった人工衛星を破砕するのに成功した。このことは，宇宙戦争が現実のものとなる予告ではないか。

本稿で，戦争手段の残酷さと，これに対する良心（反省に基づいた善処方の表明）の推移を略説する。

(1) 私たちがＴＶニュースなどで垣間見るイラク戦争での劣化ウラン弾などの爆発に強大な火力の映像から受ける強い畏怖感は，やがて，脳裏から消え去っていく。しかし，太平洋戦争で軍人として或いは被爆者として強大な火力による被害を体験した人たちは，オゾマシイ記憶と重ね合わせ，劣化ウラン弾などを生産・使用している国・人を呪詛するに違いない。

アメリカは，ベトナム戦争で，敵を一人殺すのに40万ドルの戦費を使った

と言われている。その中には，75発の爆弾と150発の銃弾費が含まれている。また，1965年1月から68年8月の間約10万7000戦波の爆撃を行い，258万2000トンの爆弾・ロケット弾を投下した。

これは，太平洋戦争でアメリカ軍が投下した約4倍にあたる。

圧倒的な火力を使用する側の人々と，それから逃げる側の人々は，ＴＶの映像で垣間見ることが出来るが，火力を中心とした武器を製造している人々を私たちが見ることは少ない。悪名高いアウシュヴィツでの殺す側（ナチ）と殺される側（ユダヤ人）の映像や記録を見ることが出来るが，ガス室・死体焼却炉の開発・受注に狂奔したＡ・プフ父子商会・デイデアー製作所・ＣＨコリ社などの事情を知る機会は少ない。

戦争の道具（兵器）は，科学的知識・工学的実践・生産過程の技術・その使用技術を通じて，専らより早く・より正確に・より大量に敵を殺傷し敵陣を破壊する機能的価値観に従って出現し，人文的価値観は排除される。

20世紀には，技術の高度発達により遂に原子爆弾に代表される究極兵器の出現に至った。そして，全世界の20％の人々が全世界の80％の冨を支配するに至ったことと併せ，人類は殺す側の人々と殺される側の人々に分別されつつある。

恐ろしいことに，人口の爆発的増加の解決に，戦争兵器の使用を選択肢の一つと考える科学者も出現している（例えばギャレット・ハーディンの発言「われわれは，どうしたら他の国が人口過剰から抜けだすのを手助けできるだろうか。明らかになしうる最悪のことは，食糧を送ることである。今日救済される子供は，明日には子供を作るのだ。われわれは同情から食糧を送るが，人口過剰の国々の困窮を増大させようとするのに，これ以上の方法など見出せるだろうか。原爆の方がまだしも親切だろう」）。

これまで機会あるごとに惨酷な兵器・大量破壊兵器の使用禁止が国連を舞台に提案され，決議されて来た。しかし，守られなかった。

平和は先ず目前の兵器に関する人間の良心を示し，良心に兵器を従わせなければ達成できない。

以下，断片的ではあるが，兵器とこれをめぐる良心の戦いを述べる。

(2) 1980年に特定通常兵器使用禁止条約（以下1980年条約と略）が，97ヵ

国の賛同を得て成立した。特定兵器の使用禁止に関する条約・議定書などは，後述するとおり，19世紀の終り頃から幾つか成立し，多数の国が批准したと同時に，多数の国により無視された。このことは，1980年条約の前文を読めばわかる。「敵対行為の及ぼす影響から文民たる住民を保護するという一般原則を想起し」「武力紛争の当事者が，戦闘の方法及び手段を選ぶ権利は，無制限ではないこと」「国際間の緊張の緩和・軍備競争の終止。諸国間の信頼の醸成に貢献する義務の確認」「武力紛争の際に適用される国際法の法典化と漸進的発達の必要性の確認」と，文字通り，くどいほど念を押している。

80年条約は1949年のジュネーブ条約（以下1949年条約）の再確認的意義を持つとともに，附属議定書として新たに「地雷・ブービートラップ及び地の類似装置の使用禁止。又は，制限に関する議定書」「焼夷兵器の使用の禁止又は制限に関する議定書」及び「検出不可能な破片を利用する兵器に関する議定書」を成立させている。

「ブービートラップ」とは「外見上無害で持ち運び可能な形態をした爆発物」である。使用を禁止しているのは，極く広い範囲にわたっているが，一口に言って，一定の文化的建造物・非戦闘地域・文民の集中している場所である。

そして，「焼夷兵器」も禁止されているところであるが，日本は太平洋戦争で東京・大阪大空襲をはじめ，大・中都市が大規模な焼夷弾による被害をうけている。

以来人に火傷を負わせる兵器はより残酷・被害の拡大化が進み，その典型的な兵器がナパーム弾である。ナ弾は，人の体内にその破片が入ると，一定の時間体内を焼き尽くし，また，その破片が附着すると密着して皮フを焼くのである。白リンを素材としたものは水をかけても消えない。被害者は文字通り七転八倒の苦しみとなり，医療も高度な技術と施設がなければ不可能である。

ナ弾は，太平洋戦争で使用された油脂焼夷弾に，その片鱗を見る。ナ弾の使用された形跡はある。太平洋戦争で火炎放射器が多く使用された。「硫黄島」も映画で，火炎放射器による被害者（日本兵）の大写し場面があったが，事実がそうであったとすれば，残酷そのものとしか言いようがない。

「検出不可能な破片を利用する兵器に関する議定書」は，体内に残留して

いるか否かがX線でも検出できないものを指すのであるが，技術の悪用がこれまで憂慮しなければならない事態に至ったのかと恐ろしくなる。

(3) A（アトム）・B（バイオ）・C（ケミカル）兵器と言われるものに，最近の兵器はその機能が代表されている。いずれも後述するように，戦略兵器として使用されることが前提のものと考えられる。Aに比べB・Cは多様でもある。

例えば。毒ガスであればサリンなど数種類のものは殺・傷以外の用途はないが，逆に有益な物質（薬用品）も，加工すれば，兵器の素材となるのである。従って，甲国が乙国に対して使用したC兵器が，逆に乙国より多量に生産されて甲国に対して使用される危険もある。

バイナリー弾は，この危険を回避する目的で生まれたものである。つまり，X物質とY物質はそれぞれ無害なものである。ところが，これが混合すると強い毒性を持つZ物質を発生させることを利用したものである。バ弾が実践に使用されたか否かは分からない。しかし，少なくとも実験的に製造されたのではないか。ベトナム戦争で多量の枯葉剤が使用され多大な被害を長期間にわたり住民に与えていることは，公知の事実である。また，太平洋戦争で悪名高い石井部隊が，その研究と実績を連合国（主にアメリカ）に引き渡すのと引き換えに，処罰を免れたのもこれまた公知の事実である。B・C兵器は陰険である。

その他，対人親子弾頭その他多数の子爆弾を持つ対人破片兵器（ダムダム弾），鋼鉄製の投矢・針など多数の投射物を放出するフレーチェット弾，衝撃波を生じさせ弾道の周辺に広範囲な組織破壊を引き起こし或いは体内で二次的な投射物を発生する特殊弾丸，それに多様な対人地雷が，1907年のハーグ会議以来，その技術の進展状況に応じ，国際間で使用禁止の兵器としてとりあげられて来た。

(4) およそ，使用兵器の制限が国際的に議題になったのは，1874年のブラッセル宣言以後と考えてよいだろう。同宣言は，「戦争法規は，害敵手段の選択につき，交戦国に無制限の権利を認めるものではない」とある。1980年条件にも同趣旨の文言が現存する。これらは，1868年のセントピータースブ

ルグ宣言で「戦争中に国が達成する唯一の正当な目的は，敵の軍事力を弱めることである。従って，戦闘外におかれた者の苦痛を無益に増大し，又は，その死を不可避にする兵器の使用は人道に反する」とあるのに，その源を見出すことが出来る。

この原則が破られ，兵器がヒトの理性・良識の及ばないいわば独り歩き的状態となってしまい，遂に究極兵器の出現に至ったのは，空爆開始が起点であると考えてよいだろう。無差別爆撃は，1916年のツェッペリン号によるイギリス空爆（死者59人）が最初であるが，1937年4月のヒトラーによるゲルニカ空爆がその本格的な最初であった。使用兵器の制限を含む戦時国際法規が遵守されなくなったのも，同様と考えられる。そして，戦争目的が敵の軍事力を弱める戦術から，敵国の国力を弱める戦略へと移行し，国民の戦意を喪失させるため国力の糧となるものはすべて攻撃目標となるに移行してしまったのが現状で，広島・長崎への原爆投下が大規模現代・将来の戦争に予測される様相を示していると言える。

(5) 戦術兵器と戦略兵器と表現されている。

戦略兵器は，敵国の国力に重大な影響を及ぼす兵器であって，その典型が原子爆弾である。広島・長崎の惨状は，戦争継続を断念させる一つの根拠となったのは間違いない。

1974年の国連総会で，アメリカのサイミントン上院議員は，当時アメリカが保有している核兵器（主に原爆）はヒロシマ型に換算して61万5385発分あると演説している。

当時ソ連が保有している核兵器の量を約40万発分と推定し，全人類は1人当たり6トンの爆薬を背負わされている勘定になる，或いは全人類を690回殺害できるとも計算した科学者もいる。

また，米・ソ対立の頃，ペンタゴンは，仮に全面的核戦争に突入すれば，数時間でアメリカ国民の5000万人〜1億5000万人が殺傷される，そして，1000人の負傷者を介護するのに250人以上の医療スタッフと4000リットル以上の輸血・6000リットル以上のリンゲル液，さらに高度な医薬品が要る。また迎撃ミサイルの命中率が100％でない限り，これに近い被害は阻止できないとしている。これは放射能による被害を考慮していないものであるから，

文字通り，人類絶滅しかないことをペンタゴンは百も承知である。

当時のソ連も同様な考え方をしていたのではないか。

ちなみに，ミサイル搭載の核弾頭を，1万キロメートルの飛行ののち，目標の2〜30メートル以内に投下することは可能であると1970年頃科学者は断言している。

恐ろしいのは，偶発事故をはじめとするミスによる核爆発である。後述するように，背筋が寒くなるような事態がいくつか起こっている。

(6) ここで，故岡本尚一弁護士（大阪弁護士会々員）によって提起された，いわゆる原爆裁判について一言しておく。

広島・長崎に投下された原爆は，国際法上禁止された残酷極まりない兵器であり，また，無防備・非軍事都市の非戦闘員に対する無差別大量殺傷行為は，これまた，国際法上禁止されたものである。かかる違法行為は米国によってされたものであるが，裁判権は不法行為地の裁判所にある。日本国は，米国に対し請求権を放棄したことによって何からの利益を得ているから，もしくは，放棄が国民の総意に基づいていない違法なものであるから，損害賠償の義務がある。被害者2名を原告に立てて，提起したものである。（東京地裁・昭和30年（ワ）第2914号・32年（ワ）第4177号）。

判決は，昭和38年12月7日言渡され，請求棄却であった。しかし，原爆投下が国際法違反であり，原爆が国際法で禁止する深刻な被害を与える兵器に当たると，明確に認定している。

判決が認定した爆発力は，広島のウラン爆弾・長崎のプルトニウム原爆，ともに，TNT火薬で2万2000トンに相当，1ポンドのウラン又はプルトニウムの爆発力は9000トン相当であるともしている（判例時報355号）。

(7) 原子爆弾に代表される戦略兵器は，他に，例えば枯葉剤・広範囲な場所の破壊を目的とした爆弾などの投下物・それにある種の対人地雷がある。これらは，終戦後も広範囲で重大な悪影響を及ぼし，回復に莫大な費用と人力そして犠牲を要している。

対照的に兵器の製造にも莫大な人的・物的・経費が注ぎ込まれ，そして，大きな利益を得ている人々がいる。多くの智の資産が，殺人用具の開発・製

造に投下されるため，ヒトの幸福を確保するための福祉・教育がその分なおざりにされてもいる。そして，この傾向は国際的波及効果を及ぼしつつあると言われている。

ここで兵器の経済学について若干述べておく。言うまでもなく，買い手は原則として国である。売り手にとって，買い手は一人だけで，支払不能はまずあり得ない。そして価格設定の至る経過は多分に秘密とされ，その多くは，注文側の専門家と受注側の専門家の間で決められる。つまり，談合が保証されているのである。

アメリカでは，支払価格が発・受注価格より2割増，3割増になるのは，ザラであると報告されている。

古典となった『死の商人』（岩波新書・岡倉古四郎著）の冒頭に，第一次世界大戦で，敵の投げた不発手榴弾を投げ返そうと拾ってみたら，自国製品だった話が書いてある。兵器に国籍はない。

兵器は，人類にとって何も生み出さない。ヒトを殺傷し，物を破壊するだけである。

つまり，兵器は国或いはある種の人の威信を保持する目的で使用される兇器なのである。

核兵器を充填したミサイルは究極兵器で人類に君臨している。誰もその使用が人類絶滅をもたらすことを知っている。

ロシアの作家ザミャーチンの小説『われら』（岩波文庫）は，核戦争後の放射能の影響が決定的になるまでに，死を免れた一握りの人類が惑星に移住するための人工衛星を，大型コンピューターの指令のもと，製造している様子を書いている。

核兵器は，それを保持している国にとっては切り札である。しかし，使用は自殺にもなりかねない。専ら恫喝の用具に使用されている。恫喝の用具とする国を増やしてはいけない。核拡散防止は，偶発的事故も防止しなければいけないことはもちろんであるから，絶対に努めなければいけない人類の義務である。そして，核廃絶もである。しかし，チャーチルやゲイッケルが「国の独立を確保するため（この場合アメリカと対等に付き合うことを意味していると考えられる）核兵器保有が必要」としたように，人類の安全よりややもすれば国益を優先させる軍人・政治家が居ることに，警戒を怠ってはいけ

ない。

(8) 恫喝の切り札を持っている者は，それをチラつかせ，そして他の手段を小出しに使う。朝鮮戦争では，一部の原爆使用論は阻止されたが，実験的に珍奇な兵器が多く使用された。

1952年，国際民主法律家協会が送りこんだ調査団は，急性コレラ・ペスト・チフスなど伝染病菌が空からの降下物から検出され，その降下物はハエ・クモ・南京虫・甲虫・貝類などが利用されていた，と報告している。

石井部隊の研究成果との関連性が，強く推定されるところでもある。その他，ベトナム・湾岸・イラク戦争では，真空爆弾・接触爆弾・カプセル弾・クライスター爆弾などが使用されたのではないか。地雷の被害は言うまでもない。

恐ろしいのは，偶発事故による核爆発である。1961年1月ノースカロライナ州で爆撃機が事故墜落した。この爆撃機には，広島型の数百倍の爆発力を持つ水爆が2個積み込まれていた。爆発すれば，ノースカロライナ州は火の海となるところだった。畑の中へ墜落機は激突したが，安全装置は1個を除いて全部吹っ飛んでいた。

1980年6月，アメリカ国防総省のコンピュータースクリーンに「ロシアがミサイル発射」の誤報が表示され，戦略空軍の核搭載機がハワイから離陸した。同年11月には，アメリカ全軍が核攻撃警戒態勢に入ったことがあった。そして，これらはコンピューターの操作ミスが原因であった。

或る種の技術の発達（変化）はヒトの生活に法律の変更以上の影響を及ぼす。そして，そのことがヒトの知・覚・行動を変え，ひいては，習慣も変えてしまう。

例えば，自動開閉ドアは「必ずドアを閉める」の義務を代行することになる。

そして，ヒトは，責任を専ら代行者に転荷してしまう。ほとんどの仕組みがコンピューターで操作されることになれば，ヒトの行動も機械的になる。ミスの危険性が増大するのではないか。

(9) 兵器の考案・開発に膨大な人的・物的・経済的負担が当該国の国民だ

けではなく，全人類にかかってくる。例えば，発展途上国の優秀な人材が先進国の兵器産業に引き抜かれると，引き抜かれた国にとっては，大きな損失である。

アイゼンハウアー大統領は，産軍複合体を発言をしたことでも有名であるが，ペンタゴン機構が発足した当時（1960年代後半頃）でアメリカの優秀な人材約2万人，それにセカンドクラスの人材（主に技術者）を加えると，約40万人が兵器生産の中枢に従事し高給を得ている。

仮に，これらの人材が未開発・発展途上国の福祉増進のためその能力を傾注すれば，世界の平和により確実な展望を開けただろう。兵器は全くの消耗品である。再生産機能はない。

彼等エリートは国から優遇を得ている。ほんの一握りの者が，良心の呵責に耐えず，去っていく。

そして，彼等エリートと軍首脳部の将軍たちのほとんどは，兵器使用とそのもたらす惨禍を実体験しない。映像と数字で知るだけである。

(10) 戦争とりわけ絶対兵器など絶大な威力を持つ兵器の出現で，戦争に関わる軍人はもとより，被害者をはじめ，当事国国民の多数が，慢性人格分裂状態になるのではないか。

戦場を題材とした，例えば『西部戦線異常なし』などの小説を読むと，平和な時には，対峙する敵との間にも人間的な友好関係が生まれるものの，それが一旦兵器を取ると，憎しみが幾何級数的にエスカレートし，先ほど友好的だったのが残酷な殺し合いに急転する様子がリアリティに記述されている。

本来，平和的であった人間が，戦争の原因・目的も知らないまま，残酷な鬼に豹変するのは何故か。鬼になってまで遂行しなければならない戦争とは何か。鬼畜的行為で遂行する戦争に正義があるのか。戦争させる人は，前線で鬼畜行為が遂行されているとき，何を考え・何をしているのか。このように思いをめぐらせると，人は人格分裂状態（ジキル氏とハイド氏）になるのではないか。そうでないと，戦争をやっておれないのではないか。一握りの人間（政治家・実業家・高級軍人）は，国民の大部分を人格分裂にしてまで戦争を遂行する利益獲得を目指しているのではないか。

20世紀は人類の何千・何万年の歩みを100年足らずで成し遂げた，と同時

に，恐怖・危険もこれに比例してエスカレートさせた。正当防衛を主張しない戦争はない。換言すれば，人類は詭弁を使って戦争してきた。そうまでして戦争をして来たのは，兵器があるからである。つまり，相手よりも強力な兵器があるからである。兵器はもはや戦争の道具ではなく，戦争の目的になっているのではないか。人格分裂の人間も，一種の兵器ではないか。兵士の死は，将軍にとっては，量的に1にすぎない。政治家にとっては，単なる物語にすぎないのではないか。そして，兵器を発明した者にとっては，悪魔の喜びではないか。

(11) 使用兵器の制限に関する主な条約などは，以下のとおりである（カッコ内は署名年）。
① サンクトペテルブルグ宣言（1868年）
② ダムダム弾の使用禁止に関するハーグ宣言（1907年）
③ 空戦に関する規則（ハーグ法律家委員会・1922年）　第22条で非戦闘員・非軍事建物などへの爆撃禁止
④ 毒ガス等の禁止議定書，ジュネーブ（1925年）
⑤ 国際的武力紛争の犠牲者の保護に関する追加議定書，ジュネーブ（1949年）　使用できる兵器は無制限ではない。広範囲・長期的・深刻な加害を与える兵器・投射物の使用・生産・研究の禁止（35条），文民たる住民及び民用物に対する攻撃の禁止（48条）
⑥ 生物・毒素兵器の禁止条約，モスクワ・ロンドン・ワシントン（1972年）　④の議定書の再確認と強化
⑦ 環境改変技術の敵対使用禁止条約（1976年）
⑧ 特定通常兵器使用禁止制限条約（1980年）
⑨ 科学兵器禁止条約（1993年）　⑥の条約の再確認と強化
⑩ 対人地雷禁止条約（1997年）　使用・生産・移譲の禁止，並びに，廃棄の義務。
　　前文で「毎週数百人の人々，主に罪のないかつ無防備な文民，特に児童を殺し…」と，反省を促している。批准後9ヵ月以内の廃棄の義務
⑪ 環境改変技術の敵対使用禁止条約（1976年）
⑫ 核兵器の不拡散・爆発実験禁止など核兵器に関する条約・宣言などは，

以下のとおり多くある。
　(イ)　包括的核実験禁止条約（1996年）
　(ロ)　核兵器の不拡散に関する条約（1968年）
　(ハ)　同条約の有効期間を無制限とする条約（1995年）
　(ニ)　ラテンアメリカ及びカリブ地域における核兵器禁止条約（1967年）
　(ホ)　南太平洋（1985年）・東南アジア（1995年）・アフリカ諸国（1996年）のそれぞれ非核兵器地帯条約
　(ヘ)　海底非核化条約（1972年）
　(ト)　米ソＩＮＦ廃棄条約（1987年）
　⑬　米・ロ軍縮条約（戦略攻撃兵器の制限）（2002年）

　⑿　このように兵器の使用制限・禁止・不所持に関する国家間の約束ごとは，充分と言っていいほどある。けれども，あの手この手で違反行為が繰り返されている。ビキニ珊瑚礁の実験後の核爆発実験は数え切れない（1300回以上とも言われている）。全く利益にならない，そして，大きな被害を生む実験が繰り返されるのは何故だろうか。
　ものすごい火力の使用は，地球温暖化の原因の一つになっているのではないか。
　重ねて言う。兵器の考案・製造・使用に集約されている優秀な人材は，それだけで人類は損失を被っている。そして，兵器の殺傷能力が大きくなればなるほど人類の被害も大きくなる。さらに，殺傷を体験した帰還兵の多くに，社会生活不適応者が出現している。つまり，三重の被害をわれわれは被っている勘定になる。絶対（究極）兵器の出現は，ダモクレスの剣の下に人類を追いやったことを改めて強調したい。
　最後に，今後の予測として，人工衛星と核兵器を利用した恫喝，それに，障害物のない限り数キロメートル隔ててもヒトを射殺する軽銃器類の出現である。地球の周辺には多くの人工衛星が飛行している。人工衛星から樹木や一般的な建築物の所在確認が出来る時代でもある。その用途は通信・観測・偵察・防衛そして攻撃にと，力点が変化し，兵器類の用途は国際的恫喝とテロの二極化されるのではないか。Ｈ・Ｇウェルズの「宇宙戦争」（1898年）が現実性を帯びてきた。

バートランド・ラッセルは，21世紀末の人類存続の可能性を50％と予測している。つまり，人類はその滅亡の可能性を人類が生み出した兵器の支配に委ねようとしている。

　微かな希望の灯火は，南アメリカ諸国などが進めている開放条約方式による兵器制限の進展である。日本もこれら諸国と歩調を合わせ，いや率先して，兵器の制限に努力すべきである。

【参考文献】
① アルバミュールダール『正気への道Ⅰ・Ⅱ』(岩波書店)
② セイモア・メルマン『ペンタゴン・キャピタリズム』(朝日新聞社)
③ アンドリューフィンバーグ『技術への問い』(岩波書店)
④ Ｃ・Ｗ・ミルズ『パワーエリート　下巻』(東京大学出版局)
⑤ 広瀬隆『クラウゼヴィッツの暗号文』(新潮社)
⑥ Ｅ・Ａコーエン箸・清水幾太郎ほか訳『強制収容所における人間行動』(岩波書店)

第4章　歴史認識問題

加 納 雄 二

1　本稿の論点——戦争責任について，乃至は，昭和の大戦をどう評価するか？

　本稿で問題にするのは，先の大戦すなわち，中国に対する戦争，及びアメリカ，イギリス等連合国に対する戦争，いわゆる太平洋戦争（大東亜戦争）をどう評価するかということだ。広くは，朝鮮半島や台湾の植民地化という問題も含む。すなわち，日本が諸外国，特にアジア，とりわけ中国や朝鮮に何をしたか，ということだ。
　現行憲法は，前文からも明らかなように，この戦争への反省から制定されたものである。従って，この戦争をどう評価するかによって，憲法改正についての立場がはっきりと分かれる。従ってその意味で，憲法改正を論じるに当たってこの問題にふれる必要があろう。

2　アジアに対する侵略について

　総理大臣の靖国神社参拝問題が長い間論議されている。特に中国，韓国等からはA級戦犯が祭られているということへの反発が強い。これに対し，そもそも東京裁判は違法であり，戦争自体も，米英との戦争を仕方がなかったものとし，中国への侵略すら肯定し，大東亜戦争として，美化する。反対の立場を自虐史観として非難する。この立場からはすべてを押し付け憲法として，改正を肯定する。中国等の参拝批判は内政干渉であるとする。
　しかし，このような立場は事実を冷静に，いや事実として見る目が欠落しており，当時，勝利，終結についての分析や展望の無いまま，精神論で無謀

な戦争に突入した支配者と同じ立場ではないかと危惧する。もし憲法改正をすれば（9条），軍事面のみならず，様々な側面で，国家を暴走させ，同じ歴史（過ち）を繰り返すのではないかと強く危惧する。

　歴史的に西欧諸国がアジア，アフリカを植民地化し，そこで収奪をしたからといって，日本の行為が正当化されるものではない。中国がチベットを侵略したことや，文化大革命で多数の人を殺した事実を隠しているからといって，日本が事実を歪めていいことにはならない。

(1)　朝鮮併合，満州国建設

　例えば，朝鮮併合による植民地化，満州侵略について，日本はやらなくても，ロシア等が植民地化をしたのではないか，とする見解がある。しかし，そのとおりだとしても，例えば朝鮮での創氏改名の押しつけ，3．1万歳事件等の住民弾圧が正当化されるわけでもあるまい。満州についても，侵略以前からインフラを整備し，外観上，国家の形は取って独立した。しかし，実態は植民地であり，日本から多数の移民が送られ，現地人の土地を取り上げて，入植を行っていった。またそれは，軍部が意図したことであった[1]。

　敗戦によって，満州から開拓民が多くの脱落者を出しつつ逃げ帰ってくるという事態はNHK等のドキュメンタリーで度々とりあげられているとおりである。731部隊という，細菌兵器を捕虜を使って人体実験をする施設があったことも，軍事で支配した植民地であることの象徴である。

(2)　日華事変

　まして，その後の中国侵略は，何らの戦線布告もないままの戦線拡大のみをとってみても，何ら正当化できる根拠はなかろう。匪賊の討伐が目的であるとか，中国側の挑発によるものとの主張もあるが，だからといって，首都（南京）の占領，その他戦線の拡大……重慶への無差別爆撃が正当化されることはあるまい。

3　太平洋戦争について

　米英との開戦については，具体的には1941年の9月6日（以降）の御前会

議で決定したことである。また，その直接の要因といえば，日独伊三国同盟を結んだことである。当時ドイツと戦争中で，空襲を受けていたイギリスや，亡命政府となっていたオランダが日本を敵国と見なすのは当然であり，米も同様であろう。日本は1940年以前に既に中国を侵略し，ベトナムにも進駐した（北部仏印進駐，南部仏印進駐）。これが原因で，日本の在米資産の凍結，石油禁輸へと至るわけで，日本にとって石油確保の為には，ジャワの占領が必須となる。しかし，日本が当時の侵略戦争をやめることがなければ，到底英米との妥協点など見出せなかった筈である（読売新聞2006年8月10日付もこの立場）。

(1) アメリカ謀略論，ハルノートについて

どちらが始めたにせよ，前述の通り，日本側のほうの原因が大きいし，結果の責任は免れない。

開戦直前にアメリカが提示したハル・ノートに責任があるとの説がある。あの東京裁判のパル判事もそのように言っているという。しかし，これは表題の通り，まだ提案のはじめであって，交渉の余地があったものであり（満州も放棄せよといってるかどうかも決まってない）[2]，それが過大評価されている。この時点で既に日本軍は真珠湾に出発済みである。ハルノートを「天佑」と攻撃正当化できるもの，と認識した軍人もいる[3]。なお，このハル・ノートはコミンテルンが作ったとの説は，否定されている[4]。

2008年12月のザ・スクープでも報道されているが，真珠湾以前に，アメリカが奇襲する計画はあった。どの程度具体化していたかは判らないが，大統領も了解していた。この計画は，以前産経新聞にものっていたし，戦前の日本の新聞にものっていた。このような事実と，騙されたとか言うのや，謀略論と整合するのだろうか？　また，そもそも，日本もアメリカを仮装敵国としていたのだから，先に攻められていたとしても，日本の敗戦の結果責任を否定する論拠にはならないと思われる。まして，主体的，積極的に戦争を始めているのであるから（当初奇襲で成果を上げていた），戦争遂行者の国民に対する責任は重大である。

(2) 大東亜共栄圏論

　この戦争がインドの独立等を促進した（と安部晋太郎元首相は2006年にテレビで誇らしげに語っていたのを見た）。シンガポール陥落の時にド・ゴール元仏大統領は，「ヨーロッパによるアジア支配は終わった」といっていた。しかしそれはあくまでも副次的なものであろう。（日露戦争でも同様に，欧米に対する勝利であるとして諸国民を意気付けた事実があるが，それを戦争の正当化根拠とする人はいない）。

　戦後，当事者で，東京裁判の被告人（の一部）以外にこのことを強く主張した人はいない。また，戦後この活動を継続した人もいない。実際インドネシアでは，主に下級の兵士が独立戦争に参加したが，祖国では，逃亡兵として扱われ，軍人恩給ももらえなかった。

　なお，インドネシアでは，独立宣言に皇紀が用いられているのだが，これはまさに日本の（価値観）の押し付け以外の何物でもなかろう。東京裁判にしても，勝者が敗者を裁くのは歴史の常である。負けた側に不満があっても，事後法であっても。また，もしこれが無かったら，支配階級の，誰が国土を焦土と化した侵略戦争の責任をとったのか。いやいや，今からでも日本国民自身がきっちりと事実を振り返るべきである。もちろん無差別都市空襲や原爆投下等を批判すべきであるが。

4　戦争を振り返る時に事実として認識していただきたいこと

(1) 戦死者とされる人々の半数以上が戦病死・餓死であること

　戦没者は320万人，そのうち軍人軍属の死者数は230万人とされる。『餓死した英霊たち』（藤原彰著・青木書店，以下の事実の引用は同書による）によれば，その半数以上が餓死であるとされる。この問題を，最近の戦争のことが議論されるテレビ討論等で出演者から提起されても，他の出演者皆が知らないのか？　まともに議論にならない。

　なお，ここでは主に南方での事案を取り上げるが，食料が豊富なはず（?）の中国戦線においても，戦没者は45万5700人（満州，台湾を除く）のうち，過半数は戦病死だと上記の著書は推論している。例えば，湘桂作戦という昭

和19年頃の作戦では，戦死695人（22％），戦傷死322人（10％），戦病死2184人（68％）であった。

戦傷死が多いのも気になるが（医療体制の不備），戦病死の多くは栄養失調が原因であり，端的に補給の不備（長期間の不十分な給養で，栄養失調状態であった）であるとされる。医療体制以前に，補給がまったくできていないのである。

補給が可能な中国ですらこのような惨状であるから，制空権も制海権も無い南方の孤島では多数が餓死するのは当たり前ともいえるかもしれない。先立つ日清戦争では，死亡者約1万3000人のうち，戦死者は1割程度で，あとは赤痢，コレラ，脚気等によるものとされる。戦争には戦病死がつきものかもしれないが，より病気の危険が大きい南方ではより補給や医療に配慮がなされるべきであったであろう。また，多くの病死者，餓死者は，戦闘とは関係の無い，離島の孤立状態や移動（例えばインパール作戦）の時に死んでいる者も多いのではないかと思われるが，名誉の戦死として靖国に祭られて浮かばれるのだろうか。まずこういう事実を認識すべきである。

(イ) ガタルカナル島（昭和17年から18年）

上陸した3万人のうち，5000人が戦死，1万5000人が餓死。但し，残りの1万名は救出（撤退）された。これは有名な話である。この撤退に関し，当時の指揮官である山本五十六の行動を高く評価する戦争記録ビデオを見たことがある。確かに，そのまま放置していれば，更に1万人が餓死したであろうが，既に多数が餓死したことの責任を問題にはされていない。以下のうち，インパール作戦以外は，事実すら知らない人も多いのではないか。

(ロ) インパール作戦（昭和19年）

参加日本兵約8万6000人のうち戦死者約3万2000人，戦病者は4万人以上（餓死者が大多数ではないか）と悲惨な結果は有名である。撤退してくる道は「白骨街道」「靖国街道」「神社街道」と言われていた（道端で野垂れ死にをする兵士が多かったことから，死んだら靖国に行くとの訓示を皮肉ったもの）。しかし，指揮官は戦後も生き残っている。

この作戦についてのイギリスの当時の報道映画で，銃を持ったり，やせ細ったまま死んでいる多数の日本兵の姿を写し，奇妙な状態であると皮肉っているものを見たことがある。また，NHKでの検証番組では，撤退中に，歩

けなくなった多くの人が手榴弾で自殺し，持っていない場合は他の兵隊に売ってくれるように懇願したという話をしていた。

　この作戦で，佐藤幸徳中将の率いた師団が，コヒマという要衝を占領したが，補給のないことに怒り，独自の判断で撤退したことは有名な話である（1万人の命が救われた）。ウィキペディアによれば，

　「佐藤は作戦前に第15軍の会議にて補給の困難を主張。第15軍司令部に作戦中の補給量の確約を求めた。しかし作戦開始後，糧秣・弾薬が補給されず，『これから送るから進撃せよ』など偽りの電報を送り続ける第15司令部（牟田口廉也司令官ら）の対応に激怒していた。それでもなお要衝コヒマを占領したものの，ついに物資不足を危惧し撤退を進言するに至った。補給を軽視した司令部は佐藤に作戦継続を強要したが，師団はすでに武器弾薬や食料の不足から著しく苦戦しており，これ以上の進撃は不可能な状況だった。そこで直接の上官ではなく第5飛行師団の田副登師団長宛にまで直接補給を要請したが，それでも佐藤はこのままでは全滅は不可避と判断していた。

　そこで，5月末日でのコヒマ放棄と主力の撤退を独自に決断し，部下の宮崎繁三郎少将に遅滞戦闘を命じた。そして，

　『善戦敢闘六十日におよび人間に許されたる最大の忍耐を経てしかも刀折れ矢尽きたり。いずれの日にか再び来たって英霊に詫びん。これを見て泣かざるものは人にあらず』（原文は漢字・カタカナ）

と返電し，6月1日に兵力を補給集積地とされたウクルルまで退却させた。この際にビルマ方面軍宛に，

　『でたらめなる命令を与え，兵団がその実行を躊躇したりとて，軍規を楯にこれを責むるがごときは，部下に対して不可能なることを強制せんとする暴虐にすぎず』

　『作戦において，各上司の統帥が，あたかも鬼畜のごときものなりと思う……各上司の猛省を促さんとする決意なり』

　『久野村参謀長以下幕僚の能力は，正に士官候補生以下なり。しかも第一線の状況に無知なり』

　『司令部の最高首脳者の心理状態については，すみやかに医学的断定をくだすべき時機なりと思考す』

などの激しい司令部批判の電報を送った。しかし，ウクルルにも弾薬・食糧

4　戦争を振り返る時に事実として認識していただきたいこと

が全く無かったため，独断でさらにフミネまで後退した。」
　なお，この撤退は日本陸軍初の抗命事件とされ，師団長は解任されたが，病気として軍法会議にはかけられず，予備役とさせられ，ジャワへ転勤となった。処分すれば，上官にも責任が及ぶし，内地に戻せば真相が明らかになることをおそれたためと言われている。
　なお，このインパール作戦の失敗は，現地の責任者とされる牟田口中将を始め，誰も責任を取らされていないのも有名な話だろう。
　なお，ギャリソンヒルというところにある墓地は英印軍だけのもので，そこで命を落とした日本軍の英霊は葬られていない。ひとつひとつの墓石には，英印軍に参加した，英国人，インド人，ネパール人の名前が刻まれているそうだ。
　日本軍の慰霊碑は，インパール近郊15キロのインド政府の協力を得たロトパチン村の村民と日本政府によって1994年になってようやく建立されたという（鳥飼行博研究室のページより）。
　(ハ)　ニューギニア（昭和17年〜20年）
　ここでも送り込まれた14万8000人のうち，生還者は1万3000人であり，残り（死者）の多くは餓死である。前記著書は，大本営は，ここの地理を知らず，大移動を命じたことも重大な失敗であると指摘している（ジャングル，密林，山地ばかりで移動困難）。
　戦後自決した足立中将によれば……「作戦三載の間10万に及ぶ青春有為なる陛下の赤子を喪ひ，而してその大部は栄養失調に起因する戦病死なることに想到する時」とある。このような状況下で，「ゆきゆきて神軍」（奥崎謙三という人物が戦後36年経過後，ニューギニアでこの事件を追及したドキュメンタリー映画）にあるような，戦後になってから，軍規違反を口実に兵士を処刑し，食べてしまったという事件が発生している。
　(ニ)　南方の島々での食料不足による餓死
　米軍の作戦上攻撃から外された多くの島は，補給も無く，かといって，農業もできる環境である島は少なく，多くがまさに餓死した。例えば，ブーゲンビル島では4万人程度あった戦力が，終戦後2万3000人になっている。
　(ホ)　フィリピンでの餓死
　61万人以上のうち約50万人が死亡し，ここでもその多くは餓死であるとさ

れる。
　なお，フィリピンでは，現地人を殺して食べたり，戦死者の肉を食べたりした事件は多く発生しているようだ。大岡昇平氏の著作が有名である。
　なお，この餓死本を初めて読んだ時に，ある弁護士にこんな本を読んでいると言ったら，「自分の田舎（九州）では，ある地域の戦争の死者の大半が戦死ではないことを遺族は知っているのだが，遺族は戦死だと思いたがっている」という話を聞いた，また，私の事務所で，ある相談者（女性）の戸籍を拝見したら，夫が昭和21年に死亡していた。聞くと，栄養失調状態で復員し，状態が改善しないまま亡くなったそうだ。このようなことは決して偶然ではないだろう。

(2)　遺骨収集が十分なされていないことについて
　2007年夏にも，朝日新聞などで，ニューギニアの北にあったビアク島（1万人以上が戦死）で，多数の遺体が倒れたままの姿で未だに野ざらしになっている事実が報道されている。
　東京都である硫黄島でも，戦死者（2万人）のうち，遺骨が回収されたのはその半分だけである。
　平成18年11月に，深夜テレビをつけたら，ＴＢＳ系で，ノモンハンに遺骨収集に行くドキュメンタリー番組を放映していた。最初のナレーションで，「遺骨収集は南方が優先され，ノモンハンは初めて」というのを聞いてびっくり。私の記憶では，確か，20年以上前に，あるテレビ番組で，ニューギニアでの遺骨が放置されていることを問題にしたことがきっかけとなって，当時の厚生省が，遺骨収集事業に乗り出した，と記憶しているのだが。そうではなかっただろうか。少なくとも遺体・遺骨の収容を今からでも促進すべきであることは誰も異論が無いはずである。

(3)　戦陣訓について
　餓死，戦病死の一つの要素は，東條英機の布告した「先陣訓」の「生きて俘虜の辱めを受けることなかれ」との影響が大きいが，この責任は誰が取るのか。
　この為に，多くの人が捕虜になることを拒み，死を選んだ。一般市民も，

米兵につかまると虐待される，と信じ込まされていた。本稿に記載した，多くの餓死者が存在する背景にもこの「戦陣訓」がある。

だから，映像でしばしばとりあげられるように，サイパン島のバンザイクリフと呼ばれるところから海に飛び込んだ。なお，玉砕時のバンザイ突撃にも，こん棒をもって多くの少年が参加したということだ。

最近沖縄戦に関し，集団自決が軍によるものかどうかが問題になっている。裁判になっていること自体から，集団自決を軍が命じたことを削除しようとしている動きはおかしいと思う。なぜなら，そのような自決は，まさに戦陣訓に由来する，バンザイクリフと同様の事態であって，戦陣訓＝国家の方針とされたことと言って良い。更に，その最も忠実な実行者である軍隊が住民に指示したのもごく当たり前のことだからである。

5　まとめ

以上について，戦争の悲惨さ，あるいは日本軍の悪い面のみを強調しすぎていると批判する人もいるだろう。そんな人には，例えば，日本と全く関係のない『スターリングラード』（朝日選書）の一読をお勧めする。ここの攻防戦では，100万人が死亡し（ドイツ軍30万，ロシア軍50万，市民20万），今でも土地を掘り返せば遺骨が沢山出てくるようだ。ヒットラーとスターリンという非人道的独裁者の指揮による悲惨な戦いである。ここでは，例えば，軍規違反ということで，ソ連側でソ連軍兵士の1万人以上が軍規違反で処刑され，また，寝返った兵士も含め，5万人以上がドイツ側で戦った事実がある（生存者はほとんどいないようだが）。また，ヒットラーの玉砕命令にもかかわらず，ドイツ軍は降伏し，9万人が捕虜となったが，その半数は，死亡した（餓死，病死が大半）。日本軍の関与した戦争と悲惨さは変わることはない。戦争とは常にそういう悲惨な，非人道的なものだろう。

戦争を如何に正当化しようとしても，本稿で指摘したように，まず大規模餓死の責任，作戦失敗，戦陣訓の強制の責任が問われてしかるべきである。

しかし，このような点についての検証・議論がないまま，戦争正当化，憲法改正に進むことは順序が違っている。

例えば，太平洋戦争が，アメリカの貿易制裁によるものとしても，それが

上記のような責任を否定するものではない。また，例えば，東京裁判でインドのパル判事が無罪を主張した。これは，あくまでも事後法の禁止の観点からであり，侵略戦争の責任を否定するものではないのに，この無罪論が戦争を正当化するものであるような文脈で利用されていることもあるようだ。国を愛するから，かつての国家の行為を美化したいのは分からないではないが，むしろ対外的にマイナスであることは，靖国問題からもあきらかである。憲法前文にあるように「自国のことのみを考え，他国のことを考えない」姿勢はよい方向では評価されまい。

　いずれにしても，戦争正当化論はあたらないし，ここで指摘した事実を歪める立場から改憲がなされる事を強く危惧する。

　靖国参拝にしても，国連の事務総長からも非難されていることを冷静に受け止めるべきである。戦争肯定，改憲のエネルギーがあるなら，まず100万以上という放置された遺骨収集に行って来いといいたい。

　東京裁判が不法なら，まずどんな戦争であったか事実を確認し，誰が責任をとるべきだったか議論すべきであり，その結論は平和憲法の改正の結びつくとは思われない。二度と愚かな戦争をくり返してはならない。平和憲法を守れ！！

1　加藤陽子『満州事変から日中戦争へ』（岩波新書）
2　『検証戦争責任1』（中央公論新社）
3　須藤眞志『ハル・ノートを書いた男』（文春新書）
4　同上

第5章　コスタリカの試み

　　　　　　　　　　　　　　　　　　　　　　　　梅田章二

1　はじめに

　コスタリカ共和国政府観光局日本事務所のホームページによれば，「コスタリカ共和国は北米大陸と南米大陸の中間に位置する，四国と九州を合わせた程の大きさの国。太平洋とカリブ海に面し，国土の中央部を現在も活動中の火山帯が占める変化に富んだ地形が，素晴らしい自然を育んでいます。スペイン語で，『豊かな海岸』を意味するこの国に，皆様はどのようなイメージをお持ちでしょうか。」という文章ではじまり，9つの特色を列挙しているが，そのトップに，「世界で唯一の非武装永世中立国」が挙げられている。それに引き続き，「国連平和大学及び地球評議会事務所設立」，「アリアス大統領（当時現役）ノーベル平和賞受賞」，「国家予算の21％が教育費（2000年度）」，「国土の約24％が国立公園（保護区）」，「地球上の全動植物種の約5％が生息」などという項目が続く。これを見てもわかるように，コスタリカ政府の「売り」は，平和，教育，環境なのだ。

　このように平和，教育，環境を柱として国づくりを進めてきたコスタリカの試みは，日本の国のあり方を考える際のひとつの参考になるのではないか。

2　内戦から軍隊を禁止する憲法の制定へ

　コスタリカは1948年3月10日から4月19日までの6週間の内戦を経験した。内戦の発端は，同年2月8日に実施された大統領選挙において，旧政権（カルデロン候補　国民共和党）がウラテ候補（国民連合党）に予想外の敗北を喫したが，3月1日，国会が大統領選挙無効，カルデロン候補の当選を宣告し

た。それに対して，3月10日，ウラテ陣営のフィゲーレス氏が武装蜂起し，カルデロン派を武力行使により破り，カルデロン派はニカラグアに亡命，5月にフィゲーレスを議長とする政府評議会が成立し，政権を掌握した。

　ここまでなら発展途上国ではよくみることのできる軍事クーデターにすぎないが，コスタリカの場合には，同年12月1日に，政権を掌握した政府評議会が，一方的に軍隊を解散し，軍備の放棄を宣言し，陸軍司令部を教育省のものとし，博物館に改造した。

　その直後の12月3日に米州相互援助条約（リオ条約）を批准し，アメリカを盟主とする集団安全保障体制に組み込まれた。

　48年12月10日，ニカラグアに亡命していたカルデロン派が，ニカラグア政府の支援を受けコスタリカに侵攻してきた。コスタリカは，再軍備の道を選択することなく，リオ条約にもとづく米州機構に提訴，米州機構理事会が調査を開始し，軍事専門家委員会を現地派遣するなど速やかに行動を開始したことから，49年2月にはカルデロン派の武装勢力はニカラグアに撤退した。コスタリカは，攻められたという経験から再軍備という教訓を引き出すのではなく，むしろそれとは全く逆方向の方針，すなわち，49年11月7日に，「常設的機関としての軍隊は禁止される」という条項を含む憲法12条を制定し，憲法上も軍隊の禁止を定めたのである。

3　平和の危機の中で平和路線を維持する

　55年1月8日，再びコスタリカは隣国ニカラグアからの武力侵攻を受けることになる。コスタリカは，再度，米州機構理事会に協議会の開催を要請，米州理事会は調査委員会を編成，同月15日ニカラグアの侵攻を確認，米州理事会は侵略行為を非難した。今回の侵攻は48年当時よりも大規模なものであったため，アメリカは，コスタリカ政府に戦闘機4機を1機1ドルで売却するという軍事援助をしたようである。結果的には，戦闘行為はほとんどなく，19日にはニカラグアの侵攻勢力は撤退を開始した。コスタリカは，この再度の武力侵攻という経験からも，再軍備という道は選択しなかった。

　79年に，ニカラグアで国内紛争が発生した。約40年間にわたって長期独裁体制を強いてきたソモサ政権が崩壊し，サンディニスタ政権が誕生した。ア

メリカのカーター政権はソモサ独裁体制の崩壊を歓迎したが，次のレーガン政権はサンディニスタ政権を国際共産主義と同一視し，その転覆を計画し反政府勢力コントラを育成したため，内紛状態となり，ニカラグアとコスタリカの国境付近では頻繁に武力紛争が発生した。

アメリカは，ニカラグア周辺国家に軍事基地の提供を求め，ホンジュラスなどはそれに応じた。コスタリカに対しても，軍事基地の提供を求めたが，それを拒否し続けた。83年11月17日，ルイス・アルベルト・モンヘ大統領は，コスタリカの態度を内外に明らかにするために，コスタリカの永世的，積極的，非武装的中立に関する大統領宣言を発表し，アメリカの軍事基地提供を拒否して，平和路線を維持した。

4 コスタリカの「積極的」平和主義とは

モンヘ大統領の宣言によると，中央アメリカは，容赦のない武力対立によってわずか5年間で10万人の死傷者と10万人の難民が出て，コスタリカの平和は危機的な状況にある，戦争の危機が現実的であるとした上，あらためて，コスタリカは戦争に反対であり，平和政策は，考えられる現実性のある唯一の政策であるとし，

精神的な力──コスタリカは平和を支持し，戦争に反対するために戦う

コスタリカの中立の由来──独立当初の国家を指導したフアン・モア・フェルナンデス（村の学校教師出身）の1829年の演説を引用

中立の使命──1860年当時の大統領ヘス・ヒメネス大統領の引用，コスタリカは中立を維持する，コスタリカは避難所を提供する

コスタリカ国民の特質──1880年当時のベルナルド・ソト大統領の引用，コスタリカ国民はあらゆる紛争に反対し冒険を好まない

軍隊の廃止──ホセ・フィゲーレスは，軍隊を廃止した。われわれは自由意思で一方的に軍隊を廃止した唯一の国民である。

平和に生存する誇り──コスタリカ国民の政治的願望は，人類のために平和を現実的に達成することである

人間の全面的発展としての平和──教育，文化，健康管理，社会福祉のために軍隊の予算をあてることがコスタリカにとっては価値があった

> 永世的，積極的，非武装的中立――コスタリカの中立とは，平和的解決に
> むけて諸活動を行うという意味で積極的である

などの内容のかなり長文の宣言となっているが，消極的に自国のみが平和であればいいという消極的平和ではなく，対外的にも平和攻勢をかけるという積極的なものであるというところに特徴がある。

後日，モンヘ氏は，日本で発売されている「通販生活」という雑誌のインタビューに答えて，当時のことを回想している。

モンヘ 「80年代の中米は，冷戦の最後の舞台，私たちは，ソ連の支援を受けるサンディニスタ政権を助けるか，アメリカの支援を受ける右派ゲリラを助けるかという2つの圧力を受けていました。民主主義の国，平和主義の国，軍隊のない国が軍事的危機において何ができるかを考えた結果，積極的中立を選んだ。」

雑誌編集部 「大統領の立場に対して反対の意見はありましたか。」

モンヘ 「国内でも反対はあったし，ペンタゴンやＣＩＡからたびたび宣言の撤回を求められたが，宣言はコスタリカ国民の8割以上の支持を得ていた。」

雑誌編集部 「日本の改憲派は，コスタリカは米州機構に隷属していて米国の庇護下にある，だから非武装中立でも安心していられると皮肉をいう人もいますが。」

モンヘ 「コスタリカが米国の庇護下にあるですって，それは日本のことではないですか，米国はどんなに大国でもあくまでも米州機構35カ国の一部にしかすぎない。機構内にあって米国とコスタリカは同等の立場である。」

5　アリアス大統領のノーベル平和賞の受賞

1986年の大統領選挙は，モンヘ大統領の平和路線を承継するかアメリカの要求に応えて軍事基地を提供するという路線に転換するかということが大きな争点として闘われたが，結果的には，平和路線を承継するとするアリアス大統領が圧倒的な支持を受けて当選した。

大統領になったアリアス氏は，87年8月7日，グアテマラ協定の調印にこ

ぎつけることに成功し,ニカラグア紛争は解決した。

アリアス氏は,その功績によりノーベル平和賞を受賞することになる。ノーベル平和賞授賞式でのアリアス氏のスピーチに,アリアス氏及びコスタリカの平和に対する自信が窺える。

「平和には,終着点はない」というタイトルの演説の中で,アリアス氏は,「武器はそれ自体では発射されない。武器は希望をなくした者によって発射される。また,ドグマに支配された者によって発射される。われわれは,ひるむことなく,平和のために闘わなければならない。そして,恐れることなく,希望をなくした人たちや熱狂の脅威からの挑戦を受け入れなければならない」,「平和というものは,すべての人の心で,それを希求する行動の中にあるものである,というエラスムスの言葉は,小さな国コスタリカの住民に生きている。コスタリカの人々は軍隊をもたず,子どもたちは,戦闘機や戦車や軍艦を見たことがない」,「私の国は教師の国,それ故に,平和な国である。私たちは,教師の国であるが故に,兵舎を閉じた。私たちの子どもは,本を小脇にかかえて道を歩く。肩に銃をかついで歩かない。私たちは暴力を拒否する。私たちは教師の国であるが故に,反対派を押さえつけるのではなく,説得する。私たちは教師の国であるが故に,競争による破滅を招くのではなく,力をあわせ協調した経済を求める。118年間義務教育は無料で,すべての市民は,医療保障により守られており,公共住宅は政府によって基本的に実施されている」と述べている。

6　コスタリカの教育と福祉

コスタリカの軍事的な装備については,警察隊が7500人,小規模な火気のほか装甲車,セスナ機程度であり,もちろん戦車などは保有していないといわれている。軍事費の負担が軽減され,一時期国家予算の3分の1まで教育予算が占めたことがあるが,現在でも20％前後は維持している。教育重視の姿勢は,「兵士の数だけ教員を生産する」とか「トラクターは戦車よりも役にたつ」とか,「兵舎を博物館に変えよう。銃を捨てて本を持とう」などのスローガンに現れている。教育重視の政策により,国民の識字率は97％であり,発展途上国の中では極めて高い部類に属する。但し,国家予算の中に占

める割合が高いとしても,国家予算の規模が小さいために,学校校舎などのハード面での整備は十分とはいえず,現在でも2部制や3部制がとられているところも多いという。

　コスタリカの教育の特徴は,その内容にある。筆者も実際に2001年10月にコスタリカを訪問して小学校の授業風景を見学したことがあるが,日本の小学校とはずいぶんと違うという印象を受けた。筆者が訪問したのは,サンホセにあるリンコン・ブランデ小学校というスラム街の真ん中にある小学校である。ツアーガイドからバスの外には出ないでくださいといわれたくらい治安が保障できないところにあった。しかし,一歩構内に入れば,賑やかな明るい雰囲気のする学校であった。ここでもやはり3部制がとられていた。小学校5年生の平和教育の授業であると紹介された。授業の特徴は,教師が生徒に答えを求めるというやりかたではなく,答えにいたるプロセスを生徒が出し合い生徒たちが結論を出すまで見守るというやり方である。「あなたのおとうさんとおかあさんがケンカをしたらどうしますか」という質問に対して,生徒たちが,さまざまな答えをやりとりするという状況があった。日常的な普通の質問ではあるが,「まず2人を引き離す」だとか「引き離した上で一方をまず説得する」などの生徒たちのやりとりを通じて,自然と紛争防止や紛争解決のための平和学にもとづく考え方を身につけていくことになることがわかった。

　この授業は国連平和大学から派遣されていた教師が担当しているとのことであった。
　また,中学校2年の社会科の教科書には,
・テーマについて調べてみよう
　「平和とは戦争がない状態ではない」といわれているのは,なぜでしょうか
・考えてみよう
　なぜ,コスタリカは平和国家として知られているのか
　平和に生活ができるようになった歴史上の特徴をあげよう
・グループで話し合おう
　人間社会における重要な条件について説明しよう
　20世紀における平和を求める出来事を挙げよう

コスタリカ国民が反軍国主義という天性を持っているといえる理由をあげよう
　　・ノートに書こう
　　なぜ，子どもたちは平和より戦争のことを良く知っているのか説明しよう

というように問いかけ式の記述になっている。答えは教科書には書かれていない。このような問いかけによって，生徒たちに討論させるという仕組みである。

　コスタリカは福祉国家でもある。国内に内紛もなく軍事費の負担から解放されたコスタリカでは，先進国に近い福祉を作りあげてきた。出生時平均余命77.7年，1000人当たりの5歳以下の幼児死亡率11人など健康指数は先進国に近づいている。

　保健医療の面でも，社会保険制度が普及しており，投薬を含めて自己負担なしで診療を受けることができ，貧困者の場合は保険料を納付していなくても診療を受けることができるため，医療アクセスは事実上100％といえる。但し，病院などハード面での整備は完全ではなく，診療待ちの実態も指摘されている。

7　選挙最高裁判所による民主的選挙の実施

　コスタリカ憲法9条では，「国家の諸権力から独立した地位を有する選挙最高裁判所は，その責務として，独占的かつ独立的なかたちで選挙にかかわる行為の組織化，指導，監視を担当する」と定めており，選挙最高裁判所に対して，三権とは独立した権限を付与している。

　実は，コスタリカが20世紀後半において中米のスイスと呼ばれるまで安定した平和を形成してこられた背景には，軍隊を廃止したということと並んで，というよりもそれ以上に，民主的な選挙制度によって政権交代を可能にした選挙制度にあるといえる。発展途上国では頻繁にクーデターなど軍事力の行使によって政権交代が行われてきたこととは対照的にコスタリカでは，そのようなことはいっさいなかったのは，まさに軍隊の廃止と選挙制度によるものであった。

投票が行われる前後6ヵ月間は，全権力が選挙最高裁判所に集中される。余談だが，投票日の前数日間は，酒類の販売も禁止される。大統領や国会議員も2期連続の立候補は禁止される。長く地位に着くと堕落するという考え方にもとづく。

選挙運動への制限に関しては，選挙期間は文書配布，個別訪問などほとんど制限がない。自由な選挙が保障される。但し，相手候補への誹謗中傷などは許されず，選挙裁判所が迅速に対応する。「共産主義はカトリシズムとは共存できない」という広告が出された際，宗教的テーマの政治的利用にあたるとして選挙裁判所が広告の掲示を差し止めたという例もあるとされている。

投票会場は各小学校などの学校で行われるが，生徒たちも投票の手伝いを行い，生徒たちによる模擬投票も実施され，その結果も発表されている。小学校の時から投票の意義を理解させるという生の教育である。選挙が実際されるときには，世界各地から1000名の報道関係者が選挙視察に訪れるなど，国民的なお祭り騒ぎとなり，サッカーの試合のようだと例えられている。投票率も高く従来80％の投票率を誇っていた。女性の国会議員への進出も目立っており，57人中に20人が女性議員であるとのことである。

8　政治亡命の権利を保障

コスタリカ憲法31条は，「コスタリカの領土は，政治的理由によって迫害を受けた者すべてに対する避難所である」と定めており，軍事クーデターなどが頻発したラテンアメリカでは，政治家たちのかっこうの逃げ場を提供してきた。有名なところではキューバのカストロ氏がいるし，日系のペルー大統領であったフジモリ氏も一時期コスタリカに亡命したことがある。数多くの政治家がコスタリカに亡命したことがあるが，このように政治亡命を積極的に認めてきたことによる外交上のメリットが指摘されている。ひとつには，亡命政治家が祖国に帰国し政治的な指導者に返り咲いた際には，コスタリカに対する好感を抱いているだろうし，また，ひとつには，いつでも亡命できる国があるということはラテンアメリカの独裁者にとっては，いつでも逃げ込める国だという安心感をもつ国であったのである。

9　産業と環境保護政策

コスタリカは，基本的には農業国であり，主要産物は，バナナ・コーヒー・タバコ・ココアなどである。かつて全盛期には，コーヒーとバナナだけで輸出総額の90％を占めたこともあったが，80年代に経済の工業化が進み，第2次産業が50％を超え，第1次産業は12％に低下した。工業の中心は90年代半ばから急成長したハイテク分野であり，半導体の世界有数のメーカーであるインテル社が製造工場を立地したことの影響が大きい。インテル社がコスタリカを選んだ理由は，政治が安定していることと教育水準が高いということによるものである。ここでも，平和と教育ということが，経済的繁栄のキーワードであるということがいえよう。

コスタリカは，北アメリカ大陸と南アメリカ大陸がジョイントする位置にあり，北緯10度前後のまさに熱帯地方に位置する。四国と九州をあわせたくらいの面積の国土の3分1が3000メーター級の高山を中心とする山間部であり，残りは熱帯低地と太平洋とカリブ海に面する低地である。首都サンホセは，1400メートルの高地盆地にあり，比較的温和な気候に恵まれている。

このような豊かな自然に恵まれ，国土の約24％が国立公園となっており，野生動物の宝庫として，全世界の動物種の5％，鳥類にいたっては10％が生息している。コスタリカは，この豊かな環境資源に早くから着目し，エコツーリストの国としても有名であり，環境立国ともいえるようになった。観光収入は外貨獲得で第1位になっている。地球環境の保護を謳いあげることは，国のイメージアップにつながり，国際的にも高い評価を受けているが，環境保護の面でも国際的な貢献をしている。スエーデン政府は，自国の金融機関がコスタリカに対して有している債権を買い取り，その債務の支払いに代えて，コスタリカ政府が現地通過で自然保護基金の拠出をするという環境スワップという方式を採用し，環境保護に協力してきている。

10　イラク戦争への支持声明は，憲法違反

03年3月20日，米英軍は，イラクに侵攻したが，その際，コスタリカのパ

チェコ大統領は，国会にもかけずに独断で国民には内緒で，イラク侵攻を支持するという声明を出した。そのため，コスタリカという国名がホワイトハウスのホームページ上の支持国リストに載せられて，広くコスタリカ国民の知れるところとなり，伝統的な平和主義との矛盾を指摘する世論が高まった。

　ロベルト・サモラ君という一人の大学生が，コスタリカの憲法裁判所（最高裁判所憲法法廷）に対して，支持声明は憲法に違反すると提訴した。それに引き続き弁護士団体など複数の団体も同様に提訴した。

　憲法裁判所は，04年9月8日，同国の大統領がアメリカなどのイラク侵攻を支持する声明を出したことについて，憲法違反であり，支援国リストからコスタリカの国名を削除する手続きを命じる判決を下した。判決は，「イラクにおいて軍事行動を起こした国々の『同盟』あるいは『連合』へ道義的支援を与えるための，行政府の2003年3月19日および21日の声明は，我々の憲法秩序に，そして，我々が属する国際連合という国際システムに反するため，違憲である。それゆえ訴えが適切であると認める。当然，声明に訴訟の効果が及ぶ時，その法的効果は失われる。そして，その意味において，共和国の政府に対し，将来，武装侵略の目的にかかわらずいかなる形であれ武装侵略を支援する際には，国際的メカニズムを尊重することを命ずる。行為が無効とされたことの効果として，ホワイトハウスのホームページに存在する『同盟』あるいは『連合』への『加盟』国のリストから我が国を削除することをアメリカ合衆国政府に求めるための必要手続が行われなければならない。」と結論づけている。

11　まとめ

　オルセン・カレン女史（軍隊を廃止したときの大統領フィゲーレス氏の配偶者）は，「単に戦争がない状態ではありません。平和の反対は，飢餓，貧困，暴力，無知，残虐性などです。戦争には勝利者はいません。すべて敗者です」，「1940年代，飢えや失業が蔓延していた時代に軍隊をもつことはまったく理にかなっていないと彼（ホセ・フィゲーレス）は考えたのです」，「平和への文化を築いていくために重要なものは教育です。教育に投資する，そして武力に投資しないということです。美しい環境に投資すること，内外の負債を

少なくして環境に投資するということです。富をできるだけ平等に分配する，とりわけ，若い人たちがチャンスを生かせるようにしていくことです」と述べているが，コスタリカの国づくりのあり方を端的に表現している。

　コスタリカに対しては，ときおり，「欺瞞」や「虚構」という批判を耳にすることがある。世界中に一点の曇りもない理想的な国が存在するわけでもなく，コスタリカにおいても理想化するにはほど遠い現実があることも事実である。詳細に検討すれば，アメリカとの関係においてもモンヘ大統領の言うように完全な独立性を維持できたのか，軍隊がないとはいいながら警察とは別に警備隊があり，それは軍隊ではないのか，中立宣言をしているがそれは国際法上認められるものなのか，など議論の余地はありそうである。しかし，大筋上述したように，コスタリカは小国ながら，国際社会を意識して政治や外交面で巧みに信頼を得て，発展途上国でありながら，それなりに，産業の発展，教育や福祉の充実に成果を挙げてきたことに対して，高い評価を得てきたこともまぎれもない事実である。

第3部　国際情勢と憲法9条改正問題

第1章　冷戦終結に伴う国際環境の変化とアメリカの世界戦略

井関和彦

1　はじめに——本稿の課題

　本稿は平成19年（'07年）に執筆をはじめそのころに脱稿している。その後国内外の情勢は目まぐるしく変転している。
　'07年7月の参議院選において自民党は惨敗し，安倍晋三首相は政権を投げ出した。さらに'08年11月にはアメリカ国民は共和党のブッシュに代えて，民主党のオバマ新大統領を国の指導者に選んだ。オバマ氏は先制攻撃戦略を手直しする模様である。又，核の廃絶に取り組む姿勢を宣言するなど，武力攻撃の悲惨な結果を前にして，平和を希求する世界の趨勢に従って単独行動主義の修正をし，アメリカの世界戦略も手直しされるのか大いに興味の持たれるところである。
　我が国の政治状況も'09年8月30日の総選挙で自公政権が倒れ民主党の新政権が誕生するなど，歴史的に大きな変化の兆しがあらわれている。
　以下は'07年当時の状況を踏まえての論述であるが，以上の本稿脱稿後の状況変化が大きいことを考慮しても，論旨の核心は変更の必要を認めないと考える。
　世界の情勢も，南米諸国の大統領選挙で目立つ脱アメリカへの顕著な傾向を示している。この傾向はオーストラリア，ポーランドの各首相選挙も同様である。ことにわが国の安全，北東アジアの平和にとって重要な動向である北朝鮮をとりまく核問題の解決も6ヶ国協議で，一進一退ながら対話継続が続いている。もっともポーランドでは08年8月年グルジア紛争の影響もあってか，同月20日，ロシアの強硬な反対の中で，アメリカが進めるミサイル防

衛（MD）推進政策である，ポーランドに迎撃ミサイル基地を設置する協定に調印するという軍拡に向かう憂慮すべき現象も起こっている。6ヶ国協議は，'09年6月現在，北朝鮮の再度の核実験で困難な事態となっている。

　このような世界世論の変化の基調は，単純には言えないが，破綻ないしは停滞を余儀なくされつつあるアメリカの軍事力信奉のやり方に対して，紛争を軍事力の使用に頼らずに，外交交渉によって平和的に解決しようとする努力と傾向が顕著になっていることを示している。

　このような情勢の中にあって注意すべきは，わが国の一部政治家などが，北朝鮮のミサイル発射や核実験に対して，日本の核武装を唱えたり，'09年には敵基地攻撃能力を備えるべきだなど安易で無責任な，脅威をあおり立て，改憲の上集団的自衛権を可能にしようとして機をうかがっていることも，また軽視できない現実である。また自民，公明，民主，国民新党の国防族若手議員と称せられる面々が'08年「新世紀の安全保障体制を確立する若手議員の会」の活動を再開したり，5月に，シンポジウム「日本の安全保障政策，自民・民主の2大政党の主張」を開いたり，改憲の推進を再起動させようとしていることも見逃せない。

　そして日米同盟をより効果的なものにし，日米を対等の立場に転換するために必要だとして即軍事同盟の推進を主張することは，現に行われている推進の中身を厳しく吟味しなければ，わが国の進路を大いに誤ることになろう。

　アメリカ国内では反対意見が高まる中，ブッシュ大統領はレイムダックになりながら，殺戮が続けられているイラク侵攻を収束しようとはしていない。08年11月の選挙でバラク・オバマ氏が，イラク戦争擁護を標榜したマケイン候補を破って次期アメリカの新しい大統領になったが，今後イラクやアフガンの武力行使をどのように収束させるのか世界は注視している。

　(2)　本稿の検討課題

　本稿の目的は，米英が主導し，日本も無批判に加担して始められたイラク侵攻が，開戦から6年を経過してなお続けられている空爆・戦闘・自爆・テロ・宗派間の対立などで，目を覆う悲惨な人権侵害状況にある事実にしっかりと目を向け，このような結果をもたらした原因を探るために，日米軍事同盟の実態とわが国の憲法9条の果たす役割ないし意義を見つめて行こうとす

るものである。

　世界保健機構（WHO）08年1月9日発表によると，2003年イラク侵攻開始以来イラク国内での戦闘や宗派間の暴力での死者の数は15万1000人。最大では22万3000人の可能性があると述べている（朝日新聞08年1月10日）。又イラクアッザマン紙（08年1月7日）は，バグダッド市民120万人が市内で避難民化していると報じている（しんぶん赤旗08年1月11日）。

　この惨状を引き起こしたアメリカの武力の行使は，なぜ発動されたのか。これに加担したわが国の政権の選択は正しかったのか。現在明らかとなっている侵攻の原因が事実存在しなかったのに，言われるままに加担した深刻な責任は厳しく問われるべきなのに果たしてそうなっているのか。

　さらに今後，わが国の憲法9条を改変して集団的自衛権を公認しようとする動きが絶えないが，それは人権擁護にとって取り返しができない結果をもたらすのでないか，について，国民一人一人がいまやゆるがせに出来ない問題であると考えるものである。

　そこでこのイラク侵略攻撃を，冷戦後のアメリカの軍事世界戦略から跡付け，今自公政権が進めている，アメリカの戦略に同調する日米軍事同盟の質的変化の現状を概観し，この戦略が人権にもたらす意味を考えたい。

　そして現行憲法9条を変えて，集団的自衛権の発動に道を開く選択が，わが国をいかなる国家に導くのかを考えたいのである。

　国際世論の広く巻き起こった強い反対にかかわらず，イラクに対する単独先制攻撃を仕掛けたアメリカの国際軍事戦略は，どのようなものであったか。そして現にどのようなものか。

　圧倒的に強大な軍事力をもつ超大国アメリカは，わが国との軍事同盟をどのように進めようとしているのか。わが国はどのようにこれに応じようとしているのか。現にどこまで進んでいるのか。

　これらの現状認識こそ，集団的自衛権や，自衛隊の海外派兵を常態化しようとする自民党新憲法試案に対し，その当否を論ずるに際して，わが国民が対処しようとする場合に避けて通れない不可欠の作業である。

1　はじめに——本稿の課題

2　アメリカのイラク侵攻名目の虚偽

　ブッシュ大統領が，イラク攻撃と侵略を正当化するために掲げていた理由は，大量破壊兵器の存在と，アルカイダとの連携があるとのことであったが，そのいずれも全くの作り事であったことが明らかとなった。
　充分な査察の機会を持つべきだとの当然の正論を無視し，遮二無二攻撃は始められた。その開戦は間違いだとはっきりと明らかとなった今，誤りを認めて直ちに侵略軍を撤退するべきである。イラク国民に与えた物心両面のすべての損害を賠償し，破壊された国土と施設を完全に復興すべきである。だが，米軍を中心とした占領は，アメリカ国内議会の撤退決議にかかわらず，07年2月ブッシュは3万人を超える増派を決定実行し，バグダッドの大掃討作戦が続けられ，引き続き無辜の多くの市民を犠牲にし続けている。これにすぐる非道はない。
　この最中でも自爆テロを防ぐことは出来ず，次々と数百名の人命が失われ続けて来た。わが国の小泉・安倍自公政権はこのような不道徳，不正義なイラク侵略加担への反省もなく，あたかも大量大破壊兵器は無いことはない，かつそれが今にも使用される危険があるかのごとく大口をたたいた閣僚も，反省のことばもなく，頬かむりしてやり過ごそうとする，その道徳的退廃振りには，言うべきことばを知らない。そして07年3月30日イラク空輸支援を今後2年間継続することを決議した。復興支援を口実とする決定であるが，その実はアメリカ軍の足としての支援であり，支援の方向を根本的に間違っている。歯止めのない相変わらずのアメリカ追従であるというほかない。
　これら事実の裏づけ資料は枚挙に暇がないが，去る08年4月17日に名古屋高等裁判所も，自衛隊のイラク空輸問題で詳細な証拠に基づき憲法9条に違反すると断じた。

3　自民党の新憲法試案が目指す憲法9条2項の撤廃の狙い

　自民党新憲法試案の狙いは集団的自衛権の発動を可能にすることである。そして自衛隊の行動内容の決定は，すべての法律に委ねることにしている。

ここで集団的自衛権を認めてその発動を解禁すれば，現に進行している日米軍事同盟のもとで，どのような結果をもたらすであろうか。

2006年首相となった安倍晋三総理が任期中に改正を公約した自民党新憲法案の安全保障の考えは何を狙っているのか。

それは国際貢献の旗の下，憲法上集団自衛権を容認し，自衛隊の任務をわが国の防衛に限定する専守防衛の範囲を超えて，軍隊として海外派兵，つまり世界に広く軍事派遣することを可能にしようとするものである。

その目的には国際貢献という理念を掲げているが，その国際貢献の中身と言えば，日米軍事同盟を無批判に是として，集団的自衛権の行使を可能にして，アメリカの世界戦略に同調して受け容れ，これに呼応して世界のあらゆるところで軍事行動を起こしうることを可能にしようとすることにほかならない。

(1) 自民党の党是と安倍晋三元首相の執念

安倍元首相はどのように説明してきたか。

安倍氏は06年4月17日の衆議院テロ対策特別委員会で「ある国から弾道ミサイルが米国に飛んでいく場合日本がこれを打ち落とすことが果たして集団的自衛権に当たるのか」と述べ，現行憲法の下でも自衛隊の武力行使が認められる範囲の拡大解釈に積極的であった。06年9月8日にはNHKのインタビューで「日米とともに海外武力行使が必要である……日本だけがなぜ国際貢献が出来ないのか」，と述べている。首相就任後も，憲法9条改正に執念を燃やし，自らの首相任期中に「21世紀にふさわしい憲法改正をやり遂げる」と強調していた（07年2月の自民党大会での総裁所信表明）。

これら安部首相の所信は自民党の公約である。

このように集団的自衛権を発動せんとする目的には，国際貢献とか同盟関係にあるアメリカへのミサイル攻撃を傍観するわけには行かない，などが掲げられている。

しかし言うところの国際貢献の中身は何か。国際貢献の言葉に描く中身は論者によってまことに多義である。軍事力行使が唯一の国際貢献ではないことは言うまでもなかろう。むしろ軍事力の行使は国連憲章から言っても，且つ又国際世論に照らしても非常に限定された場合のみに許されるものである。

アメリカ・ブッシュ政権の主張によれば単独先制武力侵攻こそが国際貢献となるのであろうか。一方軍事力行使を禁じているわが国憲法の下での国際貢献は，憲法の理念にふさわしい非軍事的国際貢献を積極的に展開すべきである。手段はいくつも考えられる。非軍事的貢献のありようの研究とその実行にこそ真剣に取り組むべきである。

現憲法の精神を生かしての国際貢献の方法と実践を，積極的に追及する姿勢を認めようとしないのはなぜか。

要するに9条を安全保障の基盤にすえて平和外交を積極的に推進する戦略がなく，対米追従で海外派兵ありきの一点張りだからである。

安倍政権は，アメリカとともに集団的自衛権を行使しようとする狂信的意図が強く，防衛庁を省に昇格させ（07年1月），海外活動を自衛隊の本務とする法改正や，07年5月憲法改正手続法の成立を強行採決した。そして任期中に憲法9条を改正して集団的自衛権を憲法上可能にしようと意気込んでいた。さらにこの姿勢は，安倍首相の主導する「国家安全に関する官邸強化会議」が07年2月27日に発表した報告書において，日米軍事同盟強化に呼応し，集団的自衛権の発動の研究をも行うこと，迅速な安保・外交政策の策定を首相など小人数で決定できる日本版JNSC（既存の多数閣僚が参加し防衛大綱などを議論する国家安全保障会議とは別ものである）の創設を提言してもいる。同報告書には，情報漏えいに厳罰を課する「秘密保護法」の制定課題も含まれ，これらの法案を07年国会に出そうとしていたのである。

しかしこの企ては同年7月29日の参議院選挙で国民の手厳しい反撃に会い，自民公明政権組は大敗して頓挫した。安倍退陣のあとを受けた福田政権下で再浮上を狙っている。

(2) アメリカの要請

ところでこの海外派兵・集団的自衛権発動の障碍を取り除くための改憲への突き上げは，夙にアメリカの強い要望に基づくことが指摘されている。

先にアメリカにおいて2000年10月に出された，アーミテージ（前国務副長官）報告は「日本が集団的自衛権を否定していることが同盟関係を束縛しているものになっている。これを撤回することは，より緊密で効果的な安全保障協力を可能にする」と集団的自衛権の否定が日米同盟の障害となっている

と述べて，あからさまに改憲を求めている。又VOICE誌06年9月号では「日本がアメリカと対等な同盟パートナーとして共同行動をするには，日本も他の諸国同様，集団的自衛権を行使できる状態にないと実際に支障がある」と明確に集団的自衛権の行使が日米同盟にとって不可欠であることを示している。また06年9月7日の神奈川新聞によると，ケリー在日米海軍司令官も「米海軍は海自を守るが，日本の海自は米海軍をまもれない（これでよいのか）」と現行日本国憲法に不満を示し改憲をせまっている。

　アーミテージ報告の第2弾が07年2月16日に発表された。それによると，中国の急激な成長を踏まえてアジアを正しく導かねばらない，と考え「米国の未来は，アジアとの強くダイナミックな関係が必要だ。アジアでの米国の立場を支える要石は米日同盟だ」と説き，日本に対し「①危機に際して機動的かつ柔軟に外交・安保政策を運用できるようにすること，②現在進行中の憲法に関する（改憲）議論は……心強い，③自衛隊の海外派遣を規定する法的仕組みに関する議論も心強い，④防衛省・自衛隊が近代化と改革を進めるにあたっては十分な財政措置が重要だ」と述べ，わが国の憲法9条が日米の軍事同盟の障害となっていることからその解除を求め，改憲議論の高まりに熱い声援を送り，財政的にも防衛関係予算の支出増加の必要性を説いている（朝日新聞07年2月17・18日朝刊）。

4　集団的自衛権の解禁でわが国は軍事政策において対米で自立しうるのか

　ところで，このようにアメリカ政府からも迫られている集団的自衛権の行使が容認され，集団的自衛権否定の歯止めを失えば，その発動においてアメリカから求められるわが国自衛隊組織や作戦並びに行動の中身・性格は，当然ながら今日までの対米従属的関係からみても，現実に推進されている強力なアメリカの世界軍事戦略に左右されない独自性を有しうるとは到底言えない。双方の軍事力の現状や対米従属の現状から考え，対等または独自の戦略戦術をわが国が決定しうると考えることは，あまりにも現実離れした見解で楽観的に過ぎる。現に後述するように，米軍と自衛隊との共同訓練や，ますます進む一体化した日米軍事再編の進行で，わが国は明らかに，これまでも

そうであったように，これからもアメリカ軍の指揮下に組み込まれるであろう。

その現実的でかつ具体的な好個の事例は，2001年から展開されてきた湾岸戦争に引き続く03年3月のイラク攻撃と，その後の占領支援行動に端的に現れているといえるのではないか。

今現在，アメリカの軍事戦略の再編に伴って現に進められている，軍司令部の編成，移動，自衛隊陸自即応部隊の新設とアメリカとの指揮系統の一体化，基地の共用，部隊の移動，新型兵器の配備，ことに98年以来進められているミサイル防衛システムの取り組みなどで，アメリカの軍事戦略に従属した全面的な日米軍事同盟一体化が進行している。このように憲法9条の形骸化の先取りを既成事実化されている現状を直視すれば，この恐れは決して杞憂ではない。

5 アメリカ・ブッシュ政権はいかなる国防政策を採ってきたか

日本の軍事力を自己の戦略に組み込もうとするアメリカの軍事戦略はいかなる方針の下に遂行されているのか。

アメリカの軍事戦略・国防政策は単独先制攻撃を根底に据えている。わが国は，この政策の発動であるイラクへの侵攻に無批判に全面的に加担してきた。又今日アフガンに対する軍事行動への海上給油も国際貢献と言って，参議院の反対決議にもかかわらず，衆議院の自公多数を頼んで議案を回付して再決議をした。なにがなんでもアメリカへの協力である。ところで咋08年に明らかとなった，驚くべき守屋武昌防衛事務次官の収賄汚職に見られるように，膨大な軍事予算に群がる政商や組織の中枢部の腐敗が進み，血税がひそかに食い荒らされていることがわかる。その闇の腐敗も解明されつくしたとは言えない。この闇の解明を含め日米軍事同盟への国民の監視はいっそう強めなければならない。

以下，アメリカの軍事世界戦略の概況を以下の資料によって素描する。

・「日米安保条約」の定め

・わが国「平成18年防衛大綱」

・アメリカの4年ごとに見直される国防政策の基本的定めQDR（Quadrennial Defense.Reviw）のうち，1997年の「QDR'97」および2001年の「QDR'01」，ならびに2006年の「QDR'06」
・さらに2005年10月29日の，日米安全保障協議会（いわゆる2プラス2）による合意文書「日米同盟の未来の為の改革と再編」
・その分析や解説をなす参考著書や新聞記事（梅林宏道『在日米軍』，チャルマーズ・ジョンソン，『帝国アメリカと日本　武力依存の構造』，他巻末参考文献参照）

(1) 日米安全保障条約

　日米安保については本書の別の箇所で詳しく述べられているので，簡単に触れたい。
　現憲法制定以来の政府の憲法解釈は，憲法に反しないと言い得る武力の行使は，自衛の範囲であって必要最小限度である。あくまでも専守防衛である。
　ところで，旧安保は51年単独講和と同時に締結された。その欠陥として指摘されてきたことは，米軍の日本防衛義務がなく，国連のとの関係も不明で（国連加盟はのちの56年），日本の内乱への米軍の介入や，米軍の著しい特権が定められていたことであった。
　現安保条約は1960年1月19日締結され，6月23日批准された。
　同条約には日米双方の基本的価値観として「自由，人権，民主主義」の共有が謳われている。しかし安保条約の価値観と，軍備を放棄した日本国憲法前文に見るわが国の平和観・価値観とは共通するものではなく，相互には大きな矛盾があると指摘されている。
　それは兎も角，日米安保条約に規定される在日米軍の役割は
第5条　日本の施政権下のいずれかに対する武力攻撃が，自国の平和および安全を危うくするものであることを認め，自国の憲法上の規定および手続きに従って共通の危険に対処するように行動することを宣言する。
第6条　日本国の安全に寄与し，ならびに極東における国際の平和および安全の維持に寄与するため，……（アメリカ合衆国は）施設および区域を使用することが許される。
　つまりこの条項は，規定されている目的のために日本国領土の一部をアメ

リカ軍基地に提供することを定めている。

　この条約により，アメリカの反共防衛ラインを「極東における平和と安全の維持……（極東条項）」と表現し，日本をアメリカの軍事拠点にした。

　なお安保条約と同時に地位協定が結ばれ「日米の相互協力と，提供した施設区域における米軍の地位を定めた。」その箇所は01年1月現在，89ヵ所（沖縄37，神奈川15，長崎11，東京7）に及び今後軍事同盟の強化が進められている中で変化しつつある。

　しかしわが国の歴代政府は，その後第5条で定められた地理的範囲を超えて，アメリカがわが国の基地を利用して武力行使を世界に展開することを是認してきた。ベトナム，アフガン，イラクなどである。しかもこの安保条約の履行については，かねてから核の持込みなど事前協議が空文化される密約があることが指摘されてきた。時の政権は密約を一貫して否定してきたが，最近朝鮮有事の戦闘作戦で，日本の基地使用を無制限に事前許容している密約の存在が明らかにされた。すなわち朝鮮有事議事録公文書の全文が，ミシガン大学フォード大統領図書館で見つけられたのである（文芸春秋5月号，朝日新聞08年6月4日）。にもかかわらず日本政府は密約を否定し続けている。あくまでも国民を欺瞞し続ける政府の信頼は地に落ちた。

　冷戦時代日米安保はアメリカの対ソ戦略の一部であった。

　冷戦の終結により韓・ロ基本条約，中・韓国交，ロ・北朝鮮軍事同盟の解消など，極東情勢は緊張の緩和に向かっていった。にもかかわらず，在日米軍基地は全く縮小されず，沖縄や横田・厚木の空軍基地周辺では付近住民に甚大な被害を与えながら1990年以後も基本的に変化していない。この米軍基地が，今後日米一体化同盟の掛け声のもとで，ミサイル防衛システムを含む質的な強化が図られようとしている。わが国の財政負担においても，軍事関係予算に加え，アメリカと同盟を結ぶ他国に例を見ない「思いやり予算」が計上執行され，大きな負担を強いられて来ている。今後もグアムのアメリカ軍事基地の構築で，さらなる莫大な負担を強いられることになる。明らかになっているだけでも，条約上の義務のないいわゆる思いやり予算として，多額の対米出費がなされている（07年単年度で6100億円，これまでの累計で5兆円に上る）。加えて，沖縄の海兵隊司令部のグアム移転にかかわる米軍基地整備や住居建築費など7000億円の支出が容認されており，さらに今後の再編

の展開を見れば総額では3兆円を上回るといわれている。

(2)　さらに集団的自衛権を解禁しようとの意図には，世界にグローバルに展開する多国籍企業化したわが国経済界の強い働きかけも，当然ながら無視は出来ない。

(3)　日・米の軍事同盟の一体化の中身を決定付けるアメリカ国防政策ＱＤＲは何をめざしているか。
　まずＱＤＲ'06についての防衛庁関係者の解説を見る（「防衛研究所ニュース」06年1月号。同研究所副所長・陸相補山口昇ブリーフィング・メモ「変革後の日米同盟を考える：国際平和活動を中心に」より）
　「一方この共同文書（上記「変革後の日米同盟を考える」）における役割・任務・能力に関する記述も野心的である。自らを防衛し，周辺事態に対処するといった新たな脅威や多様な事態への対処を含めて自らを防衛し周辺事態に対処すること，又米国が日本の防衛および周辺事態の抑止・対処のため，前方展開兵力を維持し，必要があれば更に兵力を増強すること，を明らかにした。
　又，日本の防衛および周辺事態への対応に加えて，国際平和活動への参加を始めとする国際的な安全保障環境の改善のための取り組みに関して日米両国が協力を強化していくことを謳っている。」「すなわち，97年ガイドラインにおいて周辺事態を想定していた活動の多くが，より広範な意味で，国際的な平和協力活動の内容として組み込まれたのである。」
　「インド洋やイラクに置いて自衛隊の派遣部隊は多国間の枠組みの中で米軍と密接に協力しつつ任務を遂行している。」
　次に，「防衛研究所ニュース」06年2月号の，同研究所片原栄一研究官，坂口大作研究員両名のブリーフィングによると以下のとおりである。
　06年2月6日，ラムズフェルト国防長官が議会に提出した2006年版ＱＤＲ（97年，01年に続く3回目），これは05年3月公表の「国家防衛戦力」に基づく20年先の視野で策定された国防計画である。
　ＱＤＲ'06作成のプロセスとその狙いは，
(1)　イラクにおけるテロとの闘いおよびハリケーン対策での人的財政的問

題
(2) 米国防省や米軍のトップダウン方式での作成
各チームで対テロ，国土防衛，戦略的分岐点にある諸国家の選択の好ましい方向への誘導，敵対的国家あるいは非国家主体による大量破壊兵器の取得・使用の阻止
(3) 国防省以外の議会，産業界，同盟国や友好国の意見の集約
そして，内容の注目すべきポイントを以下の通り6点を挙げる。
(ア) テロとの闘いを長期戦と位置づけ，大量破壊兵器の拡散に失敗した場合の対処
(イ) 多様化する21世紀型脅威に対して米国だけでは限界があることを認め，海外の同盟国・友好国との連携・協力を強調していること。日本を含む米国の同盟国，友好国に対する期待は，これまで以上に大きいことに留意すべきである。米国は新たな安全保障上の課題に対して，同盟国の持つ独特の能力と特性を最大限に活用しつつさらに，同盟国・友好国が米国と共同対処しうる能力を向上させることを強く求めている。
(ウ) 戦力規模の考え方の変化は「伝統型」を維持しつつ，「非正規型」，「破滅型（大量破壊兵器を用いたテロやならず者国家による脅威）」，「混乱型」の課題にも対応するバランスの取れた能力へのシフトである。このような新たな戦力体制を構築する上で，米国は同盟国・友好国に対してより高いレベルの貢献を通常時および非常時において期待している。
(エ) 従来の抑止概念の修正。冷戦期のような国家の正規軍に対する抑止だけでなく多様な脅威に適応するための新たな抑止概念の採用
(オ) 中国，インド，ロシアについては，21世紀の国家安全保障環境を決定付けるうえで主要な要因となるとみる。
とくに中国については，経済的パートナーであるとともに，責任ある利害関係者となることを期待しつつも，米国にとって軍事的に最大の潜在的な競争国であると懸念している。中長期的将来，仮に中国が米国に敵対する危機に備えて，平時には紛争や威圧を抑止し，有事の際には米軍の行動の自由を確保できるような態勢を構築する必要性を指摘している。
(カ) アジア太平洋地域の重視

これらを概観するだけでも，アメリカの世界戦略とそれに組み込まれようとしているわが国の軍事面での予期される事態は，最早，専守防衛にとどまらないばかりか，世界のあらゆる地域にいつでも，アメリカの意思に反する国であれ団体であれ即時先制的に，武力攻撃の対象とされるというこれまでと違った質的に変化した軍事対応がされるということがはっきりと理解される。

　なおアメリカの軍事戦略構造や，ＱＤＲ'06とクリントン大統領時代の国防政策との差異ならびにＱＤＲ'97およびＱＤＲ'01との関係と内容の変遷については，日米同盟をわが国にとってパワーバランスが確保され利益があり存在意義を持っているとみて，同盟強化賛成論者である民主党衆議院議員長嶋昭久氏の著書『日米同盟の新しい設計図』に詳しい。

　アメリカの世界軍事戦略に直結するこれらの国防政策で，ブッシュ政権は冷戦終結後にいたって，唯一の軍事超大国として世界の覇権を目指し，アメリカの利益に反すると考えられる「ならず者国家」に対しては，世界の多くの国の反対と国際法を無視しても，単独先制攻撃を辞さない姿勢をあらわにした。その文脈の中でアメリカは同盟国としての日本に，役割分担を求め，対日軍事同盟一体化政策を進めようとしているのである。

　アジア戦略についてはなお後掲の資料を参照されたい。

6　アメリカによるＱＤＲ'06の具体的実施——日米軍事同盟の強化

　軍事力のトランスフォーメイションとして西太平洋地域における具体的適用は，日米軍事同盟をどのように変質しようとしているか。

　その具体的展開を日米同盟一体化・再編の現状について見てみよう（防衛庁「平成18年版日本の防衛」，「日本軍事政策の大転換……自衛隊はどこへ行く」世界07年4月号130ページ以下，梅田正巳『変貌する自衛隊と日米同盟』〔高文研，2006年12月刊〕，新原昭治『日米同盟と戦争のにおい』〔学習の友社，07年8月刊〕）。

(1)　日米軍事同盟の一体化の実態

　米軍自衛隊の再編に関する国会論戦での解明を基に整理した共産党国会議

員団事務局竹内真論文（前衛06年10月号）、軍縮市民の会・軍縮研究室発行「軍縮」06年8月号の特集記事、ならびに朝日新聞07年2月20日から5回連載の「本土の米軍基地」などの新聞報道、および上掲著書によると、以下のように報じられている。

(イ) キャンプ座間へ米陸軍第1軍団司令部『UEX』が米本土から移転（しんぶん赤旗07年2月19日によると同日発足の予定）。そこへ朝霞陸自駐屯地に配置の予定を変更して陸自中央即応集団が2012年までに移転し同居する予定である。この新設される中央即応集団は海外派兵専門部隊である。額賀防衛庁長官の答弁は、「お互いに相互の意思疎通を図るとか、たとえば戦術、装備、後方支援いろんな日米相互の作業をしていくための実施要領等々についてお互いに運用性を持たせて行く（必要がある）」

(ロ) 横須賀海軍基地。米第7艦隊の母港であり同司令部がある。海自の自衛艦隊司令部も近くにある。日米両軍の司令部の併置はもうすでに完了している（梅田・前掲133ページ）。この司令部のもとに構築されるにミサイル防衛システムMDは、04年から08年まで08年予算1714億円を含め累計7300億円に達する。さらに配備費を含めると1兆円を要する莫大な費用を要する（朝日新聞07年12月19日）ミサイル・デフェンス（MD）は報復の心配なく先制攻撃を可能にするシステムである。

具体的には横須賀港基地にはイージス艦3隻（わが国は8隻を擁する）が06年8月29日に配備され（この艦は新型ミサイルSM3を搭載し、垂直発射装備のあるイージスミサイル巡洋艦シャイローなどである）、また4個の高射砲群へのPAC3配備と新型完成レーダー「FPS－XX」4基の配備が進められ、日米一体化のミサイル防衛システムが着々と進められている。

なお平成20年9月アメリカを出航して、米原子力空母ジョージ・ワシントンが艦内火災を起こして遅れていたが、わが国民の反対を押し切って横須賀を母港にするため配備につこうとしている。

(ハ) 横田基地。米第5空軍司令部と空自航空総隊指令部が併置となる。

07年12月1日付しんぶん赤旗によると、日米両政府の在日米軍再編合意に基づく日米共同の戦争司令部である「共同統合作戦調整センター・BJOCC」が昨年2月米軍横田基地に創設されていた（活動が07年6月に開始されていたことは分かっていた）。同紙はこのセンターの設置は事実上自衛隊が米軍の指

揮のもとに置かれることを意味すると解説している。また2010年には，ミサイル防衛を担う航空自衛隊航空総隊司令部が横田基地に移設される計画であることも報じている。

　㈡　岩国基地。厚木基地からの米空母艦載機59機の移転。岩国からは自衛隊機が厚木に移駐する。地元では住民投票で過半数が艦載機受入れに反対した。移転反対市長候補の落選を狙って国は，基地再編交付金を支払わない，という卑劣な手段を使う兵糧攻めの中で戦われた選挙戦は，移転容認候補の僅差での当選となった。

　㈣　青森県つがる市車力地区に自衛隊空自車力分屯基地があるが，ここでアメリカによる早期警戒レーダー＝Ｘバンドレーダーの運用がすでに開始している（ＸバンドレーダーはＩＣＢＭと中距離ミサイルの脅威からアメリカを防衛するためと称して開発されたレーダーである）。

　㈥　沖縄嘉手納基地。パトリオットミサイルPAC３の沖縄嘉手納基地への配備を実施。これは日本にとくに沖縄に集中する米軍基地の防衛のためであるとされている。（沖縄の在沖米軍基地と自衛隊の基地の現状は「週刊金曜日」07年6月15日号133頁の地図に詳しい）。

　そして核汚染水を垂れ流した原子力潜水艦ヒューストンなど12隻が07年1年間に横須賀に13回，佐世保に11回，沖縄ホワイトビーチに24回，合計48回も寄港している（しんぶん赤旗2008年1月6日）。核汚染の危険をばら撒かれるばかりか，日本はまさにアメリカの軍事基地に蹂躙されている。

　㈭　朝日新聞07年3月18日の記事によると航空自衛隊入間基地に配備された迎撃ミサイルの地対空誘導弾パトリオット３（PAC３）について，発射機やレーダー装置を東京都市谷，練馬両自衛隊駐屯地へ移動展開させる方針を固めたといわれる。ミサイル防衛装置が膨大な費用の浪費であり安全の保証たりえないことについては後述する専門家の警告に耳を傾けなければならない。

　㈯　超大国アメリカの軍事戦略の停滞の中での一体化

　なお米軍は05年12月31日現在137.8万人（予備役110万人を除く）を擁し，軍事予算は5618億ドル（1ドル117円で換算すると65兆7306億円）である。陸軍兵力は03年3月時点で23万2759人が世界各地に派兵されている。イラクにはほぼ15万人が常駐している。この超軍事大国がイラクで苦戦していて出口を

見出せないでいる。2008年2月にはさらに2万5000人が，その後3月にも追加され4万人以上の増派が強行された。このような中で，在日米軍基地は米軍のアジアおよび中東地域への軍事展開の根拠地，経由地，支援地，前線司令部の機能をすべて期待できるので，その機能強化が焦眉の課題とされている。そして先に概観した国防計画に即して，アメリカの国益を全うするために，世界的軍事戦略を貫徹させるべく同盟国日本の自衛隊を最大限に活用し，その役割分担の実行を求めているのである。

(2) 日米安全保障協議会共同報告書

　この役割分担の課題に応えるべく日米間で合意されたのが，06年5月1日の日米安全保障協議委員会の最終報告共同発表文書である（中間報告は2005年5月29日の「日米同盟未来のための変革と再編」)。

　それは日米両国が「変化する地域および世界の安全保障環境において，確固たる同盟関係を確保する」と宣言し，日米安全保障行動の対象を一気に世界に広げた。そこでは「再編案の実施により，同盟関係における協力は新たな段階に入る」といっている。「新たな段階」とは軍事共同体制の構築のことである。つまり，アメリカの先制攻撃行動に随伴して日本は，アメリカ軍事戦略体制に全面的にコミットしていく。これは必然的に集団的軍事行動を伴うものであり，憲法に違反する事態の進行であることは明白である。

　この共同報告を可能にしたのが，これまでのわが国の政権の憲法擁護義務軽視ないし無視の政策にあり，憲法に違反する自衛隊の海外派遣を繰り返し，違反の既成事実を積み上げてきた結果である。アメリカの要請を鵜呑みにしたアフガン攻撃，国連決議にも違反し，事実ありもしない理由の検証なしに，アメリカの主張に追随したイラク先制軍事攻撃への加担など憲法擁護の意思が見られない。加担の根拠が誤りであることが明らかとなっても，一片の反省もせずに開き直っている。このような基本法に対する無責任な態度を放任する事は，民主主義の根幹を瓦解させる。ここに見られる政治道徳の退廃と，軍事国家を目指して，強引に9条改正をもくろんだ安倍自民党政権に国民は拒否の審判を下すに至った。しかし日米軍事一体化は，その詳細が，政府はもちろんメディアでも国民へ伝えられない下で，軍事基地被害者の粘り強い抵抗にあいながらも，進行していることに留意する必要がある。

このような状況の下に進められている日米軍事同盟強化は，わが国をアメリカの誤った世界軍事戦略に巻き込むもので，世界やアジア諸国から顰蹙を買い，孤立を深めるだろう。
　これらの日米軍事同盟再編は800兆円をこえる国家債務にあえぐわが国において，財政的にもきわめて問題であり，この面からの早期の決別が必要である。
　ちなみに防衛省の19年度政府予算案は関連経費を加えて4兆8436億である（日米再編費用を含む）。
　なお，アメリカ国防省は最近2008年5月31日，2005年3月に続きゲーツ国防長官の下で「国家防衛戦略」を発表した（しんぶん赤旗08年8月2日）。同長官はこの戦略は「共通の目的を達成するための，米政府内および国際的なわれわれのパートナーが果たす決定的に重要な役割を強調している」と指摘した。この新戦略ではラムズフェルトが強く主張した対テロでの破滅的な攻撃を先制的に予防する行動――いわゆる先制攻撃や，イラク戦争で見られた有志連合などの発想は，前回の国防戦略の報告に比べていささか後景に退いたようである。しかし相変わらずイランや北朝鮮を「ならず者国家」と呼び，「中国の拡大する軍事現代化に対する防衛手段が迫られる」とし，またロシアに対しても「開放と民主主義からの後退は米国の安全に重要なる意味をもち得とうる」と述べ，アメリカの価値を世界に押し広げようとする意思を捨てていない。

(3)　日米軍事同盟の一体化を進めるアメリカのＱＤＲ'06の評価
　纐纈厚「臨戦国家・日本への選択迫る米軍再編」（現代思想06年9月号，青土社）76ページ以下は，次の通り評価している。
　「ソ連邦崩壊による冷戦構造の消滅により，アメリカは一国覇権主義・単独行動主義を採用し，かつてのソ連の覇権地域を含め，一挙に市場と資源供給地が拡大したしたので……其の地域に関与を拡大し……利益の拡大の対象として……グローバリゼイションを進めるため……其処でアメリカは同盟国日本とイギリスを中心に軍事的連携を一段と強化し，アメリカ資本主義の利益を阻害する対象地域や国家の排除に取り掛かった。」
　梅林宏道・新城郁夫・吉美俊哉対談「日米同盟に抗して」（同誌44ページ以

下）では，

「01年9月のQDR（世界貿易センターテロ2週間後，9月30日公表）によれば，21世紀の脅威を非正規戦争，すなわちテロ，ゲリラ，サイバー攻撃，宇宙システム攻撃など，世界に存在しているアメリカの権益，財産が不意うちを食らうことに対処する戦略を策定する……そのため冷戦時代前線に大量に配置されていた兵力を削減し戦力配置を変える。すなわち対面する脅威型から随時発動しうる機能型へとトランスフォーメイションをした。その後イラクに足を取られて兵力の補充に苦労しているなかで，新たな基地使用協定を，東ヨーロッパ（ルーマニア）や中央アジア（キルギスタン）に確保している。日本に対しては同盟国の役割を強化しようとするが，ここに日米安保条約5，6条の日本の施政権内との地域規定が足枷になってきている。この同盟国の役割を強化することの本質は，日本という国家が米軍統合化の下におかれていくということ，さらに言えば衛星国家としての日本の米国への編入がなされると考えるべきである」，と指摘する。

QDRに見るアメリカの軍事力の海外展開の目的は，アメリカの国益を擁護し，進展させることにあり，もしアメリカの意に沿わぬ勢力の抑止に失敗した場合には，これら国益に対する脅威を決定的に打ち破ることである。国益とは企業利益を意味する。現在はソ連に変わる新たな脅威設定をする。すなわち中東から東アジアにいたる地域を「不安定な弧」「挑戦を受ける地域」として軍事力展開を計画し，具体的には中国を軍事的競争者とし，軍事的恫喝および戦争対応には核戦争能力の向上やミサイル防衛で対処する構想を打ち出した，というのである。

QDR'06では「アメリカは長期戦に入った国家である」と自己規定し，予防攻撃戦略の継続的採用を確定する，と述べている。

アメリカの世界戦略については他にチャールズ・ジョンソン著（尾代道子訳）『帝国アメリカと日本，武力依存の構造』，（岩波新書）などを参照されたい。

なおミサイル防衛に関しては，デービット・クリーガー，カラー・オン共著（梅林・黒崎訳）『ミサイル防衛，大いなる幻想』（高文研）が次の通り指摘する。

MD（NMD/国土ミサイル防衛，NTMD/海軍戦域防衛システム）の性能や

実効性について論者の多くは，技術的財政的に多くの問題を抱え，天空のマジノ線を築く愚行であると論じ，またアジア諸国の安全が脅かされる危険が増大し世界の軍拡を煽ると説く。

　また，このような愚行をなぜ進めようとするのかと問い，冷戦後進められたトランスフォーメイション，特に9・11テロを契機として，ブッシュ，チェイニー，ラムズフェルトなどが「現在の世界はＡＢＭ制限条約（Anti Ballistic Missile 1972年）と異なる世界にいること」を理由としＡＢＭを一方的に破棄した上，実施に移されるＮＭＤ（国土ミサイル防衛）は「従来型の二国間の条約としての日米安保条約の性格（専守防衛）に根底からの変容をせまり，国土防衛型の自衛隊の役割が，アメリカ軍との一体化の中で新たな役割つまり侵略型の『軍隊』としての性格を鮮明にすることになる。」と分析評価している。

　最近米戦略軍が02年に作成した，核戦略の展開を図る機密資料の一部（02年3月から04年9月までの実施された作戦計画についての内部向けブリーフィング）が公表された。これによると当時核攻撃対象にイラン，イラク，北朝鮮，シリア，リビアが加えられていたとのことである。（米紙サイエンティフィック・アメリカン07年11月号。しんぶん赤旗07年11月17日掲載）

　アメリカは今欧州チェコやポーランドにミサイル防衛施設のレーダー設備や迎撃ミサイル装置の設置を進めている。これでロシアとの間に危険な摩擦を引き起こしそうになっている。

　このチェコなどへの迎撃ミサイル設置に対して，ロシアのプーチン大統領は，2008年2月10日ドイツにおける安全保障会議で演説し，アメリカの危険な構想を批判した。彼は要旨つぎのように述べた。

　「一極世界は民主主義と相容れない。現代文明のモラル・倫理的な基礎がないし，ありえないからだ。今日起こっていることのすべては，一極世界の思考を導入しようと試みた結果だ。一方的でしばしば不法な行動は，問題をひとつも解決しなかった。紛争で死亡する人は減るどころか，以前よりもずっと増えている。今日われわれは，肥大化した武力行使を眼のあたりにしている。世界は次々に紛争に巻き込まれている。国際法の原則が無視されている。そのうえ，個々の国の規範が，事実上ひとつの国の，ほぼあらゆる法体系が，筆頭はもちろん米国の，経済，政治，人道の，各分

野で国境を越え，他の諸国家に押し付けられている。誰がこれを気に入るというのだ。……このような政策は軍拡競争の促進剤となる。武力の独占は必然的に，一連の諸国に大量破壊兵器を求めさせる。……武力行使は例外的な政策でなければならない。武力行使を決定する唯一の手続きは国連憲章にある。われわれが国際法の軽視を脱することが出来たとき，状況が変わるだろう。」

アメリカはチェコとミサイル・デフェンス（MD）レーダー基地を，ポーランドと迎撃ミサイル基地を，2008年8月，国内市民およびロシアの反対を押し切って設置することの協定を結んだ。かつてソ連がアメリカの鼻の先であるキューバにミサイルを設置して，あわや米ソ核戦争の危機に直面した1962年10月の危険な行為を思い起こさせる。

在日米海軍基地の横須賀ではアメリカのイージス鑑が，トマホークミサイルを装着し中国を窺う。

前掲対談で新城は「軍事的要塞化の沖縄，アジアに対する前線基地の恒久化」の現実は，06年5月の「米軍再編最終報告」に基づき沖縄軍港から嘉手納基地および弾薬庫にPAC3の装備が運びこまれた，地元住民の反対にもかかわらず，いずれ地対空迎撃ミサイルも設置される，と言う。

このような日本領土内のミサイル防衛装置も，アジア諸国に軍拡の警戒心を起こさせ軍拡を刺激し地域の平和にとって好ましいものではない。

軍事評論家田岡俊次も，ミサイル防衛の有効性についてそれは気休め程度のものであることを最新刊『北朝鮮・中国はどれほど怖いか』（朝日新書，07年3月30日刊）において論証している。

7　イラク侵攻はイラクに何をもたらしたか──イラクの現状

(1)　イラク侵攻の違法性

ブッシュ政権がイラクへ軍事攻撃を開始したことは，国際法上の手続きに照らしても違法は否定しがたい。また大量破壊兵器や生物兵器の所有などの危険行為も調査の結果全くの架空であった。又関係ありとされたフセイン政権とアルカイダとの関係はなく，むしろフセインはアルカイダへの支援を拒否していた事実が明らかとなった。だから一方的先制的攻撃を開始し侵略を

したことの正当性は微塵もない。手続き的にも単独行動であり国際連合憲章に違反した違法行為でありこれまた正当性はない。

　国際世論の大きな反対にかかわらず現在なお占領を続け掃討作戦を行い住民の犠牲を重ねている。これは世界の軍事費の，実に40％もの軍事費を使うことが出来る世界で唯一の超軍事大国であるがゆえの傲慢であり，アメリカ軍を直ちに引き揚げさせる力を持つ国がいないためだけである。しかしそのアメリカにおいても早期に引き揚げるべきとの世論が高まっている。06年9月8日，公表された米上院情報特別委員会報告書は，フセイン政権はアルカイダと無関係であり，フセインはアルカイダへの支援をすべて拒否した事実を認めている。また大量破壊兵器の存在も否定した。

　ともにアメリカと共同したイギリスのブレアーも，オーストラリアのハワードも国民の批判と審判で政権から退けられている。

　寺島実朗，小杉泰，藤原帰一編『イラク戦争』（岩波書店，03年7月）は，イラク侵攻直後から，アメリカとその同盟国によるイラク軍事侵攻の論理・口実の不当性，戦争の不必要なことを論じ，その後の占領の失敗を予測している。

　このような理性のある世界の指摘に逆行し，北朝鮮のミサイル発射や核実験に際して軽々しく先制攻撃能力を持つべきだとか，核の保有まで肯定する議論（渡部昇一「非核が日本を滅ぼす」正論07年2月号など）は異常というほかはない。

(2)　イラク戦争の人権侵害

　アメリカやそれに追随して行ったアメリカ同盟国のイラク侵攻によって，イラクは今もなお先に展望が見えず泥沼化している。住民は生活を破壊され生命の危険に晒され人権は見る影もない。イラク取材でボーン上田賞を受賞したフリージャーナリスト綿井健陽氏の現地報告（07年3月京都新聞，山梨新聞など）によると開戦4年を経過したバグダッドは米軍による掃討作戦，宗派間対立，自爆テロなどで恐怖の牢獄と化していると報じられている。

　イラクでの死者は，治安が安定していないので正確な数字を把握することは難しい。

　イギリスの医学誌ランセットによるとイラク市民の死者は，65万5000人と

推定（03年3月～06年10月の間の，戦前の死者と開戦後の死者の比較から推計）される。

イラク市民団体ボディカウントによると，報道や病院情報を基にした一般市民死者の集計は，06年12月1日現在で最大8万7792人であると報じている。07年1年間での犠牲者は2万4000人だったと発表している（しんぶん赤旗08年1月5日）。

世界保健機構08年1月9日発表によると，同機構とイラク政府の共同調査によれば15万人を越える人々が犠牲になって命を落としているというのである（朝日新聞08年1月10日）。

国連イラク支援派遣団（UNAMI……03年8月14日安保理決議1500で創設，イラクでの人道支援活動団体の統合機関）同月20日発表によると，06年9月24日現在で，7～8月の間に民間人6599人が殺され，7月の死者は3519人であった。

犠牲者は首都バグダッドに集中し，市場，モスク，巡礼者に対して攻撃，対象は軍・治安部隊要員他，判事，弁護士，ジャーナリスト，出版関係に及んでいる（イラクでメディア関係者が殺害された数は150人以上。坂下雅一・論座07年2月号）。

国連によって2カ月に一度公表される人権問題に関する報告によると，06年9月にはイラク人3345人が，10月には3709人が殺害されている。

イラクでの犠牲は死者にとどまらない。この数にくわえて負傷と後遺症に苦しむ老若男女の数はおびただしい。又親子を殺され家族を引き裂かれた人々の悲しみなど，筆舌に尽くせぬ精神的被害を与え続けるのである。

そしてこのような治安の悪化に応じての難民の急増である。

NHKの07年3月18日午後6時からのテレビ放送は，治安の悪化に耐えかねてイラク国内各地に避難している難民は，200万人に達すると報じた。しかも，避難先では劣悪な生活を余儀なくされ，収入もほとんど途絶え，子供を学校に通わせることも出来ない状態であると報じている。

国外に避難するものはシリアに100万人，ヨルダンに70万人，エジプトへ10万人などで，このようにイラク隣国へおびただしい難民が押し寄せている。かかる被害の全貌を追体験することは想像を絶し，とても不可能である。人権は影も形も失われている。この難民移動は隣国での難民受入れから，隣国

同士の紛争にまで発展しかねない危険な状態をかもし出している。
　侵略者とその加担者の罪の重さは計り知れない。
　たとえ独裁国家の民主化や，自由化の目的が真実であったとしても，その目的を以って，これほどの無辜の民の人権の抹殺が是認できるだろうか。
　コフィ・アナン国連事務総長も，この惨状を黙視できず，06年12月イギリスＢＢＣとのインタビューで「現在のイラクは内戦よりひどい。フセイン政権時代のほうがましだ，との声が上がっていることに対して普通の市民の生活という意味で正しい。残忍な独裁者型の国であったとしても，町に出かけることも，親たちに心配をかけることなしに子供が学校に行けることができた。大量破壊兵器の有無を調べる査察官が，もう少し時間を与えられていたなら，戦争は食い止められたと信じている」と慨嘆し，侵略者を告発している。
　しかも軍事介入の口実となった大量破壊兵器の事実がなかったのである。これほどおぞましいことはない。
　エルバラダイＩＡＥＡ元事務局長も，もう少し時間をかけて査察が続けられていれば軍事介入の必要がなかったことが明らかになったであろうと述懐している。
　このような不条理・不公正な戦争で，アメリカ兵の死者も07年12月末で3002人，「アフガンでは278人」に達した（ワシントン07年1月1日時事通信。08年末で4000人を超えている）。
　今も被害は続いているし，今後被害が収束する兆しはない。
　イラク住民の死者・負傷者，家屋の破壊，生活環境の破壊，避難民の増加はとどまることがないだろう。
　このような結果はすべてブッシュ政権の単独先制攻撃戦略がもたらしたものであり，アメリカの国防政策と，アメリカに追随したわが国などの加担の結果であることを肝に銘ずべきである。
　これだけの夥しい生命を日々抹殺し，心身の苦痛を与え，生活基盤を破壊する悪行そのものである軍事力による攻撃の，人道に対する罪，人倫に反する行為の根本的誤りを知るべきである。
　わが国は平和を国是とし，その保証を憲法9条で宣言している。この堅持こそ世界に誇る人道国家足りうるのである。

2008年8月現在の状況も，武装勢力とアメリカ軍の激しい戦闘はやや静まったかに見えるが，決して治安が安定したとはいえない。バグダッド西郊アグブレイブ地区で24日，自爆テロがあり，スンニ派部族長宅で25人が死亡したと報ぜられている（朝日新聞08年8月25日）。その後も爆弾テロによる死者があとを絶たない。

(3) アフガンの状況

　一方最近のアフガンにおいてもタリバン勢力が復活している。2008年8月現在アフガンの状況は悪化の一途をたどっている。アメリカ兵の死者も，08年に入ってからの100人を含め累計500人を超えた。市民の死者は例の通り無視され，まともに数えようとされていないので正確な数字は記録されていない。民間人の死者は昨年に比して6割以上で急増していると言われる。アフガン援助団体の犠牲者も増えている（朝日新聞08年8月27日）。

　アメリカを中心とした多国籍軍の攻撃については，その国連憲章適否は議論がある。しかし今日までのＩＳＡＦの軍事占領が，アフガン住民に生活の安定をもたらすどころか，逆に被害と困難を増していることは争えない事実である。

　日本のマスメディアはほとんど報じないが，多国籍軍による軍事占領が続く現地で，医療活動から水源確保などアフガン住民の生活改善に尽瘁している中村哲氏によれば，アフガン現地の状況は「最悪である」と報告されている（同氏「アフガニスタンで考える。国際貢献と憲法」岩波ブックレット06年4月）。ところで8月26日，中村氏が主催するペシャワール会所属日本人が拉致され，その後殺害される痛ましい結果となった。

　この現状を踏まえて判断すれば，軍事占領を続けるためのインド洋における海上給油活動に参加するための新給油法を，わが国が憲法上の疑義がある中で，参議院で否決されているのに，あえて衆議院で再可決をすることは不適切といえよう。最決議の08年1月11日は，憲法上禍根を残す日となるであろう。

(4) イラク侵攻に対するアメリカ国内および国際的な反応

　ワシントン発米各紙は，米情報機関秘密報告「国家情報評定（ＮＩＥ）」

06年4月提出（非公表）は「イラク戦争が世界中でのテロの脅威を増大させる原因だ」，イラク情勢は「米国の対テロを勝利に導くのではなく，米国の境遇を悪化させている」（ワシントンポスト紙）と報告していると報じている。

NBC，ウォールストリートジャーナル紙06年10月3日発表の世論調査結果では「イラク戦争は対テロ戦争にとって負の要因」と見る人が46％，「貢献要因」と見る人が，32％であり，9月には両者はほぼ拮抗していた（朝日新聞06年10月5日）。

06年11月11日アメリカの中間選挙で，イラク問題が争点になり，国民のイラク戦争に批判的な世論が民主党圧勝という結果を導いた。

イラク研究グループがイラク戦からの早期撤退を進言している。

又，超党派の撤退勧告決議案が提出されようとしているなど，いまやブッシュ・ネオコン勢力はきわめ旗色が悪い。それでもブッシュはこれら世論の声に耳をかさず，2万1500名の米軍を増派した。

アメリカのブッシュ政権は，08年度予選に軍事費として6260億ドル（75兆7000億円）を要求し，国民に膨大な軍事費負担を掛けている。

イラク国民議会は06年9月24日，治安の混乱で各派連邦制導入を凍結すると発表し，民族各派の融和を図っているが効果が見えない。

世界の世論に目を向けて見ると，06年9月19日〜29日開催の国連総会一般討論演説では，各国の発言は国連を中心とした多国間協力を強調する意見が相次いだ。アメリカの国連無視のイラク攻撃は，軍事力で民主主義を押し付けるものだと批判された。たとえば，アナン事務総長，ベネズエラのチャベス大統領，エジプトのアブルゲイト外相，マレーシアのアブドラ首相，ボリビアのモラレス大統領らは，明確にアメリカを批判した。なお，06年9月11日ハバナで開催された非同盟首脳会議でも対米批判が大勢を占めている。

同盟国イギリスでは，9月24日イギリス労働党大会マンチエスターで6万人のブレアー退陣要求があり，ブレアー首相も，イラク派遣軍の一部撤退を表明した。また国内の批判に抗しきれず，任期を残して退陣した。

イラク国民のアメリカ主導の多国籍軍に対する評価はどうか。

07年3月19日付き毎日新聞配信の電子ニュースは，イギリスBBCの放送よる英米独の4カ国の共同世論調査よるイラク人2000人の調査では，多国籍軍に対する信頼度は18％に過ぎない結果が出た。

7 イラク侵攻はイラクに何をもたらしたか——イラクの現状　　139

アメリカが，イラク戦争にかけた戦費や，現在から将来の国民に負担を掛ける派遣軍人のために支出しなければならない医療費や扶助費など，戦争に関連する出費は250兆円から300兆円に上る負担になると，ノーベル経済学賞受賞者が述べている。(ジョセフ・Eスティグリッツ，リンダ・ビルムズ著〔楡井浩一訳〕『世界を不幸にするアメリカの戦争経済』)。同氏らは，財政負担の見地からアメリカは直ちにイラクから撤退すべきと言う。

　日本も例外ではない。アメリカに追従して軍備を拡大し，不正義きわまるイラク侵略に加担して，莫大な軍事関係費を使用していることをもっと国民は知るべきである。

8　結　論

　日本国民は憲法9条を世界に誇るべき宝として活用するべきである。

　人権擁護の点から，憲法9条1項とセットの2項の存在の意義，これをはずして集団自衛権に踏み込む危険，愚行を考えれば，9条改憲による集団的自衛権の選択・容認はありえない。自民党改憲案は先制攻撃論を核心にすえるアメリカ軍事的戦略に基づく日米軍事同盟一体化の方向に，否応なく組み込まれることは必至である。昨今顕著となった事務次官，防衛族議員らの腐りきった私腹を肥やす醜態と，無駄な軍事品調達の利権に巣くう業者らの実態を見るにつけても，軍事同盟の危険は，その度合いをいっそう増している。

　9条の骨抜きは，15年戦争で日本国民が受けた惨憺たる犠牲と，侵略により諸外国に与えたおびただしい加害に対して，真摯な反省を加え，平和国家として再生した誇るべき宝を，捨てることであり，また国際的潮流にも逆行し，孤立を深め，わが国の威信を低下させることとなろう。わが国の平和的国際貢献にも影を落とし，アジア諸国や世界の諸国民の信頼を得ることは困難になるであろう。

　日本国現憲法を堅持し，アジア，世界の平和に対し建設的な貢献を行い，北朝鮮の核問題も6ヶ国協議をさらに進め，各国が共通の戦略的利益に立脚した互恵関係を構築し平和共存，共同発展という目標を実現するように平和外交をしっかりと戦略的に定め，その実行に力を注ぐべきである。世界の趨勢はその方向に向かっている。

【参考資料】
(アメリカの軍事戦略と日米軍事同盟の一体化, ミサイル防衛関係)
① 防衛庁「日本の防衛」平成18年版
② 防衛研究所研究官片原栄一他ブリーフィング・メモ「2006ＱＤＲ：米国の国防計画の青写真」防衛研究所ニュース2006年2月号
③ 研究官近藤重克ブリーフィング・メモ「米国の国家安全保障戦略：国際テロとの闘いと民主主義」防衛研究所ニュース2006年4月号
④ 防衛研究所「東アジア戦略概要」(2006年)
⑤ 「日米同盟：未来のための変革と再編」中間報告(2005年10月29日), 概要(朝日新聞2005年10月30日)
⑥ 防衛関係資料「日米同盟 未来のための変革と再編」(全文)
⑦ 長島昭久『日米同盟の新しい設計図』第2版(日本評論社, 2004年)
⑧ 浅井基文「戦後60年における国際情勢への視点」(2005年11月20日)および同氏のホームページ「アメリカの世界戦略の中の日米同盟と九条改悪の問題」(2006年3月1日)
⑨ チャルマーズ・ジョンソン『帝国アメリカと武力依存の構造』(集英社新書, 2004年)
⑩ 梅林宏道『在日米軍』(岩波新書, 2004年)
⑪ 『現代思想 特集・日米軍事同盟』纐纈厚「(臨戦国家)日本への選択を迫る米軍再編」ならびに梅林, 新城郁夫, 吉見俊哉対談
⑫ デビッド・クリーガー, カラー・オン編『ミサイル防衛』(光文社, 2002年)
⑬ 田岡俊次『北朝鮮・中国はどれほど怖いか』(朝日新書, 1907年)
⑭ 山根高志「地球規模の軍事同盟への変貌」前衛06年10月号及び竹内真「米軍・自衛隊再編の危険」同
⑮ 『軍縮』2006年8月号 問題資料 特集「米軍再編に立ち向かう, 沖縄, 神奈川, 山口, 青森」
⑯ 『法と民主主義 特集日米安保と自衛隊の再編』(2006年4月号) 松尾高志「始動する同盟変格」ならびに金子富貴男「米軍・自衛隊再編先の基地問題
⑰ 安原和雄「日米首脳会談とミサイル防衛協力 ウィンウェイ期の日米同盟の危険な選択」日刊ベリタ 2006年9月5日
⑱ エミリー・ギョネ特派員「日本の新たな軍事的野心」ル・モンド・ディプロマチーク(日本語・電子版)2006年4月号
⑲ 新原昭治『日米同盟の戦争のにおい』(学習の友社)
⑳ 梅田正巳『自衛隊と日米同盟』(高文社)
㉑ 『週間金曜日』No.658, (2007年6月15日)沖縄の基地詳細図
㉒ 『世界 特集・日本軍事政策の大転換について』2008年4月号(水島朝穂,

梅林宏道，藤岡惇他らが自衛隊の変質や，ミサイル防衛の意図について論じている）

（イラク問題とアフガニスタン問題関係）
① 寺島実郎・小杉泰・藤原帰一編『イラク戦争　検証と展望』（岩波書店，2004年）
② 野崎久和『ブッシュのイラク戦争』（梓出版社，2006年）
③ 森住卓『イラク　占領と核汚染　写真と文』（高文研，2005年）
④ 土井敏邦「米軍はイラクで何をしたのかファルージャと刑務所での証言から」岩波ブックレット（2004年8月）
⑤ 酒井啓子「イラクはどこへ行くのか」岩波ブックレット（2005年1月）
⑥ 西谷文和「報道されなかったイラク戦争」岩波ブックレット（2007年2月）
⑦ 中村哲「アフガニスタンで考える　国際貢献と憲法九条」岩波ブックレット（2006年4月）
⑧ 「検証，イラク，報道と言論―日本5大新聞の社説比較」朝日新聞2007年3月14日
⑨ 安保破棄中央実行委員会著『日本の軍事費・巨大な無駄と利権』
⑩ ジョセフ・E・スティグリッツ（ノーベル経済学賞受賞者），リンダ・ヒルムズ著〔楡井浩一訳〕『世界を不幸にするアメリカの戦争経済』（徳間書店）（アフガンでのアメリカの財政負担は，今後を含めて300兆円に達すると試算する。）

第2章　沖縄問題を見つめる一視点

西　　晃

1　はじめに——執筆者と沖縄の関わり

　私と沖縄の直接の接点は1995年9月に発生したいわゆる沖縄米兵3名による少女暴行（集団強姦）事件です。この許し難い犯罪に沖縄県民の怒りは頂点に達し，当時の大田昌秀沖縄県知事は，国が米軍に提供する民間人の土地を強制的に地主から取り上げる手続について，もうこれ以上国には協力できないという意向を示しました。当時は国が米軍に提供する土地を，民間人から強制的に取り上げる作業を県知事（国の機関としての知事）にさせていたわけですが，国の指示に従うものとばかり思っていた県知事が見事に反旗を翻した訳です。その後，当時の村山内閣総理大臣が大田沖縄県知事を訴える（職務執行命令訴訟）という大事件にまで発展しました。この事件は翌1996年8月に内閣総理大臣の勝訴（最高裁）に終わるのですが，その過程で米軍に土地を提供する事を拒否している地主さん達が，大田知事を応援しようと言うことで裁判に参加（補助参加）しました。私はその補助参加人である地主（反戦地主という言い方をしています）の代理人の一人としてこの裁判に関与したのです。

　この事件をきっかけとして，その後，1996年3月末に強制使用期限が切れた沖縄県読谷村楚辺の米軍通信所施設の土地（いわゆる「象のオリ」と言われた土地）の返還と立入妨害禁止の訴訟等，一連の土地強制使用事件の地主側代理人を務めました。土地の強制使用の手続を進める沖縄県土地収用委員会が，なかなか国の意向を聞き入れず，業を煮やした国が法律を「改正」して，収用委員会を無視して無理矢理土地を強制的に暫定使用する事ができるようにしたのは1997年4月の事でした。「試合の途中でのルール変更」と揶揄さ

れたこの法律「改正」ですが，2003年11月最高裁合憲判決で決着を見ました。
　一方で私は2000年から極東最大の米軍基地といわれる嘉手納飛行場周辺住民5400人余が米軍機の飛行差し止めと損害賠償請求を国に求めた爆音訴訟の原告（住民）側代理人を務めています。2009年2月，福岡高等裁判所那覇支部は国に対し，損害賠償を命じる判決（但し飛行差止は退ける）を下しました。現在この訴訟は最高裁に係属しています。
　このように私は1995年から14年間，米軍に土地を提供する事を拒否して来た地主の代理人として，また基地周辺で暮らす住民代理人という立場で沖縄を見つめて来ました。言うまでもなく沖縄のほんのごく一部を見ただけの人間であり，また上記のような一方当事者の立場からではありますが，私なりに最近の沖縄を巡る問題点を取り上げ，自分なりに意見を表明してみたいと思います。

2　白昼の大学構内に米軍軍用ヘリが墜落した事件のこと

　(1)　この事件は2004年8月13日に沖縄県宜野湾市というところで発生していますが，最近発生した米軍関連の事件・事故の中でも，本土と沖縄の（政治的）温度差というものを如実に示す事件だと言えます（参考文献①参照）。軍用ヘリ（全長およそ25メートル程の大きな軍用機です）が墜落した大学は沖縄国際大学といって，宜野湾市の中心部を占拠する米軍基地・普天間飛行場に隣接しています。ちなみにこの宜野湾市は，大学だけではなく，街の中心部にある普天間飛行場の周辺に（言葉使いは下品ですが）へばりつくように，幼稚園・保育所・小学校等の教育施設，公民館，病院，商店，さらには民家が集中しているのです。
　2004年8月13日（金）午後2時過ぎ頃，米海兵隊所属のCH53型輸送ヘリが，大学構内に墜落し，爆発炎上しました。墜落途中で分解したヘリの部品の一部は周辺住宅のガラス窓を突き破って部屋内に飛び込みました。「2時間ほど前まで子どもが寝て居たところに（ヘリの）部品が落ちてきました」という住民の方もおられます。この事故で大学の建物外壁の一部が損傷し，現に事務作業をしていた人もいた事務局内にはコンクリート片や，われた窓ガラスなどが散乱しました。人的被害はヘリの乗組員3人が重軽傷を負った

だけで，大学職員・学生や周辺住民には怪我はありませんでしたが，一つ間違えば大惨事になりかねないところでした。沖縄では復帰前の1959年6月に起きた，石川市宮森小学校にジェット戦闘機が墜落したという痛ましい事故があり，児童11名を含む17名死亡，100名以上が負傷するという経験があります。私自身はヘリ墜落事故後2ヶ月以上経過した10月下旬に現場周辺を初めて見ましたが，その状況からでも，今回大惨事に至らなかったのは，本当に奇跡的だと実感しました。

(2) 浮かび上がる問題点

そこに大学職員や学生がいる大学構内に米軍用ヘリが墜落するという事態。私が暮らす大阪ではまず考えられない事です。事故後の状況も異様そのものでした。事故直後から米軍が事故現場である大学構内及びその周辺を完全に封鎖。立ち入り禁止措置を取り，職員や学生をそこから追い出し，裁判所から現場検証の令状（「航空機危険行為処罰法違反容疑」で）を得ていた地元の警察ですら米軍の妨害のため即座に現場検証することができなかったのです。言うまでもなく事故現場は米軍基地ではありません。沖縄国際大学の私有地内です。その大学内に職員も学生も全く立ち入れない，重大事故が発生しているのに地元警察ですら現場保存，現場検証ができない。市民の代表である市長ですら全く立ち入れない。そんな状態が続きました。やっとの事で事故から6日後，警察が現場検証することができた時には，肝心のヘリの機体や残骸の全ては米軍の手によって運び出されてしまっていたのです。そのときヘリを操縦していた3人の氏名や事故機の整備責任者（一応アメリカ国内法で処分されてはいますが）の氏名は，事故後5年以上たった今でも米軍から公表されてはおらず，日本政府もこれを米軍に求めてはいません。事故原因ひとつとっても，機体の残骸等を持ち帰り一切公表しようとしない米軍の姿勢のもと，真の事故原因は今でもわかっていません（一応整備不良・不備が原因だとされていますが）。原因が十分には判明しないまま，今も米軍機は同じように沖縄の空を我が物顔で飛びまわっているのです。この事故で日本の裁判所が刑事あるいは民事の裁判をしたということも一切ありません。

こんな米軍と沖縄（県民・市民）との関係は，このヘリ墜落事故に限った事ではありません。沖縄の米軍機をめぐる事件・事故はある意味沖縄県では

日常的に発生しています。最近（2007年6月）でも嘉手納飛行場においてジェット燃料が8,7キロリットルも漏れ出し、基地周辺の土壌を汚染するという事件が発生しました。このときも米軍は周辺土地の土壌汚染を調査するための土壌採取を頑なに拒否し続けました。そして米軍が起こす犯罪行為も相変わらず日常的という状態であり、強盗・殺人・放火・強姦等の重大犯罪ですら決して減少していません（2008年2月に北谷町で発生した米兵による少女強姦事件はそのことを象徴しています）。これらの事件・事故においても米軍・米兵には特権があり、刑事上も民事上も一般の日本国民とは異なる特権的地位が与えられているのです。これらの特権的地位の根拠となるのが「日米地位協定」というものであり、聞いた事があるという人も多いのではないかと思います。その日米地位協定では、米兵が日本の女性を強姦したり、殺人・強盗を働いても、米軍基地内に逃げ込めば、日本の警察はすぐには手が出せず、検察が起訴するのを待って身柄の引き渡しを受けるか、若しくは米軍の好意的配慮により任意の引き渡しを受けるしかありません。酒酔いで交通事故を起こし、被害者が死傷していても、そのまま基地内に逃げ込み、いつのまにかアメリカ本国に帰還していたなどという例は幾らでもあります（沖縄嘉手納基地内では軍人・軍家族専用の民間機が離発着していますので那覇空港を経由する必要はありません）。

(3) 沖縄に対する差別構造とその原因

以上に述べたような米軍・米軍人の関与する事件・事故と地元住民・自治体を巡る理不尽な関係は、実は沖縄に限った事ではなく、厚木（神奈川県）や岩国（山口県）など本土における米軍基地周辺では同じように発生している問題です。ですからこれらの問題が沖縄にだけ特有の問題という訳では決してありません。しかしながら日本全国の米軍専用施設の実に4分の3近くが沖縄に集中し、沖縄県本島の面積の2割が米軍基地という沖縄県においては、やはり他の地域とは構造的に異なる問題が含まれていると言えるのではないでしょうか。

もともと沖縄の米軍基地は第2次世界大戦末期の米軍沖縄上陸後の米軍による占領下での土地囲い込みと、土地の強制接収（「いわゆる銃剣とブルドーザー」による土地強奪）、に起因していますが、1972年5月の沖縄返還後も米

軍の基地使用は基本的にそのままの状態で日本政府に引き継がれたのです。
　現在日本本土に米軍基地が存在しうる法的根拠になるのは，日本とアメリカとの間の条約である日米安全保障条約です。この条約のもと日本は米軍に対し日本本土を米軍基地として提供する条約上の義務を負担しているのです。そして米軍の軍事戦略上重要な地域的拠点となる沖縄県に基地を集中させてきたのが，日本とアメリカの政治的意図だったのです。日本国政府も沖縄の米軍基地を確保するために必要なあらゆる法的措置を駆使して，米軍基地の固定化を図って来ました。冒頭に述べた総理大臣が沖縄県知事を被告とする裁判も，米軍用地収用特措法やその「改訂」も，何とかして沖縄に米軍基地を維持しようとする日本政府の強い意思を示すものです。このように沖縄に米軍基地が集中し続けているのは，偶然でも何でもなく，その状態を求めるアメリカと日本の政治的意図が極めて重要な要因です。
　それと共に，もう一つ考えなければならない事があると思います。それは，面積にして日本の0.6％（つまり100分の1にも満たない）沖縄に米軍基地のほとんどが集中していると言う状態に甘んじ，その状態がどれだけ異常なものであるのか，その歪みが何をもたらしているのかを，（あえて）考えないようにしてきた本土の側の人間の姿勢という問題です。もちろん私自身の事でもあります。今世論調査やアンケート調査をすると，実に7～8割の人が日米安保体制を是認し，相当多くの方が，日米安保が日本の平和と繁栄に寄与してきたと答えます。それらの方々が積極的に沖縄の上記実態を容認し，沖縄にだけ被害を押しつけて良いと考えている訳ではもちろんありません。しかし何とはなしに，「自分達の問題ではない」という意識，「お気の毒だけど，しかたないのかなあ」というような意思が私達本土の人間の中にないでしょうか？　もちろん私自身も含めてです。あの米軍ヘリが墜落した日（2004年8月13日）の夜9時のＮＨＫ全国ニュース（もちろん東京発）は，トップニュースが日本一の発行部数を誇る某大新聞者会長の退任劇であり，次いでアテネ五輪開幕に沸きかえる現地からの報道でした。沖縄県宜野湾市で発生した大事故は，これらの後のニュースの更に後に，短く報道されました。これが本土の人間の意識だったのです。正直に私自身の事を言いますと，この日沖縄で死亡者がでなかったという報道に内心「ほっ」としつつ，深夜（というより明け方）までアテネ五輪の開幕式をテレビ観戦しておりました。そんな私

が決して偉そうな事をいえるはずはありません。でもこの時，沖縄県知事と面会もせず，夏休み中と称して映画やオペラ観戦に余念がなかったのが時の総理大臣小泉純一郎氏です。彼はあくまでも日本国の総理大臣です。沖縄の安全にも当然責任を持つはずです。アテネで金メダルを取ったアスリートに電話で「よくやった」とわざわざマスコミの前でパフォーマンスする暇があったのなら，どうして沖縄の苦しみを理解しようと努力出来なかったのでしょうか。極めて遺憾な事といわざるを得ません。

日米両国の沖縄基地固定化という政治的意図と，これを支える本土の住民の意識の問題，沖縄に対する差別的構造の背景にはこのような制度と意識の両面にわたる深刻な問題が横たわっているのです。

3　沖縄地上戦と「集団自決」教科書検定問題について

(1)　問題の発端

最近の沖縄を巡る問題という事では，教科書検定問題を避けて通る事は出来ないでしょう。2008年春から使用されている高校日本史教科書の，何が何に変わろうと画策されたのか。新聞報道等（2007年3月31日新聞各紙）によれば，具体的な変更箇所は以下の通りです（下線部は筆者によります）

申請図書の記述	検定修正後
「日本軍に『集団自決』を強いられたり」	「追いつめられて『集団自決』した人や」
「日本軍は（中略）くばった手榴弾で集団自決と殺し合いをさせ」	「日本軍のくばった手榴弾で集団自決と殺し合いが起こった」

これらの記載からも分かる通り，今回の沖縄戦教科書検定の直接的な目的は，沖縄地上戦における地獄絵図のような住民自死に対する軍の強制・関与という事実の隠蔽にあることは明らかです。15万人を超える沖縄県民があの地上戦で命を失いました。実に当時の沖縄県民の4人に1人と言う割合です。逃げ場を失い，県民同士が殺し合いをする。親が子に手をかける。そこに旧日本軍の存在があり，「構造的強制」という要素が存在したことは絶対に否定しようがない事実です。私は本稿で明確な「上官による軍命」の存在の有

無について論じるものではありません。ただ、この14年の間に160回近く通い続けた沖縄という地から肌で感じる部分、自分の耳で体験者から直接聞き、目で直接現場を見たことを元に論じています。自決における直接的な「軍命」それ自体の存在の論証は私の能力を超えますが[1]、日本軍という存在が構造的に住民をして集団死を選択させたという点については、自信と確信を持っております。この点に関しては例え1ミリでも譲歩するつもりは全くありません（尚日本軍による集団自決・集団自死に関する参考文献は数多く存在しますが、末尾にそのほんの一部を挙げておきました）。

ところが検定後の各社の記述では、「集団自決」は文字通り住民の自発的意思に基づく「自殺」という事になり、それを誘発・誘導する要因があるとしても、あくまでも日本軍ではなく、当時の追いつめられた戦況そのものという曖昧な要因に帰着することになってしまったのです。

(2) 教科書検定の狙いと背景（私の理解）

今日本は猛烈な勢いで「戦争する国」作りが進行しています。国民保護という名目で戦争準備のマニュアルが整備され、各地で戦争や組織的テロ発生を前提とする訓練が実施されています。教育基本法も改悪され、愛国心が半ば強制されつつ、アメリカと一体となった戦争国家が準備されようとしていることは、もはやこれを推進する勢力自身（以下彼ら）ですらもあえて隠そうとはしていないように見えます。ただそのような状況下においても、彼ら戦争遂行勢力としてどうしても隠蔽しておかなければならない事実があります。それが「軍隊の本質」であり、「軍隊は国家権力の防衛組織であり、絶対に住民を守る組織ではないこと」、「足手まといになれば住民虐殺も全く辞さない組織であるという事実」なのです。これらの厳然たる事実が、義務教育の場で、戦争を下から支える人材となるはずの子ども達に教えられること。彼らもやはりこれは「まずい」と考えているのです。だから、軍隊の本質がむき出しとなる事実に関し、彼らは徹底的に隠蔽しようとするわけです。これが今回の沖縄地上戦教科書検定の基本的狙いです。そしてこれは私一人の考えではありません。実際にあの沖縄地上戦を生き抜いた多くの沖縄県民の共通の思いなのです。

(3)　9・29沖縄県民抗議集会のこと

　まるで臭いものに蓋をするが如く，日本軍の負の部分を覆い隠そうとする企み。それは確かに成功する寸前まで行きました（今思っても本当に際どかったと思います）。

　しかしながら今その企みは，本来の意図とは全く逆に，「戦争の本質とは何か」，「軍隊は何を守る組織か」について，沖縄県民の，そして全国の心ある人々の議論と関心を呼び覚ます号砲になったと言い切って良いと思います。

　2007年9月29日，宜野湾市海浜公園で開催された11万人抗議集会（主催者発表）には私個人も参加しました。

　那覇空港から乗ったタクシーは会場周辺の大渋滞に巻き込まれてかなり遅れてしまい，私が何とか会場（周辺）にまでたどり着いた時は，もう午後4時前頃になっていました。それでもまだまだ私と同じように会場に向かう人の波は延々と続いていました。結局会場の中には全く入れず，周辺までたどり着くのが精一杯でしたが，周辺いたるところに沖縄の「おじい・おばあ」が座り込み，下をむいたまま全く身じろぎもしないのです。最初「暑さと疲れでみんな寝ているのかな？」と思っていたのですが，スピーカーから流れて行く挨拶が終わる度に，目をつぶったまま確実に，そして力強く拍手をしているのです。じっと聞き入っていたのです。静かに心を寄せておられたのです。気勢をあげて語気を強める訳ではないが，実直に闘う。これが沖縄民衆のたたかいなのだと，改めてその強さを実感しました。壇上では読谷高校の高校生の力強い決意がありましたが，会場では本当に多くの制服やユニフォーム姿の高校生も目にしました。午後4時半過ぎ，「団結ガンバロー」で集会は一応閉会しましたが，まだ会場に来る人波と帰りの人々とで身動きできない状態が続いていました。

(4)　教科書検定その後，軍強制的関与復活

　周知の通り，11万6千人集会（離島含む）の力はすぐに変化をもたらしました。教科書執筆者の（再）申請という形ではありますが，日本軍による「強制」的関与が復活明記される事になりました（2007年12月27日付沖縄タイムス・琉球新報他）。一方で政府は，あくまでも検定の撤回はしないという頑な姿勢も変えませんでしたが，教科書の記述それ自体についてはほぼ従前通

り復活したと評価して良いでしょう。勿論今回の教科書検定のあり方や，検討内容についてはいくつもの問題点があります。特に軍の直接的命令の存在等については，まだまだ議論しなければならない点もあります。ただ私個人としては，11万集会を始め，心ある多くの国民の力によって政府を動かし，その結果として教科書の中に「日本軍」という主語が記載され，その強制的関与という歴史的事実が復活するに至った事は，後世の歴史にその意義を刻み込む大勝利と評価しております（既に一部の歴史教科書にはこの11万県民集会の事実が掲載される事になりました——前出12月27日付沖縄タイムス他）。

4　欠かせない視点——沖縄地上戦の記憶と承継

米軍ヘリ墜落事件と，教科書記述問題の事例を取り上げましたが，その他の問題も含め沖縄問題を考える上で絶対に欠かすことの出来ない点は沖縄地上戦の記憶と教訓でしょう。1945年3月26日に慶良間諸島（座間味島・阿嘉島）に上陸した米軍は，4月1日，沖縄本島中部地域より上陸を開始。上陸に際しては畳一畳に一発とも言われる猛烈な艦砲射撃・無差別攻撃が日夜を問わず繰り返され，山肌はえぐられ，地形も変わってしまった程でした。世に言う「鉄の暴風」と言われる猛烈な砲煙弾雨です。

米軍上陸とともに沖縄守備隊は順次南に移動。それに付き従う様に多くの民間人も移動を余儀なくされました。圧倒的な軍事力の差に前に日本の軍隊は住民を守るどころか，足手まといになった住民を見捨て，盾にして犠牲にし，さらには集団自死を強制する事もありました。この凄惨を極めた地上戦で多くの人民が命を失いました。飢えに苦しみ餓死をする人。マラリアにかかり苦しみながら亡くなる人。残り僅かな糧食を求め争い殺し合いをする人。米兵により銃を突きつけられ強姦された女性。避難していた壕を日本軍によって追い出された住民……6月下旬まで約3ヶ月に及んだ地上戦で命を失った民間人は約15万人。当時の沖縄県民の4人に1人がこの地上戦で命を失ったと言われています。私は前述の通り，沖縄の米軍基地関連の訴訟を担当するものの一人ですが，職務上沖縄の方々の戸籍関係を調査する必要のある場合もあります。戦争で消失し戦後復旧された戸籍の死亡欄が昭和20年4月1日になっている方が本当に多くおられます。

このような悲惨な地上戦を経験した多くの沖縄県民が，その実体験に基づく生活感覚から素朴に確信している事があります。それは，「軍隊は絶対に住民を守らない」，「住民を盾にし，犠牲にする事はあっても住民を守るために行動する事は絶対にない」という事です。
　もちろん全ての沖縄県民がこのように考えておられる訳ではありません。しかしながら私は，今なお多くの方（特に戦争体験者の方々）がこのように実感されている事を知っています。そしてそれはやはり真実だと思います。
　軍隊は時の権力者や，その権益（国益と言われる場合もあります）を守るために行動するものであって，直接一般市民・住民を守るための組織ではありません。この点は，沖縄問題，そして戦争と平和の問題を考える上で欠かすことの出来ない視点だと私は思います。そしてこれから先21世紀を生きる我々，そして我々の次の世代にとって大切な事は，この悲惨な教訓を承継し，引き継ぐこと，教訓を次に生かす事だと思います。もう一度言います。沖縄戦が私達に与えてくれた教訓は「軍事力では命は守れない」という厳然たる事実なのです。

5　終わりに──私たちの願う平和とは──それは憲法9条そのもの

　沖縄問題の根っこにはいつも日米安保があります。日本とアメリカの軍事同盟があります。政府はいつもこのように言います。「日米安保と在日米軍基地の存在は，日本と極東の平和と安全にとって必要不可欠である」と。でも，その平和と安全のための日米安保，そして沖縄米軍基地が，実際には多くの沖縄県民の平和的生存権を具体的に侵害し続けているのも厳然たる事実です。日米安保によって，そしてアメリカの軍事戦略によって利益を現に得ている人達からは，何の抵抗もなく「日本と極東の平和と安全にとって必要不可欠である」という言葉が出るのでしょう。しかし沖縄の実情を少しでも知っている私からは，とてもそんなことは言えません。膨大な沖縄米軍基地の存在や，日米の緊密な軍事的結びつきを考えた時，これらを方向転換したり，あるいは解消に向け舵を切る事は容易な事ではありません。もちろん沖縄の中においても，日米同盟を重視し，発展させて行くべきだとする意見も

厳然としてあります。民主主義社会に生きる私達は，多様な立場の異なる人の意見を前提にして，自由で公平な議論を経て，私達の国のあるべき方向性を決めて行く必要があります。一口に平和と言っても，それを語る人毎に概念や捉え方が異なるものではあるでしょう。

ただ以下に引用する2000年4月17日，沖縄サミットを契機に有志の方々が作成した「沖縄民衆平和宣言」の中の一節は，私自身の平和の捉え方とも全く同じ考え方です。

そしてそれは憲法前文及び9条の平和理念そのものだと思います。

沖縄戦の教訓を今に生かし，私の論考を締めくくるに際して，最後にこれを紹介して終わります（後記参考文献③の19頁に全文が紹介されています）。

「……私達の願う"平和"とは，地球上の人々が自然環境を大切にし，限られた資源や富を出来るだけ平等に分かち合い，決して暴力（軍事力）を用いることなく，異なった文化・価値観・制度を尊重しあって。共生することです。それが，沖縄の民衆が半世紀にわたる社会的体験を通して得た確信なのです」

1　2008年3月28日，いわゆる大江・岩波裁判に関する大阪地裁判決が出され，名誉毀損に基づく出版の差し止めや損害賠償を求めた原告ら請求が全て棄却されました。本稿は，この訴訟を直接論じるものではありませんが，教科書検定問題にも関連しておりますので，新聞報道を基に，判決骨子を以下に記載します。なおこの訴訟は原告らにより控訴されましたが2008年10月31日，大阪高等裁判所は再び大江氏・岩波書店側勝訴の判決を下しました。現在この訴訟は最高裁において審理されています。
（判決骨子—2008・3・28沖縄タイムスから）
　1，元守備隊長らの請求を棄却する。
　2，各書籍はもっぱら公益を図る目的で出版された。
　3，集団自決には軍が深く関わり，元隊長らの関与も十分推認できる。
　4，書籍に記載された通りの自決命令自体まで認定することはちゅうちょを禁じ得ない。
　5，自決命令があったと信じる相当の理由があり，元隊長らへの名誉毀損は成立しない。

【参考文献】
（米軍ヘリ墜落事件・沖縄における米軍基地，地位協定問題等に関するもの）
①　伊波洋一・永井浩「沖縄基地とイラク戦争（米軍ヘリ墜落事故の真相）」（岩

波ブックレット No.646）
② 新崎盛暉『現代沖縄史』（岩波新書）
③ 新崎盛暉『公正・平等な共生社会を』（凱風社）
④ 新崎盛暉『基地の島，沖縄からの問い―日米同盟の現在とこれから』（創史社）
⑤ 大田昌秀他『基地のない平和な島へ（代理署名裁判，沖縄県知事証言）』（ニライ社）
⑥ 大田昌秀『沖縄　基地なき島への道標』（集英社新書）
⑦ 大田昌秀『沖縄　平和の礎』（岩波新書）
⑧ 沖縄県基地対策室作成『沖縄の米軍基地』（平成15年3月）
⑨ 浦田賢治編『沖縄米軍基地法の現在』（一粒社）
⑩ 『日米不平等の源流―検証「地位協定」』（琉球新報社）
（集団自決と軍強制関与等に関するもの）
⑪ 大城将保『沖縄戦の真実と歪曲』（高文研）
⑫ 大城将保『沖縄戦……民衆の眼でとらえる戦争』（高文研）
⑬ 金城重明『集団自決を心に刻んで（一沖縄キリスト社の絶望からの精神史）』（高文研）
⑭ 大江健三郎『沖縄ノート』（岩波新書）
⑮ 天野恵一『沖縄経験（民衆の安全保障へ）』（社会評論社）
⑯ 沖縄県教育委員会・資料編集所作成『沖縄県史 9 巻・10巻』（1974年）
⑰ 沖縄県歴史教育者協会「沖縄戦と2007年教科書検定」『歴史と実践』（2007年 28号）
⑱ 雑誌「世界」特集　沖縄戦とは何だったのか（岩波書店，2007年7月）
⑲ 謝花直美『証言　沖縄「集団自決」　慶良間諸島で何が起きたか』（岩波新書）
⑳ 『挑まれる沖縄戦「集団自決」教科書検定問題報道総集』（沖縄タイムス社）

第3章　中国・台湾情勢と日本

大 槻 和 夫

1　中国の改革開放政策

(1) 改革開放政策の推進

1978年12月，中国共産党第11期中央委員会第3回全体会議（第11期3中全会）が開催され，鄧小平が提唱した改革開放政策が党の方針として決定された。この改革開放政策の採択は，それまでの毛沢東による文革路線と訣別し，中国を今日の発展へと導くものとなった（参考文献①・13頁）。

改革開放政策に踏み切るにあたり，鄧小平は中国の現代化の当面の目標として「小康社会」の実現を掲げた。「小康社会」とは中国の古典「礼記」礼運編で「大同社会」に次ぐ二番目の理想社会とされているもので，「大同社会」が性善説と公有制によって形成される社会であるのに対して，「小康社会」は人々の私欲（性悪説）と私有財産を前提とし，「礼」（制度）によって治められる社会であるとされる。そして，鄧小平が述べる「小康社会」とは，具体的には，最低限の衣食を確保できた上で，なお，いくらかゆとりのある社会を意味していた。

1989年の天安門事件での民主化運動弾圧以後，一時期，市場経済志向に対する反対の声が強まった。これに対して，鄧小平は，1992年1月から2月にかけて深圳などの南方地方を視察した後，いわゆる南巡講話を発表し，「計画が多いか市場が多いかは社会主義と資本主義の本質的な区別ではない。計画経済イコール社会主義ではなく資本主義にも計画はある。市場経済イコール資本主義ではなく社会主義にも市場がある。計画も市場も経済手段である。社会主義の本質は生産力を解放し，発展させ，搾取と両極分化をなくし，最終的にはともに豊かになることである」と述べて市場経済への更なる踏み込

みを促した（参考文献①・81頁以下）。この南巡講話は中国の市場経済化政策を最早後戻りできない地点にまで導く分岐点となった。

このような中国の経済改革は、同時期にソ連崩壊後の東欧諸国やロシアでIMFなどの指導下に行われた、短期間で一気に計画経済から市場経済体制に移行させるという方法（ビッグバン・アプローチ）ではなく、「実験から普及へ」「一部分の改革から全体の改革へ」「やさしいものから難しいものへ」「旧体制の改革より新体制の育成に力を入れる」「目標はつねに調整しつつ次第に明確化する」という方針の下、旧体制に直ちに手をつけることなく、旧体制の周辺で新体制を徐々に育成、発展させ、その新体制の成長を通じて次第に旧体制を改革する条件を創出してゆくという漸進的改革の方法が採られた。このため、中国の経済体制は、計画経済体制と市場経済体制が長期間にわたって共存するいわゆる「双軌制」（二重構造）を取ることになった（参考文献①・47頁、53頁）。

この漸進的手法による経済改革を推進した結果、中国のGDPは1990年から2003年の間に3.3倍成長したのに対し、ビッグバン・アプローチを採った東欧・ロシア諸国では、同期間における成長率が、ポーランドでは1.5倍、ハンガリー、チェコでは1.2倍に止まり、ロシアに至っては約0.8倍に落ち込んでしまった。

改革開放後の中国の1人あたり平均GDPは、1978年の226ドルから2006年には2004ドルに達し、既に「低所得国」を脱して「下位中所得国」に移行した（参考文献④・273頁、346頁）。

2002年の段階で、中国には約1億人の中産階級（行政管理職、専門技術者、ホワイトカラー、教員など）がいると推定され、都市部では全人口の6～7割、農村でも4～5割が「中流意識」を持つに至った。

テレビの普及率は都市部ではほぼ100％、農村部でも70％に達した。携帯電話保有数は2002年夏の時点で1億6,000万台に達し、アメリカを超えて世界第一位になった（参考文献⑦・4頁以下）。

中国の自動車販売台数は2006年で721万台に達し、すでに日本での販売台数574万台を上回った（参考文献⑩・29頁）。

(2) 社会主義市場経済と国有企業改革

中国は自国の経済体制を「社会主義市場経済」と規定するが，この社会主義市場経済と資本主義市場経済の違いについて，以下のとおり説明されている。
　第一に，社会主義市場経済は，私有制主体ではなく公有制主体の経済である。尤も，それは私有制を全て否定するものではなく，公有制を主体としながらも，各種の経済主体の長期にわたる並存と共同発展を目指すとされる。
　第二に，所得分配については「労働に応じた分配」を主体とし，これに他の各種分配方式を並存させるとしている。
　第三に，政府によるマクロコントロール政策も，公有制を主体とした経済のもとで高い効果を挙げることができるとしている（参考文献①・19頁）。
　このように，中国は依然として公有制主体の社会主義であるという建前を崩していないが，実際には，90年代半ば頃から，「国有企業の戦略的再編」の名のもとに，非効率な国有企業の民営化を進めてきた。これに民営企業の市場参加も加わり，工業生産に占める国有企業のシェアは，改革開放当初（1978年）の80％から2004年には30％近くにまで低下した（参考文献①・23頁以下）。
　1999年9月の第15期4中全会で採択された「国有企業の若干の重大問題に関する決定」によれば，産業分野によって国有企業が進出すべき分野と退出すべき分野を分け（有進有退），国有企業が主導する産業を一部の重要分野（国防・食料やエネルギーの戦略的備蓄など国家の安全にかかわる産業，郵政・電気通信・電力・鉄道・航空や水道・公共交通・港湾・空港などの公共サービス産業，資源開発プロジェクトや鉄鋼・自動車・先端産業などの基幹産業）に限定し，残りの産業からは国有企業は民営化等により徐々に縮小・撤退して民営経済に委ねることとされた。これに伴い，民間企業は，それまでの国民経済の補完的役割という位置づけから，重要な構成部分へと格上げされることになった。
　こうして，中国の国有企業は，最終的には，市場経済国家における国有企業の位置づけと変わらなくなると見込まれている（参考文献①・127頁以下）。
　国有企業の民営化も，他の分野と同様，漸進的改革の手法が採られた。その手法は，それまで国が100パーセント保有していた企業に，外国資本，民間資本，経営者や従業員の出資などを導入し，国有企業の所有者の多様化を

1　中国の改革開放政策

推進するというものである。

　2003年の党第16期３中全会で採択された「社会主義市場経済体制を改善する若干の問題に関する決定」では，株式制企業が公有制の主体的形式とされた。ここに「株式制」とは，国有資本，集団資本，非公有資本などが資本参加を行う「混合所有制経済」である。そして，つねに国有株が過半数を占める必要はなく，国が最大株主であれば過半数を占めなくてもよいとされた。

　この結果，国有企業を管轄する省政府は，企業の所有者として自らの国有企業を処分することができるようになり，この売却によって得られる収入を省の財源として留保できるようになった。このことは，省政府が民営化を推進する大きなインセンティブになっている（参考文献①・129頁以下）。

　国有企業を民営化する場合，国有企業を株式会社に転換した上で，その株を上場し，株式市場での取引を通じて国が保有する株の持分を減らしてゆく手法が一般的であるが，そのためには整備された株式市場が必要となる。中国では，1990年に上海，1991年に深圳で株式市場が設立された（参考文献①・131頁以下）。

　当初，中国の上場会社の株式は，投資主体別に国有数，法人株，社会公衆株に分けられていた。国有株は政府の各部門が国有資産を用いて投資した株式であり，法人株は企業もしくは法人格を持つ社会団体が法的に認められた運用資産を使って投資した株式であり，社会公衆株は国内の個人や団体がみずからの資産を使って投資した企業の流通株式のことである。このうち，全体の３分の２を占める国有株と法人株は株式市場での流通が認められず，残り３分の１の社会公衆株のみが株式市場で取引できるという「株主権区分・配置」制度が採られていた。しかし，2006年に「株主権区分・配置」制度改革が行われ，2010年までには従来の非流通株も株式市場で流通可能とすることが予定されている（参考文献①・134頁，⑩・131頁以下）。

(3)　対外開放政策と人民元改革

　改革開放政策の選択によって，中国はそれまでの「自力更生」路線を転換し，対外開放政策に乗り出した。対外開放により中国は世界の市場へのアクセス，外資の参入を通じて技術・経営ノウハウを入手する機会を得ることになった（参考文献①・20頁）。

中国は，1980年に広東省の深圳，珠海，汕頭，福建省の厦門に4つの経済特別区を設置したのを皮切りに，1984年に大連，天津，上海，広州など14の沿海都市開放，1985年以降，長江デルタ，珠江デルタ，福建省南部デルタ，山東半島，遼東半島，河北省，広西壮族自治区の経済開放区指定，1988年に海南島を5つ目の経済特区に指定と開放政策を推し進め，1990年に上海浦東地区の開発・開放決定，さらに長江沿岸の一部の都市を開放することとし，浦東をけん引役とする長江開放地帯が形成された。1992年以降は，数多くの辺境地域にある都市の対外開放と内陸部のすべての省都，自治区の区都が開放され，また一部の大・中都市に15の保税区，49の国家クラス経済技術開発区，53のハイテク産業開発区が設置された（参考文献①・20頁以下）。
　2001年，中国はWTO（世界貿易機関）に加盟した。
　WTO加盟に関する合意に沿って，中国は工業部門のみならず，農業部門やサービス部門など広範囲にわたる市場開放を進める責務を負うことになった。一次産品と工業製品に対する輸入関税を引き下げ，工業製品に対する輸入数量制限も撤廃することになった。中国の民営企業にも国際貿易に参入する権利が与えられた一方，外資企業にも流通，通貨，金融，ビジネスサービス，観光といったサービス産業に参入する権利が付与された。こうして，従来，経済特区に与えられていた優遇策は，ほとんどの地域で受けられるようになった（参考文献①・100頁以下）。
　改革開放政策の進展に伴い，中国の対外経済取引規模も急速に増大した。
　商品貿易総額は，1978年の206億ドルから2006年の1兆7,607億ドルへ28年間で84倍になった。
　輸出総額は2004年に日本を抜き，2006年現在でドイツ，アメリカについで世界第3位である（参考文献④・436頁）。
　2007年1月〜11月の貿易黒字は1.43兆ドルで2006年末の1.065兆ドルを3,650億ドル上回る過去最高を記録した。
　また，外貨準備も2007年6月現在で，1兆3,326億ドルと世界一の規模になっており，第2位の日本（9,136億ドル）との差がますます広がっている（参考文献③）。
　中国の貿易拡大に伴い，対米貿易不均衡が拡大し，貿易摩擦が激化した。2000年に，中国は日本を抜いてアメリカにとって最大の貿易赤字相手国とな

った。貿易不均衡幅はその後も拡大し続け，2004年には1,620億ドルに達した。

　こうした事態を踏まえて，米財務省は，2005年5月17日に発表された「主要貿易相手国の為替政策に関する報告書」のなかで，人民元相場をドルに事実上固定している中国の為替政策について「大きく歪んでいる」と批判し，人民元の変動幅を直ちに拡大するよう求めた（参考文献①・173頁以下）。

　これに対して，中国政府は，2005年7月21日，人民元の対ドルレートをこれまでの1ドル＝8.32765元から8.11元に切り上げた上，ドルペッグ制から管理変動相場制へ移行することを発表した（参考文献①・183頁以下）。その後，人民元の対ドルレートは緩やかに上昇し，2007年6月現在で，1ドル＝約7.65元に達している（参考文献④・458頁）。

2　改革に伴うひずみと新たな政策課題

　以上の改革開放政策の結果，中国経済は大いに発展したが，その反面，さまざまなひずみを生むことになった。

(1)　格差の拡大

　改革開放政策を発動するにあたって，鄧小平は，機会のある者が先に裕福になってよいとする「先富論」を提唱し，平等よりも経済成長を優先させる政策を推し進めた。その結果，改革開放政策の進展に伴って国内の格差が拡大し，従来からあった「都市」対「農村」，「東部（沿岸）」対「西部（内陸）」の地方格差に加え，「富裕層」対「貧困層」の対立軸が新たに加わった。

　2001年12月に中国社会科学院の研究グループがまとめた「当代中国の社会階層に関する研究報告書」によると，現在の中国社会は10の社会階層と5つの社会地位等級から構成されている。ここに10の社会階層とは，①国家と社会の管理者（2.1％），②経営管理者（1.5％），③私営企業家（0.6％），④専門技術者（5.1％），⑤一般事務員と公務員（4.8％），⑥個人経営商工業者（4.2％），⑦商業サービス従業者（12.0％），⑧産業労働者（22.6％），⑨農業労働者（44.0％），⑩失業者・半失業者（3.1％）であり，5つの社会地位等級とは上層，中上層，中中層，中下層，底層であり，最も人数の多い産業労

働者と農業労働者は中下層に分類されている（参考文献①・202頁以下，⑦・8頁）。

　これらのうち，「ニューリッチ」と呼ばれる高所得者は，一部の私営企業経営者，外資系企業や国際機関に勤める高級職員，不動産関係者，一部の個人経営者，一部の国営企業の請負人と技術を持って経営に参加している人，有名俳優や歌手などのスター・モデル・作家・スポーツ選手，一部の弁護士・会計士，有名な経済学者と政府の局長クラス，一部の違法経営者（密輸・売春），少数の腐敗役人など十五種類からなっており，その総数は合わせて1,000万人前後に達している（参考文献⑦・9頁以下）。

　中国社会科学院が2003年に実施した調査では，上位2割の富裕層が中国全体の金融資産の7割近くを保有しているとの結果がでている（参考文献⑩・36頁）。

　これに対して，貧困層は長期的な失業者，リストラされた人，社会救済に頼っている人，自然環境の厳しい地域に住む人，立ち遅れた地域の農民，一部の定年退職者，操業停止状態にある国有企業の従業員などからなり，これら貧困者の人数は都市部と農村部でそれぞれ3,000万人に上っている。また，読み書きできない人口が今なお8,500万人と，全人口の8.72％を占めている（参考文献⑦・10頁）。社会の底辺層に追いやられつつある労働者や農民は，従来，彼等の生活を保障してきた人民公社や国有企業が解体され，生活保障機能を喪失したことから，社会的地位が低下し，生活水準も下がっている（参考文献①・34頁以下）。

　中国における地域格差は世界の中でも際だって大きい。2003年の中国各省（直轄市を含む）の1人あたりＧＤＰを見ると，最多の上海が6,000ドル近くに達するのに対し，最少の貴州省は500ドル前後に過ぎず，その格差は10倍以上に達している。

　精華大学公共管理学院国情研究センターの胡鞍鋼所長は，現在，中国には，先進国レベルに近づきつつある北京，上海，深圳などの第一の世界，世界の平均所得を上回る広東，江蘇，浙江などの第二の世界，発展途上国レベルにとどまる中部の省に代表される第三の世界，貧困地域に当る貴州，チベットなど中西部の省に代表される第四の世界の四つの世界が存在するという（参考文献①・34頁以下，⑤・126頁）。

2　改革に伴うひずみと新たな政策課題

こうした所得格差の拡大を是正するための議論がなされており，就労機会の創出，高所得者層への累進税の強化，労働契約法の制定等の対策が講じられつつある（参考文献⑩・37頁以下）。

(2) 三農（農業の振興，農村の経済成長，農民の所得増大）問題
　中国にとって，小康社会と現代化実現のために，三農（農業，農村，農民）問題の解決は避けて通れない課題である（参考文献①・212頁）。
　統計によれば，中国の農村と都市との平均所得は3倍以上の格差が生じている（参考文献⑩・40頁）。
　中国の農民は，これまで様々な負担を強いられてきた。農民負担は一般に次のものからなる。①村の留保金──水利・植林などのための積立金，貧困戸補助などの公益金，幹部の給与などの管理費，②郷の統一計画費──郷・村レベルの学校運営，計画生育，民兵訓練，道路建設などのための費用，③義務労働──植林，防災，道路補修，校舎修築などの労務。これには義務労働と農閑期労働蓄積の2種類がある。1990年の国務院通達は，「かなりの地方で農民の負担能力を超えた」として，村留保金・郷統一計画費を農民1人あたり純収入の5％，義務労働を年5〜10日，労働蓄積を年10〜20日に制限するとした。しかし，この通達は守られておらず，現在でも最も低い地域でも課徴金比率は6.5％，高い地域では16％に達している（参考文献⑨・89頁以下）。
　1958年に「戸籍登記条例」が制定され，戸籍を「都市戸籍」と「農村戸籍」に分けて，農村から都市への転入を厳格に制限した。これは，都市への過剰人口流入，治安悪化，生活物資供給不足などに対応するための措置であった。現在は「暫定居住証」を取得する事により，農村戸籍保有者が都市部で就労することが許されている。しかし，都市に戸籍を持たない出稼ぎ農民は生活保護その他の社会保障を受けることができない，子弟が都市部の学校に通う際に追加の費用支出を求められるなど，教育・就職・医療・社会保障の様々の分野で差別待遇を受けてきた（参考文献⑩・39頁，43頁）。
　中国の農村人口は4.9億人といわれているが，実際にはこのうち地元の郷鎮企業や都市への出稼ぎという形で農業以外に従事している者が1.8億人おり，実際に農業に従事している人口は3.1億人前後である。しかし，現在の

耕地面積からすると必要な労働人口は1.7億人に過ぎず，1.4億人が余剰労働力になっている（参考文献⑩・41頁以下）。

中国は，2020年までに都市化のレベルを今の40パーセントから55パーセント以上に引き上げ，これに伴い，労働力全体に占める農業労働力は今の50パーセントから30パーセントまで下がると見込んでいる。このような社会構造の変動は，数億人に及ぶ農村から都市への人口移動をもたらすことになる。このような人口移動が社会混乱をもたらさないように，都市部に移住する農民のために就業機会と生活環境を用意しなければならない（参考文献①・213頁）。

こうした三農問題の深刻化に対して，政府は農村のインフラ整備に対する支援金の増額，農村における義務教育の学費免除，出稼ぎ農民に対する戸籍管理の段階的撤廃，農村医療保険制度の導入など，様々な対策が講じられている（参考文献⑩・40頁以下）。

2001年3月，当時の朱鎔基首相は「中国最大の問題は三農問題である。……歴代の王朝の滅亡は，すべて農民蜂起が原因である。農民が安定しなければ，国家は安定しない。だが，中央政府は農村にない。農村幹部と農民の関係がどうなのか，彼らはどう仕事をしているのか，それがもっとも心配だ」と語ったが，この発言は中国指導者の三農問題への認識をよく表している（参考文献⑫・12頁）。

(3) 治安の悪化と民族問題の噴出

中国社会科学院研究者の発表した数値によれば，群集が集団的に公共秩序を乱す形で引き起こす「群体性事件」（デモ，ストライキ，抗議活動，騒乱等）の発生数は，1993年には8,709件だったのが，2005年には8.7万件を記録し，13年間で10倍に増大した。2005年の事件のうち，35％が農民による権利擁護運動，36％が労働者による権利擁護運動，犯罪集団組織によるものが5％を占め，また，「群体性事件」のうち，騒乱に至った事件は5.1％だった。事件発生の原因は，経済格差，共産党や国家幹部の腐敗，失業問題，開発による都市住民や農民の立ち退き問題，社会保障制度の不備など多様である（参考文献㉙・108頁）。また，凶悪犯罪も多発し，2006年に立件された刑事犯罪は465万件，うち放火，殺人などの凶悪犯罪は53万件に達している（参考文献⑩・59頁）。

1990年代以降，中国では農民の負担増に起因する農民暴動が相次いだ。1993年6月に四川省で国道工事の負担に怒った農民が集団で抗議行動を行い，村政府の建物を10時間にわたって占拠した。1999年春には湖南省で5,000人の農民が鎮役所に押し寄せ「負担の軽減，汚職幹部の追放」集会を開いて抗議した。同年11月には四川省でリーダーが逮捕されたことに怒った農民500人が県や警察の幹部宅を包囲し，監禁する事件が起こった。2000年6月には河南省で水利権の争いに起因して裁判所を100人以上の農民が襲撃し，4時間以上にわたって占拠した。2001年3月には湖北省の農民300人が負担の軽減と財政の公開を求めて鎮政府を包囲し，警官隊と衝突した（参考文献⑨・88頁以下）。

　政府からの弾圧を避けるため，これらの運動組織は口頭でメッセージを伝達し，文字による記録を残さない。規律は厳格で，メンバーの役割も責任者もはっきりさせない（参考文献⑪・19頁）。

　農村における政府・党の統治能力が低下するなか，政府から独立した自衛・互助組織・宗族などが復活しだしている。「幇会」（秘密結社）を名乗っているものすらある（参考文献⑪・22頁）。

　オリンピックを控えた2008年3月には，チベット自治区その他の地方で，チベット族による大規模な暴動が発生し，多数の死傷者が出た。また，新疆ウイグル自治区においては，オリンピック開催時期を狙って，イスラム系の東トルキスタン独立運動によるテロ事件が発生した。

　チベットについては，ダライラマ14世をいただく亡命政府がインドに存し，自治権の獲得をめぐって中国政府と交渉を続けている。その際，ダライラマは1988年の欧州議会におけるストラスブール提案以降，高度の自治を求めるが分離独立は求めないとしているものの，その高度自治の内容として政治経済的自治に加えて宗教的精神的自治を含め，この宗教的精神的自治については現在のチベット自治区に限らず，その外のチベット仏教徒（その中には漢族出家僧も含まれる）にまで対象が拡大する可能性があることなどから，協議は膠着状態が続いている（参考文献⑱・25頁以下，30頁以下）。こうした，独立を断念し，非暴力に徹するダライラマの方針に対して，チベット難民の中のチベット青年会議を初めとする急進派は反発を強めており，あくまで独立を求め，そのためには暴力的手段も辞さないとしている。今回の一連の暴

動を起こしたのは，この青年会議派を中心とした急進派と見られる（参考文献⑱・26頁）。

その後，2009年7月には，新疆ウイグル自治区でウイグル族と漢族の大規模な衝突が発生し，多数の死傷者が出た。

(4) 国有企業改革をめぐる問題

経営請負制を軸とする初期の国有企業改革は，インセンティブ・メカニズムの改善と企業自主権の拡大を通じて国有企業の生産性を向上させた。しかし一方で外部から企業を監督することがむずかしくなり，経営者や従業員など企業のインサイダーによる国家の所有権に対する侵害行為が広く行われるようになった。具体的には，国への配当が抑えられ，国有財産が非合法的に流用されるようになった。こうした不正行為を助長したのは，企業が赤字を計上しても国の財政あるいは金融機関などによる事後的な救済によって破産を免れることができるという制度的要因である。その結果，国有企業の資産の「私有化」（個人のものにする）と債務の「公有化」（政府に負わせる）という二つの現象が同時に引き起こされることになった（参考文献①・121頁）。

多くの官僚や共産党幹部が自分の地位と権力を濫用し，蓄財に走り，汚職と腐敗が重大な社会問題になっている。経営者と官庁が結託し，国有企業の民営化・株式上場などを通じて安い値段で国有財産を山分けする行為が横行している。

改革開放政策下で，中国では民営企業が急速な発展を遂げた。しかし，現在，多くの制度上の問題が民営企業の発展の制約要因となっており，中でも，①私的所有権を保護するための法制度の未整備，②市場参入の際における差別，③資金調達の面における制約が深刻である。

まず，私的所有権の保護が不十分であるため，企業家は再投資による企業規模の拡大に慎重になり，利潤を贅沢な消費にまわしたり，資産を海外に分散したりすることがおこなわれている。また，民営企業は多くの領域への参入が未だに許可されておらず，参入が認められた領域についても，政策上の差別が存在する。税制面においても，国有企業と外資企業は様々な形で優遇を受けているのに，民営企業は大きな負担を強いられている。資金調達の面では，国有銀行の融資は国有企業に集中し，民営企業には融資が廻らない。

株式市場も上場企業の大半は国有企業が占めている（参考文献①・139頁以下）。

(5) 金融制度をめぐる問題

現在，中国の銀行部門は四大国有商業銀行（中国銀行，中国建設銀行，中国工商銀行，中国農業銀行）が中枢を占めている。これらの国有銀行の貸出金利は融資の対象となる国有企業を救済するために低水準に設定されており，また，行政や地方政府から融資等の経営活動に対する干渉を受けており，大量の政策性融資を引き受けている。このため，不良債権が累積する結果となっている（参考文献①・28頁以下）。

国有銀行は金融機関である前に政府機関であり，所有権と行政管理権が政府に集中している状況では，国有銀行はみずからの経営管理およびリスク回避に責任を負うことができておらず，債務に対する責任も負わない。

国有銀行は貸付さえ提供すればよく，貸付資金の安全性と企業の返済能力に対する監督責任を負わない。事業プロジェクトの立ち上げから貸付の決定まで，すべての過程において行政機関が主導権を握っているため，銀行は規定に従って執行すればよい。

また，国有銀行の赤字も不良債権を処理するための資金も，最終的には財政支出によってまかなわれるため，銀行は債務に対する責任を引き受けなくてよく，このため，貸付にかかる規律が弱くなり，資金の運用効率も低くなってしまう（参考文献①・137頁）。

1997年後半，アジア金融危機の勃発を受けて，多くの海外機関や専門家は中国の四大国有銀行の不良債権比率を30〜50パーセントと推計し，四大国有銀行は事実上債務超過の状態にあると考えられた（参考文献①・159頁）。この四大国有銀行の不良債権問題に対処するため，中国政府は長期特別国債を発行してその資金を銀行の資本金に充てる，財政部の全額出資で金融資産管理会社を設立し不良債権を買い取らせる，公的資金を注入する等の措置を取って不良債権処理を進めた結果，2005年6月末には，四大国有銀行の不良債権比率は10.1パーセントに低下した（参考文献①・164頁）。

こうした公的資金投入による不良債権処理は，中国における金融危機発生のリスクを低下させたが，その代わりに，政府が抱える債務が増大したため，こんどは財政危機のリスクが高まっている（参考文献①・164頁以下）。

(6) 対外開放政策をめぐる問題

2001年の世界貿易機関（WTO）加盟を経て，中国経済は「グローバル化」という新しい段階に入った。しかし，中国は大きく外資に依存してしまった結果，世界の工場と呼ばれながら，中国企業は国際競争力を欠いたままである（参考文献①・95頁，100頁）。

中国が比較優位にあるのは労働集約型製品であり，中国企業は自前のブランドも技術も持っていない為，多国籍企業の下請け工場になってしまっている。

また，規模や収益性の面でも，世界との格差は依然として大きい（参考文献①・103頁）。

中国における貿易拡大の担い手は外資企業である。2004年の中国の輸出と輸入における外資企業の占める割合は，それぞれ57.1パーセントと57.8パーセントに達している。

また，輸出の55.3パーセントと輸入の39.5パーセントは加工貿易によるものである。加工貿易とは，外資企業が原材料・資材などを中国企業に提供し，中国側が外国側の要求する品質・デザインなどに基づいて加工した後，外資企業が加工した製品を引き取り，中国側に加工賃を支払うものである（参考文献①・104頁）。東アジアでは日本を初めとする多国籍企業の主導下に，数カ国にわたる分業生産のネットワークが形成されており，中国はその中で最終組み立て工場（アセンブラー）としての位置を引き受けている（参考文献⑤・25頁以下）。

こうした状況を踏まえて，中国政府は輸出商品の品質向上，加工貿易から脱皮して自主ブランド製品の輸出を拡大すること，国際規格や海外の品質基準に適応した製品を開発することなどの方針を掲げている。しかし，ここ数年，商品の品質不良に伴う騒ぎが国内外で頻発しており，中国製品の品質をめぐる問題がクローズアップされている。最近では，日本に輸入された餃子から多量の農薬が発見され，問題になった。中国政府は不良品質についての報道には特に規制をかけていないため，メディアが競ってこれらの事件を取り上げており，このため，中国の消費者は品質に対して非常に神経質になっている。こうした事態が起こっている背景には，品質に関連した法制度整備の遅れと違反業者への執行体制の未整備という問題がある（参考文献⑩・103

頁)。

3 改革開放政策の今後

(1) 経済政策をめぐる論争——「新自由主義者」対「新左派」

改革開放に伴うひずみの激化に伴い，中国の政策立案に影響力を持つ経済学者の間で，今後の経済政策の方向性をめぐって，「新自由主義者」対「新左派」の論争が起こっている（参考文献①・36頁以下）。

中国が抱える経済社会問題の原因とそれを是正する方策をめぐって，「新自由主義者」は市場経済化の不徹底が問題であるとし，私有財産制の確立と市場経済にもとづいた所得の分配を主張するのに対し，「新左派」は私有財産制と市場経済化が結果の不平等をもたらしたのだとして，公有制の維持を一貫して主張している。

民営化については，「新自由主義者」は，国有のままでは企業の経営効率の改善が見込まれず，赤字の補填などで国の負担になるばかりであるから，資産を大事にしてくれる経営者に所有権を譲ったほうが業績改善を見込めると主張するのに対し，「新左派」は法制が整備されないままの民営化は「権力の資本化」につながっており，富の二極分化の原因になっているから，民営化を直ちに中止すべきであると主張している。

自由貿易の是非については，「新自由主義者」は自由貿易と比較優位に立った分業を奨励するのに対して，「新左派」は特に技術集約度の高い産業に対する保護の必要性を訴えている。

外資導入については，「新自由主義者」は外資導入に伴う技術移転や雇用創出のプラス効果を強調するのに対し，「新左派」は外資企業の中国市場進出が民族資本の成長の機会を奪うと警告している。

学会の主流は依然として「新自由主義者」であるが，改革に伴うひずみの是正が重要な政策課題として浮上してきたのに伴い，「新左派」の主張も一定程度，政府の政策形成に影響を与える余地が出てきている。

(2) 胡錦濤政権の国家戦略

2002年11月の第16回党大会において，江沢民，朱鎔基から胡錦濤，温家宝

へ指導体制の交代が行われた。

これを受けて，2003年10月の第16期3中全会において，新指導部の経済政策マニュフェストである「社会主義市場経済体制を改善する若干の問題に関する決定」（以下「決定」という）が採択された。

決定では，「人を以て本となし，全面的な，協調する，持続可能な発展観を樹立し，経済・社会と人の全面的な発展を促進する」とし，そのために，①都市と農村の発展の調和（農村の発展を重視し，農民問題を解決する），②地域発展の調和（後発地域を支援する），③経済と社会の発展の調和（就業の拡大，社会保障体制や，医療・教育といった公共サービスを充実させる），④人と自然の調和のとれた発展（資源の節約と自然環境の保護を重視する），⑤国内の発展と対外開放の調和（対外開放を堅持しながら国内市場の発展を加速する）という「5つの調和」を達成するという，後に「科学的発展観」と呼ばれる方針が打ち出された。

これは，鄧小平の「先富」論に基づく，平等よりも成長・効率を重視した発展戦略に対して，今後は公平や調和にも目配りした政策を目指すとして，一定の修正を図ろうとするものである（参考文献⑤・124頁）。

2005年以降，従来の経済発展戦略に対する胡錦濤政権による見直しは，経済戦略の枠を超えて，経済，社会，文化の領域に及ぶ「社会主義和諧社会建設」という新たな国家戦略を打ち出す段階に至った。

これは，1978年以来の30年間にわたる「先富論」に基づく市場経済化を軸とした経済発展戦略の成果を踏まえつつも，そこから生じたひずみの是正を視野に考慮し，新しい国家戦略へと路線を修正しようとするものである（参考文献⑩・16頁以下）。

ここに，「和」とは心を合わせて助け合うこと，「諧」とは協調し，衝突がないことを意味するが，2005年2月の胡錦濤による地方幹部の討論会における講話では，和諧社会とは「民主法治が実現され，公平正義な，誠心友愛に溢れ，活力に満ち，秩序があり安定し，人と自然が互いに調和されている社会」であるとされている（参考文献⑩・32頁）。

2006年10月の第16期六中全会では，社会主義和諧社会建設を専門的に討議し，「社会主義和諧社会建設に関する若干の重要問題に関する中共中央の決定」が採択され，中国共産党第17回党大会での最重要方針とすることを機関

決定した（参考文献⑩・31頁以下）。

　この和諧社会建設という国家戦略の具体的内容は未だ公表されておらず，現在，党・政府内部で鋭意検討が進められていると推測されるが，概ね，①所得再分配制度の再構築と経済格差是正，②新農村建設，農村と都市との協調的発展，③地域間連携による協調的発展，④社会保障制度の確立と生活水準の保障，⑤法制度の整備と法治国家建設，⑥環境保護及び人と自然との調和の確立，⑦労働環境改善と就業機会の確立，⑧社会の利害調整メカニズムの確立，⑨社会治安の確立，⑩行政のサービス化と民間非営利組織の育成，⑪コミュニティの確立と民衆管理，⑫社会主義和諧文化の確立，といった内容になるのではないかと思われる（参考文献⑩・35頁）。

　今後，その具体的内容が発表されるにつれて，特に北京オリンピックと上海万博以降の長期国家戦略の方向性が，次第に明らかになってくるであろう。

4　台湾をめぐる情勢

(1)　清朝統治以前の台湾

　台湾は大陸の福建省と台湾海峡を挟んで向かい合い，面積は九州よりやや小さいサツマイモ形の島である（参考文献⑬・20頁）。

　1544年頃，インド洋を経て東アジアに到達してきたポルトガル人が台湾に上陸した。この頃の台湾は，少数の漢族系移住民の他に，プロト・マレー系でオーストラロネシア語族の言語を話す先住民族が居住していた（参考文献⑬・32頁）。

　当時，台湾は倭寇や海賊の根拠地であり，時の明朝政府は台湾を風土病の蔓延する，盗賊の巣窟とみなしていた。台湾海峡にあって台湾と面する澎湖列島には元朝の頃から警備と治安にあたる巡検司が置かれていたが，明朝は1388年にこれを廃止した（参考文献⑫・2頁以下）。

　ポルトガルやスペインに次いで東アジアに進出したオランダは，インドネシアのバタビア（今日のジャカルタ）に拠点を構えて更に北上し，1603年にはオランダ艦隊が澎湖列島に上陸した。この報を聞いた明朝は軍勢を派遣し，オランダ勢を追い出した。その後，1622年に，オランダ艦隊は再び澎湖島を占領した。これに対して1624年1月に明朝は澎湖島のオランダ勢に攻撃を開

始し，攻防の末，オランダ艦隊の澎湖列島撤退を条件に，オランダの台湾占領を認めた（参考文献⑫・8頁以下）。

　オランダ艦隊は台湾を占領すると，二つの城塞を築き，城下に中国からの移住民を住ませ，38年にわたって台湾を支配した。オランダは台湾を中継貿易の拠点として，中国，日本，バタビア等の多角貿易で巨額の利を得た。また，農業開発にも力を注ぎ，米，砂糖の栽培を育成した（参考文献⑫・11頁以下）。

　1626年，マニラから派遣されたスペイン艦隊が台湾北部に上陸し，要塞を築いた。これに対して，1642年，オランダはスペインの占領地域に艦隊を派遣し，交戦の末，スペインを追い出した（参考文献⑫・20頁以下）。

　この頃，中国東北地方に勢力を築いた満州族は国号を「後金」から「大清国」に改め，中原に侵入して明王朝を滅ぼした。この時，東アジア海域に勢力を張っていた海賊鄭芝竜と日本人女性との間に生まれた鄭成功（近松門左衛門の「国姓爺合戦」で知られる）は，中国各地で清と戦ったが及ばず，根拠地を求めて1661年に台湾へ向かった。鄭成功はオランダ勢と戦闘の末，1662年にオランダ勢をバタビアに退却させ，ここにオランダの台湾支配は終焉した（参考文献⑫・25頁以下）。

　鄭成功は台湾に移って1年も満たない1662年に亡くなった。その後も鄭一族は23年にわたり台湾に独立政権を樹立して清と対峙を続けたが，清は鄭氏一族の内紛に乗じて兵を起こし，1683年7月，清軍は台湾を無血占領し，鄭氏政権は終わりを告げた（参考文献⑫・37頁以下）。

(2)　清統治時代の台湾

　鄭氏政権打倒後，清では台湾放棄論（台湾は中国から離れた絶海の孤島であり，領有する価値がないとする）と台湾領有論（台湾を放棄すれば無法者の巣窟となり，また，オランダが戻ってきて，本土に禍根を及ぼす恐れがあるとする）が争ったが，台湾領有論が採用され，1684年5月27日，清の康熙帝は台湾領有の詔勅をくだした。この時以来，台湾は212年にわたり，清の領有するところとなった（参考文献⑫・38頁以下）。

　清は台湾領有決定後，台湾と澎湖列島を福建省の管轄下に置き，厦門と台湾を管轄する「分巡台厦兵備道」を設けて統治に当たった。清は台湾が再び

叛徒の根拠地となり，反乱の起こることを恐れ，移住民を一旦大陸に引き上げさせ，その後の台湾への渡航を制限し，また，「封山令」を発して先住民居住地域への移住民の入植を禁じた。その後，これらの制限は次第に緩和され，大陸からの移住と農地開墾が進んだが，渡航制限と封山令が最終的に撤廃されたのは，1874年の日本軍による台湾出兵以後であった（参考文献⑫・40頁以下）。

清は，その統治に服した先住民を「熟蕃」（概ね平原に居住していたので，「平埔蕃」ともいう）と，統治下に入らないものを「生蕃」（概ね山地に居住していたので，「高山蕃」ともいう）と呼び，「熟蕃」に対しては漢族姓を名乗らせ，税を徴収したが，「生蕃」については「封山令」によって移住民から隔離した上で，あえて統治を及ぼそうとしなかった（参考文献⑬・32頁）。

清への帰属後，大陸からの漢族の移住・開拓が進んだが，移住民の出身地は，大きく分けて三つに分かれる。福建省漳州の出身者，同じく福建省泉州の出身者，そして広東省北部の嘉応州の出身者である。このうち，漳州人と泉州人の言語は福建省で話される閩南語に属し，相互に理解可能であったが，嘉応州からの移住民は漢族の中でも特殊な地位を占める「客家」に属する人達で，言語も客家語を用い，閩南語とは別の言語であった。これらの移住民達は，移住の過程で先住民と争い，これを次第に山地に追いやると共に，漳州人，泉州人，客家が互いに抗争しあう「分類械闘」を繰り返した。そして，この械闘はしばしば「民変」と呼ばれる官への反乱に転化した。また，台湾には清朝の打倒と明朝の復興を唱える秘密結社「天地会」が存在し，清国政府に抗ってしばしば騒擾を引き起こした。

こうして，清国の統治下に入っても台湾は難治の地であり続け，清国が統治していた212年間に起こった騒擾事件は大小約100件に達し，清国の官吏は住民による「5年一大乱，3年一小乱」を恐れて台湾への赴任を嫌がった（参考文献⑫・47頁以下，文献⑬・11頁以下）。

(3) 日本統治時代の台湾

1868年，日本は明治維新を達成し，新政府は内外に向って活発な活動を開始した。

明治維新直後の1871年，宮古島の島民66名が台湾に漂着し，54名が先住民

に殺害されるという事件が起こった（牡丹社事件）。日本政府はこの牡丹社事件について清国政府と交渉したが，清国政府は台湾住民は「化外の民」であり，「教化の及ばないところである」として，責任を回避しようとした。日本政府はこうした清国政府の対応を受けて，1874年5月に台湾に出兵し，台湾南部を占領した上で清と交渉を続け，同年10月31日，清は日本に50万両の賠償金を支払い，日本は台湾から撤兵する事が合意された（参考文献⑫・55頁以下）。

1894年，朝鮮半島をめぐって日清戦争が勃発した。戦争は日本の勝利に終わり，1895年4月17日に調印された日清講和条約で清は台湾と澎湖列島の日本への割譲を約した。この決定の報を受けて台湾では衝撃が走り，割譲に反対する者は，1895年5月23日「台湾民主国独立宣言」を発して抵抗を試みたが，5月29日に日本軍が台湾に上陸し，激しい戦闘の末にこれを鎮圧し，10月に至って台湾民主国は崩壊した（参考文献⑫・67頁以下）。

下関条約による台湾割譲を受けて，日本政府は台湾総督府を設置し，台湾総督は立法，行政，司法の全権を握る強大な権限を付与された。また，当初の台湾総督には樺山資紀，桂太郎，乃木希典と陸軍武官が任命され，これらの総督は駐屯軍指揮権をも有し，台湾統治の全権を総攬する「土皇帝」として台湾に君臨した（参考文献⑫・79頁以下，⑬・42頁）。

日本による統治開始後も，台湾ではゲリラ的抵抗が続き，日本軍はこれを「土匪」と称して掃討を行った。1902年までに「土匪」として処刑された者は約3万2,000人に及び，これは当時の台湾人口の約1％を超えている（参考文献⑫・87頁）。その後も武装抵抗は続き，1915年6月には台湾全域で「大明慈悲国」建国をスローガンとする大規模な武装蜂起が起こり（西来庵事件），866名に対して死刑判決がくだされたが，95名の処刑を執行したところで，大正天皇の即位式に伴う恩赦によって残りの者は無期刑に減刑された。この西来庵事件を最後に，大規模な武力抵抗は終息に向かった（参考文献⑫・97頁以下）。他方，山地先住民地域に対しては，1910年から「蕃地討伐五箇年事業」が展開され，約2,200名の戦死傷者を出して1910年代半ばに至って全島を制圧した（参考文献⑬・42頁以下）。

台湾総督府は，抵抗運動を制圧する一方で，治安・行政体制を整備し，また，経済基盤の整備を推進した。鉄道・幹線道路や港湾の建設，電信など通

信網の整備，土地調査と権利関係の整理，度量衡の統一，金融制度の整備など，資本主義化のための基礎工事が遂行された。尤も，日本が台湾に期待したのは本国への食料供給という補完的役割であり，サトウキビや米の栽培が図られた。これに対して工業部門については製糖業など食品加工業以外の産業は移植されなかったが，1930年代以降，戦時体制の一環として軍需関連の重化学工業が導入され，鉄鋼，化学，金属，機械などの産業が急速に形成された（参考文献⑫・128頁以下，⑬・43頁以下）。

また，教育については，台北帝国大学を頂点とする近代的学校教育制度が導入され，そこで近代教育を受けた教師，技師，医師，弁護士などからなる中産階級が誕生した。1920年代以降，こうした中産階級をリーダーとする政治・文化・社会運動が次第に展開されるようになった（参考文献⑬・46頁以下）。

1943年の統計によると，当時の台湾の総人口658万6,000人のうち，福佬人（かつての漳州人と泉州人が融合したもので，閩南語に由来する両者共通の「台湾語」を話す）が499万7,000人で75.9％，客家人が91万3,000人で13.9％，高砂族（山地に居住する先住民族）が16万2,000人で2.5％，平埔族（平地に居住する先住民族）が6万2,000人で0.9％，日本人が39万7,000人で6.0％であった。なお，日本統治期の人類学的調査によると，高砂族はアミ，タイヤル，パイワン，ブヌン，ルカイ，ブマ，サイシャット，ツォウ，ヤミ9つの部族に分かれるとされた（参考文献⑬・49頁以下）。

(4) 蒋介石——蒋経国時代の台湾

大戦中の1943年11月に，アメリカのルーズベルト大統領，イギリスのチャーチル首相，中華民国の蒋介石総統によって署名されたカイロ宣言は，同盟国の戦争目的中に「満州，台湾及び澎湖島のような日本国が清国人から盗取したすべての地域を中華民国に返還すること」を明示していた。また，日本に無条件降伏を求めて発せられたポツダム宣言8項は，「カイロ宣言の条項は履行せらるべく，又日本国の主権は，本州，北海道，九州及び四国並びに吾等の決定する諸小島に局限せらるべし」としていた（参考文献⑬・59頁）。

1945年9月2日，戦艦ミズーリ号において日本国全権大使による降伏文書調印が行われ，これを受けて連合国軍総司令部が発表した指令第1号は台湾

の日本軍に蔣介石への投降を命じ，この命令に基づいて台湾は蔣介石指揮下の国民党軍に引き渡されることになった。

10月17日，国民党軍1万2,000名は台湾に上陸し，台北に進軍した。10月25日，台北公会堂において「中国戦区台湾地区降伏式」が行われ，台湾住民の国籍を中華民国に改めるものとした。

このとき以来，従来から台湾に居住していた住民は「本省人」，中国から渡ってきた者は「外省人」と呼称されるようになった（参考文献⑫・137頁以下）。

当時の国民党政府から見て，永らく日本による植民地統治が続いた台湾は，軍閥が跋扈した中国東北地方などと比べて，統治しやすい地域と認識されていた。このため，台湾に派遣された国民党軍は他の地域に比べて貧弱で，日本軍を見慣れていた台湾の住民は，初めて見る国民党軍の貧弱な装備と規律のない隊列を見て，衝撃を受けた（参考文献⑫・138頁）。

台湾を占領した国民党政権は，当初，台湾については大陸のような省政府は置かず，中央政府に直接任命された行政長官が立法，行政，司法の権限を一手に握ることとした。また，行政長官は警備総司令官をも兼任し，台湾駐留の軍への指揮権をも有していた。こうして行政長官は日本統治時代の武官総督に匹敵する独裁的権限を有するに至り，行政長官公署は「新総督府」と揶揄される様になった。

そして，行政機関の重要なポストは外省人が独占したが，このことは本省人の不満を募らせた（参考文献⑫・143頁以下，⑬・65頁）。

国民党政権は，日本が残した統治機構を引き継ぐとともに，日本が残した財産の接収も進め，1947年2月までに公的機関，民間企業，個人財産を併せて，当時の貨幣価値で総額約110億円にも達する膨大な資産を手に入れた。この接収の過程で官僚による着服行為が横行し，このことも心ある本省人に国民党政権への失望と軽蔑を生み出した。国民党政権は，こうして接収した日本企業を公営化し，国家資本として引き継いだが，この国家資本の運営からも本省人は排除された（参考文献⑫・141頁，文献⑬・65頁）。

また，国民党政権は大陸において特務機関による統治手法を用いていたが，台湾にもこの手法を持ち込み，特務機関による監視網が社会の隅々にまで張り巡らされることになった（参考文献⑬・96頁以下）。

こうした事態が重なって，当初は「祖国復帰」を歓迎していた本省人達は，次第に国民党政権と外省人への憤懣・嫌悪を募らせるようになった。これに折からの経済混乱とインフレ，治安の悪化が拍車をかけて，国民党政権への批判の声が高まることとなり，日本統治下の方がましであったとの意識を強め，「犬（日本人）去りて豚（中国人）来たる」とまで言われるようになった（参考文献⑫・148頁）。

　1947年2月27日，台北市で密輸煙草を販売中の中年婦人に対して取締員が銃で頭部を殴打する暴行を加えたことに群集が抗議し，これに対して取締員が発砲して1名の市民が死亡したことから暴動化した。翌28日に長官公署前に集まった群衆に対して憲兵が機関銃を掃射し，数十人の死傷者が出たことにより，事態は一気に緊迫し，騒擾は台北市さらには台湾全土に波及した（2・28事件）。3月2日に市民代表を中心とした「2・28事件処理委員会」が設置され，同委員会は政府に対して，省自治の実施，警邏総司令部の撤廃，行政や軍，企業における本省人の起用などの政治改革を求めた。しかし，3月8日，大陸から派遣された約1万3,000名の増援部隊が基隆港と高雄港に上陸し，直ちに容赦のない鎮圧行動に着手した。更に警備総司令部は，事件に関与したか政府に批判的であるとみなした知識人，社会的指導者を一斉に検挙し，多くを裁判なしに処刑した。この一連の弾圧による犠牲者は，多くて2万8,000人に達すると推計されており，これは当時の台湾在住の人口の200人強に1人の割合にあたる（参考文献⑫・149頁以下，⑬・71頁以下）。

　この2・28事件は台湾社会に深い亀裂を生み，今日にまで至る本省人と外省人の対立（省籍矛盾），台湾独立志向，反外省人・反国民党感情の裏返しとしての親日感情といった台湾社会の特質を生み出す契機となった（参考文献⑫・160頁，文献⑬・74頁以下）。

　この間，大陸では，1946年7月から国共内戦が本格化し，1947年以降，共産軍が攻勢に転じた。1949年1月，共産軍は北京を占領，4月には首都南京，5月には上海が陥落した。1949年10月，毛沢東と共産党は，北京において中華人民共和国の成立を宣言した。これに対して国民党と蒋介石は台湾への撤退を準備し，1949年12月に，国民党政府と蒋介石は台北に移転した。この国民党政府の台湾移転に伴い，約100万人に及ぶ外省人が台湾に移住することになった。これに先立って，台湾警備総司令に任命されていた蒋介石の腹心

陳誠は，1949年5月に戒厳令を発令し，この戒厳令は1987年7月に解除されるまで続く長期のものとなった。そして，この戒厳令下で地下共産党員やその同調者，自治を求める先住民族，台湾独立運動家などに対する「白色テロ」が横行した（参考文献⑬・75頁以下，100頁以下）。

こうした国共内戦の推移に対して，アメリカは，当初，国民党政権は腐敗と堕落により自壊したと捉え，こうした見解を元に，1950年1月，トルーマン大統領は台湾海峡不介入を声明，同じ頃，アチソン国務長官もアメリカの西太平洋防衛ラインをアリューシャン列島，日本列島，沖縄，フィリピンを結ぶラインとして，台湾，韓国をそこから除外すると取れる発言を行った。こうした経過から，台湾が人民解放軍による解放戦争の対象となることは免れないという雰囲気が広がり，人民解放軍もその準備を整えつつあった（参考文献⑬・87頁以下）。

こうしたところへ勃発したのが朝鮮戦争であった。

1950年6月25日，北朝鮮軍は38度線を突破して南下を開始し，朝鮮戦争が勃発した。これに対して，アメリカは国連安全保障理事会（ソ連は欠席）において北朝鮮を侵略者と断定した決議の採択に成功し，この決議を基に米軍を主体とする国連軍が朝鮮半島に介入した。9月15日に米軍は「仁川上陸」作戦を敢行し，北朝鮮軍を撃破しつつ，38度線を越え，中国国境沿いの鴨緑江に迫った。これに対して，10月に入って，中国人民義勇軍が鴨緑江を越えて参戦し，ここに米中両国は朝鮮半島において戦火を交えることになった。中国軍は米軍を再び38度線に押し戻し，1951年以降，戦線は次第に膠着状態に陥った。朝鮮戦争は1953年7月に休戦協定が結ばれた（参考文献⑧・24頁以下）。

朝鮮戦争の勃発直後の1950年6月27日，アメリカのトルーマン大統領はそれまでの台湾海峡不干渉方針の破棄を宣言し，第七艦隊を台湾海峡に派遣して人民解放軍による台湾攻撃を阻止する構えを見せた。この宣言では，トルーマンは国民党に対しても大陸反攻行動の停止を要求しており，「台湾海峡中立化宣言」と呼ばれた。また，国連における国民党政権の中国代表権を支持し，台湾への援助を再開した。こうして，台湾海峡は朝鮮半島の38度線と並んで東西冷戦の前線となり，国共内戦が固定化された（参考文献⑬・88頁以下）。

4　台湾をめぐる情勢

1953年2月，トルーマンの跡を継いだ共和党のアイゼンハワー大統領は，台湾海峡中立化宣言を解除し，国民党軍による大陸反攻行動を容認するに至った。
　国民党軍は台湾のほかに大陸沿岸の大陳列島，金門島，馬祖島を領有しており，ここを前線にして大陸沿岸地域に対する工作活動を行うようになった。これに対して，朝鮮戦争の休戦協定発効後，人民解放軍は反撃を開始し，二度にわたる台湾海峡危機が勃発した。
　1954年から1955年にかけて，人民解放軍は大陳列島の国民党軍に攻撃を開始し，1955年2月には同列島を奪取した。
　人民解放軍による大陳列島攻撃最中の1954年12月，アメリカと台湾は米華相互防衛条約を締結し，1955年1月，アメリカ議会は，大統領に，台湾と澎湖島に対する攻撃に対して軍事力を使用する権限を与える台湾決議を採択した。
　1958年8月23日，福建省の人民解放軍は金門島の国民党軍に対して激しい砲撃を開始した。24日には解放軍の魚雷艇と国民党の海軍が交戦した。人民解放軍は魚雷艇による海上封鎖を試み，8月末には福建省の前線司令部が金門島の国民党軍司令部に降伏勧告をする事態にまで至ったが，国民党軍と米軍は空輸とアメリカ護衛艦の海上輸送によって金門島基地への補給を維持し，戦線は次第に膠着状態に陥った。10月6日，彭徳懐国防相は「台湾同胞に告げる書」を発表し，アメリカ護衛艦による補給停止を条件として7日間の停戦を発表，アメリカは補給停止に応じた。その後，25日には「砲撃を偶数日に限る」と発表，その後は，奇数日に解放軍が厦門島から，偶数日には国民党軍が金門島から1日置きに儀礼的な砲撃をしあうという形となり，金門島危機は次第に去っていった。金門島・馬祖島への砲撃が最終的に停止されたのは，米中国交樹立が発表された1978年12月16日の翌日であった（参考文献⑬・90頁以下，137頁，⑰・129頁以下）。
　スターリン死後，それまで一枚岩であると見られていたソ連と中国の間で国際共産主義運動の進め方をめぐって意見の対立が表面化し，やがて公然たる中ソ論争が繰り広げられる事になった。論争は理論上のものにとどまらず，政治的対立にまで転化し，毛沢東の中国はフルシチョフのソ連を修正主義として激しく非難する様になった。毛沢東中国は，アメリカ・ソ連という二大

超大国と対峙し，アメリカと戦う北ベトナムを支援し，国内では文化大革命という極左路線へ突入していった。ソ連との対立は中ソ国境での武力対立を引き起こす所まで発展した。

　当時，泥沼化したベトナム戦争の収拾に苦慮していたアメリカのニクソン政権は，こうした中ソの対立を見て，中国への接近による事態打開を考えるようになり，1971年7月にはキッシンジャー補佐官が極秘に中国を訪問して周恩来首相と会談した。これを受けて翌1972年2月，ニクソン大統領は中国を訪問し，「上海コミュニケ」が発表されたが，その中には「（アメリカは）台湾海峡両岸の全ての中国人が，中国はただ一つであり，台湾は中国の一部であると主張していることを認識する」という文言が含まれていた。

　これより先，1971年秋の国連総会は，国連における中国の代表権について，台湾の国民党政府に代えて大陸の共産党政府を中国の正統政府と認め，台湾は国連を脱退することになった。これを契機として，台湾と断交して大陸政府と関係を結ぶ国が相次ぎ，台湾は国際的な孤立に追い込まれていった。

　ニクソン訪中当時，日本の佐藤政権は台湾を中国の正統政府と認めていたが，頭越しのニクソン・ショック（ニクソン訪中が日本政府に通告されたのは，アメリカ政府による公式発表のわずか数分前であったと言われる）が当時の日本政府に与えた衝撃は大きく，佐藤政権退陣後に成立した田中角栄政権は大陸政府との正常化交渉を急ぎ，1972年9月の田中訪中によって日中共同声明が合意され，日中国交正常化が実現した。

　日中共同声明では，1項で日本政府は中華人民共和国政府が中国における唯一の合法政府であることを承認し，2項で中華人民共和国政府は台湾が中華人民共和国の領土の不可分の一部であることを重ねて表明し，日本政府はこの中華人民共和国政府の立場を十分理解し，尊重し，ポツダム宣言第8項に基づく立場を堅持する，とした。これは，日本はポツダム宣言により台湾の領有を放棄しているため，その後の台湾の帰属について判断できる立場にないという趣旨による表現であった。そして，この日中国交正常化に伴い，大平外相声明を発表し，日華平和条約はその存在の基盤を失ったので効力を終了したとする声明を発表し，台湾との外交関係を終了させた（参考文献㉖・197頁）。

　こうした中，長きにわたって台湾を統治していた蒋介石は，1969年の交通

4　台湾をめぐる情勢

事故を契機として衰弱が激しくなり，実権は次第に長男の蒋経国に移っていった。1978年，蒋経国は正式に総統の座を継いだ。

1972年の上海コミュニケ後，アメリカと大陸中国との関係は次第に改善し，1979年1月1日を以て，正式に米中国交樹立となった。既にそれ以前から，在台湾米軍は次第に撤収を行っていたが，1979年4月には米軍顧問団も撤収し，同年末を以て米華相互防衛条約も廃棄された。

しかし，こうした流れと平行して，1979年4月，アメリカ議会は「台湾関係法」を制定し，断交後も台湾に一定の関与を続けることを明らかにした。これにより，アメリカは台湾に対する条約上の義務からは免れたものの，自らの国内法の定めるところにより，台湾に対する保護を行うことになった。同法によれば，アメリカと北京政権との外交樹立は台湾の将来が平和的手段で決定されるとの期待に基づくもので，台湾の将来を非平和的手段により決定しようとする試みは西太平洋地域に対する脅威とみなし，アメリカは台湾の安全や経済体制を危険にさらす如何なる武力行使または他の形による強制にも抵抗する能力を維持するとしている（参考文献⑬・117頁以下，134頁以下）。

こうした台湾をめぐる情勢激変の下，台湾の運命が自らの手の届かないところで決定されることを恐れる本省人主体の在野勢力は，台湾の運命は台湾住民自身の意思で決せられるべきであるという主張を次第に強めていった。

1978年12月，米中国交樹立，台湾との断交が発表された後，在野人士により発表された「国是声明」は，国会の全面改選，戒厳令の解除などの民主化要求とともに，台湾の運命は1,700万人民により決定されるべきであるとの主張を打ち出した（参考文献⑬・130頁）。

1979年8月，在野勢力は月刊誌「美麗島」を創刊し，ここを拠点として在野政治勢力の結集を図った。同年12月10日，美麗島グループは世界人権デーに併せて集会とデモを行い，警官隊と衝突した。これに対して国民党政府は在野勢力の一斉逮捕で応じ，軍事法廷で首謀者の施明徳を反乱罪で無期懲役，その他の者も有罪を宣告された（美麗島事件）。

しかし，こうした政治的弾圧に対しては，アメリカや国際人権団体から強い批判が加えられた。こうした国外の声にも助けられて，在野勢力の声は次第に広がりを見せ，1986年9月の民進党（民主進歩党）結成に至った（参考文献⑬・148頁）。

1987年7月15日，蔣経国は戒厳令を解除し，台湾は政治的自由化と民主化の新しい時代に入った。

1988年1月13日，蔣経国が死亡し，副総裁の李登輝が総裁の後を継いだ。

(5) 李登輝——陳水扁時代の台湾

李登輝の後継は，初めての本省人総統の誕生であった。李登輝在任中の1988年から2000年にかけての期間は，蔣介石・蔣経国の下での国民党一党支配から民主化が進み，本省人総統の下での中華民国の台湾化が進んだ時期であった。

李登輝は国民党内での権力基盤を徐々に固める一方，美麗島事件受刑者の全面特赦を実施し，国是会議を開催して国会改革，地方制度改革，憲法改正などを推し進めた。

他方，中国との関係では，李登輝は明確な独立路線には至らないものの，これに接近した発言を繰り返し，中国との緊張を高めた。1995年6月の李登輝のアメリカ訪問を一つの契機として，中国は1995年7～8月と1996年3月の二度にわたり，台湾近郊で大規模な軍事演習を行い，1996年3月の台湾総統直接選挙での李登輝再選に強い軍事的圧力を加えた。これに対して，アメリカは空母機動部隊を台湾近海に派遣し，緊張が高まった。しかし，こうした中国によるあからさまな威圧行為は，かえって台湾有権者の反発を買い，総統選挙では李登輝が圧勝した（第三次台湾海峡危機。参考文献⑲・200頁以下）。この台湾海峡危機は，日米両政府による日米安保再定義というリアクションを生み出した（参考文献⑬・222頁）。

2000年3月の台湾総統選挙で，民主進歩党（民進党）で台湾独立論者の陳水扁候補が勝ち，政権の座についた。2001年12月の台湾立法院選挙でも民進党は大勝して国民党から第一党の座を奪った（参考文献⑦・135頁）。陳水扁総裁が就任後，台湾と対岸の中国は「一辺一国（それぞれ1つの国。但し，英語ではOne Country on Each Sideと訳す）」であるとする「一辺一国論」を掲げ（参考文献⑳・421頁），中国からの自立志向を強めたのに対し，中国は不快感を強め，2005年3月には反国家分裂法を制定して台湾の動きを牽制した。

こうした政治的緊張とは裏腹に台湾と中国の経済的結びつきは増大の一途を辿った。台湾企業の大陸進出に伴い，約100万人の台湾人が中国に居住し

4 台湾をめぐる情勢

ているのが現状である（参考文献⑤・161頁）。

　2008年3月の総統選では，任期の終了した陳水扁に代わって国民党の馬英九が当選し，政権は再び国民党の手に渡った。馬英九は台湾独立論には組せず，中国との関係改善に動き，緊張緩和が進んでいる。

5　中国人民解放軍の特質と軍事力強化

(1)　人民解放軍の特質

　中国の軍事力は，人民解放軍，人民武装警察部隊，民兵からなる。このうち，軍事力の中核を担うのが人民解放軍である。人民武装警察部隊は党・政府機関や国境地域の警備，治安維持等の任務を担い，民兵は平時においては経済建設などに従事し，有事には後方支援任務を担う（参考文献⑭・51頁）。

　人民解放軍は1927年の南昌蜂起で誕生し，その後の国共戦争，抗日戦争の過程で勢力を増大させ，1945年から1947年にかけての第三次国共内戦では357万人の大軍に成長，800万人の国民党軍を殲滅し，中華人民共和国誕生の原動力となった（参考文献④・258頁）。

　人民解放軍は単なる国家の軍隊ではなく，中国共産党が指導する共産党の軍隊である。この点は，旧ソ連軍（赤軍）と異なった人民解放軍の特徴である。

　建国時の1949年に共産党員449万人のうち，軍内党員が23.9％を占めた。また，軍における党員比率は25％を占めた。このように，人民解放軍は当初から中国共産党の母体であり，党の軍隊であった。人民解放軍は革命の軍隊であるとされ，革命権力や共産党組織の樹立・維持を固有の任務とし，戦闘，生産，政治工作の三大任務を持つものとされた（参考文献⑨・168頁以下）。

　1997年に制定された国防法は，「中華人民共和国の武装力は，中国共産党の領導を受け，武装力内の共産党組織は中共党規約にもとづいて活動する」と規定し，人民解放軍が国家の軍隊ではなく党の軍隊であることを明確にしている。そして，党の中央軍事委員会が人民解放軍を統帥し，具体的な指導は軍内の政治委員及び党組織によって行われる（参考文献⑨・170頁，173頁以下）。

　文化大革命のときであれ，天安門事件のときであれ，共産党政権の存立が

危機に陥ったときは，必ず人民解放軍による介入，制圧が行われた。あの文化大革命時代に造反組織同士の武闘によって全土が殆ど内戦状態に陥ったにもかかわらず，それが国家崩壊に至らなかったのは，人民解放軍が秩序回復の担い手として投入されたからであった。2008年のチベット暴動，四川大地震でも人民解放軍が前面に出てきた。国家的危機に際しての人民解放軍のこうした存在ぶりから，中国共産党政権の究極の権力基盤が人民解放軍にあることを，はっきりと読み取ることができる。

この点について，毛沢東は，「共産党の一人一人が鉄砲から政権が生れるという真理を理解すべきである」と述べている（参考文献⑨・169頁）。

人民解放軍のこうした特質から，人民解放軍は，外敵から国家を防衛する国防と並んで，或いは，それ以上に，内政の支え，秩序と治安の担い手としての役割が大きな比重を占めており，このことは，陸軍の圧倒的優位という軍の構成にも現れている。

(2) 中国軍事戦略の変遷

国防に関して，毛沢東時代には，中国はアメリカないしはソ連との全面核戦争をも想定して全土を臨戦態勢に置き，核シェルターの建設，軍需工場の内陸部への移転などを進めた。その際，軍事戦略としては，敵を内地に深く誘い込み，正規軍に対してゲリラ等の非正規兵で戦い，長期持久戦に持ち込んで敵を消耗させるという毛沢東の「人民戦争理論」に依拠していた。

鄧小平時代になって戦略思想の転換があり，1985年に開催された中央軍事委員会拡大会議において，鄧小平が提唱した，今後想定される戦争は中国国境付近で発生する局部戦争であり，世界規模の大規模な全面戦争は当面発生しないとの認識が共有されるに至った。この認識を踏まえて，鄧小平は，軍の現代化は国力に応じ，経済とのバランスを崩さないようにして進めることを指示し，以後，今日にまで至る経済建設優先の発展戦略が敷かれた。

こうした鄧小平以降の経済建設優先の発展戦略は，一方では日本の軽武装・経済建設優先の戦略に学び，他方では旧ソ連が対米軍事均衡を重視する余り，民生を犠牲にした軍備増強に傾斜した結果，国力を疲弊させ，遂には国家崩壊に至った轍を踏んではならないという中国指導者の政策判断に由来するものである。

1991年に発生した湾岸戦争は，ハイテク兵器を駆使した多国籍軍の圧倒的優位を見せつけ，「人民戦争理論」に依拠してきた人民解放軍に衝撃を与えた。1991年に中央軍事委員会は数度にわたって湾岸戦争の研究会を開き，江沢民ら当時の指導者が解放軍幹部に対して，湾岸戦争で多国籍軍が使ったハイテク兵器で中国を攻撃してきた場合にどのように対処したらよいか質問したが，答は返ってこなかったと言われる。

　その後，人民解放軍は，今後想定される戦争は「ハイテク条件下の局部戦争」であり，その典型は湾岸戦争であるとして，これに対応すべく軍の現代化を進めているが，先進諸国との技術格差は依然大きく，その差を埋めるには至っていない（参考文献⑳・243頁以下）。

(3)　中国の兵員数

　かつて，中国の総兵員数は400万人を超えていたが，1980年代半ばに実施された鄧小平による軍制改革の下で，約100万人の兵員が削減された（参考文献⑳・164頁）。

　それでも，現在の中国の総兵員数は225万人であり，世界最大である。ちなみに，他国との兵員数比較は下のとおりである（参考文献⑭・51頁，⑮・93頁）。

　　　中国　　　　220万人
　　　アメリカ　　143万人
　　　インド　　　133万人
　　　ロシア　　　121万人
　　　北朝鮮　　　111万人
　　　日本　　　　14.8万人

　このうち，陸上兵力が約160万人（かつては211万人）と推定されており，陸上兵力の比率が高いことが特徴である（参考文献⑭・51頁）。人民解放軍が伝統的に敵を内陸部に誘い込み，持久戦で対抗する「人民戦争理論」を取っていること，国内の治安対策を重要な任務としていることが，陸上兵力重視の構成となって現れているものである（参考文献⑮・93頁，⑯・178頁）。

　こうした人民解放軍の構成上の特色は，本土から遠く離れた海外に多数の基地を設け，空母を含む強大な海軍を保持し，海兵隊という外地の上陸作戦

を専ら任務とする特殊な軍隊を約18万人保有しているアメリカ軍と，顕著な対照をなす。

(4) 中国の国防費

中国は，2009年度の国防予算を約4,729億元（約613億ドル）前年比15.3％と公表した。これにより，公表された中国の国防費は，21年連続で二桁の伸び率を示し（但し，インフレ率を考慮した実質国防費伸び率が10％を超えるようになったのは，1997年以降である），過去21年間で約22倍の規模になった。また，この公表された中国の国防費は実際の軍事目的支出の一部に過ぎないとする見解があり，例えば，アメリカ国防省は，中国の2008年度の実際の国防費は1,050億ドルから1,500億ドルであると見積もっている（参考文献⑭・49頁以下，⑯・137頁）。

ちなみに，2005年度における主要各国の公表された国防費は，アメリカが5,298億ドル，イギリスが503億ドル，日本が398億ドルとされている（参考文献⑭・143頁）。

中国の公表された国防費（2006年度）の対ＧＤＰ比は1.43％程度と推測されている。これは主要国中では日本の0.93％，ドイツの1.1％に次ぐ低率である。ちなみに，アメリカは4.5％である（参考文献⑯・145頁）。

(5) 兵員1人あたりの軍事費（参考文献⑮・93頁）

兵員一人あたりの軍事費は，その国の軍事力の質の高さを示す数値である。ハイテク化された質の高い武装を備え，兵士の訓練に金をかけている軍隊では，この数値が高くなる。

2003年度における中国の兵員1人あたり軍事費は25,000ドルである。この兵員一人あたり軍事費が2万ドル台というのは，トルコ・インドネシア・ミャンマー・ポーランド・マレーシアなどの諸国と同じレベルである。膨大な陸軍兵員数を抱えている事が，中国の兵員1人当り軍事費を引き下げているのである。

これを主要先進国と比較すると，以下のとおりである。

　　中国　　　　25,000ドル
　　アメリカ　　320,000ドル

イギリス	210,000ドル
フランス	180,000ドル
日本	180,000ドル
イタリア	140,000ドル
ドイツ	120,000ドル

(6) 核・弾道ミサイル戦力

「中国脅威論」の是非を問うとき，中国が保有している核・弾道ミサイルの戦力如何が評価の要となる。

中国の採用してきた核戦略は敵国の大都市に対して核報復攻撃を行う能力を保持することにより敵の核攻撃を思いとどまらせる「最小限抑止」であり，少数で命中精度の劣るミサイルしか有しない中国にとって唯一採用可能な核戦略であるとされる。中国は，最初に核兵器を使う国にはならないという「先制不使用」原則，非核保有国に対しては核兵器を使用しないという原則を表明しているが，こうした原則は最小限抑止戦略に整合する。また，中国の核弾頭搭載ミサイルには平時には弾頭が搭載されておらず，別の場所に保管されているが，こうしたミサイル発射に時間がかかり衛星からの監視により発射状況が把握されやすい態勢を取っていることからみても，中国が核兵器の先制使用を選択肢に入れておらず，核ミサイルの使用を報復に限定している現れだと見られる（参考文献⑳・234頁）。

中国の戦略核ミサイル戦力を担うのは第2砲兵部隊であり，中央軍事委員会の直接指揮下に置かれている（参考文献⑳・228頁）。

中国の核弾道ミサイルの主力は旧世代の液体燃料地上固定配備ミサイルである。この種のミサイルは，発射直前に時間をかけて液体燃料を注入する必要があり，発射の兆候を相手に事前に察知され，先制攻撃を受けやすい。この為，中国は固体燃料推進方式で，発射台付き車両（TEL）に搭載される次世代ミサイルの開発を行っている（参考文献⑭・50頁）が，全面的な世代交代が完了するのは，まだ当分先だと見られている。

現在，中国が保有する弾道ミサイル戦力の概要は以下のとおりである（参考文献⑳・235頁以下）。

東風5号A——射程1万2,000～1万3,000kmの北米大陸全土をカバーす

る大陸間弾道ミサイル（ＩＣＢＭ）で，保有数は20基である。中国は東風５号Ａを量産できる能力を持ちながら，あえて基数を少数におさえてきたのは，最小限抑止のためにはこの数で十分と判断しているためと見られる。

東風31号Ａ――次世代の固体燃料の移動式ＩＣＢＭとして開発され，既に配備が開始されたとみられる（参考文献⑭・51頁）。

東風４号――射程5,470kmの準ＩＣＢＭで，西部の青海省に多く配属され，ロシアを初めとするヨーロッパ向けと見られる。約20～24基が配備されている。

東風３号Ａ――射程2,790kmの中距離弾道ミサイルで，配備数14～18基である。ロシアないしは朝鮮半島・日本を射程に収めているものと考えられる。

東風21号Ａ――射程1,770kmの準中距離弾道ミサイルで，配備数19～50基である。日本を含む東北アジア，東南アジアに向けられた戦力と見られる。

東風11号，15号――射程300km（東風11号）と600km（東風15号）の移動式短距離弾道ミサイル（ＳＲＢＮ）で，最近，福建省を中心にこれらのミサイル配備の急増が伝えられている。その数は1,050～1,150基に達しており（参考文献⑭・52頁），台湾海峡の緊張を高める一因となっている。これらは，実際には通常弾道ミサイルとしての使用を想定しているものと見られ，その場合の実際の被害は小型のビル１棟を破壊できる程度のものでしかないが，核搭載も可能であることから，台湾に対する心理的威嚇効果を持ち，併せて，アメリカが台湾に提供するミサイル防衛システムを数量で無力化する狙いがあるものと推測される。

巨浪１号――射程1,770kmの潜水艦発射ミサイル（ＳＬＢＭ）であるが，これを12基搭載するミサイル原潜は１隻しかなく，その活動も報告されておらず，戦力として機能していない。対米抑止力としての効果は極めて薄い。現在，新型のＳＬＢＭである巨浪２号とこれを搭載するミサイル原潜を開発中とされるが，未だ実戦配備に至っていない。

以上の中国の核弾道ミサイル戦力に対して，アメリカの現在の戦略核弾道ミサイル戦力は，ＩＣＢＭ500基，ＳＬＢＭ432基，ＳＳＢＭ（弾道ミサイル

搭載原子力潜水艦）14隻，戦略爆撃機111機，核弾頭数5,951発であり，巨人と小人ほどの差がある（参考文献⑭・31頁）。

また，80年代末のソ連の核戦力も，ＩＣＢＭ1,400基以上，ＳＬＢＭ900基以上，ＳＳＢＭ60隻以上であり，これまた現在の中国とは比較にならない（参考文献⑮・94頁）。

また，中国のこれまでの核実験の通算回数は45回であり，1,030回のアメリカ，715回の旧ソ連と比べてはるかに下回っている（参考文献⑳・234頁）。

このように，中国は年々核・弾道ミサイル戦力の増強を試みているものの，現時点でのアメリカとの戦力差は極めて大きく，冷戦時代のソ連と比較しても未だ初歩的な段階のものでしかない。以上のことから，中国の核弾道ミサイル戦力の基本的目的は最小限抑止力の確保，通常戦力の補完，国際社会における発言力の確保にある（但し，対台湾については台湾有事への備えと独立運動への牽制）と考えられる（参考文献⑭・50頁）。

(7) 海上戦力

中国の海上戦力は，北海，東海，南海の3艦隊から構成され，艦艇約890隻（うち，潜水艦60隻）を保有しており，アメリカ，ロシアに次ぐ世界第三位の保有数である（参考文献⑭・53頁，⑮・94頁）。

元来，伝統的に陸軍が主体であった人民解放軍が海軍建設に乗り出したのには，二つの狙いがあった。

一つは，台湾解放の要請である。海を隔てた台湾を武力統一するためには，海軍が不可欠と考えられた。

もう一つは，沿岸防衛である。毛沢東は，「我が国の海岸線は長大であり，帝国主義は中国に海軍がないことを侮り，百年以上にわたり我が国を侵略してきた。その多くは海上から来たものである」「中国の海岸に海の長城を築く必要がある」と述べて，帝国主義の侵略に備えるための沿岸防備の重要性を強調した。

しかし，こうした中国の海軍建設の企図は，朝鮮戦争，中ソ対立によるソ連の技術援助の停止，文化大革命の混乱等によって，再々，停滞を余儀なくされた。また，ソ連との対立が激化して以降は，海からの帝国主義の脅威よりも陸続きのソ連の脅威の方が大きいとされ，海軍建設は重視されなかった。

こうした中国の海軍戦略に変化の兆しが見えたのは，1980年代以降の経済発展に伴い，近海の海洋権益，海洋資源の開発等が意識されだしてからである。この頃から，従来からの侵略の防止・防衛に加えて，領海主権の保護，海洋権益の維持，海上資源の開発利用が海軍の任務として加えられた。このように転換された海軍戦略において，中国海軍は，従来の沿岸から先の，中国大陸東岸を封鎖するように取り巻いているカムチャッカ半島，千島列島，日本，南西諸島，琉球列島，台湾，フィリピン，大スンダ列島をつなぐ線の内側を自国の「近海」とみなし，この近海における中国の権利，権益を防御することが任務とされるに至った。こうして画定される近海とは，中国が海洋管轄権を主張している300万km の海域とほぼ合致する。

　また，中国の経済発展に伴い，石油を初めとしたエネルギーの確保が死活的問題となり，中東から運ばれる石油のシーレーン防衛が意識されるようになった。とりわけ，インド洋におけるシーレーン防衛が重視されたことから，中国はパキスタンの港湾拡張工事を援助し，また，ミャンマーへの軍事援助に伴い，海岸周辺軍事施設への援助も行っている（参考文献⑳・172頁以下）。

　しかし，以上のような戦略上の要請に対して，中国海軍の現状はこれを十分に満たす水準に達しているとは言い難い。

　中国海軍は将来の航空母艦建造をほのめかす発言はしているものの，現時点では航空母艦，巡洋艦といった大型艦艇を保有せず，水陸両用艦艇（揚陸艦）も3,000トン台のものしか保有していない。この点では，インドが既に空母一隻を保有し，新たに国産空母一隻の建造を進めるとしているのに比しても後れをとっている（参考文献⑭・83頁）。また，大型補給艦も保有していない。現状では台湾への上陸侵攻はもとより，沿岸封鎖にも困難が伴う。中国が保有する駆逐艦の多くは個艦防衛用の短射程ミサイルしか搭載しておらず，エリア防空を提供できていない。

　また，「中国脅威論」の根拠として言及されることの多い潜水艦については，2007年現在で，中国はＳＬＢＭ「巨浪1号」搭載可能な戦略ミサイル原潜「夏」型1隻，艦船攻撃用原潜「漢」型4隻，通常推進（ディーゼル・電池推進）潜水艦62隻を保有していた。これは，1986年当時の117隻（うち，「夏」型1隻，「漢」型3隻）から半減している。しかも，保有している通常推進型潜水艦のうち16隻はソ連がドイツのＵボートを基礎に作った「ロメオ」

型であり，20隻はそれを改良した「明」型である。海上自衛隊からは「唯一の活用法はドイツがUボート映画を撮る際，貸すことでしょう」と冗談を言われているほどの代物であり，訓練用以上の戦力にはならない。また，「漢」型原潜は静粛化が十分でなく，容易に敵に探知される水準に止まっている（参考文献⑯・199頁以下）。

　こうした点から見て，現時点での中国海軍の基本的任務は，依然として，「国の海上の安全を守り，領海の主権と海洋権益を保全する」という近海警備型のものを出ておらず，少なくとも現時点では，「外洋艦隊」の性格を帯びたものにまでは至っていない（参考文献⑮・94頁以下，⑳・185頁以下）。

　80年代末のソ連海軍は極東だけで840隻・190万トンの艦艇を有し，空母2隻・巡洋艦15隻・潜水艦140隻（うち原子力潜水艦75隻）を配備しており，日本近海で常時30～40隻の潜水艦が行動していた（参考文献⑮・95頁）。こうした旧ソ連艦隊に比しても，中国海軍の現有戦力は，初歩的な段階に止まっている。

(8) 空軍戦力

　中国空軍は1,980機（かつては5,300機）の作戦機を保有し，数量的には世界でも最大級のものである（参考文献⑭・53頁）。

　しかし，その内実は，西側諸国と比肩できる能力を有する新鋭機は一部しかなく，大部分はソ連で原型が初飛行してから50年以上たつという時代物であり，「世界最大の航空博物館」と呼ばれている。国産機を自己開発するだけの技術基盤に乏しいため，完成機を輸入するかライセンス生産に頼らざるを得ない。

　保有機が多いのは広大な国土を防衛するためであり，防空主体の空軍である。爆撃機は旧式化し，遠距離への兵力投入能力は制約されている。パイロットの飛行訓練時間は年間100時間程度であり，西側諸国の約2分の1である。

　尤も，台湾に対する航空作戦能力について，2005年にアメリカ国防省が発表した「中国の軍事力」では，中国空軍の700機以上の航空機が無給油で台湾に対する戦闘任務を遂行できるとして，これまでの台湾の優位は次第に失われ始めているとの見方を示しているが，これに対してパイロットの錬度の

差，自動防空警戒管制組織や電波妨害，各種の後方支援などの全体のシステムに照らして，台湾の優位は揺るがないという見解もある（参考文献⑯・178頁以下，⑳・196頁）。

6　中国をめぐる国際戦略——米中日を中心に

(1) 中国外交の特質

　第二次大戦後，世界は米国とソ連という二つの超大国が対峙する場となり，他の諸国は多かれ少なかれ，この二つの超大国の影響下に置かれることになった。そこでは，各国の外交内政が超大国にコントロールされ，古典的な意味での主権国家とは異なる状況に置かれざるを得なかった。東アジアにおいても，日本，韓国，東南アジアは，米国の力が何らかの形で国家機構そのものの中にビルト・インされた「半主権」状態に置かれることになった。

　こうした中で，中国は，東アジア地域において，例外的に古典的な主権国家として，ふるまってきた。中国外交の特色は教科書どおりの冷徹なパワーポリティクスであり，文革時代のような例外を除けば，イデオロギー色は少ない（参考文献⑥・64頁）。

(2) 毛沢東時代の米中関係

　第二次大戦終結後，中国では国民党と共産党の対立がよみがえり，1946年7月から全面内戦に突入した。毛沢東の率いる共産軍は国民党軍を追い詰め，1949年1月に北京が無血開城され，5月には国民党は台湾に退避を開始し，内戦は共産党に帰趨が決した。1949年9月に中国人民政治協商会議が開催され，国号を中華人民共和国，首都を北京と定め，ここに新中国が正式に発足した（参考文献⑧・14頁以下）。

　建国当初，中国首脳はアメリカとの関係正常化を模索したこともあったが，冷戦に突入しつつあった当時の国際情勢はこうした選択を許さず，結局，毛沢東は「向ソ一辺倒」の外交路線を決断し，1950年2月に中ソ友好同盟条約が締結された（参考文献⑧・20頁）。

　1950年6月，朝鮮戦争が勃発し，国連安全保障理事会は，北朝鮮軍を侵略者とする決議を採択，これに伴い，アメリカ軍を中核とする国連軍が結成さ

れ、戦争に介入した。国連軍は北朝鮮軍を押し戻してソウルを奪回し、更に、38度線を越えて中国との国境線である鴨緑江近くに迫った。ここに至って毛沢東は介入を決断し、10月下旬、彭徳懐を総司令官とする中国人民義勇軍が鴨緑江を越えて参戦した。中国軍は国連軍を38度線まで押し戻し、以後、戦線は一進一退を繰り返した末、1953年7月27日に軍事停戦協定の調印に至った（参考文献⑧・24頁以下）。

この朝鮮戦争への参戦を契機として、中国はアメリカと決定的に対立し、その後アメリカを中心とする「中国封じ込め」の体制が永く続く事になった。

スターリンの死亡後、フルシチョフがソ連の首相になり、スターリン批判の傍ら、西側との平和共存政策に踏み切ると、毛沢東中国はこれを修正主義と激しく非難し、中ソ論争が勃発した。論争はイデオロギー上のものから次第に国家的対立に移行し、中ソ間では国境を挟んでの小競り合いが頻発することになった。文革中に中ソ対立は頂点に達し、ダマンスキー島を巡って大規模な軍事衝突が勃発した。ベトナム戦争からの出口戦略を模索していたアメリカのニクソン政権は、この事件に乗じて中ソ離間のために中国に接近することを策し、特使のキッシンジャーが中国を訪問し、ついで、ニクソン大統領も中国を訪問して、両国関係正常化への道を拓いた。

(3) 鄧小平時代の米中関係

1979年1月1日、アメリカは大陸共産党政府と国交正常化に踏み切り、台湾国民党政府と断交した。しかし、同時にアメリカは国内法である台湾関係法を制定し、引き続き武器供与を続ける形で、台湾へのコミットメントを維持した。

当初、中国は「ソ連主敵論」に立ち、米中欧日が連携してソ連の覇権主義に対抗することを提唱していた。1950年に締結された中ソ友好同盟相互援助条約の期限切れ1年前の1979年4月に、中国は満期後の同条約破棄をソ連に通告した。1978年に締結された日中平和友好条約には反覇権条項が挿入され、ソ連はこの条項は自国を対象としたものであるとして批判した。1978年11月、ベトナムとソ連との間にソ越友好協力条約が締結され、翌12月にベトナムがポルポト政権下のカンボジアに侵攻すると、1979年2月、中国はベトナムを懲罰すると称してベトナムに侵攻した（中越戦争）。1979年12月、ソ連はア

192　　第3章　中国・台湾情勢と日本

フガニスタンに侵攻し，デタントの終焉が言われた。中国はアメリカとともにソ連の行動を非難し，アフガニスタンの反ソ勢力への支援を行った。ソ連に対抗するための米中協力は，1980年には電子諜報分野にまで及んだ。

しかし，1981年に台湾重視の姿勢を取る共和党保守派のレーガン政権が誕生すると，それまでの米中蜜月時代は終わりを告げ，中国は次第にいずれの勢力とも是々非々の態度で臨む独立自主の外交路線へと舵を切っていった。1982年12月に開催された中国共産党第12回全国大会において，当時の胡耀邦総書記は，中国は如何なる国家や国家集団にも依存しないと述べ，同時期に改正された憲法中にも「独立自主の外交政策」という表現が現れた。

また，同じ12全大会において，鄧小平は，80年代の三大任務は，経済建設，台湾を含む祖国統一，反覇権主義であり，その中でも経済建設こそが核心的課題で，それが国際・国内問題解決の基礎となると演説した。この演説に示された基調は，現在の中国の国際戦略にも受け継がれていると理解できる。

独立自主路線に転換した中国は，その後，中国の経済建設にとって必要な平和な国際環境の維持を最優先課題とし，ソ連との関係改善も進めた。

(4) 冷戦終結後の米中関係

1989年の天安門事件とそれに続くソ連の崩壊は，中国をめぐる国際環境の激変を招いた。天安門事件での市民への弾圧は国際社会の強い批判を浴び，中国は国際的に孤立した。また，ソ連の崩壊は，中国にとって「チャイナカード」という対米交渉力が低下したことを意味していた。

こうした状況下で，鄧小平は南巡講話により市場経済導入の継続を宣言する一方，「韜光養晦，絶不当頭」（能力を隠し，ぼろを出さず，決して先頭に立たない），「兵臨城下，敵強我弱，以守為主」（敵の兵は城下に臨んでおり，敵は強く我は弱い。守りを以て主とせよ）という指示を出して，中国の取るべき外交の基本方針を定めた（参考文献㉑・36頁以下）。

この鄧小平の「韜光養晦」方針は，鄧小平の死後も継続されており，中国は単一の超大国となったアメリカとの対立を極力避けつつ，経済建設を中心として長期間にわたる実力養成に励む方針を崩していない（参考文献㉒・133頁）。

こうした中国の対米姿勢に規定されて，米中関係は緊張と警戒を孕みなが

らも，決定的な対立に至らないまま，今日に及んでいる。

　中国の人権問題を批判して登場したクリントン政権は，後期になって中国重視の姿勢を示し，米中は戦略的建設的パートナーシップの関係にあるとした。このクリントン政権の対中融和政策を批判して出てきたブッシュ政権も，9・11以降の反テロ戦争遂行下で中国との協力関係に転じた。

　現在のアメリカ政府の中国認識は，以下のようなものである。

　アメリカは，国際社会の平和と安定及び自由で公正な貿易の拡大が中国にとっても利益であるため，中国がアメリカやその他の主要国と協力して，これら共通の利益を擁護する責任を有すると認識している。同時に，<u>アメリカは，中国が，長期的には，アメリカと競争関係になり，その軍事的優位を脅かしかねない軍事技術を配備する潜在的能力が最も大きい国家と考えており</u>，中国を国際社会における建設的なパートナーとなるよう働きかける一方，そうした働きかけが失敗した場合に備える必要があると認識している。このような認識の下，アメリカは，<u>中国が引き続き経済的パートナーとなるよう働きかける</u>ことを対中政策の目標としている（参考文献⑭・59頁）。

　ここに見られるアメリカの対中認識・政策は，現在の中国の軍事力はアメリカやその同盟国を脅かす段階には未だ至っていないが，将来そうなる潜在的可能性があるとして警戒を怠らないものの，中国経済が世界経済に占める地位にも鑑み，「封じ込め」ではなく「関与」することによって，中国を欧米が主導権を取る国際社会の中に埋め込むよう，誘導するというものである。そして，こうした認識・方針は，硬軟のニュアンスの差はあれ，欧米先進諸国の政府，専門家筋ではほぼ共通のものであろう。

　これは，かつて朝鮮半島とベトナム（参考文献㉝・1頁，370頁以下，426頁以下）で二度にわたって直接に戦火を交え，文字通りの敵国同士であった，冷戦下の米中関係とは明らかに異なったものである。

　(5)　台湾をめぐる国際関係

　台湾をめぐる国際関係は，朝鮮半島と並んで東アジア情勢の波乱要因であり続けている。

　台湾問題について，大陸の共産党政権は，長年にわたり，台湾は中国の不可分の一部であるとして，台湾独立を絶対に認めないという姿勢をとり続け

てきた。その理由として，2001年4月の人民日報ウェブサイトに掲載された「中国が台湾を失うことは何を意味するか」は，①太平洋への出口と海洋権益を失う，②台湾の独立はほかの地域の分離・独立につながるドミノの最初の1枚になる，③台湾が敵対勢力の手に落ちたら，中国大陸の安全は大きく脅かされる，と主張している（参考文献⑦・136頁）。ここに中国にとっての台湾問題の戦略的意味合いが端的に示されている。

現在，台湾情勢は微妙な国際政治力学の均衡の上に現状が維持されている。

中国は台湾対岸の福建省にミサイルを配備し，反国家分裂法を制定するなどして，台湾独立派の動きを牽制している。

アメリカは，台湾関係法の制定によって台湾へのコミットメントを継続し，台湾に武器を供与する事によって，台湾海峡両岸の軍事的パワーバランスが崩れないようにしている。同時に，かつてのように台湾防衛の条約上の義務を負うことなく，有事の場合に介入するか否かのフリーハンドを持つことにより，戦略的柔軟性を保持し，台湾が一方的な独走に走らないよう，牽制している。

日本は，第三次台湾海峡危機以降，日米同盟の再定義に踏み切り，周辺事態法における有事の際のコミットメントの可能性を匂わせつつ，同法の「周辺事態」概念をあえて曖昧にする「戦略的曖昧性」によって，台湾情勢をコントロールしようとしている。

こうした米・中・日・台による微妙な均衡は，剣の刃渡りのような危うさがつきまとう。

馬英九政権の誕生により，台湾情勢は当面，沈静化を迎えようが，台湾をめぐるより安定したレジームが構築されない限り，情勢の変化によって再び危機が招来されないという保証はない。

7 中国・台湾情勢と日本の安全保障

(1) 中国をめぐる安全保障環境

以上述べてきたとおり，現在の中国は鄧小平の敷いた「韜光養晦」の戦略路線に従い，アメリカとの正面対決を避け，経済建設を主として軍の近代化は経済建設を損なわない範囲で行い，経済建設を進めるための安定した国際

環境を確保することに努め，長期的なスパンで国力を増強させることに専念している。こうした中国の国家発展戦略は，人民解放軍の構成や対ＧＤＰ比等にはっきり反映されており，各国の少なくともまともな専門家の間で，中国が現時点でこうした戦略を取っていることに疑いを抱いている者はいない。2004年に策定された現防衛大綱が，冷戦終結後，国家間の相互依存関係が深化・拡大し，国際協調・協力の進展などにより，世界的な規模の武力紛争が生起する可能性は，07大綱（1995年に策定された前大綱）策定時と比較しても，一層遠のいているとの認識を示している所以である（参考文献⑭・116頁）。もし，日米等の政府要人や官庁の公式発言等で，上の認識と大きく異なった内容が示された場合には，その発言の意図に疑問符を付しておくべきであろう。

　こうした中国の国家発展戦略と人民解放軍の実勢に照らしてみたとき，中国がある日突然，日本に攻め込んでくるというような事態は考えにくい。

　周辺島嶼部の領有権や海底資源の開発等を巡って紛争が起こる可能性がないとは言えないが，こうしたレベルの紛争は外交的に処理されて然るべきものであり，また，こうした問題を巡って両国間の全面的抗争に至ることは国家理性の範囲を超えるものであろう。

　以上のように考えれば，一般的に言って，少なくとも短中期の期間内においては，日本及び同盟国であるアメリカの方から進んで不和を醸成し，徒に紛争的事態を煽るなど何らかの戦略的攻勢を仕掛け，それが中国の許容範囲を超える次元に至るのでない限り，日本と中国との間で安全保障を巡る深刻な事態が生じる可能性は少ないであろう。また，そのような事態を軽率に惹起してはならない。

(2)　台湾問題への対応

　中国をめぐる安全保障問題で，最大の問題でありつづけているのは，依然として，台湾をめぐる情勢である。

　この点，日本とアメリカは，大陸政府と政府間関係を樹立し，台湾政府と断交した時点で，一つの中国の原則を受入れ，大陸政府を正統政府として承認している。従って，台湾問題に対処するにあたっては，以上のような国交正常化の際に示された原則に則ってなされるべきであり，これに反する行動

は厳に慎むべきである。

　台湾独立論との絡みでは，これまでのところ，中国も台湾も「一つの中国」を標榜してきており，独立派の陳水扁政権も明確に「一つの中国」と訣別して独立を宣言したものではない。また，世界の中で，中国と台湾がそれぞれ別の主権国家であるとする「二つの中国」論を採っている国はない。そうだとすれば，現時点で，中国と台湾の関係は，一国家内で領域の大部分を実効支配している大陸政府（中華人民共和国政府）と台湾地域を実効支配している地方政府としての台湾政府（中華民国政府）とが並存しているものと解するほかはなく，台湾問題は基本的に中国の内政問題と考えざるを得ない（参考文献㉗・134頁以下，㉛・123頁以下）。

　一般に，ある国家内の地域なり民族が独立を求め，これを阻止しようとして中央政府が武力行使に及び，内戦に発展した場合，他国が中央政府に軍事援助を与えたり，逆に独立勢力側を援助したりする事態はしばしば見られ，国際法上，外国によるこうした介入の合法性を主張する見解もある。しかし，こうした外国の介入を認めることは，内戦の国際紛争化を招き，事態を複雑化させる危険性が大きいものであるから，国連安保理決議による等の場合でない限り，容易に介入の合法性を認めるべきではない（参考文献㉘・109頁以下）。

　台湾をめぐる武力紛争として最もあり得る事態は，独立を宣言した台湾に対して，これを阻止しようとする中国が台湾に武力攻撃を加え，これに沖縄や日本本土の基地から出撃した米軍が介入して中国軍と交戦状態に入り，この米軍を自衛隊が周辺事態法に基づいて後方支援するというシナリオであるが，この周辺事態法に基づく後方支援自体が，現行憲法9条の禁止する集団的自衛権の行使にあたるのではないかという疑義が生じるところであり，更に進んで自衛隊が中国軍と交戦状態に入るというのであれば，これは集団的自衛権の行使以外の何者でもなく，これを実現するには憲法9条を改正して集団的自衛権を正面から認めることが不可欠である。しかし，こうした事態は，1960年の安保条約批准の際に，条約中の極東条項の解釈をめぐって，日本がアメリカの戦争に「巻き込まれる」のではないかという危惧が表明された，正にその事態なのであり，軽々に憲法を改正してこのような軍事行動を可能にすることが妥当とは思われない。

既に見てきたとおり，台湾は近世になって初めて中国文化圏に組み込まれたものであり，清朝末期に日本に割譲され，戦後は国民党政権の下で大陸と別個の政治構成体をなし，大陸とは別個の歴史を歩んできた。その過程で，台湾が次第に大陸とは別個のアイデンティティをはぐくんできた事は否めない。そして，李登輝時代以降の台湾は，民主化のプロセスの中で，いわゆる本省人を中心として，こうした台湾アイデンティティを基礎とした政治意識を成長させ，台湾独立論は台湾社会の中で民主的正統性を具備するに至ったと言える。その意味で，台湾独立論には一定の正当性があり，もし，台湾独立論が台湾国民の多数の支持を得るのであれば，その意見は尊重されるべきである。

　他方，台湾が清朝の領土に組み込まれていたことは間違いのないところであり，中国からすれば台湾は帝国主義の実行によって奪われた領土であり，台湾解放はその回復である。19世紀から20世紀にかけての列強の中国進出政策は，中国の周辺領域（台湾，雲南，チベット，新疆ウイグル，モンゴル，満州等）を浸食していく歴史であった。更に，戦後の中国と台湾の分裂は，東西対決の冷戦下に生み出された分裂国家（ドイツ，ベトナム，南北朝鮮）の一つとして位置づけられるものであった。こうした経緯に鑑み，大陸政府が台湾の回復にこだわるのも，又，一定の正当性を有しており，一概に否定されるべきものではない。

　台湾問題は，以上のような性質のものであるから，それは，まず何よりも当事者同士で解決されるべきものであり，大陸政府と台湾政府との間の平和的な交渉によって解決されることが望ましく，これに対して他国政府が徒に容喙すべき性質のものではない。周辺国である日本としては，当事者間の話し合いによる平和的解決を求める従来からの姿勢を崩すべきではない。

　実際には，日本もアメリカも，国交回復に際して，台湾問題は内政問題であるという中国の姿勢をそのまま認めているわけではなく，そうした中国の主張を「尊重」「認識」しつつも，台湾の地位は未決であるという「未決論」の立場を崩していない。そして，前述したとおり，アメリカは台湾関係法によって台湾に関与し続けており，日本も安保条約の極東条項，周辺事態法等により，関与の姿勢を示し，微妙なパワーバランスの上に立って，一方では中国の武力解放を阻止し，他方では台湾の独立宣言を押さえ込むことで，現

状維持の状態を作り出している。しかし，こうした状態は不安定な枠組みの中での現状維持に過ぎず，台湾問題が解決されないことが，東アジアの安定の阻害要因となり続けている。

従って，台湾問題の今後の帰趨は不透明であるものの，日本としては，現状維持に満足することなく，台湾問題が武力衝突に至ることを阻止しながら，当事者間の話し合いによる平和的解決を求める姿勢を続けてゆかなければならない。

8　リオリエント——世界は中国をどう受け入れるのか

(1)　台頭する中国と国際社会の中国認識

21世紀を迎え，北京オリンピックを成功裡に終えて，成長を続ける中国は世界の表舞台にせりあがりつつある。この中国をどう迎え入れるかについて，国際社会にはある種の戸惑いと苛立ちが見られるように思える。こうした空気は国際社会をリードしてきた欧米諸国（及び日本）において，とりわけ顕著である。畢竟，それは，中国という存在を，どう捉え，どう評価すべきかが不分明であることに由来する。欧米諸国（及び日本）にとって，中国は依然として異質で，分りにくい存在なのである。

今回の北京オリンピックで，一部のアメリカ選手は噂に聞く北京の大気汚染に備えてマスク着用で北京空港に降り立った。また，過去の中ソ対立時代の記憶が残るロシア選手は，今の中国選手は競技に先立って毛沢東語録を斉唱しているわけではないことを知って驚いた。これらのエピソードは，かつて，諸外国の教科書において日本がサムライとゲイシャ，フジヤマの国として描かれ，1970年頃には日本人は工場が吐き出す公害の毒ガスの中で暮らしていると思われていた当時のことを思い出させる。

では，欧米諸国（及び日本）にとって，中国はどのような国と認識されているのか。そして，中国はどのように異質であり，どのように分かりにくいと考えられているのか。

第一に，中国は，共産党独裁の共産主義国家であり，自由と民主主義，市場経済の欧米諸国（及び日本）とは異なった社会体制を取っている。そして，自由民主主義国家と共産主義国家との対立は，ベルリンの壁崩壊とそれに続

くソ連崩壊で決着がついたはずだと考えられる。従って，中国もいずれはソ連と同様の道を辿るはずであり，とりわけ，中国が市場経済を導入している以上，早晩，その政治体制と経済体制の矛盾を維持できなくなるはずであると想定される。然るに，中国が市場経済の本格的導入後30年を経過したにもかかわらず，政治変動に見舞われることなく共産党独裁体制を維持し，そればかりでなく驚異的な経済成長を続けているのはどうしてなのか，という疑問が生じる。そして，この疑問に対する明確な答が得られないまま，このような事態が今後も続くはずはないから，中国社会では矛盾が蓄積され続けており，いずれ大規模な政治変動と社会混乱は避けられないとする「中国崩壊論」が繰り返し主張されることになる。更に進んでは，ヘルシンキ宣言を梃子とした人権攻勢，軍事圧力を強めることによる軍拡競争への引きずり込み等によりソ連共産主義体制を崩壊に導いた先例に倣い，同様の仕掛けを中国に対しても行おうとする意見，試みもないとは言えない。

　第二に，中国は，開発独裁の手法を取って近代化を進める発展途上国であり，先進国である欧米諸国（及び日本）よりも遅れた国であるとみなされる。そして，中国が先進国の後を追う発展途上国である以上，その政治・経済・社会体制には多くの遅れた未熟な点があり，これらの点を改善して，「国際標準」に追いつくことが求められる。そして，近代化の過程で近代社会の担い手たる中産階級が出現し，この中産階級が担い手となっていずれは政治的民主化が実現し，欧米諸国（及び日本）と同質の国に成長するはずだと想定される。それにもかかわらず，中国は，様々の遅れた部分を引きずりながら，そのままで，発展途上国から一段抜け出た「新興国」に脱皮し，その巨大さゆえに，国全体としては先進諸国（及び日本）の国力に追いつき，一部では抜き去ろうとしているかに見える。また，もし，中国が国ごと近代化を達成したら，一体，どれほどの巨大国家に膨張するのか，そもそも，中国の国ごとの近代化を許容できるほどのキャパシティが世界にはあるのか，その際，先進諸国との利害衝突が不可避的に起こるのではないかといった不安が生じる。ここで想起されるのは，19世紀から20世紀にかけて，同じく新興国として台頭してきたドイツと日本であって，この両国の台頭が二度の世界大戦を引き起こしたように，中国の台頭も新たな動乱を生むのではないかと懸念されることになる。ここに「中国脅威論」が生まれ，中国が未だ優位を獲得し

ない間に，先手を取ってこれを牽制し，コントロールできる戦略的配置を構築しておこうという試みを生む。

　第三に，中国は，西洋に対する東洋，ヨーロッパに対するアジアの国であって，それも，西洋，ヨーロッパから見て最も遠くて異質な東洋，アジアの国である。西洋近代を代表する哲学者ヘーゲルは，その歴史哲学において，中国を世界史の起点にある存在，皇帝一人が自由で他は総体として奴隷である社会として描き，この中国から発した自由なる世界精神が，インド，中東を経て，ギリシャ・ローマに至って青春時代を迎え，内面的自由を深めたキリスト教の時代から自由が社会に行き渡る近代へと展開し，最後にプロイセンに至って頂点に達するとした。冷戦終結後，アメリカのネオコンに属する学者フランシス・フクヤマは，その著書『歴史の終焉』において，ヘーゲル哲学を援用しつつ，西側諸国の奉じる自由民主主義の勝利を以て世界史は終焉したと宣言した。中国の台頭は，このような冷戦終結に伴う欧米諸国の一時的ユーフォリアを揺り動かし，世界史の再審を要求するものと意識される。この見地からは，中国は，（はっきりと表立っては言明されないものの），近代以降の欧米優位の世界，欧米で生み出され世界に広められた近代欧米的価値観（人権，法の支配，自由民主主義に立脚した政治体制，市場経済etc）の支配する世界を脅かしかねない存在，人類が永年の間に積み重ね，到達した「文明」の成果を台無しにしかねない存在だと受け止められる。

　このように，中国の台頭は，とりわけ，欧米諸国（及び日本）に戸惑いと苛立ちをもたらしているのであるが，その際，こうした戸惑いと苛立ちをもたらす欧米諸国側の要因にも眼を向けておく必要があろう。

　かつての西ドイツ首相ヘルムート・シュミットは，その著書「大国の明日」の中で，以下のように述べている。

　「ヨーロッパの議会政治家が，アメリカの同僚たち以上に外部世界の知識と判断の源となる良好な情報を全体として手に入れているとは信じがたい。現代日本についてなら，おそらくアメリカ人の方がヨーロッパ人より詳しいだろうが，日本の歴史に精通しているのは米欧とも一人としていないだろう。同じことは中国についても言える。なるほど毛沢東のことならいくらか知られていようが，中国近代化へ道を開いた最初の指導者である孫逸仙（孫文）のこととなると，詳しいのは専門家だけであろう。さらに，現

代にまで強い影響力を及ぼしている哲学者で教師の孔子は，名のみ知られているにとどまる」（参考文献㉓・64頁以下）。

　現在，日本で流通している中国に関する情報・見解は，欧米，とりわけアメリカ発の中国情報に多く依拠しているように見える。現在の日本で広く流布されている「中国脅威論」「中国崩壊論」も，その元を辿るとアメリカからもたらされたものであるように思える。その際，指導的立場にある日本人（政治家，官僚，ジャーナリストなど）は，アメリカの地域研究の卓越性に思いを致し，アメリカ発の中国情報に多大の信頼を置いているようである。しかし，先のシュミットの言を見れば，欧米人の中国に関する知識は，ごく一部の専門家を除けば，はなはだ初歩的な段階に止まっていること，それ故，その信用性には基本的な疑問符がつけられるべきであること，が分る。それは，イギリス人がフランスについて，ドイツ人がアメリカについて，アメリカ人が中南米について有している知識に比べて，大きく見劣りしたものでしかない。欧米の人達は，その指導的階層にある人々（政治家，官僚，実業家，ジャーナリスト，軍人，戦略家等々）を含め，各々，現代中国の経済指標やら，商談で訪れた江南地方の風景やら，商売上の取引をしてみて分った「中国人気質」やら，中国海軍の現有勢力やら，中国共産党内部の共青団出身者派閥と「太子党」派閥の力関係やら，啓発書で読んだ毛沢東の所業やらについて何がしかの断片的知識を持っているかもしれないが，そこから進んで，歴史，文化，風土，政治，経済，社会に及ぶ全般的で，バランスの取れた，総合的体系的な中国像を作りえている者は稀である。それ故，欧米人の中国像の多くは，断片的で偏った知識の上に立って，「全体主義」図式，「近代化」図式，「ドイツ・日本」図式，「オリエンタリズム」図式等々の色眼鏡を，とっかえひっかえ，かけなおして裁断する体のものに止まっている。「中国脅威論」と「中国崩壊論」という，本来，両立し得ないはずのものが，同時に主張されて怪しまれることもないのは，欧米諸国の中国に対する知識が曖昧で茫漠としたものに止まっているからである。欧米発の中国情報を評価する際には，これらの情報の根底に，上に述べたような中国への基本的な無知と偏見が横たわっていることに自覚的である必要があろう。

(2)　日本の中国認識

以上に述べたことの多くは，欧米発の中国情報に多くを依拠している日本の中国認識にもそのまま当てはまるものである。
　しかし，日本の場合には，これに加えて，永年にわたる日中関係の歴史に由来する日本独特のバイアスがかかっているように見える。
　日本は中国に隣接する東アジアの国であり，古来より中国文化の影響を受け，中国と交流してきた期間も欧米諸国よりはるかに長きにわたっている。そうであるが故に，かえって，日本の中国認識は，独特の屈折した，主観的性格を帯びたものとなり，極端から極端に走る傾向を持ち，中々，冷静でバランスの取れた客観的中国観を持つことができないでいる。
　日中交回復から鄧小平復活後の1980年代当時，日中関係は時に波風を起こしながらも，基本的に良好な関係を保った。日本人の対中感情，中国人の対日感情も，全体に良好であった。それが1990年代以降，日中関係がぎくしゃくしだし，「反日」「反中」が語られだした原因について，一般に言われているところは，以下のようなものである。
　マクロ的に見て，一番大きな要因は，冷戦終結によって中国を取り巻く地政学的環境が変わったことである。冷戦時代の後期に，欧米諸国及び日本はソ連に対抗するため，ソ連と中国の離反を図り，「チャイナカード」を切る戦略を取り，中国も対ソ牽制のために欧米諸国及び日本と戦略的に接近した。この当時，中国が日米安保条約を暗黙の内に是認していたこと，このことが日本国内における反安保運動の衰退を招いたことは，周知の事実である。1980年代当時の良好な日中関係は，こうした当時の戦略配置図の反映でもあった。然るに，冷戦が終結し，ソ連という敵国が消滅したことにより，世界の戦略配置図に変化が生じた。その際，とりわけアメリカの冷戦後の戦略方向が問題となり，大幅な軍縮論，国際社会の秩序を乱す「ならず者国家」懲罰論等が論議されたが，底流として常に見え隠れしていたのが，中国をソ連に代わる仮想敵国と位置づける発想である（参考文献㉛・23頁）。しかし，中国が鄧小平の敷いた「韜光養晦」路線に従ってアメリカとの正面対決を避け，経済建設に重点を置いて軍拡競争に巻き込まれない路線を堅持し，国内市場を開いて欧米・日本資本を呼び込む戦略を取っているため，中国を正面から現在の脅威と宣言することはできないものの，潜在的脅威，将来のありうるべき脅威とする見解は跡を絶たないし，現実のアメリカや日本の戦略もこう

した中国像を前提として展開されている。そして，このことは中国も同様であって，アメリカの動向を自国に対する戦略的脅威と位置づけ，これに備え，対抗することを，自国戦略の柱とするに至っている。こうした戦略配置図の変化は，1995年から1996年にかけての第三次台湾海峡危機を契機として顕在化し，日米安保再定義，新ガイドライン策定，周辺事態法の制定等々の一連の流れを経て，定着した。日本における「中国脅威論」「反中国論」は，こうした日米中の戦略配置図転換を踏まえて，1990年代後半から徐々に表舞台に登場してきたものである。

　こうした戦略配置図転換と軌を一にするようにして，先の日中戦争についての歴史認識を巡る軋轢が，1990年代後半以降，激化してゆき，これは小泉首相による度重なる靖国神社参拝強行によって頂点に達した。この歴史認識を巡る争いが，上述した安保再定義等の流れが要請するに至った憲法9条改正の動き，これに伴う日本国内におけるナショナリズム潮流の勃興と連動していることは明らかであるが，一般的には，1990年代における中国の江沢民政権による愛国教育（抗日戦争時の記憶を喚起することによって共産党の正統性を訴えるものであるから，「反日」を内容として含むことになる），及び，江沢民が訪日時に日本の歴史認識に執拗に言及したことへの，日本各界の広範な反発が引き金になったと理解されている（参考文献㉛・47頁）。そして，こうした歴史認識を巡る歴史修正主義的潮流が日本国内で力を得た背景には，先の戦争を体験して中国に対して贖罪意識を持っていた世代から戦争体験を有しない世代へと世代交代が進んだ結果，「自分たちが直接したわけでもない事に対して，一体，いつまで謝らされるのか」という反発が生じたこと，江沢民時代の中国における歴史認識の取り上げ方から，中国が歴史認識問題を日本に対する外交カードとして利用しているので，そうした動きに対してはこちらも戦略的に対応してもよいのではないかという受け止め方が一般化したことがあろう（参考文献㉛・14頁，67頁）。

　また，冷戦終結に伴い，日本社会でも欧米諸国に代表される自由民主主義，市場経済体制に対する信頼感が高まり，その反面として社会主義・共産主義に対するマイナス評価が定着していった。こうした見方からは，天安門事件で市民の民主化要求を圧殺し，その後もチベットや市民活動家に対する人権抑圧を繰り返す中国は，政治的社会的文化的成熟度という面で遅れた国であ

るという意識が一般化する。そして，こうした問題を持つ中国が，問題を抱えたままで発展を続けることに対する危惧感と嫌悪感が，一般市民レベルでも増幅していったと言える。

更に，中国に関しては，左派・進歩派に属する人達，知識層に属する人達の間でもマイナスの印象を持つ者が多く，このことが日本における中国バッシングを燃え上がらせている隠れた要因の一つである。毛沢東の文革時代，これらの人達の少なからぬ部分は，日本共産党系の人達は別として，一般に毛沢東礼賛，文革礼賛に走ったのであり，それも無批判的に礼賛を続けた。その後，文革の実態が明らかになり，文革の清算過程に入ると，これらの文革礼賛に走った人達の間には，無批判的に中国を礼賛したことへの反動から，中国に関することは須らく批判的にみなければならないという構えが生じ，今度は過度に批判的姿勢を保とうとする傾向が現れたと思われる。また，左派・進歩派に属する人達は，現在の中国を，かつての韓国や台湾，東南アジア諸国と同様の開発独裁路線であり，新自由主義の政策を行っていると捉えている（そして，この見解は基本的に正しい面がある）。そうすると，左派・進歩派の立場からは，こうした政策を推し進めれば，格差の増大など国内の矛盾が激化することは当然であり，早晩行き詰まって，いずれ何らかの政治的社会的変動が起こることは必至と見ることになる。こうした左派の見解は，実は右派の「中国崩壊論」と殆ど変わらない。その挙句が，左派も右派も中国批判の大合唱を繰り広げることが知的誠実さの証とみなされるという光景が展開することとなったのである。

以上の戦略的，政治的軋轢に加えて，日中間の人的交流が進み，日本企業が中国に進出するに伴って，草の根のレベルでの文化摩擦が生じたことも，1990年代以降に「反日」「反中」感情を生み出した少なからぬ理由の一つであろう。例えば，インターネットで中国に在留している人達のブログを見れば，現地で中国社会の風習と様々な軋轢を生じて悪戦苦闘している様を無数に見ることができる。これは中国人の場合も同様であって，中国人の対日本認識を問うた調査で，反日感情を抱いたきっかけとして愛国教育が挙げられる事はむしろ稀で，多くは自分が在籍していた日本企業での出来事等の交流場面での体験が上げられている。

以上が1990年代から2000年代にかけての日中関係冷却化の原因として一般

に挙げられる要素であるが，しかし，現在の日本で噴出する「反中」言説の常軌を逸した矯激さは，批判者の認識の中で批判の理由として意識されているであろう上述の要素だけでは説明のつかないものであって，そこには恐らく批判者も明確に自覚していない，日本人の意識の基層にある，歴史的構造的要素が働いているのではないかと考えられる。以下，こうした日本人の対中国認識の基層とこれに関連する日本ナショナリズムの構造について，若干の試論を述べる。

(3) 日本人の中国認識の基層と日本ナショナリズムの構造

言うまでもないことながら，日本文化は中国文化の圧倒的影響の下に成立したものである。前近代日本の文字（漢字），宗教，思想，学術，文芸，政治制度，経済等々，ありとあらゆる領域において，中国文化から全く影響を受けていない，純日本的要素だけで成り立っているものは，むしろ稀である。我が国最古の史書「古事記」「日本書紀」は中国の史書に範を取ったものだし，国風文化が花開いたと賞賛される平安時代王朝文学の美意識は，実は中国南北朝時代の「文選」や唐時代の「白氏文集」から大きな影響を受けている。平安末期から鎌倉時代に至る日本仏教の展開は，唐から宋にかけての中国仏教のとりわけ浄土宗と禅宗の影響を受けて成立したものであるし，江戸時代の儒教は，宋から明に至る中国新儒教（朱子学・陽明学）の影響下に展開されたものである。このような日本文化に対して中国文化の持った意義は，ヨーロッパ文化に対してヘブライ宗教文化とギリシャ・ローマ文化の双方が持った意義に匹敵する。ヨーロッパが宗教（キリスト教）をヘブライ文化から，学芸，政治制度をギリシャ・ローマ文化から受容したとすれば，日本は宗教ないし思想（漢訳仏教，儒教等）も，文芸（漢詩，絵画等）も，政治制度（律令制，元号等）も，悉く中国から受容したものより出発している。しかも，ヨーロッパ世界が成立した紀元後の世界において，ギリシャ・ローマは早々に滅び，ヘブライの民は祖国を失ってディアスポラの状態となり，かくしてヨーロッパは，（ヘブライの民を遅れた旧約の民と貶めた上で）心置きなくヘブライ文化，ギリシャ・ローマ文化の遺産相続人として振舞い，その承継した遺産を自らの古典として受容し，継承発展させていけたのに対し，日本の場合には，中国はそこに常に現存し，その時代時代で永続的に影響を与え続け

てきたので，この点で，ヨーロッパ文化におけるヘブライ文化，ギリシャ・ローマ文化と，日本文化における中国文化とは，位相を全く異にするものである。つまり，日本はいつまで経っても中国文化の遺産相続人となることはできず，中国は日本の教師であり続けるため，日本が中国に学べば学ぶほど，中国との間で主従，上下関係が続くことになる。しかも，この主従，上下関係は，一つ間違えば，政治的主従，上下関係に直結しかねない危険性を孕むものだったのである。この点，日本は朝鮮と異なり，中国を中心とする冊封体制に組み込まれることなく，よく自立を守ったとされるのであるが，しかし，一方で政治的自立を保ちつつ，他方で中国の文化的優位に曝されているという状態は，微妙な精神的バランスを取ることを求められるものであって，このことはとりわけ文化の担い手である知識人層の自意識において問題とされてきたと言える。

　こうして，日本文化が永続的に中国文化を受容し続けてきた結果，日本文化は，（ヨーロッパ法におけるゲルマン法とローマ法の関係の如く），「和」と「漢」の二重構造を持ったものとして成立することになった。

　既に，現代日本語が，仮名と漢字の混交体として存在しているのであるが，過去には主に仮名によって綴られる「大和言葉」と，日本語として用いられる漢文が並存し，しかも，政治や学術の場では漢文の方が主体であった。これに対して，「大和言葉」は和歌や物語など主に文学方面で用いられたに止まった。

　近世から近代にかけての国体論で中心的存在とされた天皇も，「天皇」という称号自体が中国伝来のもので，道教に由来するもの，もしくは，中国の伝説上の帝王である三皇（天皇・地皇・人皇）に由来するものではないかとされ（参考文献㉕・10頁），もともとの和風の呼び名は「みかど」「おおきみ」「すめらみこと」である。一般に知られている天皇の名称（例えば，「孝徳天皇」）も中国風であり，別に「天万豊日天皇（あめよろずとよひのすめらみこと）」という和風の名称を持っていた（参考文献㉔・88頁）。また，天皇と密接な関係を持たされるに至った元号も，元々は中国の制度である。

　日本最古の史書「古事記」は変体漢文で記載され，大陸文化渡来以前の古い時代の伝承を伝えていると考えられているのに対し，「日本書紀」は正統漢文で書かれている。

和歌集「万葉集」が編まれた時期には，これと照応するように漢詩集「懐風藻」が編まれている。
　このように，日本文化が「和」と「漢」の二重構造を持ち，日本のアイデンティティの中核に「漢意（からごころ）」が分かち難く組み込まれていることから，その「和」と「漢」のいずれを尊重するのか，「和」と「漢」をどのように配置し棲み分けるのかということが，アイデンティティ確認のために必須の作業とならざるをえないことになる。
　この点，特に知識層においては，舶来の文物に依拠して己の優越性を誇るという知識層特有の権威主義から，中国崇拝が一般的であった。漢字渡来以来，江戸時代まで凡そ1500年近くにわたり，日本は中国崇拝の国であり続けた。江戸時代の文人の中には，中国崇拝が嵩じる余り，名前を中国風に改める者が少なくなかった（参考文献㉚・1014頁）。日本を初めとする中国の周辺国では，永らく，漢文が読み書きでき，漢籍に通じ，漢詩を作れることが文人の証とされたのであって，「漢」に依拠して「和」を見下すことが流儀とされたのである。
　これは，現代において，英語ができ，英語文献に通じ，英語圏の事情に明るいことがインテリ，エリートの証とされているのと全く同じ現象である。
　こうした心性は，中国を見上げ，見習う方向のものであるため，このままでは，自らは主に対する従として崇め奉るしかないことになる。そこで，こうした心性を基礎にして，なお，精神のバランスを取ろうとすると，逆に見下げ，蔑む対象が必要となる。これが内に向かうと，「硬派」の漢学に対して「大和言葉」による「軟派」の世界は女子供のものだと見下すことになる。また，これが外に向かうと，蝦夷や琉球，朝鮮をより劣った服属すべき者とみなすことになり，ここに日本版華夷思想が成立する。
　このような，上下方向に見上げ，見下げることによって成り立つ心性に基づいたナショナリズム（＝国家的アイデンティティ）は，日本が中国王朝の周辺国として位置していたとき以来培われてきたものであり，相互に平等な主権国家同士が互いに自己主張もしながら横の対等の関係として国家関係を築いてゆこうとする方向を取るのではなくて，絶対的な権威を抱いて周囲に優越しようとする傾向を持つのであって，いわば，「ジャイアン」を背後に戴く「スネオ」ナショナリズムとでも評すべきものである。ここでは，劣等感

の代償として優越感を向けるべき対象が求められ，そのことによって「小中華」としての屈折したアイデンティティが形成されることになる。

そして，こうした日本の伝統的なナショナリズムの構造・心性は，近現代においても，崇拝する対象をイギリス（戦前）やアメリカ（戦後）に置き換えて，そっくりそのまま再現されているのであり，只，ここでは見下げる対象が中国，朝鮮などに置き換えられているのである（脱亜入欧）。

明治維新後の日本の国家戦略の基本は，世界を取り仕切っている欧米勢力，とりわけ，戦前は大英帝国，戦後はアメリカ合衆国という，第1順位の覇権国家との協調の上に，欧米の金持ちクラブの特別会員，「名誉白人」として迎え入れてもらい，「イギリスの極東地域における憲兵」「アメリカ軍の後方基地」として東アジア世界において優越的地位を占めようとするものであった。とりわけ，戦前において日英同盟を終了させて英米の利権と対立したことが敗戦に至る道を拓いたという認識が存するため，戦後においては，どんな犠牲を払ってでもアメリカとの協調を維持してゆかなければならないという意識が政策当局者を強く支配しており，今や，「アメリカとの協調関係の維持」という命題は，戦後日本の新たな「国体」とでも言うべき地位を占めるに至っている。

こうした日本の戦後ナショナリズムが至福の時期を迎えたのが，1980年代であった。対米協調路線の結果，世界第二位の経済大国になってアメリカの地位を脅かすまでに至り，かつては毛沢東の極左路線や怨嗟に満ちた李承晩ラインで日本を脅かしていた中国や韓国も今や頭を垂れて日本に教えを請うてきており，日本にとって得意の絶頂のときであった。しかし，このユーフォリアは長続きせず，1990年代に入ってからの日本はバブル経済崩壊の後遺症に長く苦しみ，停滞を続けた。その間，クリントン政権時代のアメリカからは経済交渉面での厳しい締め付けを受け，中国は高度成長を続けて日本を追い上げてきた。こうした両面からの攻勢を受け，停滞による自信喪失から国家的アイデンティティの危機を生じた結果，1990年代後半あたりから攻撃的で排外的なナショナリズムの潮流が頭をもたげ始めたのである。ここでのナショナリズムの傾向は，日本に対してともすればよそよそしかったクリントン政権に代わって再び日本重視の姿勢を示したブッシュ政権と危険なまでに一心同体化し，そのことによって追い上げてきている中国の「脅威」に対

抗しようというものであって，要するに，アメリカ—日本—中国（及びその他のアジア諸国）という上下関係のナショナリズムを再構築しようという試みである。ここでは，追い上げてくる中国を再び蹴落として劣位に押し止めようという（本来，無理のある）潜在的衝動が働いているため，実態以上に中国の脅威を叫んだり，あるいは，明日にでも中国崩壊が始まるのではないかという希望的観測にしがみついたりする傾向を色濃く帯びることになる。それは，畢竟，かつて享受していた日本の優越的地位が覆されるのではないかという不安感の反映にほかならない。

　以上の上下関係のナショナリズムの他に，日本には「和」—「漢」の構造から見た別の形態の，より自立志向性の強い，ナショナリズムが存在する。本居宣長に代表される，近世国学の流れを汲むナショナリズムの形態がそれである。

　本居宣長は「古事記」を初めとする日本の古典に深く沈潜し，そこに現れている日本古来の精神の探究に励んだが，その際，これらの古典を覆っている外来の「漢意（からごころ）」を取り去り，洗い流した果てに見つけられる「やまとだましい」に帰らなければならないと主張した。既に述べたとおり，中世の神仏混交に代表的に象徴される伝統的な日本文化は，永年にわたる中国文化受容の果てに，「和」—「漢」の分かち難い二重構造として成り立っており，「漢意」は余りに深く，日本文化の皮膚の下にまで食い込んでいたから，中国から自立した，それだけで自足する，「本来の日本」といったものを定立しようとすると，骨がらみにからみついている「漢意」をひたすら削ぎ取り，排斥し，果ては口汚く罵りといった過程を潜り抜ける必要が出てくる。その挙句は，時代を漢字渡来，仏教伝来以前にまで遡らせ，幽玄の太古から微かに聞こえてくる「かむながら」の「やまとだましい」あたりに遡行することになる。この作業の中で本居宣長が残した「漢意」排斥の言説は矯激を極めたものであるが（文献㉞・42頁以下），ここに今日の「反中」ナショナリズムの源流を見出すことができる。

(4) 中国とは何なのか
　以上，欧米諸国及び日本における中国認識の特質と，それが孕んでいる歪みの構造を考察してきた。

では，こうした歪みを脱却して，中国というものを，どう認識すべきなのか。色眼鏡に捉われず，過大評価にも過小評価にも陥らない，正負を誤りなく見据えた，客観的でバランスの取れた中国認識は，如何にして可能なのか。
　こうした問を発したとき，筆者には，現代において，導きの師として思い当たる中国専門家の識者・碩学というものを，直ちに名指しすることができない。中国の本質・全貌を知ることは，中国人にすら至難の技とされ，究めれば究めるほど，中国のことが分らなくなってくると言われる。筆者には，「中国全体主義論」「中国脅威論」等々は，こうした掴み難い，茫漠とした中国の分らなさを，レッテルを貼ることによって分った気になろうとしている試みに思える。
　一般に考えられている中国文明のイメージは，以下のようなものである。
　中国は一個の世界，宇宙であり，その中央＝中原には，秦の始皇帝に始まる，皇帝を抱いた専制王朝が中国の支配者として君臨する。この中原に住み，王朝の支配に服するのが漢民族たる中国人であり，中国はこの王朝─漢民族が作る世界である。この王朝─漢民族の四囲を，周辺諸民族諸国家が，あたかも惑星のように取り巻いている。中国は中華思想を以て，自らを尊しとなし，周辺諸民族諸国家に服属と朝貢を求める。これを冊封体制という。こうした王朝を中心とした冊封体制が安定して成立しているとき，東アジア世界は皇帝を頂点として整然とした秩序を形成し，平和な時代（パックス・シニカ）が続く。
　これに対し，王朝が衰退し，崩壊すると，中原は次代の覇者を目指す者達が割拠し，戦乱状態に陥る。周辺の諸民族も中原に進出し，興亡を繰り返す。その中から新たな覇者が中原を制圧し，次なる王朝を打ち立てる。
　こうした皇帝を頂点とした王朝に規定された中国文明は，皇帝を中心として周辺に対し無限に同心円状に広がってゆくシステムである。それは，諸国民の複数国家が多元的世界を織りなすヨーロッパ世界とは際立って異なった世界であり，そこに働く政治力学も異なったものとなる。周辺国にとっては，常に問題となるのは上下関係として観念される中国王朝との関係であり，平等な諸国家の横断的な多元的システムとしての近代主権国家システムとは，異質なものであった。
　以上のような中国イメージを抱くとき，では，ここで中国文明の担い手と

されている漢民族とは，一体，どういう民族なのかということが問題となる。

　現在，漢民族と呼ばれる人達は，世界中に散らばった華僑ないし華人と呼ばれる人を含めると，約13億人に達すると言われ，世界最大の民族である。この漢民族は，中国史を通じて周辺諸民族と混交，同化を繰り返しつつ，膨張を続けてきたと考えられている。現在の漢民族は，人種的に北方は新モンゴロイド，南方は古モンゴロイドの特徴を有し，言語的にも例えば北京語と広東語は全く別の言語と考えた方がよく，単なる方言の差と見ることはできない。生活風習も地方地方で大きく異なっている。このように，漢民族集団はその中に多種多様なグループを抱え込んでおり，例えば大和民族が有しているような民族的同質性は持っていない。こうした実態から見れば，漢民族とは，ヨーロッパ各地の諸民族を一括りにしてヨーロッパ民族と呼んだ場合と似通った存在であると考えた方がよかろう。そして，こうした雑多で多様な人達を一括りにして漢民族とカテゴライズできる共通点とは何かと言えば，それは，表意文字としての漢字とその漢字によって成り立っている漢語，漢文化を受容した人々というところに求めるほかはない（参考文献㉟3頁以下，⑱36頁）。

　しかし，このように定義すると，では，同じように漢字を受容した日本人や朝鮮人，ベトナム人も漢民族なのかという疑問が生じる。日本人は仮名を，朝鮮人はハングルを用いているから，その限度で漢民族ではないと言えるが，反面，漢字を用いている部分では，半分ほどは漢民族だと言えなくもないが，中国学者の加々美光行は，こうした日本人や朝鮮人のように，固有の文字を発明したことによって完全な漢民族化を免れた存在を，「漢化」はしているが「漢人化」はしていない存在と位置づけ，同様な存在として中国の少数民族であるヤオ族やチュアン族を挙げている。また，加々美は，「漢人化」も「漢化」もしていないが，周辺も含めた広い意味での「中国」＝「中華」＝「天下」に参入している人々，例えば，モンゴル族，チベット族，ウイグル族等々を「華化」した人々と呼んでいる（参考文献⑱・14頁以下）。

　このような「漢民族」の実態を踏まえると，漢民族というのは，血統によってつながった民族集団というよりは，むしろ，漢字，漢文化という文明システムの産物と考えた方が分り易いであろう。つまり，かつての血筋がどうであれ，一旦，漢字と漢文化を受け入れれば，その者は漢民族に組み込まれ

てしまうのである。

　中国はその長い歴史の中で絶え間ない異民族の侵入を受け続けてきた。異民族による征服王朝もしばしばあった。よく知られているモンゴル族の元，満州族の清に限らず，中国最初の統一王朝を打ち立てた秦も，当時の中原の人々からは異民族と見られていたし，南北朝時代の北朝は多くが異民族であった。唐王朝を創始した一族も異民族出身であったと言われている。このように中原に侵入して王朝を打ち立てた異民族は，殆どの場合，漢文化を受容し，同化されて，今日言うところの「漢民族」に変貌していった。中国が永年にわたって繰り返し侵入と征服を蒙りながら，人類の他の文明のように，それによって滅亡することなく，却って膨張を続け，古代の四大文明の中で唯一，今日まで存続してきたのは，「漢字」「漢文化」に代表される中国の文明システムの特質に由来するものである（参考文献⑱・14頁）。

　このように，中国は，西洋世界とは異質な原理によって構成された一個の世界，天下であり，こうした中国が欧米諸国に始まった近代の政治システムの中に組み込まれ，民族を構成単位とする近代国家として再編されたのが，現在の中国である。このため，かつては存在しなかった「漢民族」という概念を，（その他の「少数民族」とともに）創出しなければならなかったのであるが，本来，それは国家と言うには余りに多様な一個の世界を無理やり国家という枠の中に押し込んだような存在であり，その意味で，日本やヨーロッパ諸国のような，典型的な近代国民国家とは，異質な性質を残していることが留意されるべきである（参考文献⑱・6頁以下）。

(5)　世界は中国をどう受け入れるのか

　今回の北京オリンピックは，世界（欧米諸国及び欧米諸国がその指導下に構成し，運営し，規制している世界）が中国をどう受け入れるかを試す入学試験のような趣きがあった。そこには明らかに軋轢と衝突があり，中国は必ずしも先生の意向に従うおとなしい生徒としては振舞っていないようにも見えた。世界はテストの結果をどう出すべきか，なお，戸惑っているように見える。

　そして，ここに現れた，世界は中国をどう受け入れたらよいのかという問いこそが，中国問題のアルファでありオメガである。13億の民からなり，今や世界に向けて膨張し，拡散し始めている中国と中国人は，隔離し，無視し

ておくには巨大すぎるのである。

　「貧困の平等」を目指した毛沢東の農本的ユートピアへの道を放棄し，鄧小平の「先富論」に従って成長を始めた中国は，現在まで，その成長の歩みを止める気配がない。その根底にあるのは，先祖代々貧しさに耐えてきた草の根の民衆の豊かになりたいという願望である。先日のテレビで，黄河上流の黄土地帯で，貧しい農民の子達が町の学校に寄宿し，大学進学を夢見て，朝は4時から夜中の就寝時まで猛勉強に励む光景が映し出されていた。こうした光景は，かつての日本にも間違いなくあり，こうしたハングリー精神こそが日本の1世紀以上にわたる世界史にも稀な経済成長を生み出したのである。そして，日本がこうしたハングリー精神から生じるエネルギーを汲み尽し，豊かな社会に移行したことによって，成長の時代は終わりを告げたのである。これに対して，中国では上海や北京など一部の先進都市では，既に日本の1980年代程度の生活水準に達しているが，地方に行けば，まだまだ成長のエネルギーは汲み尽されていない。この汲めども尽きない成長のエネルギーは，なお，当分の間，供給され続けるだろう。

　そして，豊かになりたいという中国民衆の願望は，誰にも止める権利はない。

　しかし，もし，今後も中国のこうした成長が止まらないとすると，そこから発する成長圧力は猛烈なものとなる。もし，中国の民衆が，自分達も残らず，アメリカ人や日本人と同じだけの生活水準を得たいと願望して，それを実現してしまった場合，それだけで，国としての中国の力は，アメリカの数倍，日本の10倍ほどになってしまう。

　かつて従属理論を提唱したオランダの学者フランクは，その著書『リオリエント』において，観測しうる世界史の大部分の期間中，世界で圧倒的な経済的比重を占めていたのは一貫して中国であり，その中国の優位はヨーロッパ諸国が極東に到達した1800年ごろまで続いていた，中国がその優位を失い，欧米諸国が優位を得たのは，たかだか，この200年余りに過ぎないと論じている。そして，フランクは，現在は，この例外的な200年が終わりを告げ，再び中国の時代に戻りつつある（リオリエント）と論じている（参考文献㉜・3頁以下）。

　果たして，アメリカ，日本は，このような事態を容認できるだろうか。ま

た，世界は，中国にこれだけの成長のための容量を用意できるだろうか。
　この問にどう答えるかによって，今世紀前半の世界は大きく変わるだろう。

【参考文献】
① 関志雄『中国経済のジレンマ─資本主義への道』（ちくま新書）
② 関志雄「流動性の膨張を如何に抑えるか─迫られる完全変動相場制への移行」
　http://www.rieti.go.jp/users/china-tr/jp/ssqs/071002ssqs.htm
③ 江原規由「十二支からみた2007年の中国経済の回顧と2008年の展望」
　http://www.21ccs.jp/china_watching/BeijingNowB_EBARA/Beijing_nowB_25.html
④ 21世紀中国総研編『中国情報ハンドブック2007年版』（蒼蒼社）
⑤ 榊原英資『人民元改革と中国経済の近未来』（角川書店）
⑥ 白石隆『海の帝国』（中公新書）
⑦ 朱建栄『中国　第三の革命』（中公新書）
⑧ 天児慧『中華人民共和国史』（岩波新書）
⑨ 毛里和子『現代中国政治』（名古屋大学出版会）
⑩ 野村総合研究所『2015年の中国』（東洋経済）
⑪ 興梠一郎『中国激流』（岩波新書）
⑫ 伊藤潔『台湾』（中公新書）
⑬ 若林正丈『台湾』（ちくま新書）
⑭ 防衛省編「平成21年版　日本の防衛　防衛白書」
⑮ 山田朗「中国の軍事力は日本の脅威か」（季刊軍縮地球市民No.5）
⑯ 田岡俊次『北朝鮮・中国はどれだけ恐いか』（朝日新書）
⑰ 山本勲『中台関係史』（藤原書店）
⑱ 加々美光行「中国の民族問題　危機の本質」（岩波現代文庫）
⑲ 赤根谷達雄他編『日本の安全保障』（有斐閣）
⑳ 村井友秀他編著『中国をめぐる安全保障』（ミネルヴァ書房）
㉑ 毛里和子他編『日中関係をどう構築するか』（岩波書店）
㉒ 天児慧『中国・アジア・日本』（ちくま新書）
㉓ ヘルムート・シュミット『大国の明日』（朝日新聞社）
㉔ 笠原英彦『歴代天皇総覧』（中公新書）
㉕ 吉田孝『歴史のなかの天皇』（岩波新書）
㉖ 山本草二『国際法』（有斐閣）
㉗ 小寺彰他編『講義国際法』（有斐閣）
㉘ 田畑茂二郎『国際法新講　上』（東信堂）

㉙　加茂具樹「胡錦濤政権と人民―『秩序ある政治参加』のゆくえ」（Ratio 5）
㉚　杉浦重剛『倫理御進講草案・下』（やまと文庫）
㉛　岡部達味『日中関係の過去と将来』（岩波現代文庫）
㉜　アンドレ・グンダー・フランク『リオリエント』（藤原書店）
㉝　朱建栄『毛沢東のベトナム戦争』（東京大学出版会）
㉞　子安宣邦「本居宣長」（岩波現代文庫）
㉟　橋本萬太郎編「民族の世界史5　漢民族と中国社会」（山川出版社）

第4章　朝鮮半島情勢と日本

　　　　　　　　　　　　　　　　　　　　　　　高　木　吉　朗

1　日本人の朝鮮半島観

(1)　朝鮮半島に対するイメージとその変化

　戦後以来，80年代前半ころまでは，日本人の韓国（大韓民国）に対するイメージは，あまり芳しいものではなかった。強硬な反日政策を展開した，大韓民国初代大統領の李承晩（イ・スンマン），権威主義体制を確立した朴正熙（パク・チョンヒ）の独裁政治（とりわけ，73年に東京で起こった金大中〔キム・デジュン〕拉致事件は，日本人に強烈なインパクトを与えた）や，80年の光州事件の報道などによって，多くの日本人は，韓国ではあたかも軍事クーデターと民衆の蜂起ばかりが繰り返される「何か恐ろしい国」というイメージを持っていたといえる。70年代前半，雑誌「世界」誌上に「T・K生」というペンネームで連載された「韓国からの通信」（現在は岩波新書の一冊として刊行されている）は，70年代の韓国社会の「暗さ」を独特の筆致で綴って話題になったが，当時の日本では，韓国に関する情報が極めて限られていたこともあって，「恐ろしい」「怖い」というイメージが広がっていた。

　他方，北朝鮮（朝鮮民主主義人民共和国）に対するイメージは，少なくとも戦後間もないころは，韓国に対するよりもはるかに良好であった。特に，在日朝鮮人の帰国事業が行われていたころは，日本国内の革新勢力が「楽園の祖国へ」というキャッチフレーズを宣伝したこともあって，知識人層を中心に，かなり好意的なイメージで受け止められていた。北朝鮮研究者の重村智計は，「少なくとも，1970年代までは，北朝鮮経済が韓国の経済を上回っていた」と指摘している（『最新・北朝鮮データブック』〔講談社現代新書〕163ページ）。

ちなみに，現在日朝間でもっとも困難な問題となっている拉致問題は，70年代後半に集中して起こっているが，この時期に日本人の拉致が頻発したのは，北朝鮮が，韓国よりも日本のほうが侵入しやすいと考えていたからだと推察される。

　しかし，80年代に入り，韓国は「漢江（ハンガン）の奇跡」といわれる経済発展を成し遂げ，また，軍服ではなくスーツを着た大統領，盧泰愚（ノ・テウ）の登場により，韓国に対するイメージは好転していった。88年のソウルオリンピック開催も，韓国のイメージの改善に一役買ったことは言うまでもない。

　その一方で，北朝鮮は，80年代に入ってからもなお，ラングーン爆弾テロ事件や大韓航空機撃墜事件など，工作活動を活発に行っていたため，日本人の北朝鮮に対するイメージは次第に悪化していった。

　90年代に入り，韓国では，金泳三（キム・ヨンサム）が初の文民出身大統領となり，さらにその後，73年の拉致事件の後獄中生活を送り，一度は死刑判決を受けながら，見事に政界復帰を果たした金大中が大統領となって，いわゆる太陽政策を展開，北朝鮮に対する宥和の姿勢を打ち出した。こうした韓国社会の変化は，日本でも好意的に受け止められた。また，文化交流の面では，「韓流ドラマ」に象徴される，韓国文化の本格的な流入が一気に拡大した。

　日韓間には，今なお困難な政治課題（竹島領有権問題など）が残っているが，日本人の韓国に対するイメージは相当変化しており，従来の「怖い」というイメージは現在ではかなり薄れてきたといえる。

　残された問題は，特に植民地支配についての歴史認識に関して，日本国内でも今なお「正しい見方」をめぐって争うという状況を脱し切れていないことである。何が正しいかではなく，日本から遠く離れた外国と同じように，隣国を客観的に眺める姿勢が，日韓双方に求められていると言えよう。

　他方，北朝鮮に対するイメージは，懸案の拉致問題の解決が暗礁に乗り上げているだけでなく，北朝鮮の相次ぐミサイルの発射や核実験などによって，悪化の一途をたどっている。日本国内では，朝鮮学校に通う在日コリアンの生徒がいわれのない暴行，脅迫を受ける事例も相次いでいる。

　日本人の韓国に対するイメージが「何が正しいか」で分かれているとすれ

ば，北朝鮮に対するイメージは，「（日本と北朝鮮の）どちらが悪いか」で分かれているといえる。「国際的な合意を一方的に破る北朝鮮が悪い」という声が強い一方で，これに反対する人が「北朝鮮を追い込んだのはアメリカではないか」と反論しているのをよく目にする。

しかし，このようなステレオタイプな議論に終始するのみでは，問題の解決はいつまでたっても達成できない。以下では，読者の参考となるよう，従来あまり光が当てられてこなかった問題を中心に検討してみたい。

(2) いくつかの基本的データ

(イ) まず実際に，いくつかのデータを眺めてみよう。以下に示すデータはいずれも，木村幹『朝鮮半島をどう見るか』（集英社新書）63～66ページからの引用で，数値はいずれも2004年3月4日時点のものである。

〈人口〉

1位	中国	128,430 （万人）
2位	インド	104,585
3位	アメリカ	28,056
10位	日本	12,697
13位	ドイツ	8,325
14位	ベトナム	8,110
15位	エジプト	7,071
20位	イギリス	5,978
21位	フランス	5,977
22位	イタリア	5,772
25位	韓国	4,832
49位	北朝鮮	2,222

（南北合計は14位と15位の間。7,055）

〈ＧＤＰ〉

1位	アメリカ	10,082,000 （百万ドル）
2位	中国	6,000,000
3位	日本	3,550,000
4位	インド	2,660,000

5位	ドイツ	2,184,000
6位	フランス	1,540,000
7位	イギリス	1,520,000
8位	イタリア	1,438,000
9位	ブラジル	1,340,000
10位	ロシア	1,270,000
11位	韓国	931,000
12位	カナダ	923,000
96位	北朝鮮	22,000

〈兵員数〉

1位	中国	231.0（万人）
2位	アメリカ	136.9
3位	インド	126.3
4位	北朝鮮	108.2
5位	ロシア	97.7
6位	韓国	68.3
7位	パキスタン	62.0
16位	ドイツ	30.8
25位	日本	24.0

〈軍事費〉（カッコ内の百分率はＧＤＰ比）

1位	アメリカ	276,700（百万ドル）	(3.20％)
2位	フランス	46,500	(2.57％)
3位	日本	40,774	(1.00％)
4位	ドイツ	38,800	(1.38％)
7位	中国	20,048	(1.60％)
10位	韓国	12,800	(2.80％)
17位	台湾	8,041	(2.80％)
21位	北朝鮮	5,124	(31.30％)

　(ロ)　朝鮮半島を肯定的に見る立場，否定的に見る立場の双方に共通しているのは，朝鮮半島が「小国」だという見方である。しかし実際には，上記の各データが示しているように，朝鮮半島は決して小国ではなく（人口，ＧＤ

P，軍事力などいずれの面でも），ごく普通の国である。

　北朝鮮の経済状態についても，ＧＤＰで北朝鮮よりも下位に位置する国は他にもあるが，そうした国が直ちに崩壊するとは一般的には考えられていない。北朝鮮の場合も，少なくともこの数字からだけでは，直ちに崩壊するという結論は導かれない。この点について木村幹は，北朝鮮は「ありふれた最貧国であるに過ぎない」という（木村・前掲書）。

　軍事力の面においても，北朝鮮では，「先軍政治」という軍事優先の政治システムが採られているが，軍事費を見ると，国際的にはそれほど突出しているとは言えない。ただ，そのＧＤＰに対する割合は3割を超え，異常に高率となっている。

　まずは，このような客観的なデータをきちんと用いて，先入観を捨て，遠く離れた国と同じように，冷静に眺めることが必要ではないだろうか（木村・前掲書）。

(3)　本稿の構成

　上記のような基本的データを踏まえて，まず韓国について，「2　韓国における親日派問題」及び「3　韓米同盟の歴史」において，韓国ともっとも関係の深い2つの国，日本とアメリカを通して検討する。続いて，「4　日本と北朝鮮」において，北朝鮮に関する諸問題について検討する。

　なお，本稿執筆中の2006年10月9日，北朝鮮がはじめて「核実験に成功した」と発表した。その後，本稿が完成し印刷に回るまでの間にも，北朝鮮の情勢と6ヵ国協議をめぐる状況はさまざまな動きを示している。本稿が読者の眼に触れる時点ではさらに状況が変わっている可能性もあるが，上記の経緯から，了承願いたい。

2　韓国における親日派問題

(1)　問題の所在

　2004年12月，韓国で「反民族行為真相究明特別法」という名の法律が成立した（正式名称は「日帝強占下反民族行為真相究明に関する特別法」という）。この報道に接した日本人の多くは，「なぜ今頃」「また歴史の問題を蒸し返すの

か」という印象を持った事だろう。

　この法律が制定された背景には，戦前に親日派が所有していた土地（戦後は国有地とされた）について，最近，親日派（及びその子孫）たちが韓国政府を相手取って起こした土地所有権確認訴訟のいくつかで，政府側が敗訴する事例が増えている，という事実があるとされる（2006年10月3日朝日新聞朝刊）。

　しかし，この法律が制定された真の意図を理解するためには，歴史的経緯を踏まえた大局的な視点が必要である。まず，韓国における「親日派（チニルパ）」という言葉の意味を理解しなければならない。

　そこで本章では，この親日派の問題を取り上げ，あわせて日韓両国間の歴史認識の問題にも触れることとする。

(2)　戦後も生き残った親日派
(イ)　米軍占領と親日派の残存

　既によく知られているように，1945年に敗戦を迎えた日本は，それまで植民地として統治してきた朝鮮半島とは，いずれの政権とも条約等を締結することなく，そのまま撤退した。

　このとき，日本の朝鮮総督府に代わって朝鮮半島を支配したのは，朝鮮民族ではなく，米国とソ連それぞれの占領軍であった。

　その後，朝鮮半島の南側の地域に，米軍の支援を受けて大韓民国政府を樹立したのは，亡命先のアメリカから戻った李承晩（イ・スンマン）であった（1948年8月）。李承晩は，それまでの米軍の軍政システムをほぼそのまま引き継ぐ形で新政府を樹立したが，米軍政自体が，実は日本統治時代における朝鮮総督府の法令と人員（とりわけ軍事・警察の分野）をほぼそのまま継承したものであった。

　すなわち，李承晩のもとで誕生した大韓民国政府の軍事・警察部門では，日本の植民地支配に加担した親日派の人間が多数利用されることになったのである。韓国で言う「親日派」とは，単に日本に親近感を持っている人を指すのではない。

　このように，李承晩が継承したのは現実には米軍の軍政であり，さらには日本の朝鮮総督府であったという事実は，李承晩政権の正当性に疑問を抱かせるものだという意見もある。

そして，真に忌むべきことは，生き残った親日派の軍人や警官たちが，韓国の民主化運動を弾圧する役割をしばしば演じていたことである。韓国の歴史学者，韓洪九（ハン・ホング）は，親日派がしばしば「拷問技術者」として，李承晩政権を支えたというエピソードを紹介している（韓洪九『韓国現代史』〔平凡社〕）。

　他方で，北朝鮮では，金日成（キム・イルソン）によって，親日派の徹底的な粛清が図られた。

　このことから分かることは，韓国において，「親日派の真相究明をする」ということは，自国の民主化運動の弾圧の歴史，つまり自分の国の「負の歴史」に正面から向き合うことに他ならない，ということである。これは，韓国及び韓国の国民にとって，相当に痛みの伴う作業であって，単なる反日感情とは異なることに注意しなければならない。

　㈩　朴正煕と満州人脈

　李承晩と並んで，韓国の権威主義的体制を担ったのが，朴正煕（パク・チョンヒ）である。朴正煕は，1960年に軍事クーデターによって政権の座に着き，当初は民主的な改革をいくつか行ったが，72年，自ら「維新（ユシン）憲法」と命名する憲法の改正を行って独裁体制を強化し，以後，79年に側近に暗殺されるまで，民主化運動の徹底的な弾圧を行った。

　日本では，金大中拉致事件の印象があまりにも強烈であったため，「冷酷な独裁者」というイメージがほぼ定着している。しかし韓国では，「漢江の奇跡」といわれた経済発展を成し遂げた彼の功績を称える意見も根強い。

　さて，この朴正煕であるが，彼は，日本の植民地時代，満州国軍官学校で日本流の軍隊教育を受け，卒業後は満州国の将校として，抗日戦争を抑圧する側に立っていた（このとき，金日成が同じ満州の地で抗日パルチザンを率いていたことは，象徴的である）。朴正煕が自身の独裁体制を固める土台となった「維新憲法」の名称も，彼が戦前の日本のスタイルを参考にしようとしたことの表れといえよう。朴正煕が常に「親日派」と批判され続けたことの理由もそこにある。

　朴正煕が「維新憲法」を制定した72年から，暗殺される79年までの韓国社会の様子について，再び韓洪九『韓国現代史』から引用してみよう。

　「国家が市民の日常生活を規制し，訓育する兵営国家・規制国家である満

州国の雰囲気は，維新時代〔1972～79年〕の朴正熙治下の韓国社会にそのまま再現されました。月曜日は国民教育憲章の朗読から始まり再建体操で終わる愛国朝会，木曜日は査閲と分列行進に続いて教練朝会，国旗への宣誓，お昼の雑穀検査，学校と町での長髪取締，学生と公務員を動員する早朝の清掃，十指の指紋を押捺する住民登録証（満州国では国民手帳）制度，限りなく繰り返される忠孝イデオロギー，検便の日，ねずみを捕まえる日など，私達の経験した1970年代の学校生活と社会生活における雰囲気は，まさに40余年前の満州国社会の雰囲気そのままでした。」（同書102ページより）

このような事実は，70年代に日本人が韓国に対して抱いていた「怖い」「恐ろしい」というイメージは，実は戦前の満州国，ひいては日本そのものの姿だった，ということを意味している。

(ハ) 「兵営国家」韓国

周知のように，韓国には今も徴兵制度があり，また，軍隊の存在を積極的に肯定する軍事文化が存在している。韓国人男性は，「軍隊へ行ってようやく一人前」と見られる風潮があることも，よく知られている。

こうした軍事文化の存在は，民主化を成し遂げた現在の韓国においても，今なお戦後の状況から脱し切れていないことをうかがわせる。朝鮮戦争は「終わった」のではなく，法的には休戦状態のままであるという異常事態が，このことを象徴している。

この軍事文化について，韓国の尹載善（ユン・ジェソン）は，「徴兵制に象徴される軍事文化を，私たちは決して望んでいるのではない。なぜなら韓国の徴兵制は帝国主義の産物であり，休戦ラインはこのシンボルであって，今でも国際的な問題にもなっているからである。」（『韓国の軍隊』〔中公新書〕250ページ）と訴えている。

(3) 日韓の歴史認識の齟齬について

(イ) 歴史へのこだわり

現在，日韓両国間に横たわるもっとも困難な問題は，日本の歴史教科書を中心とする歴史認識の問題であろう。

この点について，よく「韓国（中国も）はいつまでも過去にこだわってい

る」という非難が向けられることがある。

　韓国人が日本人に比べ，過去（歴史）へのこだわりが強いように見えるのは，歴史と伝統を重視する儒教（なかんずく朱子学）の影響もあるであろう。日本人ならば，過去のことは忘れて水に流す，というやり方が美徳とされているが，韓国ではそうではないのである。

　韓国では，朱子学は一般に「性理学」と呼ばれるが（朱熹の「性即理」の語に由来する），この名称からも伺われるように，韓国人は日本人以上に，「正しい姿」「あるべき姿」へのこだわりが強い。「日本は植民地統治時代，いいこともした」という論法が韓国人に通用しないのは，ここに原因の一端がある。

　ただし，韓国側の歴史へのこだわりは，日本に対する要求だけでなく，自国の歴史に対する反省という側面も持っていることに注意しておく必要がある。先に述べた「反民族行為真相究明特別法」は，その名称から多くの日本人が受けるイメージとは異なり，日本を非難することを直接の目的としているのではなく，むしろ，韓国自身が自国の「負の歴史」を清算しようとするための法律なのである。

　後に3でも述べるように，そもそも盧武鉉（ノ・ムヒョン）政権は，「過去」からの決別，という課題を背負って登場した。そこで克服すべき課題とされた「過去」の一つが，親日派の問題であった。

　親日派の問題は，韓国社会における歴史の重みを理解する格好の題材といえる。

(ロ)　歴史教科書問題の行方

　日韓でなかなか溝の埋まらない歴史教科書問題について，在日韓国人で日朝・日韓関係の専門家である朴一（パク・イル）は，日本の選択肢は次の3つしかないと指摘している。すなわち，①教科書検定を廃止する，②どうしても検定が必要だというなら，韓国のように国定教科書にしてしまう，③どちらもだめだというなら，思い切って日韓共同宣言を破棄し，検定基準中の「近隣諸国条項」も破棄する，というのである（「教科書問題は解決できないのか」論座2002年1月号）。この朴一の指摘は，日本国政府が，「教科書の中身にまで立ち入ることはできない」といいながら，その一方で，これまで教科書の内容にさまざまな介入をしてきた日本国政府の態度に対する鋭い問題提

起といえるだろう。

なお，歴史認識問題に関する日韓両国間の膠着状態を打破するため，2002年，日韓双方の研究者が共同で歴史研究を行う場が設けられた。同様の動きは，2006年，日中間でもスタートしており，その方向が注目される。

3　韓米同盟の歴史

(1)　在韓米軍の現状

米国防総省の発表によれば，2004年3月現在のドイツ，日本，韓国それぞれにおける駐留米軍の兵員数は，次のとおりである。

〈ドイツのＮＡＴＯ軍〉
〔陸軍〕　　58,598人
〔海軍〕　　　 296人
〔空軍〕　　16,496人
〔海兵隊〕　　　23人
　合計　　　75,603人

ドイツでは，冷戦時代の名残で今なお圧倒的に陸軍の兵員数が多いが，今後段階的に削減されることになっている。

〈日本の在日米軍〉
〔陸軍〕　　 1,864人
〔海軍〕　　 5,396人
〔空軍〕　　14,673人
〔海兵隊〕　18,112人
　合計　　　40,045人

日本の場合，ドイツや韓国に比べ，海軍と海兵隊の兵員数の多さが目立つ構成になっている。海軍の多くは神奈川に，そして海兵隊の多くは沖縄に駐留している。

〈韓国の在韓米軍〉
〔陸軍〕　　30,190人
〔海軍〕　　　 362人
〔空軍〕　　 9,440人

226　　第4章　朝鮮半島情勢と日本

〔海兵隊〕　266人
　　合計　40,258人
　韓国の駐留米軍は，基本的にはドイツと同じ冷戦型であることが分かる。韓国の場合も，ドイツと同じく，今後兵員数の大幅な削減が予定されているが，在韓米軍の再編は後に述べるように，在日米軍のそれとワンセットで展開されていることに注意する必要がある。

　(2)　米軍基地被害の実態
　以下では，韓国における基地被害の実態をいくつか指摘する。実際には，ここに指摘した以外にも多くの問題がある。
　(イ)　米兵の犯罪
　韓国では，特に1950年代後半から60年代にかけて，米兵の凶悪犯罪が多発した。以下，前掲の韓洪九『韓国現代史』に紹介されている事例を引用してみよう。
・1958年2月25日，米軍宿舎内に窃盗目的で侵入した14歳の少年が，米兵数人によってたかって5時間も棒で殴られ，刃物で両手両膝を刺され，頭髪を剃られ，さらに顔にコールタールを塗られた上，部品収納用の箱に閉じ込められ，釘を打ち付けて脱出できなくした状態で放置されていたところ，箱の中から聞こえてくる悲鳴に驚いた他の米兵が箱を開けて初めて事態が発覚した（キム・チュニル君事件）。
・1960年1月2日，東豆川（トンドゥチョン）で，知人の米兵に会うために基地内に入った女性を発見した米兵ら数人が，女性の髪を剃って丸坊主にする事件が発生。
・1962年1月6日，坡州（パジュ）で，出入り禁止となっているはずの区域で木材の伐採をしていた男性を，米兵が狩猟用散弾銃（軍用銃ではないことに注意されたい）で殺害した（坡州木こり射殺事件）。
・1960年5月29日，米軍基地内で働いていた韓国人の基地従業員数名を米兵らが1箇所に集め，窃盗の疑いがあるとして逆さ吊りにして鞭打ちを加えた（坡州リンチ事件）。
　当時の韓国では，米兵によるこのような事件が多発していた（こうした状況は，米軍基地が日本本土から続々と集中しつつあった当時の沖縄でも同様であ

った)。

　さらに、1962年2月24日には、米兵に強姦された妊婦が流産するという事件があり、韓国社会で反米の動きがさらに強まった。こうした世論の後押しを受けて、後述するＳＯＦＡ（韓米地位協定）がようやく締結された（1967年2月9日発効）。

　ＳＯＦＡの締結によって、米兵の犯罪は一時的に減少したといわれたこともあったが、2002年6月、再び韓国社会を揺るがす事件が起こった。一般道路を走行していた米軍の装甲車に女子中学生2名がひき殺された事件である。このとき装甲車に乗っていた米兵は、「（前が）よく見えなかった」と供述していたが、韓国内では、米兵が前方に女子学生の姿を認め、そのまま直進すればひき殺してしまうことを十分認識しながら、そのまま坂道を加速していたのではないかとの見方も強い。ブッシュ大統領は一応謝罪をしたが、当の米兵は軍事法廷で無罪判決となり、そのまま米国へ帰っていった。

　この事件は韓国社会に大きな衝撃を与えた。事件現場付近では連日のようにろうそくデモが行われ、ＳＯＦＡの改定運動も本格化した。

　しかし、2005年6月、またしても、東豆川で米軍のトラックに女性が押し潰されて死亡する事故が発生し、米軍基地の存在がもたらす重圧を改めて浮き彫りにする結果となった。

　㈹　米軍機や射爆の爆音被害

　2001年ころから、日本だけでなく韓国でも、基地被害の救済を求める訴訟が続々と起こされるようになった。

　このような基地訴訟の先鞭を付けたのが、梅香里（メヒャンニ）射爆場の近隣に住む住民が起こした爆音訴訟であった。当時、梅香里射爆場では、日夜射撃や爆撃が行われ、また爆弾投下が行われたことすらあったという。

　この梅香里の訴訟は、2004年3月、爆音被害の違法性を認める大法院（最高裁）判決が確定して一旦終了した。その後、二次訴訟に至っているとのことであるが、2005年8月、梅香里射爆場は結局閉鎖された。

　梅香里の他にも、これまでに群山（クンサン）、大邱（テグ）、春川（チュンチョン）、平澤（ピョンテク）など計11箇所で訴訟が提起され、爆音被害の違法性を認める判決が既にいくつか出されている。特に群山基地周辺では、あまりの爆音の凄まじさに、難聴を発症する住民も現れているという（沖縄で

も，嘉手納基地周辺に居住する住民の中に難聴を発症した者が複数いることが，沖縄県の調査によって明らかとなっている）。

すぐ後で土地問題に関して触れる平澤市においても，2004年，米軍機の爆音被害をめぐる訴訟が提起された。

(ハ) 劣化ウラン弾問題

米軍基地に関して，近時問題となっているのが，劣化ウラン弾の使用ないし貯蔵である。

つい最近（2005年12月），在韓米軍の保有する劣化ウラン弾が，米軍の弾薬庫だけでなく韓国軍の弾薬庫にも貯蔵されていることが判明した。韓国国防部は，「あくまで貯蔵目的であり，韓国軍が使用するということではない」と答弁した。

しかし，韓国軍の戦時の作戦指揮権を今なお米軍が有しており（平時における指揮権は1994年に返還された），かつ，韓国軍と米軍の一体化が目指されている状況の下では，国防部の答弁には説得力がないとの意見も強い。

(ニ) 米軍用地の強制収用

米軍に提供するための土地の移転ないし拡張については，沖縄でも，ずっと米軍及び日本政府と住民らの間で争われてきたが，韓国においても，在韓米軍再編の影響から，近時，米軍用地の収用問題がクローズアップされつつある。

2002年3月，韓米両政府の間で土地管理協定が締結され，2011年12月末までに米軍基地の一部を返還する一方で，韓国政府が代替土地を米軍に提供することが合意された。住民の間では反対運動もあったが，韓米両政府は，この土地管理協定の具体化として，2004年2月，龍山（ヨンサン）基地を2006年までに平澤（ピョンテク）に移転することで合意した。

2005年6月，平澤で土地買収が始まり，買収に応じない住民に対しては，土地収用手続が開始された。住民はこれまで，座り込みや抗議デモを続けて抵抗してきたが，2006年1月現在，法律上の収用手続はほぼ完了し，後は強制立ち退きの執行を残すだけとなっている。いつ強制立ち退きとなるかは明らかではないが，住民と当局の間でにらみ合いの状況が今も続いており，時折衝突も起きている。

(3) 在韓米軍基地問題の経緯

　以下では韓国における米軍基地問題の端緒と現在までの経過を素描してみる。特に沖縄の場合と対比してみることによって，実質的には日韓米三国間の同盟関係が成立しているに等しい状態になっていることに注目していただきたい。

(イ) 韓米相互防衛条約の成立

　先にも触れたように，日本の敗戦により，一旦は解放されたかに見えた朝鮮半島であったが，1945年9月8日，米軍が上陸し，南側は米軍が占領することとなった。同時に，北側はソ連が占領した。

　その後，亡命先のアメリカから戻った李承晩は，米軍（占領軍）の支援を得て，1948年8月15日，大韓民国政府を樹立した。このとき李承晩は，金九（キム・グ）が率いていた上海の臨時政府ではなく，米軍の軍政を承継したが，これは，韓国が米軍に支持された反共国家として誕生したことを意味していた。

　1949年6月30日，米軍は約500人の軍事顧問団を残して一旦撤退したが，そのおよそ1年後，北朝鮮軍が突然北緯38度線を越えて南側の韓国に侵攻を開始し，朝鮮戦争が勃発した。そのため，米軍は1950年6月25日，再び朝鮮半島への駐留を開始した。

　朝鮮戦争勃発直後の1950年7月，李承晩は韓国軍の一切の指揮権をマッカーサー司令官に委ねた（1994年になって，平時の指揮権はようやく韓国に返還されたが，戦時指揮権は，今なお国連軍司令官〔実際には米軍司令官〕の手にある）。

　朝鮮戦争と韓国人の親米感情の関係について，朴一は，韓国人には根強い親米感情があるが，この親米感情は，朝鮮戦争を一緒に戦ったという一種の仲間意識から生まれたものだと指摘している（「反米感情と対米依存のジレンマ」論座2003年7月号）。

　3年後の1953年7月27日，ようやく休戦協定が成立したが，このとき李承晩は，強硬に北進統一を主張し，頑として休戦協定を受け入れようとはしなかった（それゆえ，韓国は休戦協定の当事国になっていない）。アメリカの強い説得によって，李承晩はやがて実質的に休戦協定の事実を受け入れる方向へ傾くが，これと引き換えに李承晩がアメリカに求めたのは，在韓米軍の駐留

継続であった。単独北進をちらつかせて米軍を引きとめようとしたわけである。こうして，休戦協定成立後の1953年10月1日，韓米相互防衛条約が成立した。半永久的に朝鮮半島に駐留することになった米軍が最初に足がかりにしたのは，日本統治時代に作られた旧日本軍の基地であった。これが，現在の米軍基地問題の端緒である。

ちなみに日本の場合は，1952年4月28日，講和条約により独立を回復すると共に（このとき沖縄が独立からはずされたことは言うまでもない），日米安全保障条約が発効し，翌年には日米地位協定が成立し，在日米軍の行動に関する一応の規制ルールが出来ていた。しかし在韓米軍の場合は，占領時にできた簡単な行政協定が存在するのみで，日米地位協定に相当するものはなく，米兵の犯罪に対しては全く打つ手がなかった。1950年7月12日に交わされた「駐韓米軍の犯罪行為の管轄権に関する協定（いわゆる大田〔テジョン〕協定）」が，米軍の完全な排他的司法権を認めていたからである（ちなみに，この大田協定の締結時，国会の承認などは全くなされなかった）。

㈹　日韓米三国の実質的な同盟関係——第一次米軍再編の完成

1965年6月，日韓両国は，アメリカの強い後押しを受けて，日韓条約を締結し，国交正常化を果たした。アメリカが日韓国交正常化を後押ししたのは，両国の国交回復によって，日本から韓国への多額の財政援助を引き出し，その一方で，憲法上の制約から自衛隊を派遣できない日本に代わって韓国軍をベトナムに派遣させるという，日韓米三国間の役割分担を確立する目的があったためとも言われている。

すなわち，日韓条約締結に先立つ1965年2月，米軍は北ベトナムへの空爆（いわゆる北爆）を開始していたが，日韓両国が国交を回復すれば，ベトナムにおける両国の支援システムの基礎を提供することとなり，ここに，日本から韓国への財政援助（カネ）と韓国からのベトナム派兵（ヒト）という分業体制が出来上がる，というわけである。

一方でアメリカは，在韓米軍基地の周辺で頻発する米兵犯罪に対して，何らかの対応を迫られていたが，1966年7月9日，ようやく韓米地位協定（ＳＯＦＡ）の成立を見た（発効は翌1967年2月9日）。

日本ではその後，1972年5月15日，沖縄が日本に返還されたが，この頃までに，日本本土にあった在日米軍基地の多くが沖縄への移転を完了し，この

時点で，在日米軍基地の沖縄への集中が完成した。

このように，1965年の日韓国交正常化によって築かれた日米間三国間の実質的な同盟関係は，沖縄への在日米軍基地の集中がほぼ完了した1972年の時点で，一応の形になったと見ることが出来る。これをここでは便宜的に，「第一次米軍再編」と呼んでおこう。

（ハ）　韓国の民主化と東西冷戦の終焉

1980年代に入ってからしばらくの間，韓国ではなおも軍部による権威主義的体制が続いていたが，80年代の後半に入ると，韓国でも徐々に市民社会が成熟し，民主化を求める運動がさらに高まってきた。

この80年代の民主化を支えたのが，「386世代」と言われる層である。現在30代で，60年代に生まれ，80年代に学生生活を送った層を韓国では「386世代」と呼ぶが，このような比較的若い世代は，朝鮮戦争を直接体験していないため，米国に対する「仲間意識」はそれほど強くない一方で，北朝鮮に対する拒否反応もあまりない。それゆえ，この世代が担ってきた民主化運動は，後に反米運動につながっていくこととなった。

他方，90年代に入り，ヨーロッパの冷戦構造が崩壊すると，アメリカは東アジア地域における新たな世界戦略の模索を始めた。1995年2月27日，アメリカ国防総省は「東アジア戦略報告」（通称ナイ・レポート）を発表し，東アジアにおける米軍（在日，在韓の双方を含む）の縮小を凍結し，この地域へ持続的に介入すること，同時に接受国支援（ホスト・ネーション・サポート）を強化することなどの方針を明らかにした。

このような動きに対して，盧泰愚（ノ・テウ）大統領の民主化宣言（87年）によって権威主義的体制をようやく脱した韓国では，90年代後半あたりから，市民による具体的な反米・反基地運動が展開されるようになった。ただ国民の中に，従来からの根強い親米感情もあり，米軍の駐留継続を望む意見も多く，それが韓国における保守勢力の基盤となっている。

（二）　90年代以降——第二次米軍再編への動き

冷戦構造が崩壊した後，日韓米の三国は，それぞれの役割分担を前提としたびつな形の同盟関係から，より緊密で一体化した同盟の形を模索するようになった。

まず日米間を見てみると，いわゆる安保再定義を踏まえ，1996年4月，

「日米安保共同宣言」が出され，その方向に沿って，日本では1999年5月，周辺事態法が制定された。これによって，在日米軍と自衛隊の協同関係はより緊密となり，その活動範囲は安保条約に言う「極東」をはるかに越えるものとなった。

さらに，2000年10月に米国防大学国家戦略研究所から出された報告書「日米関係・成熟したパートナーシップへの前進」（通称アーミテージレポート）は，日本がヨーロッパにおける最も強固なアメリカの同盟国であるイギリスの様な役割を担う事を明確に求めた。

こうした流れを受けて，2002年12月からは，日米安全保障協議委員会，いわゆる「2＋2」（ツー・プラス・ツー）の場において，日米間の米軍再編協議が続けられている。

また，韓米間においても，2006年1月19日，韓米外相会談後の共同声明において，在韓米軍の「戦略的柔軟性」が合意された。これによって，在韓米軍は単に北朝鮮の脅威に備えるだけではなく，朝鮮半島の外へも積極的に出て行くことが合意された。

現在，日韓両国を含む東アジア地域で進行しているこうした米軍再編の動きは，先に見た第一次米軍再編とは目的も性格も異なるものであり，「第二次米軍再編」と位置づけることができる。その目的は，アジア・太平洋地域におけるアメリカの「国家的利益」を維持すること，特に中国を抑制することであり，その性格は，三国の軍隊がより緊密に結合し，一元的指揮系統の下で一体化した軍事行動を行うためのものへと変質しつつあると言える。

(4) 韓米同盟の行方

盧武鉉（ノ・ムヒョン）大統領は，イラク戦争に際して，イラクへの韓国軍派遣を決定し，さらに追加派兵も行った。

ところが，2004年6月，仕事でイラクへ出張していた韓国人の会社員が，「統一と聖戦」と名乗るグループに拉致された。このグループは，「韓国軍を撤退させなければ殺害する」として，韓国政府に軍の撤退を迫ったが，韓国政府がこれに応じないと分かると，この人質の男性の首を切断して殺害した。

しかし，この事件の後も，韓国の世論は，「直ちに撤退するべきだ」との方向には向かわなかった。朴一は，『東亜日報』が4月時点で行った調査で

は，イラク追加派兵への反対が50.2％で，賛成の31.4％を上回っていたが，金さんが殺害された後に行われた世論調査では，追加派兵への賛成が54.3％で，反対の36.7％を上回った。殺害事件でかえって追加派兵賛成が急増した格好だ。」と指摘している（「人質殺害で揺れる派兵問題」論座2004年9月号）。

　もともと盧武鉉大統領は，就任の当初から，米軍から独立した自主国防の強化を進めてきた。これは，2002年に起こった米兵による女子中学生轢殺事件（前記2(1)）がきっかけとなって，特に若い世代の間で反米運動が盛り上がり，その流れを受けて盧武鉉政権が誕生したという経緯からすれば，当然の選択であった。

　すなわち，盧武鉉政権は，それまで保守政権が築いてきた「過去」からの決別を目標として掲げたが，その柱の一つが在韓米軍の問題であった。（船橋洋一『ザ・ペニンシュラ・クエスチョン』〔朝日新聞社〕345ページ。ちなみに，もうひとつの柱が親日派の問題である。親日派については2参照）。

　しかし，多くの国民が，今なお強い親米感情を抱いているだけでなく，経済的あるいは軍事的に米国に見放されることを恐れており，そうした国民感情が，盧武鉉大統領にイラクへの派兵，すなわち米軍への協力という苦渋の決断をさせたのであった。

　加えて，最近の北朝鮮情勢の緊迫は，自主国防路線を進めることを著しく困難にしている。

　このような情勢の下で，韓国の国民は，盧武鉉の次の大統領として，保守系の李明博（イ・ミョンバク）を選んだ。李明博は2008年2月，大統領に就任した。

　李明博が今後の韓米同盟をどういう方向に導こうとしているのかは，なお不透明な部分が少なくないが，現在のところ，対米関係を重視するという保守の伝統を維持しつつも，金大中以降の対北融和路線も完全には放棄しない，という形で，現実的な路線をとろうとしているものと見られる。

4　北朝鮮の情勢

(1) 北朝鮮の現状

(イ) 深刻な食糧難とエネルギー不足

現在の北朝鮮は，深刻な食糧難とエネルギー不足に直面している。

北朝鮮では，90年代以降，たびたび洪水や旱魃に見舞われ，農業が壊滅的な打撃を受けた。世界食糧計画（ＷＦＰ）の調査によれば，年間100万トン以上の食糧が不足しており，飢餓による病人，さらには死者も出ていると伝えられている。94年に北朝鮮から韓国に亡命し，現在韓国で北朝鮮経済の研究を続けている趙明哲（チョ・ミョンチョル）は，北朝鮮で配給される食糧は，標準的なカロリー摂取量の30～40％にとどまっていると指摘している（「北朝鮮はどこへ行くのか」論座2002年10月号）。

北朝鮮の農業がうまく立ち行かないのは，もともと国土の約8割が山間の土地であることに加え，80年代ころまで推進されてきた化学肥料の多用や，行き過ぎた森林伐採等により，土地の養土能力や保水能力が失われたためであると言われている（熊岡路矢「なぜ人道援助が必要なのか」世界2002年12月号所収）。

また，エネルギー（電気，原油）の絶対的な供給不足のため，国内の工場は20～30％程度しか稼動していない状況であるという。

北朝鮮では，98年9月，憲法が改正され，部分的な経済開放政策を打ち出した（生産手段の個人所有を認めたり，特許権が新たに保護対象に加えられたりした）。しかし，十分な効果を挙げるに至っておらず，外資の導入も思うようには進んではいない。

このような行き場のない経済状況に加えて，ソ連の消滅と中国の変化によって国際的な孤立を深めたことが，次に述べる「先軍政治」を生み出し，結果として「瀬戸際外交」，つまりミサイルの発射や核兵器の保有という国際的危機を意図的に作り出す外交姿勢に結びついていると見るのが，北朝鮮専門家のほぼ一致した見方である。

(ロ) 儒教的社会主義

北朝鮮は，いうまでもなく社会主義国家であるが，旧ソ連とも中国とも異なるのは，儒教的社会主義ともいうべき独特の体制になっている点である。これは，社会主義国家では通常ありえない「世襲」という形での権力継承が行われたことからも窺われる。

すなわち，儒教では，子は父に絶対的に服従するべき存在とされ，「忠孝」が儒教道徳の中核をなしているが，この儒教的道徳観念をそのまま国家のシ

ステムに取り入れ，金日成を絶対的な父とし，その意思を忠実に実現することを目指したのが北朝鮮なのである（重村智計・前掲書120ページ）。日本に在住し，日韓関係について積極的な発言を続けている呉善花（オ・ソンファ）も，「金日成が始めたとされる北朝鮮のチュチェ思想（主体思想）は，まさしく儒教の社会主義版である」と述べる（呉善花『韓国人から見た北朝鮮』〔ＰＨＰ新書〕61ページ）。

このような独特の体制をとっているために，金正日総書記が鄧小平のような思い切った改革・開放路線に舵を切ることは想定しにくい，と一般に考えられている。

(ﾊ) 先軍政治

北朝鮮では，「国防委員長」である金正日総書記が最高権力者として君臨する，先軍政治と呼ばれる独特の政治体制を敷いている（したがって，本来ならば「金正日国防委員長」と呼称するべきであるが，ここでは一応，従来からの「金正日総書記」という呼称を用いることにする）。

この「先軍政治」という用語に初めて言及したのは，98年５月の労働新聞（朝鮮労働党機関紙）であったが，同紙は，さらに同年６月，社説で「先軍政治とは，軍事優先の原則の下に革命と建設を伴うすべての問題を解決し，軍隊を革命の柱として立て，社会主義の偉業全体を推し進めようとする領導方式である」と定義した（重村智計・前掲書74ページより引用）。これはすなわち，従前の「党がすべてを指導する」という典型的な社会主義の方式を変更し，党の上に軍を置き，「軍が党を指導する」方式に改められたことを意味している。

この先軍政治という選択について，重村智計は，国家崩壊の危機に瀕した金正日総書記が，内外の崩壊の圧力に対抗するため，内部的には「軍の政治参加」，すなわち先軍政治のシステムを採用し，対外的には，核兵器とミサイルによる力の誇示，すなわち「瀬戸際外交」の道を選んだのだ，と分析している（前掲書78ページ）。この重村の分析によれば，先軍政治と「瀬戸際外交」は，いわば表裏一体のものであり，北朝鮮の社会の国内的及び国際的な混乱と危機が去らない限り，容易に解消されないということになる。

(ﾆ) 北朝鮮の軍事力に関するデータ

〈兵員数〉（「The Military Balance」より，2003年のデータ。90年代以降ほとん

ど変化していない。)

陸軍95万人(1990年は100万人),海軍4.6万人(1990年4.1万人,1995年4.6万人),空軍8.6万人(1990年7万人,1999年8.6万人)

〈主要装備〉(出典は上に同じ。量的には若干減少傾向にある。旧式装備のグレードアップが進んでいないためと思われる。)

〔地上軍〕戦車3,700両,装甲車2,100両,野戦砲14,400門,対空火器13,800門,等

〔海軍〕潜水艦26隻,特殊戦用小型潜水艦66隻,フリゲート艦3隻,上陸用艦艇270隻,機雷戦艦艇23隻,哨戒艦艇・沿岸戦闘艦艇310隻,等

〔空軍〕ミグ17が107機,ミグ19が159機,ミグ21が130機,ミグ23が46機,ミグ29が30機,等

〈ミサイル〉(韓国「参与政府の国防政策」より)

スカッドB:射程300km,脅威範囲は韓国の大田(テジョン)

スカッドC:射程500km,脅威範囲は朝鮮半島南海岸

ノドン:射程1,300km,脅威範囲は日本,沖縄

テポドン1号:射程2,000km,脅威範囲は日本,台湾

テポドン2号:射程6,000km(推定),脅威範囲はアラスカ

〈アジア太平洋地域における軍事力の比較〉(防衛庁「平成18年度 日本の防衛」より)

〔極東ロシア〕陸上兵力約9万人,艦艇約270隻,作戦機約630機

〔中国〕陸上兵力約161万人,艦艇約780隻,作戦機約3,530機

〔北朝鮮〕陸上兵力約百万人,艦艇約640隻,作戦機約590機

〔韓国〕陸上兵力約58.8万人,艦艇約180隻,作戦機約600機

〔在韓米軍〕陸上兵力約2.1万人,作戦機約80機

〔台湾〕陸上兵力約20万人,艦艇約340隻,作戦機約530機

〔日本〕陸上兵力約14.8万人,艦艇約150隻,作戦機約440機

〔在日米軍〕陸上兵力約1.7万人,作戦機約130機

〔米第7艦隊〕艦艇約40隻,作戦機約70機(艦載)

(陸上兵力には海兵隊を含む。)

これらのデータから分かることは,先軍政治のシステムをとる北朝鮮が,

まず兵員数の面では，依然として高水準にあるものの，増加を続けているという状況にはないこと，そして装備の面では，むしろ旧式の装備がそのまま残っており，質の向上が図られていない，ということである。また，純粋な軍事力のレベルを国際比較の観点で見た場合，取り立てて北朝鮮が突出しているというわけでもない。
　特に，厳しいエネルギー事情は，北朝鮮の戦争遂行能力を大きく低下せしめている。この点について，重村智計は，「北朝鮮の年間の原油輸入量は，最大58万トン（2001年）。軍事用の石油は，どんなに多く計算しても年間50万トンを越えない。これでは，石油備蓄があるとしても，数ヶ月の戦争を遂行するのも不可能である。」と指摘している（前掲書78ページ）。

(2) 北朝鮮外交史
(イ) 90年代以降の北朝鮮外交史略年表
　　・1990年9月　日本から自社2党の代表団訪朝，朝鮮労働党と3党共同宣言
　　　　　　　　 韓ソ国交正常化
　　・1991年1月～92年11月　日朝国交正常化交渉（第1回～8回）
　　・1991年5月　日朝間に初の直行便
　　　　　　9月　国連総会で南北同時加盟承認
　　・1992年1月　北朝鮮，ＩＡＥＡ（国際原子力機関）の査察受け入れ表明
　　　　　　8月　韓中国交正常化
　　・1993年2月　北朝鮮，ＩＡＥＡの特別査察要求を拒否
　　　　　　　　 金泳三大統領就任
　　　　　　3月　北朝鮮，ＮＰＴ（核拡散防止条約）脱退宣言
　　　　　　6月　北朝鮮，米朝共同声明でＮＰＴ脱退の中断を表明
　　・1994年6月　ＩＡＥＡ，北朝鮮の査察要求受け入れ決議
　　　　　　　　 北朝鮮，ＩＡＥＡ脱退表明
　　　　　　　　 カーター元米大統領訪朝
　　　　　　7月　金日成死去
　　　　　　10月　米朝枠組み合意

【合意内容の骨子】
軽水炉転換の促進，米朝国交正常化への努力，朝鮮半島の非核化と核不拡散体制の維持，そのためのＩＡＥＡ査察の受け入れ等。

- 1995年3月　ＫＥＤＯ（朝鮮半島エネルギー開発機構）発足
　　　　8月　「村山談話」発表
　　　　9月　ロシア，北朝鮮との友好協力相互援助条約の破棄を通告
　　　　　　国連人道援助局，北朝鮮への緊急援助呼びかけ
　　　12月　北朝鮮，ＫＥＤＯと軽水炉提供協定調印
- 1996年4月　日米安保共同宣言
- 1997年2月　横田めぐみさん拉致疑惑報道
　　　　　　ＷＦＰ，北朝鮮への食糧援助緊急アピール
　　　　5月　日本政府，横田めぐみさんら10名を「北朝鮮による拉致事件」と認定
- 1998年2月　金大中大統領就任
　　　　8月　北朝鮮，テポドンミサイル発射
　　　　9月　北朝鮮，憲法を改正し，党優先体制から軍優先の体制（先軍政治）へ
- 1999年5月　日本，周辺事態法成立
- 2000年1月　北朝鮮，イタリアと国交樹立
　　4月〜10月　日朝国交正常化交渉（第9回〜11回）
　　　　5月　北朝鮮，オーストラリアと国交樹立
　　　　6月　金大中大統領訪朝，史上初の南北首脳会談，南北共同宣言

【共同宣言の骨子】
① 南北は統一問題を自主的に解決する。
② 南の「連合案」と北の「緩やかな連邦制案」に共通性を認める。
③ 離散家族等の人道的問題を早急に解決する。
④ 諸般の分野で協力と交流を活性化させる。

　　　　7月　北朝鮮，フィリピンと国交樹立

4　北朝鮮の情勢

- 12月 北朝鮮，イギリスと国交樹立
- 10月 オルブライト国務長官訪朝
- 2001年1月 ブッシュ大統領就任
- 2月 北朝鮮，カナダ，スペインと国交樹立
- 3月 北朝鮮，ドイツと国交樹立
- 5月 北朝鮮，EUと外交関係樹立
- 2002年1月 ブッシュ大統領，北朝鮮など3ヵ国を「悪の枢軸」と呼称
- 9月 小泉首相訪朝，平壌宣言

  【宣言の骨子】
  ① 日朝双方は国交正常化へ努力する。
  ② 日本は過去の植民地支配について反省し謝罪，終戦前の事由による請求権は相互に放棄するとの原則で今後具体的に交渉する。
  ③ 日朝双方は国際法を遵守，「懸案」について北朝鮮は適切な措置を取る。
  ④ 核及びミサイルの問題について，解決の必要性を確認する。

- 10月 拉致被害者5人帰国

  日朝国交正常化交渉（第12回）

  ケリー国務次官補訪朝，その後米国務省が北朝鮮の核開発計画を公表

  北朝鮮，核開発計画の継続を認め，事実上米朝枠組み合意（94年10月）が無効に
- 12月 北朝鮮，核施設の封印撤去

  北朝鮮，IAEA査察官を追放
- 2003年1月 盧武鉉大統領就任

  IAEA緊急理事会，北朝鮮の核開発凍結を求める決議

  北朝鮮，NPT脱退宣言
- 4月 米中朝3ヵ国協議
- 6月 日本，武力攻撃事態法など有事関連3法成立

　　　　 8月　　6ヵ国協議開始
　　　　12月　　日本，MD（ミサイル防衛）システム導入を決定
・2004年 5月　　小泉首相，再度訪朝
　　　　 6月　　日本，国民保護法など有事関連7法成立
・2005年 1月　　ライス国務長官，北朝鮮を「圧制の拠点」と批判
　　　　 2月　　北朝鮮，核兵器の保有を宣言
　　　　 9月　　6ヵ国協議で共同声明採択
　　　　　　　【共同声明の骨子】
　　　　　　　　① 北朝鮮はすべての核兵器と既存の核計画を放棄する。
　　　　　　　　② 米朝は国交正常化のための措置をとる。
　　　　　　　　③ 日朝は平壌宣言に従って国交正常化のための措置をとる。
　　　　　　　　④ 6者は経済協力を2国間又は多国間で推進する。
　　　　　　　　⑤ 6者は北東アジアの平和と安定に共同で努力する。
　　　　　　　　⑥ 6者は意見が一致した事項の実施に向けた措置をとる。
　　　　　　　　米国，紙幣偽造の関連で北朝鮮への金融制裁発動
・2006年 6月　　金英男氏，北朝鮮で記者会見し，「(横田)めぐみは1994年に死亡した」と説明
　　　　 7月　　北朝鮮，7発のミサイル発射
　　　　　　　　国連安保理，北朝鮮に対する非難決議
　　　　10月　　北朝鮮，「核実験に成功」と発表
　　　　　　　　国連安保理，北朝鮮に対する制裁決議
　　　　　　　【制裁決議の骨子】
　　　　　　　　① 北朝鮮の核実験実施声明は国際の平和と安全に対する明白な脅威である。
　　　　　　　　② 加盟国は国連憲章7章の下で行動し，7章41条に基づく非軍事的措置をとる。
　　　　　　　　③ 北朝鮮に核とミサイルの放棄を義務付ける。
　　　　　　　　④ 北朝鮮に対する大型兵器，核・ミサイル関連物資，ぜいたく品の移転を阻止する。

　　　　　　　⑤　北朝鮮に出入りする貨物の検査を加盟国に要請する。
　　　　　　　⑥　北朝鮮の核・ミサイル関連の海外資産を凍結する。
　　　　　　　⑦　北朝鮮に対し，6カ国協議とＮＰＴへの復帰を要求
　　　　　　　　する。
　　　　　　米，中，朝3カ国が6カ国協議の再開に同意。
　　　　12月　6カ国協議再開合意
・2007年2月　6カ国協議で共同文書採択
　　　　　　【共同文書の骨子】
　　　　　　　①　北朝鮮は60日以内に核施設停止
　　　　　　　②　北朝鮮に対し，60日以内に重油5万トン支援，第2
　　　　　　　　段階で95万トン支援用意
　　　　　　　③　日朝，米朝の国交正常化に向け協議開始
　　　　　　　④　5つの作業部会を設置
・2008年2月　李明博大統領就任
　　　　6月　日朝間で拉致被害者の再調査と経済制裁解除に合意
　　　　　　北朝鮮が核開発計画申告，米はテロ国家指定解除を示唆
　　　　7月　6カ国協議で，北朝鮮の核申告の検証方法について合意
　　　　8月　米，北朝鮮のテロ国家指定解除を延期
　　　　10月　米，北朝鮮のテロ国家指定を解除
・2009年1月　オバマ大統領就任

(ロ)　「瀬戸際外交」の背景

　北朝鮮のいわゆる「瀬戸際外交」は，90年代以降に加速してくるが，その背景にあるのは，90年代初頭にソ連と中国が相次いで韓国と国交正常化を果たし，さらに96年には，朝ロ間の相互援助条約が失効し，これにより北朝鮮とロシアの同盟関係は解消され，アジアにおける孤立化が深まると共に，冷戦構造の崩壊によって，唯一の超大国としてのアメリカの脅威が顕在化してきたことである。そのため，北朝鮮は，自らの体制維持のため，アメリカとの関係改善を最優先の外交課題とするようになったのである（小牧輝夫「日朝交渉に賭ける北朝鮮の意図」姜尚中他編『日朝交渉　課題と展望』〔岩波書店〕所収）。

　北朝鮮の「瀬戸際外交」路線が頂点に達したのが，1993〜94年にかけて起

こった第1次朝鮮半島危機であった。このときは，米朝間で「枠組み合意」が成立したことにより，辛うじて危機は回避され，北朝鮮は以後，プルトニウム型核開発を放棄した。

一方で，北朝鮮が常に「瀬戸際外交」一本槍であったわけでなかったことは，2000年から2001年にかけて，欧米諸国と立て続けに外交関係を樹立し，また史上初の南北首脳会談を行うなど，積極的に外交姿勢をかけていたことからも明らかである。アメリカとの間においても，2000年10月にオルブライト国務長官が訪朝し，クリントン大統領訪朝の一歩手前の状態まで改善しつつあった。

2002年の小泉訪朝による平壌宣言と拉致被害者5人の帰国は，このような北朝鮮のソフト外交路線の延長上に位置づけられる。

ところが，小泉訪朝直後，ケリー国務次官補の訪朝の際，北朝鮮が濃縮ウラン型核開発をしていたことを認めたとされ，「枠組み合意」は事実上崩壊した。こうして起こったのが，第2次朝鮮半島危機であった。

では，北朝鮮はなぜ，ソフト外交路線を再び軌道修正してハード路線に転じ，第2次朝鮮半島危機といわれる事態を自ら招いたのか。

この点については，アメリカの強硬姿勢とそれに追随する日本の態度が，北朝鮮に必要以上の恐怖と警戒心を抱かせた，とする有力な見方がある。

たしかに，アメリカでは，オルブライト国務長官の訪朝からわずか3ヵ月後の2001年1月にブッシュ大統領が誕生し，そのブッシュ大統領は，大統領就任から1年後の2002年1月，北朝鮮を含む3カ国を「悪の枢軸」と名指しした。そして，日本では，2003年6月，有事関連3法が成立した。ここで想定されている「有事」とは，主に朝鮮半島有事であり，要するに北朝鮮情勢であった。

このような一連の流れからすれば，日米両国の姿勢が北朝鮮を追い込んだ，という見方も十分に成り立ちうる。国際政治の常識としても，一方当事国の強硬な姿勢は，他方当事国をさらに強硬にさせる，という一般論は正しい。

しかし，では北朝鮮に対して具体的にどのような対応をとればよかったのかは，必ずしも明確ではない。米朝枠組み合意を成立させ，オルブライト国務長官の訪朝にまでこぎつけたクリントン政権のやり方にしても，その後の北朝鮮の核兵器開発の継続を阻止できなかった以上，単なる時間稼ぎに終わ

ったとの批判は根強い（そうした批判の具体的内容については，船橋洋一・前掲書577ページ参照）。

　そもそも，ブッシュ大統領の対北朝鮮政策の基本は，イラクに対するそれとは明確に異なり，原則として「関与せず，交渉もしない」ということであった。周囲に日本や韓国という同盟国を控えている状況で，アメリカが北朝鮮に武力攻撃を加えることは想定しにくい。加えて，もしアメリカが北朝鮮を武力攻撃すれば，アメリカと中国との関係は決定的に悪化し，最悪の場合，第2次朝鮮戦争の勃発，という事態にもなりかねない。アメリカがそのようなリスクを犯してまで，北朝鮮に武力攻撃を加えることは，通常考えられない（もっとも，北朝鮮の側が，アメリカによる武力攻撃の可能性を過大評価し，極度に恐怖感を抱いていた可能性はある）。

　北朝鮮外交の路線変更は，結局のところ，北朝鮮を含む各国の外交判断の誤りの集積，すなわち，双方のボタンの掛け違えの結果である，というほかないのではなかろうか。

　すなわち，小泉訪朝と平壌宣言によって，日朝関係が打開できるという，日朝双方の判断ミスと，ケリー訪朝によって米朝関係も打開できるという，北朝鮮側の判断ミスがコアになり，その上に，北朝鮮側は核開発の継続を認めないだろうというアメリカの判断ミスが重なって，第2次朝鮮半島危機に至ったと考えられるのである。

　その意味では，第2次朝鮮半島危機を招来した責任は単に北朝鮮だけにあるのではなく，日本やアメリカにもまた，危機を招いた責任があるというべきであろう。

　なお，北朝鮮の外交がソフト路線からハード路線に切り替わったことについては，国内外の危機の増大と共に，北朝鮮の内部で軍の発言力が増し，金正日総書記が軍を抑えきれなくなっているのではないか，との有力な見方（重村智計等）がある。船橋洋一も，「北朝鮮国内でも改革を推進する実務家集団と軍を中心とする保守派の間で路線と意見の対立がある」とした上で（前掲書703ページ），「ケリー訪朝後，保守派が大逆襲に転じた可能性が強い」と指摘する（前掲書704ページ）。

　㈥　6カ国協議の光と影

　日朝関係と米朝関係の修復の方向性が共に挫折すると，北朝鮮はその後，

ＩＡＥＡ（国際原子力機関）の査察官を追放し，さらにＮＰＴ（核拡散防止条約）からの離脱を宣言し，第2次朝鮮半島危機が発生した。
　その後，関係各国による事態打開の努力は，6カ国協議の場で行われることになった。
　すなわち，まず2003年4月，アメリカ，中国，北朝鮮の3カ国で協議が行われ，次いで，2003年8月から，日本，韓国，ロシアを加えた6カ国での多国間協議のシステムがスタートした。
　6カ国協議は，中国を議長国として数回行われ，その途中には，北朝鮮が核兵器の保有を宣言するという事態も起こったが（2005年2月。この北朝鮮の核兵器保有宣言は，その直前の1月に誕生した2期目のブッシュ政権で国務長官となったコンドリーザ・ライス〔1期目のときは大統領補佐官〕が，北朝鮮を名指しして「圧政の拠点」と批判したことに対する対抗措置と見られている），2005年9月，ようやく6カ国共同声明の発表にまでこぎつけた。
　ところが，この共同声明も，再び暗礁に乗り上げることになった。
　アメリカは，6カ国協議がスタートした2003年，北朝鮮が関与しているとされる紙幣偽造，資金洗浄，麻薬取引等の不法活動の取り締まりに動き始めた。こうした不法活動についてアメリカは，北朝鮮の核開発と関連しており，さらに世界のテロ集団とも関連しているとにらんだのである（船橋洋一・前掲書648ページ）。
　そして，6カ国共同声明の発表直後，アメリカの政府当局は，北朝鮮関連の取引を多く手がけていたマカオの銀行バンコ・デルタ・アジアに金融制裁を発動し，約2,400万ドルもの資金が凍結された（後に3でも述べる）。
　2005年11月に行われた第5回6カ国協議では，この問題をめぐって，北朝鮮がアメリカを強く非難した。船橋洋一は，アメリカが金融制裁に乗り出したことについて，「軍事オプションが使えない中で，米国が編み出した新手の裏口絞殺アプローチ」と見る向きは，北朝鮮に限らず，中国，韓国にも多い，と指摘する（前掲書654ページ）。
　こうして，米朝間の対立が解けないまま，6カ国協議のシステムは再び膠着状態に陥った。
　㈡　ミサイル発射と核実験
　2006年7月，北朝鮮はテポドン2号を含むミサイル7発を発射したが，国

際社会の対応はなかなかまとまらず，とりわけ強硬路線を主張する日米と，北朝鮮に圧力をかけることに基本的に反対する中露韓の対立が浮き彫りとなった（とりわけ中国と韓国は，北朝鮮のミサイル発射そのものよりも，日本の反応のほうをより警戒していた。船橋洋一・前掲書727ページ）。結局，国連安保理においても，具体的な制裁を伴わない非難決議がなされるにとどまった。しかし，関係各国はそれぞれ独自に経済制裁（(3)で後述）を発動するなどの対応をとり，徐々に「北朝鮮包囲網」ができつつあった。

このような状況の中で，10月9日，北朝鮮は初めて「核実験に成功した」と発表し，世界中に衝撃を与えた。

以下，北朝鮮の核実験に対する各国の反応を新聞報道から拾ってみる。

① アメリカの反応

今回の北朝鮮の核実験について，アメリカでは，ブッシュ政権の失敗によるものとの見方が強くなっている。2004年の大統領選挙に民主党候補として出馬したケリー上院議員は「我々が，大量破壊兵器の存在しなかったイラクに足をとられている間に，狂人は公然と究極の大量破壊兵器の実験を行ってしまった」としてブッシュ政権を批判している（10月11日読売新聞朝刊）。

また，ストラウブ元国務省朝鮮部長は「大統領は北朝鮮と金正日に対して強い嫌悪感を持っており，ギブ・アンド・テークをする用意はなかった」と述べて，ブッシュ政権の北朝鮮との没交渉ぶりを批判している（10月11日朝日新聞朝刊）。

クリントン政権で北朝鮮核問題担当大使を務めたガルーチ氏は，「つまるところ，ブッシュ政権が北朝鮮と1対1の交渉に応じるつもりがあるかどうかだ」と述べて（10月11日朝日新聞朝刊），よりはっきりと米朝2国間交渉の必要性を指摘している。

こうした批判を受けて，ブッシュ政権は，6カ国協議の再開（2006年12月）と同時に，初めて北朝鮮との間で2国間の金融協議に踏みきった。

② 韓国の反応

韓国では，金大中元大統領以来の太陽政策（宥和政策）が破綻したとの批判が強まり，盧武鉉大統領自身，一時は太陽政策の再検討に言及した。

しかし，韓国は基本的には，中国，ロシアと共に，北朝鮮の崩壊を望んでいない。さらに，北朝鮮に対して厳しい姿勢で臨むことが，日本の軍事力強

化につながるという警戒感も根強く存在しており，太陽政策の継続を求める意見も存在する。そのためか，盧武鉉大統領も再び太陽政策の堅持を強調するようになった。

その後，2008年2月に大統領となった李明博は，保守系ながら対北融和路線も一概には否定しておらず，韓国の今後の方向性については不透明な部分が多い。

③　中国の反応

最近の中国には，北朝鮮との関係を，従来のような同盟関係（以前は，朝鮮戦争を共に闘った「血の同盟」と言われていた）から，普通の外交関係に移行させようという狙いがあるものと見られている。核実験が行われた翌10日の定例会見で，劉建超報道局長は，「中朝間の同盟関係」と言う言葉を使って質問した記者に対し，「中国はいかなる国家とも同盟を結んでいない」と反論した。すなわち中国は，北朝鮮との同盟関係を公式に否定したのである。

中国が面子を重んじることはよく知られているが，8日の日中首脳会談後の共同報道で，胡錦涛国家主席が安倍首相と共に，北朝鮮の核保有について「深い憂慮」を表明した翌9日，北朝鮮は，これを無視して核実験に踏み切ったのであり，中国はまさしく面子をつぶされた形になった。このような経過も，中国に「対話」から「圧力」へと舵を切らせる理由の1つになったものと見られる。

しかし他方で，中国が北朝鮮の崩壊をもっとも恐れていることも事実である。北朝鮮の動向を占う上で，中国の動向は極めて重要である。

㈥　6ヵ国協議の行方

北朝鮮の核実験後，6ヵ国協議のシステムが再び動き出し，2007年2月，北朝鮮が核施設の停止に同意する共同文書を採択するという形で，一応の成果を上げた。しかし，その実効性については当初から疑問視する者も少なくなく，特にアメリカ内での批判は強かった。

問題点として指摘されたのは，まず，この共同文書は，通常の条約とは異なり，1つの当事国が遵守の意思を失えば簡単に崩壊しかねない点で，94年の米朝枠組み合意に酷似していたこと。しかも，合意に至ったのはプルトニウム型核施設の停止のみであり，核兵器そのものについては明記されず，今般の核実験の強行にも何ら触れられていなかった。加えて，濃縮ウラン型核

開発についても触れられていない。そのため，共同文書の成果については批判的な見方が少なくなかったのである。

実際，その後の経過を見ると，共同文書の内容はいまだ実現しておらず，米朝間で腹の探り合いが続いている状態である。

しかし，この共同文書にいくつかの問題点が存することは否定できないものの，6カ国協議のシステムの存在意義自体を否定するべきではないであろう。

6カ国協議のシステムは，これまで北東アジアでは困難と見られていた，多国間協議の枠組みを提供するものとして，きわめて重要であり，その価値は，今なお失われてはいない。しかも，紆余曲折を経ながらも共同声明を出すに至ったことは，特筆すべき成果といえる。

ただ，これまでの過程を見る限り，各国がそれぞれの立場に固執するあまり（とりわけ日本は，拉致問題を抱えている為，その様な傾向が強い），北朝鮮以外の5カ国の間でも，協力し，互いに譲歩して問題の解決しようとする姿勢は，極めて弱かったといわざるを得ない。これでは，単に関係国の数が増えるだけとなり，問題の解決がかえって困難になりかねない。

かつて，バルカン半島は「ヨーロッパの火薬庫」と言われ，その「火薬庫」が現実に火を噴いて，第1次大戦が勃発した。朝鮮半島を囲む関係各国は，絶対に同じ過ちを繰り返してはならない。関係各国の更なる努力が求められるゆえんである（日本のとるべき方向性については，後記(4)で再説する）。

(3) 日本の安全保障
(イ) ミサイル防衛（MD）システムは有効か

ミサイル防衛（MD）システムの由来は，80年代のレーガン政権下で，米ソ間の戦争を想定して構想されたSDI計画（いわゆるスターウォーズ計画）である。

このSDI計画を，冷戦が終結した国際状況にあわせて再構築したのが，米国版のMDシステムである。米国はこれまで，MDシステムの構築のために約10兆円の費用を投じているといわれている。

日本では，2003年12月，米国式の迎撃システムによるMDシステムの導入を決定した。現在構想されているのは，発射されたミサイルを海上のイージ

ス艦でとらえ，これをスタンダードミサイルで破壊するが，失敗した場合は，地上からパトリオットミサイルで破壊する二段構えのシステムである。

しかし，このMDシステムには，大きく3つの問題がある。1つは，あまりに高額な費用である。今後MDシステムを本格的に構築していくためには，約1兆円の必要が必要と試算されており，また相当な時間がかかるため，採算面で問題が多いとの意見も強い。

2つ目の問題は，ミサイル迎撃の精度である。この点については，精度を正確に裏付ける資料はほとんどなく，専門家の間でも疑問が出されている。

そして，3つ目の問題は，集団的自衛権との関係である。例えばハワイの米軍基地を狙って発射されたミサイルが日本上空を飛んで行く場合，日本はこれを迎撃することができるか，という困難な問題が生じる。集団的自衛権の行使は認められないという従来の政府解釈に従う限り，こうした場合の迎撃は集団的自衛権の行使に当たり許されない，との意見がある一方で，日米安保体制を維持していくためにも迎撃するべきという意見もある（日本経済新聞社編『北朝鮮クライシス』156ページ）。

MDシステムのような装備と体勢の具備を肯定していくと，結局際限のない軍拡競争を引き起こすという批判には，十分な説得力がある。しかも，現在構想されているMDは，採算や精度の面で大変問題の多いものであるから，その採用は抑制的に検討されるべきことは当然である。しかし他方で，MDシステムの必要性自体を完全に否定できるかどうかについては，なお議論の余地がある。

既に導入が決まっているMDシステムであるが，主権者である国民の目で，今後もきちんと監視し，チェックしていくことが不可欠であろう。

㈣　敵基地攻撃能力論の復活

MDシステムに関連して，近時，敵基地攻撃能力論が再び力を増しつつある。MDシステムが，既に発射されたミサイルを追尾し，撃墜するシステムであるのに対し，敵基地攻撃能力は，まだミサイルは発射されていないが，発射の準備をしていることが明らかな場合には，その基地を攻撃することができる能力を指す。

もともと敵基地攻撃能力の議論は，50年代に旧ソ連を念頭において展開された議論であったが，専守防衛の原則に抵触するおそれが大きい事から，そ

の後しばらくは沈静化していた。

　ところが，北朝鮮がＮＰＴ脱退を宣言した2003年，石破防衛庁長官（当時）が敵基地攻撃能力論に言及した。そして，7発のミサイルが発射された2006年7月には，麻生外相，額賀防衛庁長官（当時）がいずれも，自衛隊が敵基地攻撃能力を持つことを容認する考え方を開陳し，安倍官房長官（当時）も，研究の必要性に言及した。

　しかし，いうまでもなく，敵基地攻撃能力を持つことは，先制攻撃の容認につながる。そうなれば，どこまでが「自衛権の行使」と認められるかの線引きはきわめて難しくなる。結局は，時の政府によって認定されるほかないことになろう。この敵基地攻撃能力論について，小沢民主党代表（当時）は，「極端に言えば，政府が敵と認定した国の基地はどこでも攻撃できることになる」と厳しく批判している（日本経済新聞社編『北朝鮮クライシス』165ページ）。

　防衛庁編「平成18年度日本の防衛」（防衛白書）は，「防衛政策の基本」という表題の下に，「これまで我が国は，憲法の下，専守防衛に徹し，他国に脅威を与えるような軍事大国とならないとの基本理念に従い」と述べた上で，専守防衛について，「専守防衛とは，相手から武力攻撃を受けたときにはじめて防衛力を行使し，その態様も自衛のための必要最小限にとどめ，また，保持する防衛力も自衛のための必要最小限のものに限るなど，憲法の精神にのっとった受動的な防衛戦略の姿勢をいう」と説明している（前掲防衛白書76ページ）。敵基地攻撃能力論は，防衛庁が「防衛政策の基本」と明言する専守防衛の原則を根底から揺るがす問題である。こうした議論については，いくら慎重であってもありすぎることはない。

　筆者自身は，自衛隊が敵基地攻撃能力を持つことは，先制攻撃の容認につながる危険性があまりに大きく，専守防衛の枠を逸脱するものであって許されないと考えている。

　(ハ)　経済制裁は有効か

　北朝鮮のミサイル発射や核実験に対して，経済制裁の可否及びその有効性がよく議論になる。経済制裁について検討するときは，①どのような内容の制裁なのか，②関係各国とどこまで連携できるか，この二点が重要なポイントとなる。

2006年7月に北朝鮮が7発のミサイルを発射するまでは，経済制裁，とりわけ輸出入の禁止措置の有効性について，関係各国との連携が不十分なままでは効果も不十分であるとして，これを疑問視する意見が比較的多かったといえる。実際，北朝鮮の対日貿易額は，北朝鮮の貿易額全体のせいぜい5～10％程度といわれており，日本だけが経済制裁を行ってもあまり意味はないとの主張にはかなり説得力があった。しかも，中国などの第三国を経由して迂回輸出入が行われれば，日本の制裁措置は骨抜きとなりかねない（2006年10月17日の読売新聞朝刊は，このような迂回による制裁回避の危険性を指摘した上で，中国や韓国との連携や迂回行為に対する監視の強化が必要だと指摘する）。史上初の日朝首脳会談を実現させた小泉前首相も，日本独自の経済制裁には消極的であった。

　他方，日本の経済制裁は金正日の個人資産を枯渇させ，軍部への指導力を低下させる効果を挙げている，との指摘もある（重村智計『朝鮮半島「核」外交』〔講談社現代新書〕115ページ）。

〈北朝鮮の貿易額についてのデータ〉

　〔輸出〕財務省統計（2005年）

　　　　輸出総額1,338,670,000ドル

　　　　1位：中国37.2％，2位：韓国25.4％，3位日本9.8％

　　　（10月13日読売新聞朝刊より）

　〔輸出入全体〕韓国統一省統計（2005年）

　　　　貿易総額4,057,400,000ドル

1位：中国	38.9％	1580.3（百万ドル）
2位：韓国	26.0％	1055.8
3位：タイ	8.1％	329.2
4位：ロシア	5.7％	232.3
5位：日本	4.8％	193.6
その他	16.4％	666.2

　　　（10月14日読売新聞朝刊より）

　経済制裁については消極論が比較的多数を占める，という状況に変化が現れたのは，2006年7月の北朝鮮のミサイル発射以降である。例えば，これまで積極的に北朝鮮への食糧援助を行ってきた韓国は，7月以後，食糧援助を

一旦凍結した（その後，再開する方向と伝えられている）。

また，アメリカは，6カ国共同声明が採択された直後の2005年9月，ドル紙幣の偽造に絡んで，北朝鮮関連口座のあったマカオの銀行バンコ・デルタ・アジアに金融制裁を発動し，これによって金正日総書記の個人資金約2,400万ドルが凍結された。そして，北朝鮮がミサイルを発射した2006年7月以降，アメリカは金融制裁をさらに強化した（ただし，その後北朝鮮が6カ国協議に復帰する姿勢を見せると，アメリカも，2007年1月，バンコ・デルタ・アジアの北朝鮮関連口座の凍結の一部解除の検討に入った）。

また，2006年7月以後は，中国もアメリカに呼応して金融制裁に踏み切った。

そして，10月に北朝鮮が核実験の成功を発表すると，国連安保理もついに制裁決議に踏み切った。なお中国は，10月の核実験発表後も，食糧援助は継続するとしている。

このように，北朝鮮に対する経済制裁を肯定する動きが国際的にも強まっているのが現在の状況であるといえる。

他方，経済制裁は北朝鮮の反発を招くだけだとの慎重論もなお根強く存在する。そして，今ひとつ重要な点は，日本の経済制裁の場合，最も影響を受けるのは，在日朝鮮人の帰国者やその家族たちだ，という事実である。このことは，経済制裁が金正日体制に対する制裁としてよりも，北朝鮮の国民（しかも，日本と一定の関係のある人々が多い）の生活を直撃することを意味しており，人道的観点からも問題が多い。

経済制裁の可否については，短絡的にオール・オア・ナッシングで結論を出すのではなく，金融制裁，食糧支援の中止，禁輸措置，その他の経済制裁などさまざまな手段について，関係各国間の協力の状況も勘案しながら，慎重に判断されるべきであろう。

(4) 日朝国交正常化の可能性

(イ) 平壌宣言の成果と挫折

先にも(2)で述べたように，2000年ころから，北朝鮮は積極的な外交攻勢をかけていた。外交的に孤立するだけでなく，国内的な経済状況も悪化の一途をたどる中で，積極外交を進めることで難局を打開しようとしたのであろう。

日本との関係についても，2001年1月ころ，北朝鮮側から日朝首脳会談の打診があったと言われている（船橋洋一・前掲書13ページ）。このころから，2002年9月の小泉首相の訪朝実現に至るまで，日朝間で水面下での交渉が続けられた。この水面下の交渉の場面では，北朝鮮側が首脳会談前に拉致被害者の情報を出すかどうか，他方で日本側が植民地支配についての補償金額まで明示するか，という点で緊迫した交渉が続けられた（このあたりの経緯については，船橋洋一・前掲書に詳しく紹介されている）。

　結果的には，いずれの点についても首脳会談前に明らかにされることはなかったが，日朝国交正常化にかける北朝鮮側の意気込みが並々ならぬものであったことは，首脳会談で金正日総書記が拉致を認め，かつそのことが平壌宣言の中に書き込まれ，拉致被害者5人を帰国させたことからも明らかであった。

　平壌宣言の内容については，極めて出来の悪い外交文書だという見方もあるが（重村智計・前掲書67ページ），手詰まり状況にあった日朝関係の突破口を開いたという意味で画期的なものであったことは疑いない。日韓条約（1965年）では不十分だった，過去の植民地支配に対する日本の責任と反省の言葉も，平壌宣言には盛り込まれた。これは，1995年の「村山談話」を踏襲したものであった（船橋洋一・前掲書45ページ）。

　ところが，画期的であったはずの小泉訪朝と平壌宣言は，二つの面から瓦解していった。ひとつは，金正日総書記が拉致問題の存在を認めたことが，日朝双方の予想を越えて，日本の世論を沸騰させたことであり（そのため日本政府は，拉致被害者の「一時帰国」という合意にもかかわらず，「永久帰国」とすることに変更した），もうひとつは，ケリー国務次官補の訪朝であった。

　すなわち，小泉訪朝の直後に訪朝したケリー国務次官補は，北朝鮮が濃縮ウラン型核開発を継続している証拠をつかんでいると詰め寄った。日本との関係改善に続いてアメリカとの関係改善にも意欲を持っていた北朝鮮側は，思わぬアメリカ側の出方に，いわば出鼻をくじかれた格好となり，「われわれは高濃縮ウラン計画を進める権利を持っているし，それよりもっと強力な兵器も作ることになっている」と答えた（船橋洋一・前掲書147ページ）。これをアメリカ国務省が，「北朝鮮が濃縮ウラン型の核開発を認めた」と発表したのである。

しかし実際には，北朝鮮側の「高濃縮ウラン計画を進める権利を持っている」という言葉からも分かるように，北朝鮮がこの時期に本当に核開発を認めたのかどうかは不明である。ちなみに朝鮮中央通信は，「核開発を認めた」と報道された2週間後，「北朝鮮は……アメリカからの核の脅威から生存する権利を守るために，核兵器にとどまらず，それ以上のものを所有する権利がある，と宣言した」と報道し，続けて，北朝鮮が核開発の継続を認めた事実を否定した上で，「認めた」というのはアメリカ側の恣意的な表現だ，との公式見解を表明した（船橋洋一・前掲書162ページ）。

こうして，少なくとも結果的には，ケリー訪朝を踏まえて，北朝鮮が核開発の継続を認めた，と国務省が発表したことによって，米朝間の枠組み合意は事実上崩壊し，また日朝間の平壌宣言も，その成果の多くを失ってしまった。

小泉前首相は，事態を打開するべく，2004年5月に再度訪朝したが，十分な成果を得られずに終わった。

(ロ) 拉致問題解決の模索

北朝鮮の工作員による日本人の拉致は，1970年代後半に集中して発生した。このことは，それまで工作活動の対象をほぼ韓国に絞っていた北朝鮮の姿勢に一定の変化があったことをうかがわせる。その遠因としては，当時深まりつつあった国際関係の中での北朝鮮の孤立化の傾向を指摘できるだろう。

この拉致問題は，日本では1997年に初めて報道され，間もなく日本政府も問題の所在を公式に認め，以後，日朝間における重要な問題としてクローズアップされることになった。現在，日本政府は10数名の日本人を拉致被害者と認定している。

現在，拉致問題は混迷を極めており，その解決への道筋がなかなか見出せない状態が続いているが，拉致問題の解決がここまで困難になっている理由のひとつは，拉致被害者の速やかな救済という人道上の問題と，日朝間の外交関係の樹立の問題が複雑に結びついてしまっていることである。2008年6月，北朝鮮は拉致被害者の再調査を約束したが，このままスムーズに解決に向かう見通しは率直に言ってあまり明るくはない。人道上の問題と外交上の問題とをきちんと分けて，冷静に対策を検討する姿勢が不可欠であると思われる。

また，拉致問題の解決に当たっては，同じ問題を抱えている韓国のとの連携も重要である。しかし，2006年6月に行われた金英男（キム・ヨンナム）氏の記者会見は，拉致問題における日韓の連携の困難さを浮き彫りにした。
　拉致被害者横田めぐみさんの夫であった可能性が高い金英男氏は，2006年6月，北朝鮮の金剛山で記者会見し，「めぐみは94年に死亡した」と語ったが，この記者会見に先立って，北朝鮮訪問の可否という問題に関して，日韓それぞれの拉致被害者の家族は異なる姿勢を示した。すなわち，日本の拉致被害者の家族は，北朝鮮を訪問することには一貫して強い警戒感を表明してきた。しかし，韓国の拉致被害者の家族は，金英男氏の存在が明らかになるや，横田滋さんら日本側の説得を押し切って北朝鮮を訪問し，離散家族の再会を果たしたのである（以上のような，金英男氏の記者会見の経緯については，日本経済新聞社編『北朝鮮クライシス』170ページ以下を参照）。
　この金英男氏の記者会見をめぐる一連の出来事は，拉致問題をきちんと解決するために，単に日朝間の問題として対応するだけでなく，南北朝鮮における離散家族の問題も目配りする必要があることを示唆しているといえる。
　(ハ)　日朝国交は正常化するべきか
　拉致問題の混迷や，ミサイル発射に続く核実験の強行などによって，現在，日朝国交正常化への道はかなり遠のいたといわざるを得ない状況にある。
　しかし，未来永劫このままでよいはずはない。何よりも，北朝鮮は日本にとって隣国である。隣国と国交がないという異常な事態そのものが，北東アジア地域全体の平和を脅かす原因となりうる。やはり，国交正常化への道を模索する努力は放棄されてはならない。
　これに対しては，北朝鮮が「崩壊」するか，または韓国との統一を実現するまでは，国交を樹立する必要はないとの考え方もあるかもしれない。しかし，近い将来，北朝鮮が「崩壊」するか，または統一が実現する見通しはほとんどない。そうである以上，困難ではあっても，国交正常化の努力をやめてしまうことは慎まなければならないというべきであろう。
　重村智計も，前掲『最新・北朝鮮データブック』の最終章において，北朝鮮に対しては外交的に断固たる態度をとるべきだとしながらも，隣国である以上放置するべきではなく，北朝鮮が，より民主的で，人権を尊重する国家に変身できるよう，隣国として最大限の努力をするべきだとする。そして，

そのためにも，国交の樹立が欠かせないと結論付けている。

以下，北朝鮮との国交を樹立していこうとする場合のポイントをいくつか指摘しておこう。

まず第1に，ミサイルの発射や核実験は確かに日本にとって脅威であるが，しかし他方で，MDシステムなどの日本の軍事力強化の動きは北朝鮮にとって脅威と映る，ということである。互いに疑心暗鬼になって軍拡競争に走るのでは平和は遠のくばかりである。また，日本の軍事力の強化に対して，中国や韓国も厳しい警戒の目を向けている事を忘れてはならない。

第2に，「拉致被害者とその家族を全員帰国させない限り交渉には入らない」とか，「すべての核を直ちに放棄しなければ交渉には入らない」というような入口主義は，生産的ではない，ということである。むしろ，国交正常化を先行させたうえで，粘り強く解決の糸口を探っていくべきではなかろうか。この点について，朴一は，拉致問題も，関係者が自由に往来できて始めて日本の警察による現地調査も可能になり，拉致問題のトータルな解決の道筋が付けられる，と主張している（「小泉訪朝をどう評価すべきか」論座2003年1月号）。国際法学者の藤田久一も，日本が北朝鮮を国家として承認していない以上，拉致事件は「国家」の犯罪ではなく，工作員個人の犯罪と見る外なく，日本の刑罰法規によって当該工作員の刑事責任を追及せざるを得ないが，日朝間で犯罪人引渡条約が締結されていない以上，北朝鮮に対して当該工作員の引渡しを求める事もできず，結局拉致問題は解決されないと指摘する（「日朝『不正常』関係と国際法――拉致問題解決のために」世界2003年2月号）。

第3に，日朝間の交渉は，6ヵ国協議と切り離して行われるべきではなく，関係各国の間で広範な支持が得られるような形で進めるべき，ということである。日米同盟自体の是非についてはここで言及する余裕はないが，日米の同盟関係を一応肯定するとしても，東西冷戦構造が崩壊した90年代以降の世界においては，日米同盟のみに依存して安全が保障されるとは断言できない。近隣の関係各国との間で良好な関係を築くことこそが，最大の安全保障となるのである。6ヵ国協議のシステムの中で日本が孤立するような事態は，日本の安全保障の観点からもマイナスである。

日朝国交の樹立は，拉致問題の根本的解決のために必要であるだけでなく，東北アジア地域の平和の確立の為にも不可欠の要請である。広い視野に立っ

た粘り強い外交努力の進展を期待したい。

【参考文献】
　　※非常に多くの文献があるが，比較的最近のもの（2002年以降）のみ掲げた。なお本文中に引用したものを含む。
① 朴一（パク・イル）『朝鮮半島を見る眼』（藤原書店，2005年）
② 木村幹『朝鮮半島をどう見るか』（集英社新書，2004年）
③ 重村智計『最新・北朝鮮データブック』（講談社現代新書，2002年）
④ 重村智計『朝鮮半島「核」外交』（講談社現代新書，2006年）
⑤ 呉善花（オ・ソンファ）『韓国人から見た北朝鮮』（ＰＨＰ新書，2003年）
⑥ 日本経済新聞社編『北朝鮮クライシス』（日本経済新聞社，2006年）
⑦ 船橋洋一『ザ・ペニンシュラ・クエスチョン　朝鮮半島第二次核危機』（朝日新聞社，2006年）
⑧ 姜尚中（カン・サンジュン）『日朝関係の克服』（集英社新書，2005年）
⑨ 姜尚中・水野直樹・李鍾元（リ・ジョンウォン）編『日朝関係　課題と展望』（岩波書店，2003年）
⑩ 木宮正史『韓国』（ちくま新書，2003年）
⑪ 文京洙（ムン・ギョンジュ）『韓国現代史』（岩波新書，2005年）
⑫ 韓洪九（ハン・ホング）『韓国現代史』（平凡社，2003年）
⑬ 尹載善（ユン・ジェソン）『韓国の軍隊』（中公新書，2004年）
⑭ 朴倍暎（パク・ベヨン）『儒教と近代国家』（講談社選書メチエ，2006年）
⑮ 防衛庁編『平成18年版　日本の防衛（防衛白書）』（2006年）

第5章　東アジアにおける平和構築

梅田章二

1　はじめに

　グローバル化と地域統合が急速に進行している。いっけん矛盾するようなグローバル化とローカル化は，必然的に関連しながら進行しているのである。このような時代にあって地域的な平和をどのように構想するのかが東アジアでも問われている。
　貿易や金融などさまざまな面で地域的協力が模索されている今，平和や安全保障という面でも，地域的な役割が問われている。

2　世界における地域的統合・地域的協力の現状

　ヨーロッパでは，欧州共同体（EC）から発展して，1993年11月マーストリヒト条約により欧州連合（EU）が発足した。
　経済，政治，軍事など社会的なあらゆる分野での統合を目指すEUの現在の加盟国は27ヵ国となっている。主要な，EUの機構としては，欧州委員会，欧州議会，欧州理事会，欧州刑事警察機構，欧州司法裁判所，欧州中央銀行などがあるが，本部はブリュッセル，欧州議会はフランスのストラスブール，欧州司法裁判所はルクセンブルク，欧州中央銀行はフランクフルトにおかれるなどEU機構は各国に分散して置かれていることからもわかるようにヨーロッパ全体が，さながら1つの国としてのまとまりとしての体裁をととのえつつある。2002年からは統一通貨であるユーロの使用が開始され，もちろんEU圏内での移動にパスポートのチェックはない。2004年には欧州憲法条約が採択され，現在は各国でその批准手続が進められている。人口約4.5億人

が住む欧州連合（EU）は，政治，経済，安全保障などあらゆる面での地域統合の先進を走っている。

かつては，17世紀から19世紀にかけて国家間戦争の絶えることのなかった欧州社会，20世紀でも2回の世界大戦の戦場となり夥しい犠牲者を出したヨーロッパが，国家間戦争のない社会に生まれかわったのだ。

第2次世界大戦ののち，長年の独仏間抗争の原因となったアルザス＝ロレーヌ地帯の石炭や鉄鋼資源の共同管理を目的にした石炭鉄鋼共同体からスタートし，経済共同体に発展し，最終的に国家統合に進むという経過をたどったヨーロッパの歴史は，まさに，戦争から平和への歴史の流れであったということができる。

いま，経済協力から国家連合へというEUをモデルにした地域協力，地域統合の流れが世界に広まりつつある。

南米では，メルコスールという名称で，1995年に，アルゼンチン，ウルグアイ，パラグアイ，ブラジルの4カ国による関税同盟が成立し。1996年には，コロンビア，ペルー，ボリヴィア，エクアドル，ヴェネズエラによって，アンデス共同体が設立され，域内関税撤廃など地域統合をめざし，首脳会議，外相協議会，理事会，アンデス議会，アンデス仲裁裁判所などの機構がある。

そして，メルコスールとアンデス共同体が母体となって，2004年，南米共同体（CSN）が12カ国で発足しており，同一通貨，同一パスポート，一つの議会を目標にして，EUをモデルにした地域統合体を目指している。統合が実現すれば，人口約3億8,000万人の国家連合が生まれることになる。

アフリカでは，アフリカ統一機構（OAU）が，2002年に発展解消して，アフリカ連合（AU）が発足している。グローバル化時代に対応するため，アフリカの地位の向上や域内紛争・独裁政治の根絶をめざし，政治・経済・安全保障における統合を推進し，EUをモデルにした議会，裁判所，中央銀行の設置や統一通貨の導入などを目指している。加盟国は，モロッコを除く52カ国と1機構（西サハラ）である。

これら南米やアフリカでの試みは，明らかに欧州連合をモデルにして，緩やかな経済協力から経済統合へ，そして，国家連合をめざそうというものであり，最終的には地域的安全保障の確立，すなわち地域平和の構築へとつながる動きにつながっていく。

北米では，1994年に北米自由貿易協定（NAFTA）が，アメリカ合衆国，カナダ，メキシコの3国間で締結されており，経済的な交流が活発化している。

3　東アジアでの地域的協力の現状

東アジアを含めた環太平洋地域における多国間経済協力をすすめるための会議としては，アジア太平洋経済協力会議（APEC）が有名であるが，東アジアのサブリージョンである東北アジアと東南アジア，この2つの地域を比較した場合，東南アジアでは地域協力が早くから進められてきたが，東北アジアでは相当遅れていることがわかる。

東南アジアでは，人口約5億8,000万人の東南アジア諸国連合（ASEAN）が，1967年，インドネシア，マレーシア，フィリピン，シンガポール，タイの5カ国によって発足し，現在ででは，ブルネイ，ベトナム，ラオス，ミャンマー，カンボジアを加え10カ国が参加している。

ASEANは，もともとは周辺のインドやパキスタンといった大国の影で存在感や政治的発言権を高めようとの意図で結束したが，地域経済の統合の流れのなかで，マレーシアのマハティール首相が1990年に東アジア経済共同体構想を打ち出し，ASEANが東アジア共同体に向けて積極的な発信をするようになった。

EUをモデルとしたASEAN共同体の設立をめざして，2008年12月，ASEAN憲章が，各国の批准を経て発効した。2015年に共同体の発足をめざしている。

他方，日本，中国，韓国，DPRKが位置する東北アジア地域は，世界的にもっとも経済発展が急速に進んできたにもかかわらず，地域協力という点ではもっとも遅れた地域として取り残されている。この地域は冷戦構造が存在している最後の地域であり，日中韓の間には，地域協力を推進しようという具体的な気運は高まっていない。

日本では，2004年5月，国会議員や財界関係者，政府関係者によって，東アジア共同体評議会（CEAC）が設立されたが，その関係者の言でも，「東アジア共同体を実現していくための政治過程には，DPRK，台湾などの問題や，

EUと異なり各国の文化や体質の違いが多いことなど，幾多の問題があるが，その過程での大事なモメンタムは，東アジアの中でも日本・中国・韓国3国のトップ会談が定期的に開催されるようにならなければならないということだ。また，DPRK問題に関する6ヵ国協議を将来の北東アジアの地域枠組みとして発展させること，FTAのネットワークを政治的安定に寄与させることなど，様々な仕組みの重層構造の中で東アジア共同体を形成することが大切である」と指摘されている。

4　東北アジアでの地域協力は困難か

　東北アジア地域は，朝鮮半島の南北分断問題，台湾問題など，冷戦構造が最後までそのまま存続している地域である上に，日本と中国・韓国との間には歴史問題がくすぶり，日本の首相が靖国神社を参拝する都度，外交的な摩擦が繰り返され，日本とDPRKとの間は未だ国交は回復されておらず，戦後処理・歴史問題に加え，深刻な拉致問題も未解決である。アジア太平洋戦争の終結から60年以上も経過するのに，関係各国の間において戦後処理すらも「完了」していない地域でもある。

　中国は市場経済化したとは言え，事実上の一党独裁体制をとる国であり，日本側からは繰り返し，「価値観の異なる国」だという評価がなされており，日中間には国家間の信頼関係が醸成されていない。日本側からは，年々増強される中国の軍事力に対して「中国脅威論」が高まり，中国側からは，日本がアメリカのミサイル防衛システムに参加し，米軍の再編に協力し，さらに，憲法9条を変えようという動向に神経を尖らせるという状況がある。

　また，日本とロシアとの間には北方4島問題，日本と韓国との間には竹島問題，日本と中国との間には尖閣列島問題，春暁ガス田掘削問題などの領土問題が未解決である。

　さらに，地域外の国家であるアメリカが，東北アジアに深く関与していることも地域協力に影響を与える要因となっている。冷戦当時にはアメリカをハブとする2国間の軍事同盟が東北アジアはもとより東アジア全域に張り巡らされ，軍事同盟による安全保障の枠組みがつくられてきた。

　とりわけ日米，韓米の軍事同盟は，10万人の米軍を東北アジア地域に配置

させてきた。冷戦終結後も，基本的には，東北アジアにおけるアメリカのプレゼンスそのものには大きな変化はなかったが，その任務や役割には大きな変化が見られる。従来の冷戦状況における社会主義国封じ込めという在日米軍の役割は，地域紛争など国内に不安定な要素をかかえる国家が多く存在すると考えられる東南アジア・南アジア・中東・東アフリカまでの広いエリア（いわゆる「不安定の弧」）を射程にいれた軍事作戦の展開という役割に大きく変化してきた。それにともない，日米安全保障条約の再定義や日本国憲法9条改定議論が浮上してきたのである。

東北アジアにおけるアメリカの存在を無視して東北アジアの安全保障は語れないという状況にある。このことが，日中韓の3者間における独自の地域的な協力関係を築くにあたっての障害となっている。

しかし，「政冷経熱」ということばに象徴されるように，政治的にうまくいかないという摩擦のある状況のもとでも，日中韓の経済的な連携はますます深くなっており，日本の対外輸出をみると香港や台湾を含めた中国と韓国との合計は，対米輸出をはるかに上回っており，輸入では香港や台湾を含めない中国のみで対米輸入を上回っている。

環境問題では，中国大陸からの酸性雨の原因物質や砂漠からの黄砂が日本に流れ込み，逆に，日本からは中国に産業廃棄物が流れ込むなど，相互に深刻な影響をもたらしている。エネルギー開発や農業問題もある。東北アジアにおける地域間協力の必要性はさまざまな分野で高まっている。

5　ASEANを軸とする安全保障の枠組み

ASEAN10カ国は，域内経済協力だけではなく，域内平和や安全保障という面での連携が進められてきた。
　1971年　東南アジア平和・自由・中立地帯宣言，
　1976年　ASEAN協和宣言，東南アジア友好協力条約（TAC）の締結，
　1994年　ASEAN地域フォーラム（ARF）の発足，
というように地域的な安全保障の枠組みを形作ってきた。

とりわけ，ASEAN地域フォーラム（ARF）は，アジア太平洋地域における政治・安全保障分野を対象とする全域的な対話のフォーラムであり，安

全保障問題について議論するアジア太平洋地域における唯一の政府間フォーラムとして，きわめてユニークな存在である。ASEANを中核として，07年7月にDPRKも加盟して現在226ヵ国＋ＥＵというようにかなりの規模となっている。

　南紗諸島（スプラトリー諸島）は，南シナ海にある島々であるが，中国，台湾，ベトナムが全域の領有を主張し，フィリピン・マレーシア・ブルネイが一部の領有を主張しており，過去，中国とベトナム間では武力衝突も発生したという経緯もあるところだが，1997年にASEAN地域フォーラム（ＡＲＦ）での協議が始まり，2002年にASEANと中国が領有問題を棚上げにし現状を変更しないという合意が形成されている。このように経済小国の集まりであるASEANが地域安全保障に積極的な役割を演じてきた。

　このような実績はあるものの，ＡＲＦ主導での東アジア全体の安全保障の枠組み形成という点ではまだまだ力不足であることは否定できない。

　他方，東南アジア友好協力条約には，2008年7月DPRKも加盟，次いで，2009年7月にアメリカも加盟して，加盟国は26ヵ国となり，東アジアにおける地域平和のシステムとして期待されている。

　非核地帯という点でもASEANは進んだ成果をあげている。1995年には，ASEAN7ヵ国＋ラオス，カンボジア，ミャンマーの10ヵ国で，締約国における核兵器の保有，実験，使用を禁止する東南アジア非核地帯条約が調印されている。

　ちなみに，世界のほかの地域でも，
ラテン・アメリカおよびカリブ地域非核地帯（トラテロルコ条約）：1967年，
南太平洋非核地帯（ラロトンガ条約）：1985年8月調印
アフリカ非核地帯（ペリンダバ条約）：1996年4月調印
中央アジア非核地帯（セメイ条約）：2009年3月発効

　これらの非核地帯内には，現在115ヵ国が含まれ，一種の非核地帯としての地位を獲得している南極大陸を含めると，地球の陸地の50％以上が非核地帯に属しており，南半球の陸地はほとんどすべてが非核地帯に属していることになる。

6 「ASEAN＋3」

　1990年，マレーシアのマハティール首相は，ASEANに他の東アジアの諸国を加えた東アジア経済共同体構想を発表したが，その構想は，アメリカ，オーストラリア，ニュージーランドを除外するものであったために，アメリカから強い批判を受け，日本もアメリカの意向を受けて，マハティール構想に反対の立場をとったために，構想にとどまった。

　1997年に発生したアジア通貨危機を教訓に，日本自身がアジア通貨基金（AMF）を提言したが，やはり，東アジアでの地域的統合に反対するアメリカの圧力で実現しなかった。しかし，通貨危機をきっかけとして，ASEAN＋3（日，中，韓）という形での金融・通貨・財政問題での協議が，1999年から始まることになる。ASEAN＋3は，その後，金融・通貨問題だけではなく，貿易・投資などから政治，安全保障問題も話し合われるようになり，地域統合の基盤が形成されつつある。日本，中国，韓国の3者間での協力関係が進まないという中で，通貨危機というまったくの偶然の出来事から，ASEAN主導のASEAN＋日本，ASEAN＋中国，ASEAN＋韓国という形での東アジア的協力関係の枠組みが形成されたのである。

　この過程で，日本と中国の間に「東アジアの主導権争い」という印象をあたえる出来事も指摘されている。2001年に中国の朱総理とASEAN指導者との間で，今後10年以内に中国・ASEAN自由貿易地域を設立するとの合意がなされると，2002年に小泉首相がASEAN5ヵ国を訪問して「包括的な経済協力」を強めることを提案するという出来事があった。また，東南アジア友好協力条約への加入問題でも，2003年に日本は加盟に対して拒否する姿勢を示した直後に，インドと中国が加入を表明するや，手のひらを返して同条約に加盟するとの姿勢に変わるなどの出来事もあった。このような日本と中国の対応から，「東アジアの主導権争い」という印象を与えている。

　中国における反日感情，日本における反中感情，そしてお互いの脅威論の増幅というなかで，日中韓三国関係における韓国の積極的な調整役を期待するという意見もある。

7 「6カ国協議」と東北アジアの平和構想

　2002年ピョンヤンを訪問した米国のケリー国務次官補に対して，DPRK側は核兵器に転用可能な高濃縮ウラン製造計画があることを明らかにしたことをきっかけにDPRK核開発問題が再燃した。このDPRK核開発問題の解決をめざして，朝鮮半島の2国，周辺の3カ国（日本，中国，ロシア），そしてアメリカの6カ国が参加する「6カ国協議」が開催されることになった。協議は4回重ねられ，最終の第4回の協議において，「平和的方法による朝鮮半島の検証可能な非核化であることを一致して再確認する。DPRKは，すべての核兵器および既存の核計画を放棄し，核不拡散条約（NPT）および国際原子力機関（IAEA）の保障措置に早期に復帰することを約束する。米国は，朝鮮半島において核兵器を持たず，DPRKに対して核兵器あるいは通常兵器による攻撃または侵略の意図がないことを確認する。」という確認がなされた（2005年7月6カ国共同声明）。しかし，その直後に，マカオの銀行バンコ・デルタ・アジア（BDA）のDPRK関連の口座が凍結されるという事件が発生して，6カ国共同声明の履行は頓挫してしまい，ついにDPRKは2006年10月に地下核実験を強行することになった。DPRKに対する経済制裁を含む安保理決議を経て，再び6カ国協議が開催されることになり，07年3月に至り核の放棄ならびに経済制裁解除などの基本的な合意がなされ，その作業が開始されることになった。ところが，その作業は難航し，DPRKは09年4月，「人工衛星」の発射を発表，安保理は，決議違反だとして非難声明を発表，それに反発したDPRKは，6カ国協議から離脱することを宣言し，09年5月に2度目の核実験を強行した。ところが09年8月突如としてクリントン元大統領が訪朝して，金正日総書記と会談して拘束されていた2人の米人女性ジャーナリストとともに帰国するという一件以後，急速に対話のチャンネルが回復している。朝鮮半島の情勢は紆余曲折をくり返してはいるが，軍事的解決ではなく，外交的解決に向けて努力が積み重ねられているといえよう。

　DPRKの核開発問題をきっかけに発足した「6カ国協議」ではあるが，DPRKの核問題だけではなく，東北アジアの安全保障問題を協議する継続

的な機構に発展することが期待されている。皮肉にもDPRKの核開発問題が，東北アジアの主要国である日本，中国，韓国を含め，周辺国ロシア，そして，東北アジアに強力な軍事的プレゼンスを有するアメリカを話し合いの場につかせ，対話と協力という関係を作り出したのである。DPRKの核問題ないし朝鮮半島の非核化という特化した問題も，実は，これら6カ国の協力なくしては実現しないし，また，半島の核問題を解決することができれば，他のすべての安全保障問題に及ぼすことが可能となる。朝鮮半島の非核化から，東北アジアの地域平和のシステムが構築されるという展望が期待できる。

なお，東北アジアで，独自の非核メカニズムを構築している国がある。それはモンゴルである。1992年，国連総会において，モンゴルのオチルバト大統領が，一国非核の地位を宣言し，核兵器国に対し，非核の地位を尊重し，消極的安全保障を供与するよう求めた。これを受け，1998年の国連総会において同宣言を歓迎する決議が採択されたのである。そして，2000年10月，5核兵器国（米，露，英，仏，中）は，右決議の実施のために協力する旨，また，1995年に表明したNPT加盟の非核兵器国に対する消極的安全保障をモンゴルについて再確認する旨のステートメントを発表した。このモンゴル方式は，ユニークな安全保障のメカニズムを提供している。

8　NGOによる市民社会からの平和構想

1999年5月にオランダのハーグで，NGO主催による「ハーグ平和アピール市民会議」が開催された。これは1899年の第1回ハーグ平和会議100周年を記念してNGOの手によって開催されたものであるが，世界100カ国以上から700以上のNGO組織，約8000人の市民が集まったということでは，史上初めてのことであり，画期的なことであった。

国際連合など国際組織への市民参加という点では，国連の経済社会理事会でのNGO協議制度というのが，伝統的な制度としてはある。しかし，NGOが，巨大化，ネットワーク化するなかで，情報収集能力や分析力，専門性をたかめ，さまざまな国連機関との協同や各国政府の国連対策への協力というかたちで活動するなかで，国連のオブザーバー的な立場からパートナーという立場に発展してきている。

NGOの活動が世界的に注目を集めたのは，ブラジルのリオで92年に開催された地球サミット（国連環境開発会議）である。ここには世界中からに数万人もの市民が集まった。さらに，95年に北京で開催された世界女性会議や97年の地球環境問題での京都議定書をめぐる会議で，NGOはめざましい活躍をした。

　NGOは，環境問題や人権問題などの分野での活動だけではなく，軍縮や安全保障という，本来は国家間の専属的な領域に属していると思われていた分野にも進出していった。

　90年代には，紛争地域での人道支援活動に乗り出すNGOが増えていったが，そのような活動を通して，最初の大きな成果が生まれたのが，97年の対人地雷禁止条約の採択である。非戦闘員が犠牲となる対人地雷兵器の廃止に声をあげたのが紛争地域のNGOであったが，アメリカなど安保理常任理事国の大国が反対するという状況の中で，カナダなどの中堅国家の支持をとりつけて，国連の外側で条約化にこぎつけるという初めてのケースを実現したのである。

　核兵器使用の違法性に判断を下した国際司法裁判所の判決や，国際刑事裁判所の創設にこぎつけたのも，やはり，NGOの力が大きかった。

　1990年代というのは，まさしく，NGOすなわち市民団体が，積極的に平和をつくるということを始めた時代であり，そのように力をつけたNGOが開催したのが，99年のハーグ平和市民会議であったのである。

　ハーグ平和市民会議は，「21世紀の正義と平和のためのハーグ・アピール・アジェンダ」として，

1．すべての国家の議会は，日本国憲法第9条が定めているように，政府の戦争参加を禁止する決議をすべきである。
2．すべての国家は，国際司法裁判所の強制力のある司法権を無条件に承認すべきである。
3．すべての政府は，国際刑事裁判所条約を批准し，国際地雷条約を具体的に運用すべきである。
4．すべての国家は，政府，国際機関，国際市民組織の友好的連帯としての新外交方式を構築すべきである。
5．世界は人道上の惨劇の傍観者であってはならない，しかし，武力に訴

えるならばその前に可能なあらゆる外交手段を尽すこと，かつ国連の承認が不可欠である。
6．核兵器廃絶会議のための交渉が直ちに開始されなければない。
7．小火器の売買を厳重に規制すべきである。
8．経済的権利が市民的権利と同等にあつかわれなければならない。
9．世界中の学校で，義務的に平和教育がなされるべきである。
10．戦争を防止する地球的活動計画を平和的世界秩序の基礎にすべきである。

とする10の基本原則を採択した。

　さらに，2001年，国連のアナン事務総長は，安全保障理事会への報告書の中で「紛争予防における市民社会の役割が大切」と述べ，ＮＧＯとの共同による「紛争防止のためのグローバルパートナーシップ（GPPAC）」というプロジェクトを提案し，紛争予防に関するＮＧＯ国際会議の開催を呼びかけるにいたった。それに基づき，世界を15のエリアに分けて，それぞれの地域でＮＧＯは，紛争予防について議論を開始した。05年2月には，GPPAC東北アジア地域会議における宣言として，「私たちは，日本国憲法9条が地域的平和を促進するための不可欠な要素のひとつであると認識している。日本国憲法9条は，日本の軍国主義を封じ込めることで地域の民衆の安全を確実なものにするための規範であるとされてきた。とくに，紛争解決の手段としての戦争およびそのための戦力の保持を放棄したという9条の原則は，普遍的価値を有するものと認知されるべきであって，北東アジアの平和の基盤として活用されるべきである。」との共同宣言が採択されている。

　2008年5月には，千葉県の幕張メッセで，42の国と地域から150名以上の海外ゲストが来日し，9条世界会議が開催され，「戦争の廃絶をめざして，9条を人類の共有財産として支持する国際運動をつくりあげ，武力によらない平和を地球規模で呼びかける」との宣言が採択されている。

　21世紀における平和構築において，市民社会の役割に大きな期待がもたれているといえよう。

【参考文献】
①　谷口誠『東アジア共同体』（岩波新書）

②　寺西俊一監修『環境共同体としての日中韓』（集英社新書）

第4部　法的観点から見た憲法9条改正問題

第1章　国際法・国際連合における安全保障の規制

梅田章二

1　戦争違法化への世界史的な流れ

(1) 正戦論から戦争法規へ

　ヨーロッパにおける宗教戦争としての30年戦争は，1648年のウエストファリア条約をもって終結した。教皇や皇帝という超国家的な権力がヨーロッパを単一に支配する中世から，主権国家の存在を前提とする諸国家間の関係が形成されるという近代主権国家の国際秩序形成の時代に移行した。その意味でウエストファリア条約は，国際法の元祖だと呼ばれている。この時代の戦争観は，正戦論（戦争は正しい戦争とそうでない戦争に区別される）と呼ばれる。

　国際法の祖と呼ばれ，「戦争と平和の法」（1625年）を著したグロチウスは，国家が他の国家に対して戦争を訴えることが正当化される要因として，自己防衛，財産の回復，処罰の3つを挙げていた。この考え方は，このような要因があれば正当な戦争である，そのような要因がなければ不当な戦争というように一見明快ではあるが，しかし，現実に誰がそれを判定するのかということになれば，そのような判定者は現実には存在しないのである。戦争に訴える国は自らが正当であるとして戦争を始めるのであって，お互いに正当であると主張する国家間で戦争が戦われることになる。そして，結局は戦争に勝った勝者が正当であったということにならざるをえない。要するに，主権国家の行う戦争はすべて合法であるという結論となってしまうのである。

　次には，このような戦争観から，国際法の定めるルールに従うかぎり戦争は許されるという戦争観（無差別戦争論）に発展していく。

　1859年にイアリアのソルフェリーノで闘われたナポレオン3世率いるフラ

ンス軍とサルデーニャ王国軍の連合軍とオーストリア軍との闘いにおいて，フランスとオーストリア双方で約20万人が激突し，約4万人の死傷者を出すという戦争が行われた。産業革命は兵器の分野でも飛躍的に殺傷力を高め，夥しい戦死者や負傷者を生み出すことになるが，ソルフェリーノの闘いを目の当たりにしたアンリ・デュナンが，その戦場体験から，戦場においては敵味方の区別なく負傷者を救出するという赤十字運動を思い立った。1863年に，赤十字国際委員会が設立され，64年に，傷病者の状態改善に関する第1回赤十字条約が締結されることになる（最初のジュネーブ条約）。

1868年には，17ヵ国が参加した国際会議で，文明の進歩にともないできるだけ戦争の危機は制限されなければならず，戦争における唯一の正当な目的は敵の兵力を弱めることであり，その目的を達するためにはなるべく数多くの人を戦闘の外に置き，そして戦闘外に置かれた人の苦痛を無益に増大したり落命を必然とする兵器の使用はこの目的の範囲を超えるものであって，このような兵器の使用は人道に反するとするセント・ペテルスブルグ宣言が採択された。要するに人道上の考慮が戦争の必要に優先するという認識にもとづき，戦争においても一定の兵器の使用は許されないとするコンセンサスに発展した。

1899年代1回ハーグ平和会議では，28ヵ国が参加し，戦争を防止するため締約国は平和的解決に全力を尽くすべしとする国際紛争平和的処理条約，紛争を平和的に処理するための常設仲裁裁判所を設立する条約，およびハーグ陸戦条約が締結された。

ハーグ陸戦条約は，1907年の第2回ハーグ会議でさらに補足されて，「陸戦の法規慣例に関する規則」では交戦者の資格，俘虜や傷病者の扱い，毒物兵器使用の禁止・投降者殺傷の禁止・無防備都市への攻撃の禁止など戦争時にあっても許されない禁止事項を定め，その他降伏や休戦などを詳細に取り決めた本格的な戦時国際法を形成した。

同じく1907年には，戦争開始の条件としての開戦宣言ならびにその事前通告をさだめた開戦に関する条約や契約上の債務回収のために兵器の使用を制限する条約（ポーター条約）も締結された。これらは戦争そのものを違法視するものではないが，戦争は可及的に避けるべきものであって，仮に発生したとしても，一定のルールのもとで，必要最小限のものに留めるべきである

という戦争抑止の方向へ大きく前進したものであった。

(2) 戦争の違法化の時代へ

　1914年6月，オーストリア・ハンガリー帝国の皇太子フランツ・フェルディナンドがボスニアの首都サラエボでセルビア人青年に暗殺されるといういわゆるサラエボ事件が発生した。同年7月オーストリア・ハンガリーはセルビアに対し宣戦布告した。当時のヨーロッパの複雑な同盟関係を背景に，またたくまに戦線はヨーロッパ全域に拡散し，第1次世界大戦となった。

　ヨーロッパの青年は戦争のロマンチシズムに浮かれ開戦を歓迎し，次々に戦場に送られた。青年たちは戦争はクリスマスまでには終わるだろうとピクニックにでも行くような気分で戦争に参加したという。しかし，戦場の情景はナポレオン戦争当時とは一転し，ライフル銃，機関銃など殺傷兵器は格段に強化され，塹壕を張り巡らすなかでの血で血を洗い，肉片が飛び交う凄惨な殺戮の状況となり，長期化し国家総力戦の様相になっていった。毒ガスが初めて使用され，戦車や飛行機も登場するようになる。チャーチルは，第1次世界大戦以降戦場から騎士道精神が失われ戦場は単なる大量殺戮の場と化したと評している。

　1918年に戦争は終結，1919年にベルサイユ条約が調印され，国際連盟が発足する。国際連盟規約では，「12条1項　聯盟国ハ，聯盟国間ニ国交断絶ニ至ルノ虞アル紛争発生スルトキハ，当該事件ヲ仲裁裁判若ハ司法的解決又ハ聯盟理事会ノ審査ニ付スヘク，且仲裁裁判官ノ判決若ハ司法裁判ノ判決後又ハ聯盟理事会ノ報告後三月ヲ経過スル迄，如何ナル場合ニ於テモ，戦争ニ訴ヘサルコトヲ約ス。」と定め，戦争行為に訴えるには，一定の条件を充足しなければならないという制限を課す合意が成立した。

　そして，連盟規約16条は，「約束ヲ無視シテ戦争ニ訴ヘタル聯盟国ハ，当然他ノ総テノ聯盟国ニ対シ戦争行為ヲ為シタルモノト看做ス。他ノ総テノ聯盟国ハ，之ニ対シ直ニ一切ノ通商又ハ金融上ノ関係ヲ断絶シ，自国民ト違約国国民トノ一切ノ交通ヲ禁止シ，且聯盟国タルト否トヲ問ハス他ノ総テノ国ノ国民ト違約国国民トノ間ノ一切ノ金融上，通商上又ハ個人的交通ヲ防遏スヘキコトヲ約ス。」とさだめ，約束を無視して戦争に訴えた国に対する制裁措置を定めた。ここにおいて史上初めて，集団安全保障の考え方が登場す

るのである。

　1928年には、「第1条　締約国ハ国際紛争解決ノ為戦争ニ訴フルコトヲ非トシ且其ノ相互関係ニ於テ国家ノ政策ノ手段トシテノ戦争ヲ抛棄スルコトヲ其ノ各自ノ人民ノ名ニ於テ厳粛ニ宣言スル」と定める不戦条約が締結された。国家政策としての戦争の放棄・紛争の解決は平和的手段によるとの原則が確立する。

　国際連盟規約では、戦争そのものが禁止されていたわけではないが、不戦条約においては、国家政策の手段としての戦争そのものを放棄するとの合意が成立したものであり、戦争の違法化という人類史上画期的な段階に入ることになる。日本国憲法9条1項は、まさに不戦条約の条項を採用したものといえる。

　日本は、1931年9月18日中国遼寧省瀋陽付近で発生した柳条湖事件（中国では9・18事件）からアジア・太平洋戦争へ、ドイツは1933年に国家社会主義ドイツ労働者党（ナチス）のヒトラーが政権を獲得、1939年にポーランドに侵攻、第2次世界大戦が始まった。1945年4月にヒトラーが自殺、5月ドイツは連合国に無条件降伏、8月には日本も無条件降伏した。

　1941年8月14日ルーズベルト大統領とチャーチル首相はニューファンドランド島沖の戦艦上で太平洋憲章に調印したが、その中で一般的安全保障制度の必要性が盛り込まれた。1944年8月から10月にかけてワシントン郊外のダンバートン・オークスで米・英・中・ソの代表が会議を開き、国連憲章の原案が検討され、1945年6月26日国連憲章が50ヵ国によって調印された。効力発生は、45年10月24日である。

　国連憲章2条4項では「すべての加盟国は、その国際関係において、武力よる威嚇又は武力の行使を、いかなる国の領土保全又は政治的独立に対するものも、また、国際連合の目的と両立しない他のいかなる方法によるものも慎まなければならない。」と規定し、戦争の禁止という不戦条約をさらに進めて、武力よる威嚇又は武力の行使そのものを禁止しているのである。

　国際連盟規約では、「戦争」という名目でない武力行使を禁止していなかったことや、規約15条7項では、「聯盟理事会ニ於テ、紛争当事国ノ代表者ヲ除キ、他ノ聯盟理事会員全部ノ同意アル報告書ヲ得ルニ至ラサルトキハ、聯盟国ハ、正義公道ヲ維持スル為必要ト認ムル処置ヲ執ルノ権利ヲ留保ス。」

と定め，自衛権の行使を制限なく認めていたこと，違反に対する制裁が経済的制裁にとどまっていたことなどがあったため，集団安全保障の制度としては不十分であったとして，国連憲章はそれらの点を強化している。

　いずれにせよ，武力行使禁止原則を確立することによって，国際法上，戦争違法化の概念は確定的なものとなった。

2　国連憲章における安全保障の枠組み

(1)　武力行使禁止原則

　前述のとおり，国連憲章は集団安全保障体制の前提として，加盟国に対して，憲章2条4項は，「すべての加盟国は，その国際関係において，武力による威嚇又は武力の行使を，いかなる国の領土保全又は政治的独立に対するものも，また，国際連合の目的と両立しない他のいかなる方法によるものも慎まなければならない。」として，武力行使の禁止を求めている。

(2)　軍備縮小と軍備規制の原則

　憲章11条は，「総会は，国際の平和及び安全の維持についての協力に関する一般原則を，軍備縮少及び軍備規制を律する原則も含めて，審議し，並びにこの様な原則について加盟国若しくは安全保障理事会又はこの両者に対して勧告をすることができる。」と定め，これに基づき，国連は軍縮委員会を開催している。また，憲章26条は，「世界の人的及び経済的資源を軍備のために転用することを最も少なくして国際の平和及び安全の確立及び維持を促進する目的で，第47条に掲げる軍事参謀委員会の援助を得て，作成する責任を負う。」と定めているが，軍事参謀委員会の援助はともかくとして，条項の精神は大いに活用されるべきであろう。

(3)　安全保障理事会の役割

　憲章24条1項は，「国際連合の迅速且つ有効な行動を確保するために，国際連合加盟国は，国際の平和及び安全の維持に関する主要な責任を安全保障理事会に負わせるものとし，且つ，安全保障理事会がこの責任に基く義務を果すに当って加盟国に代わって行動することに同意する。」と定め，国際の

平和と安全維持の任務を安保理に負わせることとしている。

(4) 紛争の平和的解決の原則（憲章第6章）
　憲章33条は，「いかなる紛争でもその継続が国際の平和及び安全の維持を危くする虞のあるものについては，その当事者は，まず第一に，交渉，審査，仲介，調停，仲裁裁判，司法的解決，地域的機関又は地域的取極の利用その他の当事者が選ぶ平和的手段による解決を求めなければならない。」と定め，加盟国に紛争を平和的に解決するように求めている。
　憲章34条は，「安全保障理事会は，いかなる紛争についても，国際的摩擦に導き又は紛争を発生させる虞のあるいかなる事態についても，その紛争又は事態の継続が国際の平和及び安全の維持を危くする虞があるかどうかを決定するために調査することができる。」と定め，憲章35条は，「①国際連合加盟国は，いかなる紛争についても，第34条に掲げる性質のいかなる事態についても，安全保障理事会又は総会の注意を促すことができる。②国際連合加盟国でない国は，自国が当事者であるいかなる紛争についても，この憲章に定める平和的解決の義務をこの紛争についてあらかじめ受諾すれば，安全保障理事会又は総会の注意を促すことができる。」として，紛争に関して，関係国が安保理に提訴できることを定め，憲章36条は，「安全保障理事会は，第33条に掲げる性質の紛争又は同様の性質の事態のいかなる段階においても，適当な調整の手続又は方法を勧告することができる。」，また，憲章37条は，「①第33条に掲げる性質の紛争の当事者は，同条に示す手段によってこの紛争を解決することができなかったときは，これを安全保障理事会に付託しなければならない。②安全保障理事会は，紛争の継続が国際の平和及び安全の維持を危くする虞が実際にあると認めるときは，第36条に基く行動をとるか，適当と認める解決条件を勧告するかのいずれかを決定しなければならない。」と定めている。

(5) 平和への脅威等に対する措置（憲章第7章）
　憲章39条は，「安全保障理事会は，平和に対する脅威，平和の破壊又は侵略行為の存在を決定し，並びに，国際の平和及び安全を維持し又は回復するために，勧告をし，又は第41条及び第42条に従っていかなる措置をとるかを

決定する。」とし，安保理の一般的権能を定め，憲章40条は，「事態の悪化を防ぐため，第39条の規定により勧告をし，又は措置を決定する前に，安全保障理事会は，必要又は望ましいと認める暫定措置に従うように関係当事者に要請することができる。この暫定措置は，関係当事者の権利，請求権又は地位を害するものではない。安全保障理事会は，関係当事者がこの暫定措置に従わなかったときは，そのことに妥当な考慮を払わなければならない。」として，安保理が暫定措置を講じることを定めている。

憲章41条は，「安全保障理事会は，その決定を実施するために，兵力の使用を伴わないいかなる措置を使用すべきかを決定することができ，且つ，この措置を適用するように国際連合加盟国に要請することができる。この措置は，経済関係及び鉄道，航海，航空，郵便，電信，無線通信その他の運輸通信の手段の全部又は一部の中断並びに外交関係の断絶を含むことができる。」とし，経済制裁など非軍事的措置を定め，憲章42条は，「安全保障理事会は，第41条に定める措置では不十分であろうと認め，又は不十分なことが判明したと認めるときは，国際の平和及び安全の維持又は回復に必要な空軍，海軍又は陸軍の行動をとることができる。この行動は，国際連合加盟国の空軍，海軍又は陸軍による示威，封鎖その他の行動を含むことができる。」として，軍事的措置も可能と定めている。

安保理の行う軍事的措置に関しては，憲章43条が，「国際の平和及び安全の維持に貢献するため，すべての国際連合加盟国は，安全保障理事会の要請に基き且つ一つ又は二つ以上の特別協定に従って，国際の平和及び安全の維持に必要な兵力，援助及び便益を安全保障理事会に利用させることを約束する」と定めており，加盟国と安保理との間に兵員派遣の特別協定が締結されることになる。加盟国は，協定の締結にあたっては，「各自の憲法上の手続に従って批准されなければならない」と規定されているように（憲章43条3項），必ずしも強制されるものではない。

憲章47条は，「①国際の平和及び安全の維持のための安全保障理事会の軍事的要求，理事会の自由に任された兵力の使用及び指揮，軍備規制並びに可能な軍備縮小に関するすべての問題について理事会に助言及び援助を与えるために，軍事参謀委員会を設ける。②軍事参謀委員会は，安全保障理事会の常任理事国の参謀総長又はその代表者で構成する。この委員会に常任委員と

して代表されていない国際連合加盟国は，委員会の責任の有効な遂行のため委員会の事業へのその国の参加が必要であるときは，委員会によってこれと提携するように勧誘されなければならない。③軍事参謀委員会は，安全保障理事会の下で，理事会の自由に任された兵力の戦略的指導について責任を負う。この兵力の指揮に関する問題は，後に解決する。④軍事参謀委員会は，安全保障理事会の許可を得て，且つ，適当な地域的機関と協議した後に，地域的小委員会を設けることができる。」と定め，安保理の行う軍事的措置に関しては，軍事参謀委員会が重要な役割を果たすことになる。

(6) 武力行使禁止原則の例外

前述のことから国連憲章による集団的安全保障のシステムのなかで，憲章の基本的な原則である武力行使禁止の例外として，第42条の安全保障理事会による軍事力の行使と憲章51条の「国際連合加盟国に対して武力攻撃が発生した場合には，安全保障理事会が国際の平和及び安全の維持に必要な措置をとるまでの間，個別的又は集団的自衛の固有の権利を害するものではない」とする自衛権の行使の2つの例外があることがわかる。

3　集団的安全保障と集団的自衛権

ときおり巷では集団的安全保障と集団的自衛権という言葉が混乱して用いられていることが見受けられるが，この2つの概念はまったく異なるものである。というよりも相矛盾する概念である。この相矛盾する概念が実は国連憲章の中に同居しているのである。

集団的安全保障とは，加盟国の中で，約束事に違反して他国に戦争をしかけた国があった場合，戦争をしかけた国としかけられた国の2国間の問題として扱うのではなく，すべての加盟国に対する挑戦であるとみなして，加盟国全体として集団で，戦争をしかけた国に対して対抗措置をとるという仕組みのことである。歴史上，最初に試みられたのが国際連盟規約である。国連憲章もこの安全保障の枠組みを採用し，国際連盟規約よりも，より権限を強化している。

それに対して，集団的自衛権は，自国に攻撃をしていない他国に対して，

自国と同盟を結んでいる第三国への攻撃をもって第三国とともに（あるいは代わって）反撃するというものである。他国の防衛のためにあるいは他国に代わって武力行使ができるという権利ということができる。憲章51条は，個別的自衛権とならんで集団的自衛権も国家固有の権利として認めている。

もともと不戦条約には，自衛権に関するさだめは見られない。国家固有の権利として自衛権があるというのは自明のことであり，敢えて定める必要性もなく，当然の前提であったと言われている。国連憲章において自衛権が登場するのは，自衛権といえども無条件に戦争の根拠となりうるものではなく，限定されるという意味で登場する必然性があったと考えられるが，集団的自衛権という概念まで登場するのは，国連憲章制定の当時の時代的背景を考えなければ理解できない。

メキシコシティ郊外のチャプルテペックで，1945年2月から3月にかけて，「戦争と平和の問題に関する米州特別会議」（チャプルテペック会議）が開催され，チャプルテペック議定書に署名されたが，その中に，「米州のいずれかの一国の領土の保全もしくは領土の不可侵，または主権もしくは政治的独立に対してなされるいかなる国の攻撃も他のすべての国に対する侵略行為とみなされる」という特定の国を敵と想定しない集団安全保障的性格をもつ地域協定が締結された。

国連憲章52条は，「この憲章のいかなる規定も，国際の平和及び安全の維持に関する事項で地域的行動に適当なものを処理するための地域的取極又は地域的機関が存在することを妨げるものではない。」として，集団的安全保障に関する地域取決めをすることを認めているが，他方，憲章53条では，「安全保障理事会は，その権威の下における強制行動のために，適当な場合には，前記の地域的取極又は地域的機関を利用する。但し，いかなる強制行動も，安全保障理事会の許可がなければ，地域的取極に基いて又は地域的機関によってとられてはならない。」と定めており，国連安保理の許可がなければ，強制措置がとれないという規制がかけられた。そうであるとすれば，5大国のうち1国でも拒否権を行使されれば，チャプルテペック議定書に基づく強行措置がとれなくなってしまう恐れが生じたのである。そのような場合があることを想定して，アメリカは，国連憲章の中に集団的自衛権の規定を盛り込むことを主張し，それが入れられて憲章51条となったというもので

ある。
　このように地域取決めと安保理の許可という問題への対処という理由であったが、より根本的には、5大国に拒否権が認められることによって、国連の集団安全保障は機能しないであろうという予想の下で、それを前提として盛り込まれたのが憲章51条であると言える。このような背景を理解すれば、相矛盾する概念が混在していることの意味が理解できる。その後の東西冷戦のなかで、国連憲章の集団安全保障体制が十分に機能していかなかったことが実証された。
　具体的に、集団的自衛権の行使であると主張された事例について検討すると、自衛権の行使というよりも、大国による内政干渉に利用されてきたという側面が強い。ソ連は、1956年にハンガリーに、68年にはチェコスロバキアに、79年にアフガニスタンに軍隊を投入し、政府を崩壊させているが、ソ連は、いずれも軍事同盟を結んだ相手国からの要請による集団的自衛権の行使だと主張した。また、アメリカもベトナム戦争で、南ベトナム政権への北ベトナムによる「武力攻撃」だとし、北ベトナム爆撃（北爆）などを集団的自衛権の行使だと主張した。アメリカは1979年に親米独裁政権を倒したグレナダに対して83年に侵攻したが、これもグレナダが加盟する東カリブ海諸国機構の要請による集団的自衛権の行使だという体裁をとった。同じく79年にソモサ政権を打倒したニカラグアにも、機雷敷設や石油施設爆破などの武力行使を加えているが、ニカラグアがエルサルバドルの反政府勢力を支援しているとして、エルサルバドルとの集団的自衛権の行使だと主張したのである。
　これらの事例を見ると、実際に、集団的自衛権の行使であると主張された事例は、米ソ大国による他国への内政干渉であるという事例がほとんどであったということができる。
　国連憲章上、集団的自衛権の行使が権利として認められるということが一人歩きし、それを行使することは当然であるという理解が広がるということは、そもそも集団的安全保障という枠組みを壊してしまいかねない危険性をはらむことになるといわなければならない。国連の安全保障の枠組みの原則はあくまでも集団的安全保障なのであり、集団的自衛権の行使は極めて例外的な場面にすぎないということを認識しておくことが重要であろう。

4　戦争犯罪・国際人道法の形成から国際刑事裁判所の創設へ

　戦争の違法化の流れと平行して，戦争法規や非人道兵器の禁止という国際的な法規範が形成されてきたが，そのような法規範も国連における安全保障の枠組みを形成するものである。

　国連憲章以前においても，ジュネーブ条約や捕虜の待遇に関する条約，毒ガス禁止条約，ハーグ陸戦法規など，戦時国際法規のなかで，戦争犯罪や人道に反する犯罪などを処罰し禁止するというルールは確立されてきた。

　国連の時代に入ってから今日まで，ジェノサイド条約（1948年），ジュネーブ4条約（1950年，①戦地にある軍隊の傷病者の保護，②海上にある軍隊の傷病者の保護，③捕虜の待遇，④戦時における文民の保護），細菌生物兵器禁止条約（1971年），ジュネーブ条約に2つの追加議定書（1978年，追加議定書とはいうもののジュネーブ条約の実質的改定），拷問禁止条約（1987年），化学兵器禁止条約（1993年），核兵器に関する国際司法裁判所勧告的意見（1996年，核兵器の使用・威嚇は国際人道法に一般的に違反する），対人地雷禁止条約（1993年）とさまざまな戦争犯罪や人道法に関する国際条約などが成立してきた。

　このような国際法の規範が定立されるなかで，それら法規範に違反した者を国際法廷の場で処罰しようという試みが，始まることになるが，正式に制度として確立するにいたったのは極最近のことである。

　ニュルンベルグ国際軍事法廷と極東国際軍事法廷が，戦争犯罪を裁く最初の試みであった。これらは，特設法廷であること，処罰の対象が敗戦国の犯罪者に限られたこと，極東軍事裁判では国家元首であった天皇や明らかな戦争犯罪であった細菌兵器使用の責任者などの訴追が政治的政策的に免責されるなど，普遍的な裁判所とはいえないものであった。しかし，人道に対する罪という犯罪の存在を確認し，政府高官の責任を問うという法理を発展させたという点では画期的ではあったと評価されるべきものである。

　その後，国際社会は，常設の国際刑事裁判所設立の検討を始めたが，冷戦の深刻化のなかで作業は中止され，その再開は冷戦の終結まで待たねばならなかった。

冷戦後，1992年の国連総会で，国際刑事裁判所の設立の検討を始めることが改めて決議された。
　91年以降旧ユーゴ領内で民族浄化と呼ばれるジェノサイドなど国際人道法に対する重大な侵害行為がなされた。国連安保理は，93年2月，責任ある個人を訴追する国際刑事法廷を設立することを決議（安保理決議808）し，オランダのハーグに設置された旧ユーゴ国際刑事法廷を開設し，ジュネーブ条約違反，戦争法規違反，ジェノサイド，人道に対する罪などで，関係被告人に対して有罪判決を下した。
　また，ルワンダにおいても，94年4月のハビヤリマナ大統領の死亡を契機に再発した内戦において国民の大量殺害が発生したが，これに対し，国連安保理は，国際人道法の重大な違反を調査するための専門家委員会を設置し，ルワンダにおいて国際人道法の重大な違反が行われたこと，責任を有する者が独立の国際法廷で裁かれるべきであることを勧告した。その勧告を受け，安保理はルワンダ国際刑事裁判所の設立を決定している（決議955）。
　旧ユーゴやルワンダの事例では，国連安保理決議にもとづいて，戦争犯罪を裁く法廷が開設されたが，いずれも特設法廷であり，恒常的な制度の創設ではなかった。
　恒常的な国際刑事裁判所の設立を求める国際世論の高まりのなかで，1998年7月16日，イタリアのローマにおいて世界120ヵ国が参加して国際刑事裁判所（ICC）規程が成立した。発効するには60ヵ国の批准が必要であったが，2002年7月1日にその基準をクリアして正式に発効し，03年からオランダのハーグで設立されている。現在108ヵ国が批准している（09年1月現在）。
　アメリカは，クリントン政権時代の2000年12月に署名したが，ブッシュ政権になって02年5月に署名を撤回し，国際刑事裁判所の構想には消極的な姿勢を示している。アメリカのような超大国が消極的姿勢であったとしても，国際刑事裁判所が，戦争犯罪や人道犯罪を裁くことを通じて，武力行使を抑止し，安全保障に寄与することが期待されている。

5　国連は安全保障に現実に機能してきたか

(1)　国連の平和維持機能の主役を担ったPKO

国連憲章第7章に定める強制的措置である国連軍が正規に創設されたことは現在に至るまで一度もない。1950年に始まった朝鮮戦争における国連軍も国連憲章に定める正規の国連軍ではなかった。当時，中国代表権問題をめぐってソ連が安保理を欠席していたが，安保理では北朝鮮の韓国に対する攻撃を平和への脅威と認定して，北朝鮮に対しては速やかに38度線まで撤退することを求めるとともに，韓国に対して必要な支援を提供することを国連加盟国に勧告，各国から提供される軍隊をアメリカの指揮下に置き，アメリカにその司令官を指名させ，国連の旗を使用することも認めるとする一連の安保理決議を採択した（決議82～85）。このように編成された「国連軍」は，憲章43条以下の手続によって編成された国連軍でないことは明らかであるから，国連憲章でいう正規の国連軍ではないのである。

　1956年，エジプト政府はスエズ運河を国有化することを宣言したことに対して，イスラエル・イギリス・フランスが強く反発してエジプトに軍事侵攻した。アメリカは，直ちにイスラエルの撤兵を求める決議案を安保理に提出，イギリスとフランスがそれに拒否権を行使するという複雑な対応となったが，拒否権行使によって，安保理は機能不全となった。国連は緊急特別会期を開催し，そこであらためてアメリカは直ちに停戦・撤兵決議を提出し採択となった（緊急総会決議997ES−I）。

　その後の問題の処理は，ハマーショルド事務局長に委ねられ，ハマーショルドは強制行動のような戦闘を行わない兵力を紛争当事者の間に割って入らせて停戦監視を行うという平和維持軍方式（Peace Keeping Forces＝PKF）を採用し，結果的に停戦と撤退はスムーズに進み，安保理の機能不全のもとでも，かろうじて国連の平和維持機能を維持することができたと評価されている。今日で一般的となっているPKOないしPKFの始まりである。

　PKO（国連平和維持活動）は，非武装または軽武装の要員が，基本的に停戦合意が得られた後で紛争当事者間に割って入り，紛争の再発や拡大の防止に努めるという安全保障方式であるが，主として中立的諸国から提供された兵力で組織され，関係国の同意のもとにのみ派遣される。PKFは，PKOに従事する軍隊で，紛争当事者の間に入って停戦させたり，その国内の治安回復に務める。武器の使用は自衛の場合のみに限られる。

　平和維持活動の原則は，兵力の派遣を受け入れる国の同意，紛争当事国の

いずれか一方に加担するようなことはしないという中立性，要員の護身などの場合の他は火器の使用はしないという自衛原則が貫かれており，憲章7章に定められているような平和の脅威に対して軍事的な措置で対抗するものでない。また，PKOやPKFは，国連憲章上の規定に明記されているものではないが，国連の平和維持機能の役割を果たすために，安保理ないし総会の決議にもとづいて創設されてきたものである。

日本も1992年に「国際連合平和維持活動等に対する協力に関する法律」（国際平和協力法・PKO協力法）を成立させ，自衛隊のカンボジア派遣に道を開いた。現在でも，国連平和維持活動に対する協力としてカンボジア，モザンビーク，東ティモールに自衛隊を派遣している。

国連広報センターの資料によれば，2007年3月現在，インド・パキスタン軍事監視団，キプロス平和維持軍，レバノン暫定軍など展開中の活動15件，軍事要員・警察官は82,411名，派遣国114カ国ということである。

(2) 国連PKOの限界から多国籍軍へ

国連PKO活動は冷戦下での安保理の機能不全の中にあって，地域紛争の平和的な解決に寄与してきたが，冷戦終結後は飛躍的に活動の場が拡大するようになった。

しかし，従来のPKO3原則から一歩進んで軍事機能を強めたために，失敗するという苦い経験もしてきた。1992年ガリ国連事務総長は，「平和への課題」と題する報告を行い，紛争が武力衝突に発展する危険性がある地域に，国連が組織した軍事力を配置して衝突を未然に防止するという「予防展開」の構想や紛争が発生している地域に対して軍事力で紛争をやめさせるという「平和強制」の構想を打ち出した。

軍事衝突の防止や解決という発想には誰しも異論はないと思われるが，現実的には，軍事力をもって紛争地域に入った場合，紛争当事者のいずれかに加担するものとみなされ，最悪の場合には，紛争当事者双方からの攻撃を受けることになるという危険性をはらむものであった。92年のソマリア内戦に対しては平和強制の構想で介入，95年にはマケドニアの要請で旧ユーゴの紛争に対して予防展開の構想で関与したが，いずれも国連自身が紛争に巻き込まれて，手痛い犠牲を出して失敗したのである。国連を軍事的に強化しよう

という試みは失敗に終わった。

　1990年イラクはクエートに対して一方的な軍事侵攻を行った。国連安保理は，90年8月決議660でイラクへの非難・無条件の撤退を求め，決議661で経済制裁も決めた。アメリカとその同盟国は軍事介入の準備を始めた。その根拠は個別的・集団的自衛権の行使である。安保理は90年11月決議678を採択，クエート政府に協力している国連加盟国に対して，イラクに決議を遵守させるために「必要なあらゆる手段」をとる権限を与えるという権限を与えた。これは国連安保理として強制措置（軍事力の行使）を行うものではなく，加盟国にその権限を委託するという方式である。これによって加盟国（実際にはアメリカを中心とする同盟国であるが）の軍事力の行使が正統化されるが，このような方式も本来の国連憲章上で明記されているものではなかった。一般に「多国籍軍」と呼ばれているものである。

　国連安保理の授権を受けた「多国籍軍」による軍事力の行使が，国連安保理による強制措置と同視してよいかは，大いに疑問であろう。多国籍軍の指揮権は国連にはないので，その行動をコントロールすることはできないからである。

　ユーゴスラヴィア空爆（1999年3月）が北大西洋条約機構（NATO）軍によってなされた。これには何らの国連安保理決議もなされていない。人道介入という理由での武力行使が許されるかという新たな問題を提起している。

(3)　ニューヨーク同時多発テロと国連安保理

　2001年9月11日，ニューヨークの世界貿易センタービルに民間ジェット機が体当たりするという凄惨なテロ事件が発生した。国連安保理は直ちにテロ行為を非難する決議を採択（決議1368）し，さらに，国連加盟国にテロリストへの資金還流の防止を義務付ける決議を採択（決議1373）した。10月7日にはアフガニスタンへの攻撃が開始されタリバン政権が崩壊するが，このアフガニスタンへの攻撃は，国連安保理決議によるものではなく，アメリカが安保理に通告した理由は，個別的・集団的自衛権の行使ということであった。NATOも，NATO条約5条に規定された集団的自衛権を発動するとの支援表明を発表した。アフガニスタンがアメリカを攻撃したわけではないので，アフガニスタンに対する自衛権の行使というのは如何にも奇妙であるが，国

連憲章上，武力行使が正当化される事由が，安保理の決議によるか自衛権の行使によるかしかないので，前者がない場合には，安易に後者を持ち出すということがよくなされてきたことでもあった。

　03年3月20日，米英軍はイラク攻撃を開始した。このときは，米英軍の攻撃を容認する国連安保理の決議がなかったばかりか，常任理事国のフランス，中国，ロシアの3ヵ国が攻撃に反対の立場をとり，国際世論も反対の立場が圧倒的であった。その意味では，アメリカの単独行動主義が際立った事件となり，一時期は国連の存在価値自体を疑問視するような論調も多く見られた。アメリカは法的な正統性を追及することができない代わりに，核兵器や生物化学兵器などの大量破壊兵器の所持とアルカイダなどとの繋がりを前面に押し出し，「対テロ戦争」に正統性を見出そうとした。しかし，結果的には，大量破壊兵器もなく，アルカイダとの関係もなかったということが明らかになるにつれ単独行動主義の行き詰まりのなかで，イラク占領の正統性の根拠を国連安保理に求めることになった。

　アメリカは，03年5月22日，国連安保理決議1483によって，イラク復興支援の枠組みを国連の復興活動として位置づけることに成功した。そして，泥沼化しつつあるイラク情勢に対して国際世論がさらに厳しくなったため，それら批判をかわし，イラク援助を各国に要請するため，03年10月，新しい安保理決議を求め，イラク国民に統治主権を速やかに返還するように求めるという内容の決議1511，さらに，04年6月8日，占領の終結と完全な主権回復をうたい民主化と復興支援のプロセスを明らかにする国連安保理決議1546を得ることに成功している。

　このような国連安保理に対しては，アメリカの無法を追認するものという厳しい批判もある。しかし，国連がアメリカによって利用され，追従しているというイメージをもつのは正しくない。アナン事務総長はアメリカのイラク攻撃は国連憲章に違反するということを断言しているし，ドイツ連邦行政裁判所もイラク攻撃は国連憲章違反だという判決も下しているように，アメリカのイラク攻撃が国際法上，国連憲章違反であることは明白であるとしても，そのこととイラクに平和を回復するということとは別問題である。イラク開戦に反対の立場をとった安保理理事国も決議1511や1546に賛成している。国際社会は未だ法の支配という段階にはほど遠く，力による支配が横行して

いると言わざるをえないが，力による単独行動主義に走ったアメリカも，国連安保理に回帰せざるを得なくなったように，今後も多国間主義による平和維持機能は重要な意味をもつと考えられる。

(4) 国連総体としての安全保障の機能

国連憲章上，安全保障面で中心的な役割を果たす機関は安全保障理事会でしかないが，安保理が大国の拒否権のため，責任を遂行できない時に，国連総会が一定の勧告を行うことができることを認めた国連総会決議がある。1950年11月の第5回国連総会で国連決議377号として採択されたものであり，平和のための結集（uniting for peace）と呼ばれている。1956年スエズ問題，1958年，1967年の中東問題，1980年のアフガニスタン問題などの際に行使され，一定の成果をあげてきている。

国連にはさまざまな専門機関があるが，ユネスコ，ＩＬＯ，ＷＨＯなどは，教育，労働，健康などの専門機関であるが，実は，平和維持の問題と密接につながっているのである。「戦争は人の心の中で生まれてくるものであるから，人の心の中に平和の砦を築かなければならない」というユネスコ憲章前文の一節は広く日本人の心をとらえて日本ではユネスコ運動が発展してきたし，ＩＬＯについても，その憲章の前文では，「世界の永続する平和は，社会正義を基礎としてのみ確立することができる。世界の平和及び協調が危うくされるほど大きな社会不安を起こすような不正，困苦及び窮乏を多数の人民にもたらす労働条件が存在し，……」と書かれており，労働条件のおける国際基準の確立は世界平和に寄与するという位置づけである。

また，国連の付属機関の中でも，ユニセフ，難民高等弁務官事務所（UNHCR）などは，平和維持の活動と密接に関連する仕事を行っている。国連開発計画（UNDP）は1994年の年次報告で「人間の安全保障」を提起した。安全保障の対象を「国家」から「人間」に移し，人間一人ひとりがどこで生きようと「恐怖からの自由」と「欠乏からの自由」が保障される世界の創設をめざそうというものである。人間中心の基本理念から出発し，武力介入よりは早期予防に重点を置き，テロ・貧困・環境破壊・紛争・など戦争の温床となるものを取り除こうという取り組みである。日本は，「人間の安全保障」委員会設立を提唱し，緒方貞子さんが共同議長の1人として，01年発足，03

年2月には報告書が採択されている。

　このように，国際連合は総体として，世界平和，安全保障に，直接・間接にかかわっているのであり，現実的に安全保障機能を担っているのは，安全保障理事会だけではないということに留意する必要がある。

　国際連合は第2次世界大戦時の連合国50ヵ国でスタートしたが，60年代にはアジア・アフリカ諸国から多くの国が参加し現在では190ヵ国を超える加盟国で構成されるようになった。ポスト冷戦のなかで世界情勢も大きく変化してきた。このような変化の中で，国連改革に向けた提案もなされている。安保理理事会の構成や拒否権問題なども検討が必要な段階となっている。

(5)　民間団体（NGO）の役割

　国連憲章71条は，「経済社会理事会は，その権限内にある事項に関係のある民間団体と協議するために，適当な取り決めを行うことができる」と規定している。これに基づき，1946年に設けられたのが，経済社会理事会NGO協議制度である。一定の資格要件を満たすNGOに対して協議資格が与えられ，経済社会理事会やその下部機関に出席して意見を述べることができる。

　今日のようにNGOの活動が注目されるようになったのは，1992年の地球サミット（環境と開発に関する国連会議，リオデジャネイロ）に始まる一連の世界会議からである。93年世界人権会議（ウイーン），94年人口と開発に関する国際会議（カイロ），95年世界社会開発サミット（コペンハーゲン），95年世界女性会議（北京），96年人間居住に関する国連会議（イスタンブール），96年世界食糧サミット（ローマ）などで相次いで国際会議が開催され，NGOに発言の場を提供した。

　環境，人権，開発の分野でのNGOの活動はめざましいものがあり，NGOの関与は国連の活動にとって不可欠のものとなっていった。

　平和や安全保障の分野では，NGOが安全保障理事会などに関与できることはなく，長らく蚊帳の外という状況が続いた。しかし，NGOが始めた対人地雷廃絶キャンペーンが，カナダ政府の協力によって，全面禁止条約の成立にこぎつけた1997年から，平和や安全保障の分野におけるNGOに対する評価も変化してきた。1999年には，ハーグ平和会議100周年を記念して，オランダのハーグで開催されたハーグ平和アピール市民会議は，世界中の平和

ＮＧＯから１万人が参加する大きな会議となり，そこで採択された行動計画や行動綱領は，平和をめざす世界の市民運動の総決算と呼べるものであった。国連もそのような動きを無視することができなくなった。紀元2000年を記念して，国連では，政府首脳によるミレニアムサミットや政府間会議であるミレニアム国連総会が開催されたが，加えてＮＧＯによるミレニアムフォーラムも国連のイニシアティブで開催されたことも画期的なことである。

　ガリ国連事務総長の軍事力行使による平和の実現が失敗に終わった後，アナン国連事務総長は武力紛争予防に重点をおくことになるが，アナン氏の安保理に対する2001年６月の報告の中に，はっきりとＮＧＯが位置づけられることになった。アナン報告の27項には「紛争予防に関心をもつＮＧＯに対して，地域・国家・国際の各レベルのＮＧＯが集い，紛争予防におけるＮＧＯの役割とその分野での国連との将来的な相互協力に関して議論する国際会議を開催することを強く促す」とある。2005年ニューヨークで世界会議が開催された。ＮＧＯもようやく安全保障の分野においても発言権をもつ時代に入ったのである。安全保障の分野でも，国際機関と各国政府にくわえて市民が参加し，世界の平和をどのように創造するのかを議論するという時代が到来したといえる。

第2章　日米安保条約と憲法9条——日米安保をどう評価するか

児玉憲夫

1　はじめに

　憲法9条の改正の可否を論ずるにあたっては日米安保条約の存在と評価を抜きにすることはできない。
　日米同盟は日本の安全保障の基軸であり，アジア太平洋地域の平和と安定のために不可欠であるとするのが，政府および自民，民主，公明各党の政策であるが，この日米同盟とはまさに日米安保条約の維持，発展を中核とするものだからである。
　安倍内閣は「戦後レジームからの脱却」を標榜して発足したが，そこで目標とされる「戦後のレジーム」は，新憲法の非武装平和主義と日米安保条約からなりたっているのであり，安保条約を温存しつつ憲法9条を改正して武力の保持と海外派兵を目指すだけでは戦後レジームの脱却という言葉と背馳する。戦後レジームのもう一方の柱をどうするのかをあらためて明確にする必要がある。
　日米安保条約は決して永久不変のものではない。1960年に改定された新安保条約10条によると「この条約は10年間効力を存続した後はいずれの締約国も，他の締約国に対してこの条約を終了させる意思を通告することができる」と規定されている。それにも拘わらずわが国の憲法改正論議においては，安保条約の存続を既成事実としてその上で9条の改正の可否とその内容を論議するという風変わりな状況が続いている。
　例えば，9条の改正の中心である自衛隊を憲法上認めるか否かについて，現下の日米安保条約を当然の前提にし，9条1，2項の改正に反対する見解

が広く認められている。殊に，専守防衛論は安保条約の存続と親和性をもっていると思われる。

「自衛隊も必要，安保も必要，でも憲法9条は守る」というのはある種の「ねじれ」現象というほかない

反対に改正賛成論の中でも，一部には安保条約を廃棄することを前提に独立国家としての軍隊（自衛隊）の保持を主張するものがあるが，大勢は，「9条を変えることで日本のセキュリティー問題を考えますと主張するときだけは安保条約のことを忘れているというか，あえて触れない。そこに一種の欺瞞がある」と評されている状況にある（長谷部恭男・杉田敦著『これが憲法だ』93頁）。

日米安保条約に基く在日駐留軍ないし米国軍隊と共同して軍事行動を行うための自衛隊の存在を認めるという論者に対しては，それでは「アメリカのいいなり」になるのではないか，イラク戦争の現状にみられるアメリカの独善主義に伴う危険にさらされるとの声が挙がっている。

このような状況は憲法学者の間でも指摘されており，たとえば「戦後の日本の憲法学はどうして国家主権問題，よりアクチュアルには安保問題を理論的課題として取り組んで来なかったのかと改めて思います。改憲動向の最大の駆動因は，日米軍の同盟関係にあることは多言を要しません。このたびはいわゆる trans formation を震源として出されて来ており，その語義通り軍事同盟の『質的転換』を伴っています。ここが震源地であることを憲法学を含む学問が学的分析の批判の対象に据えてかかるべきだと思います。」との発言がなされている（『日本国憲法と憲法学の60年』法律時報2007年7月号24頁・森英樹発言）。

そもそも日米安保条約は反共，対ソ連の産物であった。1989年11月ベルリンの壁が崩壊し，1991年ソ連が消滅した以上，安保条約の存在意義は失われたのであり，安保条約については，例えば対話，協調をめざした多国間の安全保障などを再検討するべきであった。

しかし，日本とアメリカは1996年の橋本クリントンの両国大統領の安全保障宣言（いわゆる安保再定義）で2国間での安保を存続させ，さらにはグローバル化するという道を選択したのである。

このように，安保条約の評価は，進みつつある現在の国際状況に大きく左

1　はじめに

右され，ひいては憲法9条のあり方を規定することになる。

そこで本稿では，憲法9条をめぐる諸問題と日米安保条約の関係を整理し同条約をどう評価するかを論じることとする。

そのために，まず日米安保条約の生いたちと歴史的な反対闘争となった60年安保改定，70年安保を通じたその後の展開，ならびに1989年の米ソの冷戦終結から今日までの日米同盟の変容をフォローすることから始めたい。

2　日米安保体制と自衛隊

(1)　日本の再軍備と旧安保条約

(イ)　警察予備隊と講和条約

憲法9条がかかげる平和主義は日本国民の平和への決意の表明であると同時にアメリカの日本に対する初期占領政策の現れでもあった。アメリカは1945年9月の「降伏後ニ於ケル米国ノ初期ノ対日方針」にあるように「日本国ガ再ビ米国ノ脅威トナリ又ハ世界ノ平和及ビ安全ノ脅威トナラザルコトヲ確実ニスルコト」をめざし，そのための手段として日本の徹底した非軍事化と民主化を図ったのである。

しかし，新憲法が公布された直後の1947年秋頃から米ソ対立による冷戦が激化したことを背景として，アメリカは方針を変えて米軍駐留と沖縄の基地化による日本の安全保障の樹立を考えるようになった。

それは1949年の中華人民共和国の成立や朝鮮戦争の勃発で一気に現実化された。

このようなアメリカの動きに対応して，当時早期の講話条約の締結が求められていたわが国からも呼応する動きが起った。それを明らかに示す一例が1947年9月の芦田書簡である。

この文書は，講和後の日本の安全保障を国連が機能する場合とそうでない場合に分けて，米ソ関係が好転し，国際連合が機能する場合は国連に託し，後者の場合はアメリカに委ねることを良しとしていた。

さらに，アメリカによる安全保障について，①平和条約履行を監視するために米軍が駐留するという方法と，②特別協定を結んでアメリカが日本の防衛を引き受けるという方法の2つを掲げ，②の方が望ましいとし「米国側は

日本政府と合議の上，何時にても日本の国内に軍隊を進駐すると共にその軍事基地を使用できる」としていた。この書簡は占領軍のマイケルバーカー中将に手渡されたが，アメリカ本土には届けられなかったようである（坂元一哉『日米同盟の絆』〔有斐閣，2000年〕12頁）。しかしその内容は，後に1950年4月，ときの吉田首相が，財政，経済の視察という名目で訪米する池田勇人大蔵大臣に託して，日本の安全保障についての自らの考え方をアメリカ政府に伝えたとされる池田ミッションにつながっている。

池田はドッジラインの立役者ですでにアメリカに帰国していたジョセフ・ドッジに対し，「日本政府はできるだけ早い機会に講和条約を結ぶことを希望する。そしてこのような講和条約ができてもおそらくはそれ以外の日本及びアジアの地域の安全を保障するためにアメリカの軍隊を日本に駐留させる必要があるであろう。もし，アメリカ側からそのような希望を申し出にくいのであれば，日本政府としては日本側からそれをオファーするよう持ち出し方を研究してもよろしい」と伝えている（坂元・前掲書29頁。このことは池田大臣に随行した宮沢喜一元首相の「私の履歴書」にも書かれている）。

また，日本を極東の安全保障の要として位置づけるアメリカの構想にいち早く同調したのは財界であった。1951年1月経団連など財界8団体は来日中のダレス特使に「講和条約に関する基本的要望」を提出した。

朝鮮戦争が始まって1ヵ月後の1950年7月8日マッカーサー司令官は吉田首相に書簡を送り「警察予備隊の創設と海上保安庁職員の増員」を命じた。政府は8月10日「警察予備隊令」を制定し，予備隊7万500人と海上保安官8000人の警察予備隊を発足させた。この組織は名称は警察であるが，実質は武力行使を行う軍隊であった。しかし，のちの自衛隊と異なり，「自衛権」を基礎とし正当化されたものではなかった。

(ロ) 平和条約の締結と旧安保条約

1951年9月8日サンフランシスコにおいて日米間の平和条約が締結された。

この講和条約は，アメリカ側の冷戦下での日本抱き込みと日本側の基地提供を見返りにした早期講和の思惑が絡まったものであり，国民の間では全面講和を求める声も強かった。しかしソ連，中国などを除く片面（単独）講和となった。

この平和条約には，「連合国としては，日本国が主権国として国際連合憲

章51条に掲げる個別的又は集団的自衛の固有の権利を有すること及び日本国が集団的安全保障取り極めを自発的に締結することができることを承認する」と規定（5条C）されており，別に締結することが予定された日米安保条約と一体化するものであった。

　このようにして同日付で締結された日本国とアメリカ合衆国との間の安全保障条約（旧安保条約）は，日本が武装を解除され固有の自衛権を行使する有効な手段をもたない（前文1段）ため，「暫定措置として」日本国に対する他国の武力攻撃を阻止すべく，日本国内及びその付近にアメリカの軍隊を維持することを希望する（前文4段）とし，これに応えてアメリカが自国軍を日本国内に維持する意思がある（前文5段）とのもったいぶった言い回しで米軍の駐留を認めている。暫定措置であることから日本は直接または間接に自国を防衛するための軍備を漸増することが期待された。期待だけとはいうものの，わが国憲法9条の規定におかまいなく軍備の増強を求めたもので憲法無視もはなはだしい。

　旧安保条約は，日本がアメリカの陸海空軍を日本国内に配備する権利を許与し，アメリカがそれを受諾するとの文言で（1条），日本がアメリカ軍の駐留を認める義務を規定するが，日本が他国から侵害を受けた場合にアメリカがこれを防御する義務を課する規定は見当たらない。旧安保条約3条により，アメリカの軍隊の配備を規律する行政協定が結ばれたが，その24条で「敵対行為あるとき日本と共同措置をとる」と規定されているにとどまる。

　さらに，米軍は「極東における国際の平和と安全の維持に寄与する」との極東条項（1条）が規定されたが日本側が要望した国連憲章との関係がどうなるのかについては触れられていない。提供する基地の範囲も特定されておらず，米軍は全国どこでも自由に対象にできる権利が与えられている。

　このことは，旧安保条約は相互防衛のための条約というよりも，日本が軍事基地提供と駐留軍を認める単なる基地提供条約でしかなかったことを示している。

　旧安保条約の性格は「人（米軍）と物（基地提供）との相互協力」であると説明されることがあるが，日本側のみが基地の提供とアメリカが求める米軍の駐留を容認するもので，実質的には相互性のない不平等な内容の条約であり，対米従属を本質とするものであった。

(ハ) 保安隊・警備隊への改組とＭＳＡ協定（1954年）

平和条約および安保条約による軍備漸増の期待に応えて，わが国は1952年，警察予備隊を保安隊，（海上）警備隊に発展改組し兵力も12万人となった。保安隊は「平和と秩序を維持し，人民及び財産を保護するために行動する部隊」と規定され「その任務を遂行するために必要な武器を保有することができる」となった（保安庁法68条）。

さらに1954年3月には日米相互防衛援助協定（ＭＳＡ協定）が締結され，日本がアメリカの援助を受けて防衛力を増強することが義務化された。

ＭＳＡ協定は「自由世界の相互安全保障ならびに個別的及び集団的防衛を強化し，友好諸国の安全及び独立ならびに米国の国家的利益のために友好諸国の資源を開発し，かつ友好諸国の国際連合の集団的安全保障体制への有効な参加を助ける」目的をもって1951年アメリカで制定され日本にもその受け入れを求めてきたもので，日本国内において反対する勢力も強く吉田首相の優柔な対応で延伸されてきたが，紆余曲折の末協定されるに至ったものである。

それにより同年6月保安庁法が全面改定された防衛庁設置法と自衛隊法（防衛2法）が制定され，陸上自衛隊，海上自衛隊に加えて航空自衛隊が作られ3軍体制となった。

ところでこのＭＳＡ協定を受け入れることによって負うこととなった自国の防衛能力の増強義務の履行に当たり，政府によって示された見解が「自衛のための必要最小限の実力の保持」は憲法9条の「戦力にあたらない」というもので，その後の政府方針の基調となった。これ以降わが国はそれを前提にして三軍兵力の増員と武器の増強（イージス艦や戦闘機など）を行い，その装備と兵力において世界第5位といわれる規模にまでなっていくのである。

(2) 60年安保条約

(イ) 安保見直しの要請

ＭＳＡ協定が締結され自衛隊が正式に発足した直後から，旧安保条約についての「押しつけられた安保」，「駐留協定にすぎない」などの批判に対向して，アメリカの防衛義務と日本からアメリカへの基地の提供義務との間の双務関係を明確にし，名実ともに独立国間の相互防衛条約に改定することを求

める声が存在した。

　1957年6月，訪米した岸首相はアイゼンハワー大統領とダレス国務長官との会談で「安保条約の再検討（改定ではない）」を申し入れた。

　岸首相は日米両国民の「心からの協力関係」を作り出すため，①安保条約と国連との関係の明確化，②駐留米軍の日本配備についての事前協議，③条約に期限（5年）を設けることの3点の見直しを求めたがいずれも実現しなかった。アメリカは日本の防衛力の増強と海外派兵協力を求めたといわれる。

　それにもかかわらず，岸首相が，憲法を改定し防衛力を十分に増強し対等な立場で相互防衛条約を作り直す前に，60年の安保改定に踏み切ったのはなぜなのであろうか。

　坂元教授によると，①アメリカが日本との連帯維持のため安保改定が早急に必要との結論に達し，それまで相互条約締結のネックになっていた日本の海外派兵義務を条約からはずしたこと，②岸首相自身が憲法改定後の相互防衛の達成を最終目標としてとりあえずの相互性で甘んじる2段階改定の方法を選んだからであるとする（坂元・前掲書184頁）。

　しかし岸首相が最終目標とした実質的に対等な安保条約は，もともとわが国では憲法9条の改正を伴うものであるとともに，深まる冷戦状態のもとで在日米軍の撤退を含む内容にアメリカが同意しがたいと考えられることからしても安易に達成できるものではなかった。

　このような状況のもと1958年10月から日米間で60年安保の改定交渉が始まった。新条約は，「極東における国際の平和及び安全の維持」が日米共通の関心であることを確認したうえで国連憲章に定める個別的又は集団的自衛の固有の権利を両国に認め（前文），日本国の安全又は極東における国際の平和及び安全に対する脅威が生じたときに両国が協議を行い（4条），日本の施政権下にある領域への武力攻撃に対して日米が共同して対処すること（5条）とし，そのために日本は憲法上の規定に従うことを条件に軍備（武力攻撃への抵抗能力）を維持発展させる義務を負う（3条）とするものであった。

　㈡　新安保条約の特徴

　新条約の特徴は，①日本の施政下にある領域におけるいずれか一方に対する武力攻撃に限定され（5条），自国の憲法上の規定及び手続きに従うことを条件に共同行使するという点で「相互防衛」といっても地理的，手続的に

制限された変則的なものであること，②アメリカはその3軍が日本国において施設及び区域を使用することができるとして基地の使用権を明白にしていること（6条），③旧条約（1条）と同様に駐留米軍には日本国の安全に寄与する場合とは別に「極東における国際の平和及び安全の維持」の任務があり，日本の意見に関わりなく，アメリカの軍事策略に基づいて日本の基地から一方的な軍事行動をとることができること（6条）などにある。

②については，抑制措置としての事前協議がおかれたがその実効性（例えば寄港空母の核兵器塔載）については多大な疑問が残された。特に③の特色から，米軍は，日本の安全とは直接かかわらない極東地域における紛争に日本の基地から出動可能であり，この場合在日米軍基地が交戦区域として相手国から攻撃を受ける場合があることから，わが国が予期せぬ武力攻撃に巻き込まれ，なしくずしに戦争に引き込まれる危険性について国民の関心が集まった。

その結果，新条約によってわが国の独立がおびやかされるとして新条約に反対する声が高まり国会周辺と全国各地でのデモが展開され歴史的国民運動へとなっていったのである。しかし，岸内閣は暴力的手段でもってこれを押さえ強行採決と自然承認で条約を成立させた。1960年5月19日の衆議院における条約承認の強行採決，6月10日のハガチー事件，6月15日の国会正門前での警官隊のデモの衝突と学生の死亡，翌16日のアイゼンハワー大統領の訪日延期，6月19日の参院での自然承認という経過をたどった60年安保闘争は今も国民の記憶に残りつづけている。

㈥　安保条約の相互性，対等性について

日本とアメリカの相互性，対等性確保の交渉は60年安保及び70年安保の大きな課題であったが，いずれにおいても，十分には達成されなかった。60年安保闘争での相互性，対等性の要求は，日本の基地提供に対する米国の防衛義務の不足を問うものであったが，現在では反対に，米国の日本を守る義務に対して，米国の安全保障についての日本の協力義務の不足が主張されている。アメリカは日本が攻撃されたら守る義務があるが，日本は米国本土が攻撃をうけても共に防衛する必要はない。代わりに基地を提供し，それを自国に使わせているではないかとの反論もあるが，それでも偏頗性はぬぐえない。それでは沖縄などの在日米軍基地の縮小を米国に強く主張できないという不

満が残る。

これに対しては，日本が第2の独立を果たすため集団的自衛権を認めることによって相互性，対等性を確立すべきだという意見がある（例えば，石破元防衛庁長官，朝日新聞平成19年3月14日夕刊）。しかしこの論理にはごまかしがある。集団的自衛権を認めることで，米国と対等になることが本当にできるのか。仮にできるとしても米国と対等性を主張する軍備力は相当大掛かりなものとなり，はたして，わが国の国力で対応できるのか。反対に集団的自衛権を認めることは，米国との軍隊の共同行動など米国の世界戦略に巻き込まれる危険の方が高いのではないか。これら深刻な問題があり，到底承認できるものではない。

結局，論理的には相互性，対等性が確保されないならば安保条約を破棄する選択をとるしかないことになろう。

(3) 自衛隊の増強と日米軍事協力関係の強化

(イ) 自動延長と旧ガイドライン

60年安保条約は，存続する固定期間を10年としたが（10条），70年においても再改定は行われず，自動延長となった。その後も改定，廃棄されることなく今日に至っているが，この間自衛隊は第1次防衛力整備計画（1958～60年）に引き続いて第2次ないし第4次（1960～76年）まで整備を拡大し多大の国家予算をつぎ込み，第4次（1972年以降）では年間4兆円を超える予算規模の支出となっている。

その後は年次計画をやめて永続的な「防衛計画の大綱」につながっている。「防衛計画の大綱」は，自衛隊の部隊編成や装備・兵器の整備目標，出動態勢のかたちなど日本の防衛のあり方を示す長期指針といわれており，1976年にはじめて策定された。そこでは日本防衛の基本を日本独自の「基盤的防衛力構想」と「専守防衛」においていた。

基盤的防衛力構想とは，日本に対する脅威の量をあらかじめ見積って，それに備えて必要な防衛を構築する（所要防衛力構想）立場に立たないで「限定的かつ小規模な侵略事態に備える」とするもの（前田哲夫『自衛隊』114頁）で，後述する専守防衛に連動するものであった。

この基盤的防衛構想は，冷戦終結に伴い自衛隊の役割を大規模災害や国際

平和協力に拡大した1995年の「新防衛計画大綱」においても，基本的には引き継がれていると考える。

1978年日米両国は安保条約5条に規定する他国からの武力攻撃に対する具体的行動を定めた「日米防衛協力のための指針（旧ガイドライン）」を策定した。その中では，日本国に対する現実の武力攻撃がなされた場合のみならず，その「おそれ」がある場合を含めるとともに極東における日本の安全に重要な影響を与える事態が起った場合（例えば台湾及び朝鮮半島の有事）の緊密な防衛協力体制が規定され，両国が共同行動をとることが重視され，わが国の自衛隊の活動範囲も極東地域へと拡大されている。

さらに冷戦の終結による国際情勢の変化の中で安保条約の意味づけが協議され，安保条約は，日本の安全確保のためだけでなく「周辺地域における平和と安定を確保するうえでも重要な役割を任う」ものとされた（前記「新防衛計画大綱」）。ここにいう周辺事態は日本語の意味と異なり地理的なものではなく「事態の性質」に着目したものとされているので，どこで発生した事態であっても，日本の平和と安全に重要な影響を与える事態ならそれに該当することになる。

㈡　日米安保の再定義と新ガイドライン

1996年4月，橋本首相とクリントン大統領による日米首脳会談後になされた「日米安全保障共同宣言――21世紀に向けての同盟」（この共同宣言は「日米安保の再定義」といわれる）は，米国が引き続き軍事プレゼンスを維持することがアジア，太平洋地域の平和と安定の維持のために不可欠であるとし，アジア，太平洋地域に10万人の兵力を整備するとしている。

しかし，冷戦対応という歴史的使命を終えた日米安保は本来この時期に廃棄ないし改定されるべきであった。日本政府とアメリカはそのような期待された手続きをとらず（条約の改定を国民は承諾しなかったであろう），「再定義」という解釈変更によって，安保の対象，目的を日本の国内ないし周辺事態からアジア，太平洋を含む広い地域に拡大し，「日米安保のグローバル化」を宣言した。これは解釈改憲に匹敵する非合法な「条約改変」といわねばならない。

これを受けて1997年9月には新ガイドラインが策定され，従前の周辺地域に加えてアジア，太平洋という広大で曖昧な地域を対象として，日本が在日

米軍の展開にあたって食糧補給を行うとともに物資や人の輸送，機雷掃海，船舶の臨検，情報の提供など後方からの全面支援を行うことが義務づけられた。

新ガイドラインとそれを実施する国内法（周辺事態法）の制定を受けて2004年12月「平成17年度以降に係る防犯計画の大綱」が閣議と安全保障会議で承認された（2004年「防衛計画大綱」）。

この大綱の特徴は，70年代以降維持されてきた「基盤的防衛力構想」と事実上絶縁し，従前の有効な部分を継承しつつ，新たな脅威や多様な事態に実効的に対応しうるものとすべく，国際社会が協力して行う活動に自衛隊が主体的かつ積極的に取り組みうるものとする必要があると述べ，わが国の「防衛について即応性，機動性，柔軟性及び多目的性を備え，高度の技術力と情報能力に支えられた多機能で弾力的な実効性を持たせ，日米安保体制を強化」するとしている点である。

そして，多機能で弾力的な実効性のある防衛力は，大量破壊兵器と弾道ミサイルの開発，配備，拡散を行う北朝鮮に対抗できる核ミサイル戦力や海空軍力の近代化を推進するとともに，海洋での活動範囲の拡大を図る中国をも対象とすることも明記した。これは両国を仮想敵国と認定したことを意味する（前田哲男『自衛隊』115～118頁）。

　㈏　その後の多面的展開・周辺事態法

このような日米両首脳の「安保再定義」と「米軍と一体化する自衛隊」の流れはその後次のような多面的な展開をみせ，より緊密強固なものとなっていく。

　①　国内法への転移：新ガイドラインから周辺事態法へ（1997～99年）

前述したアジア・太平洋という広大で曖昧な対象地域において，自衛隊はアメリカ軍の活動をどこまでどのように支援するのかを明らかにするために1999年に制定されたのが「周辺事態に際して我が国の平和及び安全を確保するための措置に関する法律（周辺事態法）」である。

同法により周辺事態に際し自衛隊は「前戦」で展開するアメリカ軍へ「後方支援」として物資補給や遭難兵士の捜索救助を行いうる事になった。

ここで強調された「後方支援」については，現実に「周辺事態」が生じた場合に，米軍が展開する「前方」と自衛隊が支援する「後方」活動との差異

は言葉だけのものに過ぎなくなる蓋然性が高く，米軍の武力行使と自衛隊が「一体化」することは避けられないと見られている（野中俊彦他『憲法1』183頁，芦部信喜『憲法第4版』69頁）。

② 海外派兵の実施：テロ対策特措法とイラク特措法（2001～03年）
③ 国民生活への波及：周辺事態法から有事法制へ（1999～2004年）

これら3方面への多面的展開は安保法体系を一変させ憲法秩序に決定的ともいえる打撃を加え，さらに地方自治体や企業に戦争協力を押しつけることになったといわれている（前田哲男『自衛隊』36頁以下）。

これら新，旧ガイドラインの法的性格は政府答弁によると「あくまで指針にすぎず政府間の協定ではなく拘束力はない」と説明されていたが（1986年12月参議院），現実にはテロ対策特措法（2001年）や給油支援特措法（2008年1月）の制定によって，湾岸戦争におけるペルシャ湾での機雷除去や海上での燃料補給，イラク戦争での物資ないし軍隊の輸送など，条約を超える活動を展開することにつながっている。

(ニ) 有事法制の整備

上記新ガイドラインには日本側の後方支援に関連し，それを行うにあたって民間を動員する体制と国内の関係行政機関による対応措置が定められている。

これを受けて，戦争や事変などの緊急事態（有事）が起こった場合の対応についての研究が進められ，「有事法制」として整備された。これはまさに戦争準備のための国家総動員法であるといわれている。

さらに2001年9月のアメリカでの同時多発テロが大きな契機となって2003年には武力攻撃事態等対処関連3法（同対処法，安全保障会議設置法と自衛隊法の一部改正）が成立し，翌2004年にはこれら三法に「国民保護法」「特定公共施設利用法」「米軍支援法」などが加わった事態対処法制関連7法の成立と3条約の改定承認がなされた。

(4) 日米同盟の変革再編と自衛隊の変容

(イ) 日米安全保障協議委員会（2プラス2）の報告

日米同盟の変革再編の交渉が2002年12月から日本アメリカの外務と防衛担当の官僚（アメリカの国務・国防長官と日本の外務・防衛大臣）をもって構成

する日米安全保障協議委員会（2プラス2）で始められ，2005年2月19日の「日米共通の侵略目標」と同年10月29日の「日米同盟——未来のための変革と再編」（中間報告）を経て2006年5月1日には3年余り続いた再編協議の最終とりまとめ，「在日米軍再編実施のためのロードマップ（行程表）」として合意された（最終報告）。

この取りまとめにおいて日米両国は，同盟関係にとって重要な在日米軍のプレゼンスが確保されたと自画自賛しているが，その中味は沖縄再編（普天間飛行場の名護辺野古への移転），米陸軍司令部能力の改善（キャンプ座間への移転）横田，厚木，各飛行場から岩国への空母艦載機の移動，ミサイル防衛，訓練，など実施内容を具体的に明記し，その施設整備と移転に関する費用を日本が負担し，米軍は運用経費のみ負担するというものである。

合意の実施期限は2014年とされているが，上記内容からみるとわが国が念願する基地の縮小どころか基地の拡張，恒久化をもたらす危険の方が大きい。その後の推移をみると「とりまとめ」による日米合意を盾に施設整備を迫る日本政府と憲法9条を掲げてこれを許さないとする地方自治体と住民との対決が顕著になっている（岩国の基地拡張問題など）。また施設整備へのわが国の協力のあり方として，2006年5月に普天間飛行場の辺野古崎沖海域への移転に関し，同所の環境調査を実施する民間機関に海上自衛隊潜水隊員が参加し，近海に掃海母艦「ぶんご」が待機支援するという象徴する出来事が起きている（水島朝穂「軍事法制の変容と憲法9条」法時79巻8号44頁）。

(ロ)　防衛庁の本省化

1906年12月「防衛庁の本省移行関連法」が成立した。これにより従来自衛隊の任務として定められていた「わが国を防衛すること，必要に応じて秩序の維持にあたること」（3条9項）に加えて，さらにPKO協力活動と周辺事態法対処措置，イラク特措法に基づく活動など海外派遣が本体任務となった。

今後ますます在日米軍との一体化が進められることとなる。

3　駐留米軍の合憲性

(1)　違憲論の系譜

(イ) 現在，わが国には日米安保条約に基づき88ヵ所の施設・区域に米国4軍，総計4万人の兵隊が留駐している。

これら駐留軍と安保条約の違憲性については米軍基地の確保存続をめぐる住民の反対闘争の中で問題となり，その多くが裁判事件となった。

古くは石川県金沢の内灘村の砂丘地を米軍射爆場として接収しようとした件への反対闘争，群馬県妙義山や長野県浅間山の山岳演習地の接収に対する反対闘争（後の2者は断念）があり，さらに1955年には在日米軍から要請を受けた，立川，横田，木更津，小牧，新潟の5飛行場の拡張に対する反対運動があった。

(ロ) 砂川事件

そのうち駐留アメリカ空軍の基地であった立川飛行場の拡張の過程で1957年に発生したのが砂川事件であった。

この事件は，用地収容のための測量を施行する政府調達庁と「土地に杭は打たれても心に杭は打たれない」として基地拡張に反対する地元農民とそれを支援する労働者，学生が対立し，測量の実力阻止や収用認定の違憲取消を求めて行政訴訟や民事訴訟が争われていた。

1957年7月7日，東京調達局による民有土地の使用認定をめぐる測量に対し基地反対派のデモ隊が乱入した事件につき3ヵ月後に多数の労組員・学生が逮捕された。そのうち7名が旧安保条約3条に基づく行政協定に伴う刑事特別法違反として起訴され東京地裁で審理された。

弁護団は安保条約と行政協定・刑事特別法の違憲・無効を主張した。これに対し，同地裁の伊達裁判長は「わが国が外部からの武力攻撃に対する自衛に使用する目的で合衆国軍隊の駐留を許容していることは，指揮権の有無，合衆国軍隊の出動義務の有無にかかわらず日本国憲法第9条2項前段によって禁止されている陸海空軍その他の戦力の保持に該当するものといわざるを得ず，わが国に駐留する合衆国軍隊は憲法上その存続を許すべからざるものといわざるを得ない」と判示し，刑事特別法も違憲として被告人に無罪を言渡した。（東京地裁1959年3月30日判決，下刑集1巻3号776頁）。

日米両政府の衝撃は大きく，検察庁は同年4月3日飛躍上告を行った。それをうけた最高裁判所は，9条2項の戦力とは「わが国がその主体となってこれに指揮権，管理権を行使しうるものであって，結局わが国自体の戦力を

3　駐留米軍の合憲性

指し，外国の軍隊はたとえそれがわが国に駐留するとしてもここにいう戦力に該当しない」と判示した。

　また，安保条約は「高度の政治性を有するものであって，一見極めて明白に違憲無効であると認められない限り，司法裁判所の審査には原則としてなじまない性質のものである」と判示し原判決を破棄し差し戻した（最高裁1959年12月16日判決，刑集13.1，3　3225頁）。しかも，その理由を述べる過程で，同最高裁判決は国は固有の自衛権に基づき「自衛のための措置をとることだけでなく，他国に安全保障を求めることも可能である」として米軍駐留も違憲ではないと言及したのである。

　㈢　駐留米軍の違憲問題を司法審査の範囲外としたいわゆる統治行為論は，その後板付空軍基地内の民有地明渡事件の福岡高裁1960年3月5日判決や最高裁第3小法廷1965年3月9日の判決，茨城県霞ヶ浦の自衛隊百里基地の農地の条件付所有権移転仮登記抹消請求事件に関する水戸地裁1977年2月の判決や北海道夕張市の長沼ナイキ訴訟（自衛隊のミサイル基地建設地の保安林の指定解除処分の取消裁判）第1審判決（福島裁判長が平和的生存権を根拠に自衛隊の存在を違憲とした）についての札幌高裁1976年8月5日判決などで住民の要求を排斥する方法として多く利用されている。

　㈣　この砂川事件をめぐっては，判決から49年を経過した2008年4月にいたり，第1審判決後の飛躍上告と最高裁判所での審判について，当時のマッカーサー駐日大使が，第1審判決直後から藤山外務大臣に接触し，飛躍上告を勧めるとともに上告審を審理する最高裁判所大法廷の裁判長である田中耕太郎長官と連絡して密談し，法廷の開始時期や判決の時期について話し合ったことが報じられた（毎日新聞4月1日朝刊など）。

　これら事実は，同年4月24日のマッカーサー大使からのアメリカ政府むけに発せられた秘密電報がアメリカで公開された文書の中で突きとめられたものであるが，わが国の司法（裁判権）の独立と公正な裁判のあり方に大きな汚点を残すことになった（小田中聰樹「司法権独立への汚損行動」世界2008年8月号133頁）。

(2)　駐留米軍についての法的見解（学説）

㈠　合憲説　4つに分かれる（野中俊彦他『憲法1』〔第4版〕184頁による）。

非戦力説　　日本が指揮権，管理権を行使しないものは戦力でない。
　　（上記砂川事件最高裁判決）
　　暫定措置説　　国連による集団安全保障が確立するまでの過度的なものとして否定されない。
　　準国連軍説　　戦力不保持の規定に反するが，国連軍に準ずるものとみなす（『注解日本国憲法上』239頁）。
　　集団的自衛権許容説　　自然権としての集団的自衛権を前提に安保条約による承認をうけている。──　条約優位説でおかしい。
　(ロ)　違憲説
　　砂川事件第一審判決　明白違憲説　　戦力は指揮監督の有無を問わない。条約により日本の意思に基づき駐留していることで戦力に当たる。
　(ハ)　憲法欠缺説　　新憲法制定時全く予測しないもので国民の判定に委ねられる。

4　日米安保をどう評価するか

(1)　冷戦時代と冷戦後

　以上見てきたように，日米安保条約は当初の成立から今日まで，その間の国際的，国内的条件によって大きく変容してきた。他方憲法9条が掲げる平和主義も，同様の諸条件に影響され解釈改憲論によって変遷を余儀なくされつつも，9条の理念のもと自衛隊の海外派兵への一定の制限や核兵器を含む武器の制限などに見られる制約的機能を果たしてきた。

　日米安保をどう評価するかは，憲法9条をめぐる国際状況をどう把えるかによって異なってくる。大きくは，冷戦時と1994年の冷戦終了後に分けられる。もともと「非軍事化と民主化路線」で始まったわが国の占領政策は東西冷戦を迎えて民主化を進めつつ「軍事化による共産主義の防波堤」（1948年1月ロイヤル米陸軍長官の発言）の役割を任されることになり，アメリカを含む自由主義陣営の一員となった。

　そのような状況下でわが国として安保条約を結ばないというオプションを選択する余地は吉田書簡や池田ミッションを引用するまでもなく，締結時の段階ではほとんど存在しなかったといえよう。

しかし，60年安保闘争が加熱化したことに現れるように安保条約の存在が日本の安全保障にとってかえってマイナスになることが認識された以上，別のオプションを探る途をとるべきであった，といえる。
　憲法9条の解釈として，同条を非武装中立ないしは平和的生存権の確立と理解する人から見ると日米安保体制は憲法を基本的に変質させる存在とみなされた。
　そのような考え方からすると，第1に日本国憲法は政治体制及び社会体制を自由に選択する民族自治権および国民主権を認めていることになるが，安保条約2条は「自由な諸制度を強化し，この制度の基礎となる原則を理解促進する」と規定し，自由主義以外を選択することは許されていない。
　第2に，安保条約が自衛隊の増強を義務づけ米軍に基地の利用を許容し米国のためにわが国が集団的自衛権までも行使させられるというのは，9条をはみ出している。
　第3に，安保体制の下では憲法における国民の基本的人権の保障や民主制度を直接，間接に侵害する場面（基地の確保や騒音被害，自然破壊など）が多くなる。
　として，廃棄路線が主張されることになる（和田英夫他『平和憲法の創造的展開』〔1987年〕372頁以下）。
　しかし，60年安保闘争も70年安保改訂時も他方で冷戦が存続していた状況の下で，西側陣営の一員として高度経済成長に邁進していくわが国が安保の廃棄路線をとることはほとんど不可能であった。
　ところで，冷戦終了後の評価はどのように考えるべきであろうか。冷戦の産物である安保条約（軍事同盟）は，維持する要はなくなった。もはやアメリカとの2国間の安全保障にこだわる必要はない（山田朗『護憲のための軍事入門』〔2000年〕170頁以下）米軍基地のあり方も根本的に見直すようわが国から提案すべき状況になったといわねばならない。
　自国の安全保障と外交は，日本国民が自ら決し意思表示をすることが重要である。

(2) 自衛隊と専守防衛
　自衛隊の評価については，憲法9条の解釈（個々人の正当防衛権のアナロジー

として国家の自衛権を認めるのか否か，どこまで認めるのか）との関係から，種々の見解が公表されているが，大別すると次の3種となろう。

1つは，国家も自衛権を保有するが，それを行使することは憲法9条で禁止されている。自衛権は武力によるもの以外の外交交渉や経済制裁ないし湾岸警備などの警察力の行使となる。

2つは，国家も自衛権を保有し必要最小限度の自衛権は行使できる，とするもので政府の見解である。

憲法9条2項によりすべての「戦力」を持つことは禁じられるが，憲法規定を根拠としない国家の固有の自衛権から，戦力に至らない必要最小限度の実力は行使できるのであり，その意味では同条項「戦力」を限定化するものである。

3つは，固有の自衛権も憲法9条により放棄されているとの見解である。国家が有する固有の自衛権は個人の有する正当防衛権と本当に同じだと考えてよいのか。同じであると考えられる国家の固有の自衛権の行使が国民個々人の生命身体その他権利を侵害するという矛盾をどう解するのかなど難しい問題を投げかける。

これら見解のうち2つ目の必要最小限行使説を基本として下記の4つの事項が遵守される範囲ではじめて合憲となるというのがこれまでの政府（内閣法制局）の見解であり，一部学者からも支持されてきた（小林正弥「平和憲法の非戦解釈」ジュリスト平成6年1月1—15日合併号199頁）。

① 専守防衛

国家の有する正当防衛権として外部からの直接ないし間接の侵略を阻止することが任務であり，使用する武器も自衛のために必要最小限のものとし，これを超えるものは9条2項の戦力に当たるとする。

② 海外派兵なし

自衛隊法を成立させた1954年6月2日の参議院本会議において「自衛隊の海外出動を行わない」との付帯決議がなされた。

その内容は「自衛隊の創設に際し，現行憲法の条章とわが国民の熾烈なる平和愛好精神に照らし海外出動はこれを行わないことを確認する」というもので，国連決議によっても「海外出動はできない」とされた。

③ 集団的自衛権の不行使

政府は，個別的自衛権と同様に国は固有の集団的自衛権を有するが憲法9条により，それを行使できないと解している。
　その理由は①によりわが国に対する武力攻撃が生じることが専守防衛の第一要件である以上，他国が攻撃されてもわが国が攻撃されない段階の武力行使ができないのは当然の帰結といえるからである。
　④　核兵器の不所持
　許されるのは「自衛のための必要最小限の実力」との解釈からの帰結であり，武器禁輸3原則に連なっている。
　このように自衛隊の武力行使を制限する考え方と，制限を認めず自衛隊が国の内外で必要に応じ武力を行使できるようにするとの考え方（改憲論）を前提として，日米安保条約を現状のまま存続させるのか，より制限されたものに修正するのか，廃棄するのか，の選択がなされることになる。
　そのいずれを選ぶかにあたっては，次の4点についてどう考えるか，充分に検討されなければならない。
　①　アメリカ合衆国をどうみるか
　　アメリカの軍事戦略（ブッシュ政権の先制攻撃論）をどうみるか。
　　日米関係を現状のままとするか，より密接になるか，間隔をおいて対等な関係とするか。
　②　基地をどうするか
　　全面撤去か，70パーセントの基地が集中する沖縄から分散させるか。
　③　国連をどうみるか
　　より理想的なものとするにはどうしたらよいか。
　④　国際貢献論をどうみるか
　　武力による貢献か，武力によらない貢献か，自衛隊に限らずPKOを重視するか。

(3)　安保条約廃止に向けて
　私は上述した専守防衛論を中心として自衛隊の武力行使を制限する立場をとりつつ，結論を導くべきものと考えるが，現状ではアメリカの世界戦略に巻き込まれる危険を避けるため安保廃棄を主張していきたい。
　同趣旨の下記記述を紹介して終わりとする（「安保条約の廃棄と自衛隊の平

和憲法的解編をめざして」山内敏弘編『日米新ガイドラインと周辺事態法』〔1999年3月〕285頁以下)。

　「冷戦の子」として生まれた自衛隊と冷戦型軍事同盟である日米安保条約は，いま根本的な見直しを迫られている。新ガイドラインと周辺事態措置法案は，冷戦型システムをポスト冷戦仕様にヴァージョンアップする試みと言える。だが，平和と安全保障をめぐる新しいトレンドから見れば，それは歴史的退歩の試みである。アジア地域にも紛争の「火種」はさまざまある。一部の「軍拡」傾向も否定できない。だが，それに対して「力には力で」とばかり，日本もアメリカと歩調を合わせて「武力による威嚇」のシステムを強化するのは愚の骨頂である。アメリカは「アジア・太平洋地域の安定」という名目で地域紛争介入能力を強化しているが，それは，この地域の「平和と安定」をむしろ危うくするおそれがある。日本は，アメリカとの適切な距離を維持しながら，アジア諸国との独自の外交チャンネルを開拓しつつ，地域的安全保障機構の確立にむけた地道な努力を行うべきである。そういう観点からみれば，冷戦型軍事同盟たる日米安保条約は，新しいアジア関係や新しい日米関係のためには，むしろマイナスに作用していると言えるだろう。その根本的見直しは避けられない。安保条約10条に基づく廃棄通告のルートを経由するか，それとも，条約の改定交渉を通じて，実質的な平和友好条約への転換をはかるかは，その時々の政治の課題であるが，いずれにせよ，今後，軍事同盟的方向からの転換は不可避であろう。

　冷戦型軍事組織たる自衛隊をどうするか。防衛庁の各種汚職事件を見るまでもなく，軍事産業と「組織防衛庁」との癒着は構造的である。膨大な「防衛費」をだらだらと支出し続け，不要・危険な装備を調達し続けるのか，それとも，自衛隊は一端解散の手続きをとり，改めて国際的な災害・環境問題にも専門的に対処できる組織に抜本的に転換するのか問われている。

【参考文献】
① 坂元一哉『日本同盟の絆』（有斐閣，2000年5月）
② 浦部法穂『全訂憲法学教室』（平文社，2003年10月）
③ 山内敏弘編『日米新ガイドラインと周辺事態法』（法律文化社，1997年3月）
④ 豊下楢彦『安保条約の成立』（岩波新書，1996年12月）

⑤　田中伸尚『憲法9条の戦後史』（岩波新書，2005年6月）
⑥　前田哲男『自衛隊　変容のゆくえ』（岩波新書，2007年7月）

第3章　個別的自衛権とは

杉島　幸生

1　「自衛権」とはなにか

　この本の読者で「自衛権」という言葉を聞いたことがない方はおられないとは思います。しかし、自衛権とはなにか、どうしてそれが国家の行為として認められるのかという「問い」に、きちんと自分の理解を示すことのできる人は少ないのではないでしょうか。もちろん、私もその答えを示すことはとてもできません。そこで、ここでは、そうしたことについて考えるための手がかりを考えていきたいと思っています。

　「自衛権」という言葉を正確に定義した法律は、国内的にも、また、確立した国際法にもありません。ですから、「自衛権」という言葉については、人によって様々な定義づけがなされています。ここで、そのひとつひとつの議論を吟味する余裕はありませんので、以下では、私たち法律家の間でもっとも一般的なものとして受け入れられている「自衛権」の定義を前提に議論をすすめることにします。

　それは、「自衛権」とは、「国家または国民に対して急迫又は不正な危害がある場合に、その国家が実力をもって防衛する行為」（横田喜三郎『自衛権』1951）というものです。分かりやすく言うと、ある国が、他の国から、差し迫った違法な危害を加えられているときに、実力でそれを阻止する行為を行うことのできる権利ということです。この立場は、「戦争」を行うことも自衛のためであれば許される（場合がある）としています。

　こうした意味での「自衛権」が国家の権利として認められていることは、国連憲章が、自衛権のための武力行使（国連憲章第51条、詳細は後述）について規定していることから、ほぼ争いはないようです。

しかし，なぜ，国家の権利として「自衛権」が認められるのか，ということについては議論が分かれています。

通説的な立場は，「自衛権」は，国家の「自己保全権」（自分自身の身を守る権利）として，つまり国家の自然的権利として「自衛権」が認められているとしています（固有権説）。この立場からは，国連憲章の自衛権行使に関する規定は，「自衛権」という固有の権利の存在を確認し，その行使のための条件を明らかにしたものということになります。

しかし，これに対しては，有力な反対説があります。戦争という行為を積極的な権利として認めることは，「戦争」を違法なものとしてきた歴史の流れに反しているという考え方が基礎にあります。この立場からは，自衛のために武力行使が許される場合について例外的に規定したものが国連憲章だということになります（創設説）。この立場では，自衛権という権利は，国連憲章の存在によって，はじめて許されるものということになります。

どちらの立場も，国際法上，合法な戦争＝自衛戦争と言う事が出来るためには，国連憲章の規定に従う必要があるという点では，共通しています。それでは，どちらでもいいではないかとも思えますが，そう簡単な問題ではありません。

「自衛権」を国家の固有の権利だという考え方は，国連憲章の規定の解釈を比較的緩やかに考えるという流れとつながりやすいといえます。また，国連憲章に定められていない「自衛権」の行使が許される場合もあるという立場に近づきます。

これに対して「自衛権」は国連憲章によってのみ認められるという立場は，国連憲章の規定を厳格に解釈しようという立場や，国連憲章の定める場合以外の「自衛権」の行使は許されないという立場に近づきます。

また，別章で詳しく論じているように，こうした考え方の違いは日本国憲法9条の解釈にも大きな影響を与えることとなります。どちらの立場が「正しい」と考えるのかは，私たちの世界観や現実に対する見方と深く関わっていて，論理的に決することはできません。それを決定するのは私たち自身の責任です。

私自身は，「自衛権」が国連憲章によって創設されたという考え方には，国連が侵略戦争抑止の機関として必ずしも充分に機能しているとは言い難い

第3章　個別的自衛権とは

ことなどから，少し違和感があります。しかし，イラク戦争のように国連憲章が定める場合でもないのに「自衛権」行使の名の下に戦争が開始された現実を見ると，戦争を違法なものと断罪し，厳格に国連憲章が定める場合以外戦争を禁止する創設説の立場にも大きな魅力を感じています。違和感を感じつつも，戦争抑止のための国際機関や国際関係の発展に期待して，創設説に立ちたい，というのが現在の私の到達点です。

2　国連憲章と自衛権

(1)　自衛権の歴史

実は，「自衛権」という考え方が，国際法上，論議されるようになったのは，そう古い事ではありません。19世紀以前の国際社会では，国家は「戦争に訴える権利」を有していると考えられていました。国際紛争の解決の手段としての戦争はもちろん，領土や資源の確保を目的とする戦争であっても，敗戦国が勝戦国から罰せられることはあるにしても，戦争自体が国際法上違法という評価を受けることはありませんでした。「自衛権」という言葉はありましたが，それは自国の戦争を政治的に正当化する為の「飾り」以上のものではなかったようです。

しかし，第一次世界大戦の経験を経て，こうした考え方は大きく変化していきます。あまりに大きな戦争の犠牲を前にして，なんとか戦争の惨禍から逃れたいという諸国民の願いから，戦争を違法なものであるという考え方が急速に広がり，それが国際的な常識となってきたからです。

1920年に創設された国際連盟の連盟規約前文では「締約国は戦争に訴えざるの義務を受諾する」と定められました。しかし，この段階でも「戦争に訴えない」ことを締約国が相互に約束するというに止まりました。それでも，戦争そのものを「権利」とする考え方からすれば大きな進歩であったと言えます。

1928年には，そうした考え方を一歩進めた不戦条約（正式名称は，「戦争抛棄ニ関スル条約」）が，米・英・仏・ソ・日・独・伊各国を含む63ヶ国で締結されました。この条約は，第1条で「締約国ハ国際紛争解決ノ為戦争ニ訴フルコトヲ非トシ且其ノ相互関係ニ於テ国家ノ政策ノ手段トシテ戦争ヲ抛棄ス

ルコトヲ其ノ各自ノ人民ノ名ニ於テ厳粛ニ宣言ス」としており，条約締結国が，戦争をする権利を放棄することで，国際平和を維持しようとするものです。この条約は，国家による戦争という行為が，違法なものであるとの考え方に立っています。これにより国家が戦争をする権利を有しているという考え方が，国際法上は否定されることとなったのです。

しかし，この不戦条約の締結にあたり，米，仏，独，英，日などの有力国は，一定の留保を加えました。例えば，英国は，「英国にとって特別な利害関係ある地域が攻撃の対象となった場合に，この地域に対しての攻撃に対して護るために必要な措置をとる権利」を留保しています（その他の国々も同様な留保をしています）。

こうした当時の先進諸国の留保により，不戦条約が禁止する戦争には例外があるという考え方が定着していきます。これが現在の「自衛権」という考え方につながっていきます。このとき当時のアメリカ国務長官であったケロッグという人物が，こうした留保を正当化するために持ち出したのが，「自衛権はすべての主権国家に固有の権利である」という考え方でした。「自衛権」を「固有の権利」であるとする現在の通説的な立場は，この考え方を引き継いでいます。

不戦条約以後，ある国が戦争をしようとすれば，その戦争が「自衛」のための戦争であると説明できなくては，その戦争は国際法上違法というレッテルを貼られることとなりました（原則＝違法，例外＝合法）。しかし，この条約には大きな弱点があります。それはどのような場合に例外であるはずの「自衛のための戦争」を行うことができるのかが条約自体によって明らかにされていないということと，ある戦争が「自衛のための戦争」と言えるかどうかは，最終的には当事国の判断によるとされていたことです。

1931年，日本は満州事変を切っ掛けに，「自衛権の行使」として戦争を拡大していきました。当時の国際連盟は，調査委員会（リットン調査団）を組織して，日本軍の行為は，「自衛の措置とは認めることはできない」との調査結果を公表しましたが，日本政府はこれを受け入れず，かえって国際連盟を脱退し，結局，第2次世界大戦という悲劇を迎えることとなってしまったのです。

そして，国際連盟や不戦条約をもってしても戦争を防止することができな

かったという反省から国際連合が誕生したのです。

(2) 国連憲章は何を規定しているのか。
国際連合憲章は，自衛権について次のような規定をおいています。
〈国際連合憲章・第51条〉
「この憲章のいかなる規定も，国際連合加盟国に対して武力攻撃が発生した場合には，安全保障理事会が国際の平和及び安全の維持に必要な措置をとるまでの間，個別的又は集団的自衛権の固有の権利を害するものではない。この自衛権の行使に当たって加盟国がとった措置は，直ちに安全保障理事会に報告しなければならない。また，この措置は，安全保障理事会が国際の平和及び安全の維持又は回復のために必要と認める行動をいつでもとるこの憲章に基く権能及び責任に対しては，いかなる影響も及ぼすものではない」

国連憲章は，①加盟国に武力攻撃が発生した場合について，②安全保障理事会が必要な措置をとるまでの間，③自衛権の行使が許される（なお，集団的自衛権については別章を参照），としています。自衛権の存在を認め，その行使が許される場合を，「①加盟国に武力攻撃が発生した場合」に限定している点では，先の国際連盟規約や不戦条約とかわるものではありません。しかし，そうした「自衛権の行使」が許されるのは，「②安全保障理事会が必要な措置をとるまでの間」だけであるとする点で，大きく違っています。

ある国が自衛権の行使として戦争（武力の行使）を開始したとしても，安全保障理事会が「必要な措置」を取れば，自衛権の行使を停止しなければならず，その判断は，最終的には，安全保障理事会に任せられていることとなります。

ある国の武力の行使が，「自衛権」の行使といえるのかどうか，また，どのような措置をとる必要があるのかについて，当事国ではなく，国連の機関である安全保障理事会が判断するというのです。これは自衛のための戦争であっても，許されない場合があるということを意味しますから，国際連合憲章は，不戦条約より自衛権の行使に厳しい立場といえます。

先に述べた自衛権は，国家の「固有の権利」であるという考え方は，国連憲章の「固有の権利」という文言を自らの立場を補強するものであると考え

ます。しかし，第三者機関の判断によって，その行使が禁じられる権利を「固有の権利」と呼ぶのには無理があるようにも感じます。

「自衛権」そのものが国連憲章によって創設されたものであるとする考え方は，そうした点に着目しています。戦争の違法化という流れを前進と考え，自衛のための戦争とはいえ，戦争が許される余地を可能な限り少なくしていくという考え方がその基本にあります。

私自身は，この立場に立ちたいと思っています。この立場には，国際連合が武力行使にさらされた被害国の保護のために有効かつ適切な措置をとる保証がないではないかとの批判があります（簡単に言えば，国連をそんなに信用できるのかということでしょう）。なるほど大量破壊兵器が存在しないことがあきらかになった後にも（加害国からの武力行使の要件を欠いている），アメリカのイラクへの侵攻を停止しえない国際社会の現実をみると国際連合にすべてをまかせてしまうことに不安を感じることも否定できません。しかし，アメリカも国連を完全に無視して戦争をすることはできません。国際社会に対して，その戦争が正当なものであるとの説得を避けてとおることは超大国アメリカとてできませんでした（イラク開戦直前までアメリカは国際社会の同意を得るために最大限の努力を払いましたし，現在でも自国の戦争を国連の決定の範囲内であるとの説明を続けざるをえません）。このことは，国際社会がアメリカという国の武力行使にとって大きな制約になっていることを意味しています。私たちは，国際社会による平和構築の可能性を信じ，それを進める方向でしか，戦争のない社会を実現することはでいないのではないでしょうか。

(3) 自衛権の対象となる武力行使

国連憲章は，「武力攻撃の発生」を「自衛権」行使の前提としています。しかし，国連憲章には，「自衛権」行使の前提である「武力攻撃」を定義した規定がありません。そこで，一般的には，1974年に国連総会で採択された「侵略の定義」に関する決議（決議3314号）がこれにかわるとされています。

そこでは，以下のa〜gの7つのケースを「侵略行為」であるとしています。

「一国の兵力による他国の領域への侵入または攻撃」（3条a）

「一国の兵力による他国の領域に対する砲爆撃または一国による他国の領

域に対する兵器の使用」（3条b）
「一国の兵力による他国の港または沿岸の封鎖」（3条c）
「一国の兵力による他国の陸軍，海軍もしくは空軍または船隊もしくは航空隊に対する攻撃」（3条d）
「受入国との合意に基づきその国の領域内に駐留する軍隊の合意に定められた条件に反する使用，または当該合意終了後の右領域内における当該軍隊の駐留の継続」（3条e）
「他国の使用に供した領域を，当該他国が第三国に対する侵略行為を行うために使用することを任意的に任せる場合」（3条f）
「正規軍によって行われる不正規武装団体が，国家により，または国家のために派遣されること」（3条g）

　ここからは，他国の領域内にいる自国民への攻撃は，「自衛権」行使の対象となる「武力攻撃」ではないということになります。実際に，外国にいる自国民保護のためとしてなされたイスラエルによるウガンダのエンテベ空港ハイジャック機に対する攻撃(1976年)や，アメリカによるグレナダ侵攻(1983年)などは，国連安保理の大多数の理事国により国連憲章違反であると批判されています。かつて自国民保護を理由として多くの戦争がなされてきたことからすれば妥当な考え方ではないでしょうか。

　また，「自衛権」を行使することのできる「武力攻撃が発生した場合」とは，いかなる場合を言うのかについては，一般的には，武力攻撃の「結果の発生」までは必要ないが，「おそれ」では足りないと解されています。この解釈に従えば，相手国が自国に対して攻撃可能な武器（例えばミサイル）を有しており，それを自国に向けて使用するおそれがあるというだけでは，相手国を攻撃することは許されないということになります（予防戦争，先制的自衛の禁止）。この点で，アメリカのイラク攻撃は重大な疑問があると言わざるをえません。

(4)　憲章第51条の自衛権と国際慣習法上の自衛権
　国連憲章は，「自衛権」の存在を認めつつ，それを行使しうる場合を厳格に制限しています。そこで，最近，国連憲章が定める以外に「国際慣習法上の自衛権」があるのではないかという議論が生じています。

「自衛権」を国家の「固有の権利」と考える立場からは、国連憲章の定める場合以外にも国際慣習法上の自衛権として、その行使が認められる場合があるのではないかと考えることが可能となります。アメリカ政府は、「固有の権利」としての「自衛権」を認め、そこから流出する権利として、「在外自国民保護、正統政府の要請、人権保護、法と民主主義の回復」のための武力行使もありうると考えているとの指摘もあります。必要であれば、予防先制攻撃も、自国民保護を理由とした他国への攻撃も許されるというのです（もちろん「自衛権」を「固有の権利」とする立場でも、それは国連憲章第51条とほぼ重なっており、そこからはずれた「国際慣習法上の自衛権」を認める必要はないという考え方も可能です。国際司法裁判所は、アメリカによるニカラグア侵攻の是非が問われた裁判で、この立場に立つことを明らかにしています）。
　しかし、私にはこうした考え方は、自国の判断による自衛権行使を許していた不戦条約の水準への後退であるとしか思えません。それは、国際連盟や不戦条約の存在にもかかわらず第2次世界大戦を防止できなかったことに対する反省を忘れた議論であるように思います。こうした考え方は、国際社会をふたたび強い者勝ちの社会に後戻りさせることにもなりかねません。やはり、こうした解釈の余地を残さないためにも、国連憲章が規定する範囲内においてのみ、かろうじて自衛のための戦争を許すことができるという立場のほうが望ましいのではないかと思います。

3　日本国憲法と自衛権

　ご承知のとおり日本国憲法第9条は、「戦争の放棄」のみならず、「戦力の不保持」まで規定しています。この点で日本国憲法第9条は、不戦条約から国連憲章へと「自衛権」の行使を厳格に制限する流れ（私は、これを「戦争違法化」の流れと呼んでいます）をさらに進めたものであると考えることができます。こうした流れの中で日本国憲法の解釈も行うべきなのではないでしょうか。
　日本国政府は、「自衛権は国が独立国である以上、その国が当然に保有する権利である」とし、そこから「自衛のための必要最小限度の実力を保持することは認められる」としています。これは、憲法の規定上「戦力」は、保

持できない，しかし，「自衛権」を有している以上その行使を行使することができなくてはならない，そこで憲法は，「戦力」に当たらない「必要最小限度の実力」を保持することまでも禁じているものではないとするものです。

　しかし，その前提となっている「自衛権」が「固有の権利」であるとする考え方も絶対不動のものではありません。また，仮に「固有の権利」としての「自衛権」があるとしても，その行使のために何らかの実力を保持しなくてはならないということとは論理的なつながりはありません。国際法上「自衛権」が認められるとしても，日本国憲法は自らのその行使の手段を放棄したと考えることも充分に可能だからです。

　私は，日本国憲法は，「自衛権」の保有も認めていないという考え方の方が，戦争違法化の流れによりよく合致するものであると考えています。国際法上の「自衛権」も国連憲章により認められるという立場はこの考え方と整合性しています。

　もちろんこうした考え方に対して，戦争が存在しているという現実を無視したものであるとの批判があることは承知しています。しかし，私は，ある日，突然，どこかの国が責めてくるというような事態を想定しなくてもいいほどには，現在の国際社会は成熟しているのではないかと考えています。戦争違法化の流れは，この程度には現実化していると思っています。戦争が合法であった時代からすれば，人類の歴史は大きな進歩を遂げてきたといってもいいのではないでしょうか。

　日本国憲法第9条は，この戦争違法化の流れをさらに進める力になりうるものだと私は考えています。

第4章　集団的自衛権

　　　　　　　　　　　　　　　　　　　　　武村二三夫

1　はじめに

　自民党の憲法改正の最大のねらいは，政府見解でも従来違憲とされてきた自衛隊の海外派兵の容認であり，集団的自衛権行使の憲法的認知にあるといわれている。衆院憲法調査会の報告書によれば，集団的自衛権の容認論は，その論拠として，米国との共同防衛や対等な同盟関係の構築の必要性を上げ，また集団的自衛権は主権国家が持つ自然権であり，国連憲章上も認められているとする。これに対して集団的自衛権を認めるべきではない，とする立場からは，憲法9条改憲によって集団的自衛権の行使が可能となった場合には，日本は米国の国際法をも無視した単独行動主義への軍事的加担をさらに強めることになろう，と指摘している[1]。

　自民党の新憲法草案には集団的自衛権という語句はない。しかし現在の政府解釈からすると9条2項の削除がなされれば集団的自衛権の行使は可能となり，また新憲法草案9条の2第3項の「国際社会の平和と安全を確保するために国際的に協調して行われる活動」は集団的自衛権の行使を含むと解することが十分可能である。

　本稿では，集団的自衛権の概念や国連のめざす集団的安全保障との関係を確認し，従来の日本政府の集団的自衛権行使を否定する立場にもかかわらず，集団的自衛権の行使とみられる実態が既に存すること，また解釈改憲により集団的自衛権の行使の範囲を広げようとする動きを概観した上で，集団的自衛権の行使の容認する立場があげる必要性・有用性，否定する立場が指摘する危険性・問題点をそれぞれ検討し，最後に国連を中心として国際社会がめざす武力行使禁止の原則の観点も踏まえて日本がなすべき選択を検討するも

のである。

2 集団的自衛権とは

(1) 集団的安全保障

　従来は，各国が軍備を保持し拡大する中で，勢力均衡が平和を維持するという考え方があった。いずれかの国家，あるいは国家グループの軍備が優勢になることによって平和が破壊される，したがってその間の勢力均衡を保って相互に攻撃できない状況を作り出すというものであった。しかし第一次大戦は，ドイツ，オーストリア＝ハンガリー，イタリアの三国同盟とイギリス，フランス，ロシアの三国協商とが対抗しあい，引き起こされた。第二次大戦は，日独伊三国同盟と連合国側とが対抗し，引き起こされた。このような軍事同盟の対抗を経て，二度の世界大戦の勃発を防ぐことができず，数千万人の死者が出たとされる。

　1945年の国際連合憲章は，この反省を踏まえて集団的安全保障の体制を本格的に規定した。第1に，戦争だけではなく，武力の行使と武力による威嚇を禁止した。国連憲章2条4項は「すべての加盟国は，その国際関係において，武力による威嚇または武力の行使を，いかなる国の領土保全または政治的独立に対するものも，また，国際連合の目的と両立しない他のいかなる方法によるものも慎まなくてはならない。」と規定している。第2に，にもかかわらず平和の破壊あるいは侵略行為があった場合，安全保障理事会がその存在を決定し，国際の平和及び安全を維持し又は回復するために，勧告し，非軍事的措置をとり，それでも不充分な場合は，軍事的措置をとることができるとした（国連憲章39条，41条，42条）。このように国連は，加盟国に対して武力の行使を禁止し，侵略行為に対しては国連自身が非軍事及び軍事措置をもって対処することとした。

　従来の軍事同盟は外部に仮想敵を予定していた。このため軍事同盟と軍事同盟の対抗をもたらすことになる。集団的安全保障は，この軍事同盟を否定しようとするものである。加盟国すべてが集団的安全保障体制に組み込まれ，武力の行使及び武力による威嚇を禁止しているにもかかわらず侵略行為などがあった場合，国連がこの国に対して非軍事あるいは軍事的措置をとり，他

の加盟国はこの国連に協力するとするものである。

(2) 国連憲章51条の集団的自衛権の規定

上記のとおり国連憲章2条4項は，武力の行使及び武力による威嚇を禁止している。しかし国連憲章51条はその例外として，「この憲章のいかなる規定も，国際連合加盟国に対して武力攻撃が発生した場合には，安全保障理事会が国際の平和及び安全の維持に必要な措置をとるまでの間，個別的又は集団的自衛の固有の権利を害するものではない。」と規定している。すなわち国連憲章は，原則として武力行使及び武力による威嚇を禁止しながら，加盟国に対して武力攻撃があった場合，安全保障理事会が国際の平和及び安全の維持に必要な措置をとるまでの間，例外として同51条で個別的自衛権と集団的自衛権の行使を認めた。この集団的自衛権は，「仮想敵」を持つ軍事同盟としての「過去」を引きずる歴史的遺物であり，国連の集団的安全保障と矛盾する。ラテン・アメリカ諸国では，集団的安全保障を定めた地域協定ともいうべきチャプルテペック協定を既に締結していた。国連安保理の許可がなければ強制措置がとれないとすると，同協定による強制措置がとれなくなる。そこでこの協定と憲章とが抵触しないようにするために強い働きかけを行い，その結果上記憲章51条の集団的自衛権が規定されるに至った。この国連憲章起草過程において，集団的自衛権の行使は同時に戦争を誘発しかつ拡大させる危険性，さらには，集団安全保障体制を瓦解させる危険性があるという点で，両者は矛盾・対立する契機を内在するものであることも明確に認識されていた。そして，集団的自衛権は最終的には，国連の集団安全保障体制内の保全的措置として位置づけられたものの，その発動要件を厳格にされた，という[2]。集団的自衛権は，国連憲章の定める武力行使及び武力の威嚇の禁止に対する例外であり，国連が実現しようとする集団的安全保障体制に矛盾する契機を含むものである以上，その行使には慎重さが要請されるところである。

(3) 集団的自衛権の法的性質と武力攻撃を受けた国との関係

この集団的自衛権の法的性質についてはいくつかの見解がある。村瀬信也は，第1に個別的自衛権の共同行使，第2に一般に武力攻撃を受けた国を援

助する権利　第3に自国と密接な関係にある国に対する武力攻撃を，自国に対する武力攻撃とみなして反撃する権利　第4に，自国と密接な関係にある国に対する武力攻撃が，客観的にみて自国に対する武力攻撃に等しく，現実にその危険が明白である場合に，反撃を加える権利と，4つにわける。その上で第1は，それぞれが個別的自衛権の要件を満たす必要がありほとんど支持されていない，とする。また第2は，あまりに広すぎるとされる。第3は，一般的によく示される説明であるが，この説では自国が何の脅威も受けていないときも集団的自衛を認めてしまい，妥当ではない，とする。第4は，第3よりも限定的に捉える説であるが，これがもっとも妥当な見解であろう，とする[3]。集団的自衛権が武力行使禁止の原則の例外であること，またかつての軍事同盟と結びつき，集団的安全保障と矛盾する契機を含むという観点からすれば，武力攻撃を受けた国と集団的自衛権を行使する国との関係に明確な限定がなされる必要があることになる。

　しかしながら，後述のように，国家実行を主たる根拠として第2の「援助説」が一般的であるとされる。後述のニカラグア事件判決も同旨である。上記第3，第4の見解は，集団的自衛権の濫用を危惧する観点から限定しようとしているものであるが，現実には第2説に基づいて集団的「自衛」権が行使されている実体から目をそむけることは許されないであろう。

　(4)　武力攻撃が発生した場合と，他国の要請

　国連憲章51条は，個別的自衛権と同様集団的自衛権の行使については，①武力攻撃が発生した場合，②安全保障理事会が国際の平和及び安全の維持のための必要な措置を取るまでの間，との二つの要件が課せられている。

　この「武力攻撃が発生した場合」とは武力攻撃が現実に発生したことを求めるものであり，「急迫（不正）の侵害」という攻撃の急迫性よりもはるかに限定的であることが注目されるべきである[4]。

　また国家実行上「合法政府の要請」を受けた上で，集団防衛条約の締約国として集団的自衛権を行使するのが一般的である，とされる。国際司法裁判所の判例でも，他国が武力攻撃を受けた旨を宣言しかつ明示の援助要請を行った場合には，自国の安全に対する脅威がなくてもこれを援用できるとしている（1986年対ニカラグア軍事・準軍事活動事件国際司法裁判所判決）。この判

決では，武力攻撃を受けた他国と自国の安全との関係が問われておらず，上記の援助説にたつものとされる。

(5) 集団的自衛権の行使にあたる武力行使

集団的自衛権は，武力その他の方法で援助することが出来る権利，とされ，武力の行使に限定はされていない。上記のように国連憲章2条4項が武力の行使を禁じており，集団的自衛権はこの例外であることから，集団的自衛権にあたる武力の行使（use of force）とは何かが問題になる。日本の外務省は兵力を使って強制措置をとることと考え，憲章41条にいう「兵力の使用」（use of armed force）と同じだとする。しかし「force」は日本語の兵力よりも広い概念である。

1974年12月14日国連総会では，「侵略の定義」と題する決議を行った。すなわち「もっとも重大かつ危険な形の不法な武力の行使」である侵略として，以下のものをあげた。

(a) 国家の軍隊による他国家の領域への侵入攻撃等
(b) 国家の軍隊による他国家の領域に対する爆撃，武器の使用
(c) 国家の軍隊による他国の港又は沿岸の封鎖
(d) 国家の軍隊による他国家の陸海空軍，商船等に対する攻撃
(e) 他国家との合意に基づいてその領域にある軍隊を協定に規定された条件に違反して使用することなど
(f) 国家が他国家の自由に任せた領域が，その他国によって第三国に対する侵略行為にために使用するのを許す際の国家の行動
(g) 他国家に対して，以上に列挙した行為に相当するほどの重大な武力攻撃を行う武装団，集団，不正規又は傭兵を，国家が派遣し，又は国家に代わって派遣することまたはそのような行動に国家が実質的に関与すること

上記は「侵略」を定義するものであるが，同時にこれらは「武力の行使」にあたるとするものである。(f)の領域の提供は，基地や空港，港湾を当然含むことになる。

(6) 固有の権利か

上記のとおり国連憲章51条は，個別的自衛権とならんで集団的自衛権も「固有の権利」としている。そして日本においても集団的自衛権の行使を認めるべきとの見解の根拠の一つに，集団的自衛権は主権国家が持つ自然権である，と言うことがあげられている[5]。しかし，集団的自衛権は，国連憲章によって創設された概念であって「固有の権利」ではない。この点で古くから慣習法として確立してきた，個別的自衛権とは異なる。個別的自衛権を「固有の権利」とよぶことができるとしても，集団的自衛権についてはそうではない[6]。

(7) 過去集団的自衛権の行使とされた事例（国家実行）

かつて集団的自衛権の行使とされた武力行使は，大国が小国の内政に干渉したものであるとの批判がある。すなわち，ソ連による集団的自衛権行使としては，1956年ハンガリー介入 1968年チェコスロバキア侵略 1980年アフガニスタン介入（アフガニスタン政府からの要請）があげられている。また西側諸国についてみても，米英の1958年レバノン・ヨルダン介入，イギリスのイエメン介入，1966年アメリカのベトナム侵略，1983年アメリカのグレナダ介入 1984年アメリカのニカラグア介入，があげられている。

このような過去の集団的自衛権の行使は，軍事同盟の否定的役割，すなわち①軍事的対抗の悪循環をつくる，②世界各国に軍事介入の拠点をつくる，③勢力圏の下にある国の主権の侵害，があらわれているという[7]。そしてこれらの国家実行では，いずれも介入国の自衛が問題になるものではなかった。集団的自衛権の行使は，行使国の自衛とは無関係に行使されているのである。

3 従来の政府解釈と日本国の集団的自衛権の行使と目されるもの

(1) 従来の政府の立場

日本政府は，我が国が国際法上このような集団的自衛権を有していることは我が国が主権国家である以上当然である，としながらもこの国際法上有する集団的自衛権を我が国が行使することは，憲法上許されないとの立場をと

っている[8]。

　1957年防衛白書では「憲法第9条の下において許容されている自衛権の行使は，我国を防衛するため必要最小限度の範囲にとどまるべきものであると解しており，集団的自衛権を行使することは，その範囲を超えるものであって，憲法上許されないと考えている」としている[9]。

　すなわち政府は集団的自衛権であるが故にその行使は許されないとしているのではなく，「自衛権は，我国を防衛するため必要最小限度の範囲にとどまる」べきであり，これを集団的自衛権はこれを超えるので許されない，とするものである。もともと憲法9条2項の「戦力」とは「警察をこえる実力」とされていたところ，1952年保安隊創設時，政府は「近代戦争遂行に役立つ装備・編成をいう」（内閣法制局）と解釈を変更した。そして近代戦争を遂行しうる自衛隊を創設する際に，政府は，『戦力』とは自衛に必要な最小限度を超える実力であるとし，自衛権に基づく自衛のための必要な最小限度の実力は9条2項の『戦力』に当たらないと説明した。

　なお憲法解釈としては，個別自衛権を認めない立場からは当然集団的自衛権もみとめないことになる。個別的自衛権の行使を認める立場に立った場合，憲法9条2項の「交戦権」の否認の意味は，日本自体が攻撃を受けた場合の防衛上の権利とは異質のものとして，他国に対する軍事的支援の権利（集団的自衛権による交戦権の行使）ととらえ，他国の武力紛争への我が国独自の判断による軍事的及び非軍事的手段による介入を原則的に否定する不介入の立場を明らかにしたとする立場がある[10]。

(2)　日本にかかわる集団的自衛権の規定

　このように従来から日本政府は日本の集団的自衛権の行使を否定してきたが，日本が締結した条約には，日本の集団的自衛権を認める旨の文言がある。

　1951年の対日平和条約5条Cには，「連合国は，日本が主権国として国際連合憲章51条に掲げる個別的または集団的自衛の固有の権利を有すること……を承認する」との記載がある。

　また同年締結された旧日米安保条約の前文には「両国が国際連合憲章に定める個別的又は集団的自衛の権利を有していることを確認し」との記載がある。

1960年の新安保条約は上記前文をそのまま引き継いだのみならず，5条において「各締約国は，日本国の施政の下にある領域における，いずれか一方に対する武力攻撃が，自国の平和及び安全を危うくするものであることを認め，自国の憲法上の規定及び手続に従って共通の危険に対処するように行動することを宣言する」との記載がある。

　日本国憲法の制定は1946年であるが，1949年中華人民共和国が設立され，1950年には朝鮮戦争がはじまり，日本では自衛隊の前身の警察予備隊が創設された。1951年の対日平和条約及び旧安保条約で米国は日本が軍備をもち，日本との軍事同盟に基づいて集団的自衛権を行使することを期待していたのであろう。また日本政府もこのことを十分意識していたのであろう。

　上記の新安保条約5条は，「日本の施政の下にある領域」という限定された範囲内で，日本に集団的自衛権行使の義務を認めたものとも読める。「自国の憲法上の規定及び手続きに従って」と記載があることから，日本国憲法で認めていない集団的自衛権の行使は許されない，と解釈することも可能であるが，この点は以下でふれることとする。

(3)　集団的自衛権の行使に該当する疑いがあるもの
(イ)　政府の一体化論と後方地域支援など

　以下，日本が現在行っていること，あるいは行うと表明するもので政府解釈によっても憲法の禁止する集団的自衛権の行使に該当する疑いがあるもの，あるいは個別的自衛権の範囲を越える疑いがあるものをとりあげる。

　集団的自衛権の行使は，武力の行使以外の援助も含まれる。憲法9条1項が禁止するのは，戦争と，武力による威嚇又は武力の行使である。我が国自身の行為が武力による威嚇あるいは武力の行使に該当しないとしても，軍事的協力あるいは非軍事的協力（対象国への禁輸措置など）が，憲法が禁止する集団的自衛権の行使に該当することがありうる。これについて「一定の武力紛争に対して第三国が一方の当事国に加担して"積極的"ないし"能動的"な軍事協力を行う意思が客観的状況からみて明白である場合には，それを「集団的」自衛権の発動とみざるをえない。」との見解もある[11]。

　政府はいわゆる一体化論をとっている。すなわち，我が国に対する武力行使がない場合に，仮にみずからは直接武力行使に当たる活動をしていないと

しても，他のものが行う武力行使への関与の密接度などから，我が国も武力行使をしたと認められる場合には憲法9条に違反する，とするものである[12]。具体的な判断基準としては「一つ，戦闘行動が行われている，または行われようとしている地点と当該行動の場所との地理的関係，二つ，当該行動の具体的内容，三つ，各国軍隊の武力行使の任にあるものとの関係の密接性，四つ，協力しようとする相手方の活動の現況等の諸般の事情を総合的に勘案して個々具体的に判断」するという[13]。これは武力行使目的の活動でも外国の武力行使と一体化しないとされる形で関与することを可能にした論理である。しかしその反面，外国の武力行使と一体化したとされる活動を禁止するという制約もともなうことになる[14]。

周辺事態法3条1項1号，2項では，後方地域支援として自衛隊は米軍に対して武器弾薬以外の物品の提供や輸送，兵員の輸送ができるとし，テロ対策特別措置法2条，3条1項1号による協力支援活動では，兵員の輸送や物品の輸送（武器弾薬の陸上輸送は含まない）や役務の提供等ができるとしている。イラク特措法3条の安全確保支援活動として輸送する物品から武器弾薬は除外されていない。いずれも現に武力行使にあたる米軍のための兵員や物品の輸送を含むものであるところ，政府は，例えば周辺事態法では前方と後方とが区分されるとして前方で戦闘活動に従事している米軍と，後方で補給や輸送をする支援活動に従事する自衛隊とは一体化していないとする。しかし米軍の相手方からすれば自衛隊は米軍のため兵站活動をしていることになり，国際法上自衛隊を攻撃することも許される。食糧，燃料など戦闘に必要な輸送などをしている自衛隊の活動は，前線の武力行使をしている米軍とまさに一体になっているとみるべきであろう[15]。2008年4月17日名古屋高等裁判所は，自衛隊イラク派遣差止訴訟において，航空自衛隊のバクダッドへの多国籍軍兵員輸送について，バクダッドはイラク特措法にいう「戦闘地域」に該当し，この兵員輸送は他国による武力行使と一体化した行動であり，日本自らも武力の行使を行ったと評価を受けざるを得ず，政府解釈を前提としても憲法9条1項に違反するとした[16]。

(ロ) 米軍に対する出撃基地の提供

現行安保条約6条は「日本国の安全に寄与し，並びに極東における国際の平和及び安全の維持に寄与するため，アメリカ合衆国は，その陸軍，空軍及

び海軍が日本国において施設及び区域を使用することが許される」と規定する。そして朝鮮戦争，ベトナム戦争などにおいては，日本の基地から戦闘に参加する航空機が直接出撃をしていった。

　日本政府は，基地の提供について，使用の応諾という日本の行為は武力行使ではなく，米軍の武力行使とも一体化しないと説明している[17]。

　しかしながらかつて日本政府は基地の提供が集団的自衛権の行使にあたることを公然と認めていた。すなわち
　「一切の集団的自衛権を持たない，こう憲法上もたないということは私は言いすぎだとかように考えております。……他国に基地を貸して，そして自国のそれと協同して自国を守るというようなことは，当然従来集団的自衛権として解釈されている点でございまして，そういうものはもちろん日本も持っている。」(岸信介総理大臣1960年3月31日衆議院予算委員会)
　「集団的自衛権の内容としては，先ほど申し上げましたように，まあいろいろなものがふくまれておると思います。たとえば自国を守るために基地を貸与する，あるいは他国が，密接な関係にある他国がやられた場合にこれに対して経済的その他の援助を与える，そういうものもございましょう。」(林修三法制局長長官，同)
　「しからば基地の提供あるいは経済援助というものは，日本の憲法上禁止されておるところではない。かりにこれを人が集団的自衛権と呼ぼうとも，そういうものは禁止されておらない。集団的自衛権という言葉によって憲法違反だとか，憲法違反ではないという問題ではない。」(林修三内閣法制局長長官1960年4月20日衆議院安保特別委員会)

　このようにかつては基地提供が集団的自衛権の行使だと認めながら，そののち前述の一体化論を持ち出して集団的自衛権の行使ではないとするのは，まさに二枚舌としかいいようがない。

　国際法では，たとえ直接戦争に参加していなくても，交戦国のいずれか一方に軍事基地を提供していれば，そこは当然交戦区域になるということになっている。これは国際法上の一般常識である。なお上記の侵略の定義(f)では，他国が第三国への侵略行為のため基地を使用することを許容すること自体が，侵略にあたる武力行為だとしている。

　米国は，台湾海峡有事想定の机上の軍事演習で，中国のミサイル攻撃を恐

3　従来の政府解釈と日本国の集団的自衛権の行使と目されるもの

れる日韓両国は駐留米軍基地からの米軍機の発進を拒否するという結論になり，米軍への攻撃を日本への攻撃とみなす集団的自衛権の採用を日本に認めさせればその制約を克服できると考えたと言う[19]。なお旧安保条約は1条の日本の基地提供条項が主軸となっている特異な条約である。前述の前文の集団的自衛権の確認からすれば，旧安保条約は日本の集団的自衛権の行使として基地を提供させているとも読みうるのである。

以上からすれば，武力行使のための出撃基地の提供は，個別的自衛権の範囲を越えた武力行使の支援行為であり，政府の一体化論でいうならば，出撃基地提供は米軍の武力行使とまさに一体性をもっているというべきであろう。上記の国連総会の侵略の定義の決議もまさに侵略に該当する武力行使と認めている。これは日本国の集団的自衛権の行使に他ならない。

なお1959（昭和34）年3月30日東京地裁の砂川事件第一審判決（伊達判決）は「自衛に使う目的で米軍の駐留を許容していることは，憲法9条2項で禁止されている戦力の保持に該当するから，憲法上その存在をゆるすべからざるもの」としている。

(ハ) 日本領土における共同防衛

上記新安保条約5条の「日本国の施政下にある領域に置ける，いずれか一方に対する武力攻撃」について，1959年11月20日衆議院内閣委員会における赤城防衛庁長官答弁は「集団的自衛権というもので動くのではなくして，日本のアメリカ軍が攻撃された場合には，これは日本の個別的自衛権の発動として日本の武力を行使する，こういうことになろうかと思います」とする。あくまで日本の個別的自衛権で説明しようとするならば，日本の領域内にいる米軍の艦船などは日本の防衛のために存在するというレトリックを使う必要があろう。しかし実際に想定されている事態は，日本が孤立して攻撃されるということではなく，日本の領域外の「極東」地域で戦争を開始した米軍に対する反撃の一環としての，在日米軍に対する武力攻撃である。自衛隊はその際，在日米軍に対する攻撃が「自国の平和及び安全を危うくすることを認め」，5条を発動して米軍と共同の行動をとるというのだから，まぎれもなく集団的自衛権の行使そのものである。

田畑茂二郎は例えば，外国の飛行機が米軍の基地だけを目標にして爆撃し，爆撃を終わったあと直ちに引き返してしまうといったような場合は「日本自

身の自衛権の発動を見るのは困難であり，強いていうならば憲章51条で認めている集団的自衛権に基づくものとしてみるほかはないであろう」とする[20]。上田耕一郎は「日本とは無関係に米軍がアジアで戦闘行為に入った際，日本から出撃する米空母が日本の領海で相手国から反撃されて交戦に入れば，条約第5条にもとづき日本はその米空母を守る戦闘行動をおこなわなければならない。これは，集団的自衛権にもとづく「共同防衛」以外の何ものでもないことは明白である」としている。高橋通敏外務省条約局長ですら，このような場合「アメリカに加えられた攻撃であっても，日本に対する日本の領土，領空，そういう攻撃を考えずにアメリカ軍に対する攻撃はありえないだろう。そうするとそこに当然日本の個別的自衛権が発動する。しかし確かにアメリカの権益もそれによって侵害されるという面もございますし，その面をとらえればそれを自分の危険と認めて我々も対処しようというのですから，その面から見れば，その限度においては集団的自衛権といってもいい」としている[21]。

(4) 三海峡封鎖・シーレーン防衛

1982年度防衛白書には現行日米安保条約や自衛隊法にも矛盾する三海峡封鎖を自衛隊の権限とする趣旨の事項の記載がある。しかし宗谷海峡や対馬海峡は国際海峡でありどこの国の船も通過することが認められている。アメリカに武力攻撃がなされた場合に海峡封鎖をすることは，海上封鎖を無視し通過しようとする外国船舶に対して自衛艦の武力行使あるいは威嚇を予定しているものと思われ，明らかに個別的自衛権の範囲を逸脱し，集団自衛権の行使に該当し，違法である。

上記防衛白書では，「我が国に所要の物資の輸入を確保するため，海上交通の保護を行うことが必要である」とし，これはいわゆる1千海里シーレーン防衛構想を念頭に置いたものと思われる。丸山昴元防衛次官は「日本の周辺1千カイリ航路帯以内の攻撃は，日本にむけてなされる侵略の一部だ。日本の個別的自衛の発動に米国が協力することなので，憲法違反にあたらない」と述べ，伊藤防衛庁長官が「丸山さんのいうとおり集団的自衛権に該当しないという姿勢でいる」と述べ（朝日新聞1982年9月5日），後に伊藤防衛庁長官は「言葉足らず」で「これまでの政府見解を変える意図はまったくなかっ

た」と釈明したとされる。これについて「なし崩し的な集団的自衛権の承認」との批判がなされている[22]。集団的自衛権の行使といえるかどうかは，場合により異なるかもしれないが，自衛のための最小限度の範囲を超えていることは間違いない。

4 アメリカの要請

(1) 新安保条約まで

 既に述べたように，戦後東西対立が決定的となり，1948年中華人民共和国の設立，1950年朝鮮戦争勃発を踏まえ，1951年の対日平和条約及び旧安保条約において，アメリカは日米双方に集団的自衛権があることを確認する条項を入れている。1953年11月19日来日中のニクソン副大統領（後の大統領）は日本の非武装化は米国の誤りだった，と認めた[24]。
 1951年の旧日米安全保障条約及び1960年の新条約では「極東」における平和及び安全の維持に寄与するため日本の施設等の使用が許されるとしていた。日本政府は，この「極東」とは，地理学上正確に画定されたものではなく，……およそ「フィリピン以北並びに日本およびその周辺の地域であって，韓国及び中華民国の支配下にある地域を含む」としこれらの区域に「必ずしも極限されるわけではない」とされていた[25]。そして米軍は日本の基地から出撃して，ベトナム戦争に，また湾岸戦争に参加した。

(2) 安保再定義

 1996年4月17日，日本の総理大臣と米大統領は「日米安保条約を基盤とする両国間の安全保障面の関係が，共通の安全保障上の目標を達成するとともに，21世紀に向けてアジア太平洋地域において安定的で繁栄した情勢を維持するための基礎であり続けることを再確認した。」「総理大臣と大統領は，米国が引き続き軍事的プレゼンスを維持することは，アジア太平洋地域の平和と安定の維持のためにも不可欠であることで意見が一致した。」とする日米安全保障共同宣言がなされ，日米安保条約が「再定義」され，上記の「極東」が「アジア太平洋地域」にひろげられた，とされる。この「アジア太平洋地域」の範囲は明確ではないが，後述のアーミテージレポートでは「日本の提

供による在日米軍基地の使用で，米国は太平洋からペルシャ湾にいたる安全環境に影響力を行使することができる」としている。条約の内容が条約改正の手続をとらず，すなわち国会の承認なしに変更されたということになる。

この共同宣言の直前，ジェームス・アワー元国防総省日本部長は「もし日本が集団的自衛権を行使できると認め，日米安保条約の下で集団的自衛権を行使するという政治的決断がなされるなら，将来において海外における日米共同作戦は可能になる」と発言している[26]。日本が集団的自衛権を行使しないことが日米の協力の制約となっているとしたのである。これに呼応するように国内でも「日米首脳による『日米安全保障共同宣言』の協力は，集団的自衛権の行使は憲法上できないという立場の転換なしに実行はできないのではないのか」との発言がなされている[27]。

(3) アーミテージレポート以後

2000年10月，レーガン政権で国防次官補を務めたアーミテージら超党派グループが作成したいわゆるアーミテージレポートでは「日本が集団的自衛権を禁じていることは，同盟協力に対する制限である。この禁止を解除すれば，より緊密でより効果的な安保協力を認めることができる」と明記して日本に集団的自衛権を認めるよう求めている。

2001年9月11日のテロののちの2002年9月ブッシュ政権は「国家安全保障戦略」(ブッシュドクトリン)を公表し，米国の判断だけで，勝手に他国の政権転覆を行う「先制攻撃」を公然と宣言した。まさに2003年3月米国は，大量破壊兵器の存在を理由に，イラクへの攻撃を開始した。これは，相手国が攻撃準備中に行う「先制攻撃」ですらなく，予防戦争であるとされる。先制攻撃にせよ，予防戦争にせよ，国連憲章2条4項に違反する違法な武力行使といわなければならない。

2004年4月安倍自民党幹事長が米国で「集団的自衛権の行使を認める憲法改正が必要だ」と講演し(朝日新聞2004年4月30日)，また同年5月アーミテージ国務副長官は「憲法9条が日米同盟関係の妨げの一つになっている」と明言した。

(4) まとめ

以上みてきたように，冷戦終結にもかかわらずアメリカは従前の戦力を縮小せず，基本的にこれを維持し，日米安保共同宣言によって日本の基地を使用する米軍の活動の範囲を「極東」から「アジア・太平洋地域」に広げた。そして日本に海外でアメリカと共同作戦を遂行することを求め，そのために集団的自衛権の行使を容認するよう転換を求めてきている。

5 解釈改憲の試み

憲法とのかかわりでいえば，日本が集団的自衛権の行使を認めるためには憲法改正のほか，解釈改憲という手法もある。

上記の2000年10月アーミテージレポートを受け，2001年3月23日自民党国防部会がまとめた「わが国の安全保障政策の確立と日米同盟」では，解釈の変更を求め，国家安全保障基本法の制定を検討している[28]。日本経済新聞も解釈改憲を主張し，「時の政権が，その判断と責任で乗り越える考え方がひとつある」とする[29]。2001年5月8日小泉純一郎政権答弁書〔答弁書58号〕は，集団的自衛権について「様々な角度から研究していいのではないのか」とした[30]。さらに安倍首相は2007年4月安全保障の法的基盤の再構築に関する懇談会を発足させ，①米国に向けて発射された弾道ミサイルを自衛隊のMDシステムで迎撃する，②公海上で米軍などの艦船への攻撃に対して自衛隊が応戦する，③国際復興支援活動で共に行動する他国軍への攻撃に自衛隊が応戦する，④同じ国連PKO等に参加している他国の活動に対する武器輸送などの後方支援を行う，の4類型について検討を指示した[31]。上記懇談会は，2008年6月24日付報告書において，①及び②は集団的自衛権の行使を認める必要があるとし，④は集団的安全保障への参加が認められれば根本的解決をするが，その段階以前でも「一体化」論を止め，政策妥当性の問題として決定すべきとする。そして，集団的自衛権の行使及び集団的安全保障への参加を認める旨の憲法解釈の変更を含めて提言している[32]。

憲法9条についての現在の政府解釈が個別的自衛権の行使は認めるが，集団的自衛権の行使は認めないとするのは，自衛隊が9条2項の「戦力」ではないとするため，この「戦力」を，自衛に必要な最小限度を超える実力であ

る」と定義し，集団的自衛権はこの自衛の範囲を超えるとしているからである。2007年時点で世界各国の国防費を比較すると，日本は7位とされる。そのような巨額の費用を要する自衛隊が戦力ではないとする現在の政府解釈自体極めて不自然である。集団的自衛権を憲法が容認すると解釈するためには，論理的には，第1に集団的自衛権の行使を「我が国を防衛するため必要最小限度の範囲」内のものであるとするか，第2に上記の「我が国を防衛するため必要最小限度の範囲」という戦力についての制限を取り払うか，のいずれかということになろう。さらに文理的にも不自然さを重ねることになり，このような解釈の変更は許されないとすべきである。

6　集団的自衛権の行使を認めるべきとの意見の根拠

衆議院憲法調査委員会の報告書[33]では，集団的自衛権の行使を認めるべきとする意見の根拠として3点あげている。以下これを順に検討する。

(1)　「最近の緊迫した国際情勢を踏まえて，米国と共同して行う我が国の防衛及び我が国周辺における国際協力をより円滑・効果的に行うため，あるいは，米国との対等な同盟関係を構築するために必要である」との点について
(イ)　「最近の緊迫した国際情勢」と米軍の武力行使
　最近の緊迫した国際情勢とは，9・11以後のテロの危険性，アルカイダと緊密な関係があるとされたアフガニスタンのタリバーンとの戦闘，イラク侵攻後のイラクの内戦状態，核やミサイル問題も含めた朝鮮半島問題，あるいは台湾問題なども含めているのかもしれない。
　戦後史の視点でみるならば，1991年旧ソ連の崩壊により東西対立の冷戦構造が解消して，従来の軍備は縮小すべきはずであった。しかし2000年現在で冷戦解消から10年もたつのに世界の19ヵ国の61を越える基地に何十万という米兵を駐留させている。アメリカは，イラク，北朝鮮などを格上げして「ならず者国家」とし，また非国家組織を対象として対テロ戦争が必要だ，としている。
　しかし，かつてのイラクや，イラン，北朝鮮などがアメリカ本土を攻撃す

るという現実的な可能性は考えがたい。集団的自衛権の行使を主張する側も，米本土が他国に攻撃される場合を想定する者はいない。米本土と遠く離れた世界各地の基地などに存在する米軍が軍事衝突を起したとしても，日本が武力を行使するなどして援助する必要があるとは考えがたいところである。

　朝鮮半島や台湾海峡において将来武力衝突がおこる可能性が議論されているが，これらの紛争については日本としては，事前に回避のための外交努力を尽くすべきであって，不幸にして武力衝突が発生したとしても，日本が米軍と協力して自ら武力行使をし，あるいは米軍の武力行使に参加する必要はどこにも存在しないところである。

　アメリカの行ってきた戦争ないし武力行使については多くの疑問がある。ベトナム戦争のとき，アメリカはベトナム海軍の魚雷艇による米第七艦隊所属の駆逐艦攻撃という武力行使があったと発表した。しかし実際は，アメリカが南ベトナム海軍とともに武力攻撃を組織的計画的に行っていたことが米国防総省秘密報告書で明らかになっている[34]。1998年スーダンとタンザニアの米大使館爆撃についてスーダンとアフガニスタンに対してテロ支援懲罰爆撃を行った。同年イラクに対して安保理決議違反爆撃を行っている。これらも国連憲章2条4項に違反する違法な武力行使である。2001年アフガニスタンに対する「テロ掃討」戦争がなされたが同国のタリバン政権自身が米国に武力行使をした，あるいはこれを準備したなどとは米国自身も主張していない。2003年大量破壊兵器を理由として，安保理の理事国の多数の反対を押し切って，アメリカはイラクへの侵攻を開始した。大量破壊兵器の有無にかかわらず，これは国連憲章2条4項に違反する違法な武力行使であった。そしてアメリカが理由とした大量破壊兵器が存在しなかったことはアメリカ自身が認めるところである。この攻撃は「先制攻撃」とも言えず予防戦争であったことは前述した。アメリカは，上記のブッシュドクトリンによって「先制攻撃」による政権の転覆を公然と宣言するなど，国連憲章を無視して武力を行使することが少なくない。アフガン戦争やイラク戦争ののち，未だに両国とも内戦状態にある。そして，多数のアフガニスタン人やイラク人が，死亡し，負傷し，家を失い，住まいを離れて周辺国に難民となっている現実が存するのである。

　世界の平和や安全保障にとっていまそこにある危機は，9・11でもならず

もの国家でもなく，実は「対テロ戦争」以降の米国の先制攻撃とそれが世界にもたらす影響です，との厳しい評価もなされるゆえんである[35]。

(ロ) 「米国と共同して行う我が国防衛及び我が国周辺における国際協力」

仮に日本の軍事力による防衛を認めるとしても，それはあくまで国連憲章51条の個別的自衛権の範囲内で行使すれば足り，米軍への武力行使があった場合の我が国の武力行使という集団的自衛権の行使を認める必要性はどこにもない。

「我が国周辺における国際協力」の内容は必ずしも明らかではないが，日本自身に対する武力行使がないのに日本が武力を行使したり，米軍の武力行使に参加する必要性はどこにもない。まさにこれは米軍の海外における軍事活動に日本がまきこまれることになるだけである。

(ハ) 米国との対等な同盟関係の構築

これは日米安保条約で米国は日本の防衛をするのに，日本は（日本施政の下にある領域をのぞいて）米国の防衛の義務を負担しないことを対等ではない，とするもののようである。

日米安保条約を否定する立場からすれば，安保条約を廃棄すべきだということになろう。日本の防衛にとって安保条約は必要だという立場に立つとしても，米軍は「アジア・太平洋地域」（前述のようにペルシャ湾にまで及ぶとの見方もある）に影響を及ぼすことのできる基地などが得られ，十分な対価を得ているという観方もあるかもしれない。

また日本が集団的自衛権を行使できるようになれば，米国の先制攻撃戦略により深く組み込まれることは明らかだとの指摘もある。自衛隊と米軍との統合が進められ，ワシントンにある米陸軍第一軍団司令部が神奈川県キャンプ座間に移転されようとしているが，これが実現されれば自衛隊は，米軍の指揮下におかれ，まさに米軍と一体となって軍事活動を行うようになるとも指摘されている[36]。またこれらの米軍再編案は，米軍と自衛隊の提携強化，一体化の促進による我が国の前線基地化であり，米軍の司令中枢を集中することによって我が国を「前線」にすることである，との指摘もある[37]。既に述べてきた集団的自衛権の容認がアメリカの強い要請によるものであること，小泉，安倍政権などのアメリカとの関係などもあわせてみると，集団的自衛権の行使が認められても行く先は，対等な同盟関係ではなく，一層アメリカ

にとって好都合な日本の軍事協力でしかないように思われる。

(2) 「集団的自衛権は主権国家が持つ自然権であり，国連憲章上も認められているから，我が国においてもその行使が認められる」との点

集団的自衛権は主権国家が持つ自然権である，との点は，既に述べたとおりであり，国連憲章ではじめて規定されたものであり，誤りである。国連憲章上認められていることはそのとおりであるが，日本がそれを保有ないし行使できるかどうかは，憲法で独自に決定できることである。国連憲章の集団的安全保障の考え方からしても，原則は武力による威嚇及び武力の行使の禁止であり（2条2項），これに対する例外である集団的自衛権の行使は，なるべく限定し，あるいはこれを認めないことにこしたことはないのである。

(3) 「個別的自衛権と集団的自衛権を一体として捉えるのが国際常識であり，集団的自衛権だけ取り出して，保有するが行使できないと解釈することは妥当ではない」との点

個別的自衛権と集団的自衛権を一体として捉えるのが国際常識との点はなんら根拠がない。国連憲章の制定までは集団的自衛権という概念自体がなかったのである。集団的自衛権の保有ないし行使は憲法で独自に決定できることは前述した。国際法に優位する日本国憲法の立場からすれば，集団的自衛権は保有もしていないとの解釈のほうがむしろ自然である。

7 集団的自衛権の行使を認めるべきではないとの意見の根拠

(1) 衆議院憲法調査会報告書のあげるもの

衆議院憲法調査会報告書では集団的自衛権の行使を認めるべきではないとする意見の根拠として以下の点をあげる

A 現行憲法は集団的自衛権をみとめていない。9条の解釈として，集団的自衛権を持たないと考えることが憲法学会でも当たり前の見方である。

B 歴代政府は，我が国は主権国家として国際法上集団的自衛権を保有するが，9条の下では行使できないという統一見解を公にしている。これ

が解釈により変遷し，混乱が生じていることから，統一見解の原点に戻るべきである。同条は，例外的に日本だけが採用していると考えるのではなく，これを国際社会の規範とすべきである。そのためには，戦争を否定し軍隊を放棄した世界の構築に向けて，自らがまず努力していくという決意を示す必要がある。

C　武力を行使しないという憲法の理念から，我が国は非軍事分野における国際協力を行うべきであって，集団的自衛権の行使を認める憲法改正を行うべきではない。

D　集団的自衛権は，国連憲章上，例外的かつ暫定的なものとされている。また現実には軍事同盟の根拠に用いられ，攻撃権と同じである。世界の多くの国は軍事同盟に参加していないという国際的潮流を重視すべきである。

E　集団的自衛権の行使を認めることは，地球規模で行われる米国の戦争に自衛隊が制約なく参加できるようにするものである。

F　集団的自衛権の行使を認めることは，アジア諸国に対して不信感と脅威を与える結果となる。武力の行使はあってはならず，日本だけではなく，アジアの全ての国が戦争を起さないような枠組みを作っていくことが，日本のあり方として重要な課題であり，それが9条を現実に生かしていくことである。

　これらのうちA及びBは主として解釈改憲を念頭においたもののようである。

(2)　集団的自衛権の濫用のおそれ

(イ)　自衛ではなく，他国の戦争の協力する口実とされうる

　集団的自衛権がなぜ「自衛権」に含まれるのか。A国のB国に対する武力行使の際，C国がB国に援助することがなぜ集団的「自衛」権といわれるのか。自衛とみるためには，おそらく二つの考え方があろう。一つはB国が占領などされた場合には，次にC国に対して武力行使が予想されるなど，C国としてはB国の防衛に死活的利益あるいは密接な利害関係を持っている場合であろう。もう一つは，B国やC国はそれぞれ武力行使がなされた場合単独では十分対応ができないおそれもあり，集団的自衛権を行使することをあら

かじめ定めておいて，それぞれへの他国からの武力行使を防止することであろう。このように考えてはじめて，「自衛」ということができる。しかしながら国家実行では，他国が武力攻撃を受けた旨宣言し，かつ明示の援助要請を行った場合には，自国の安全に対する脅威がなくても集団的自衛権を援用することができるという。すなわち自国の自衛とは無関係に集団的自衛権が行使できることになる。その場合でも他国（上記の例ではB国）の自衛につながればそれなりに意味があるともいえるかもしれない。しかし，他国がその本土から遠くはなれたところに設置している基地や派遣している艦船航空機が攻撃をうけた場合，本当にその他国の「自衛」が問題になるかどうかはきわめて疑問である。上記ベトナム戦争の発端となったトンキン湾事件にしても，仮にアメリカ・南ベトナム軍の事前の組織的攻撃がなかったとしても，米本土はもちろん，米基地や南ベトナムをはるかに離れ，トンキン湾奥深くベトナムの領海の直近まで接近して北ベトナムの沿岸防衛能力に関する情報を入手していたアメリカの駆逐艦が北ベトナムに攻撃されたとしても，韓国，オーストラリアなどが，自国あるいは米国の「自衛」のために参戦する必要がどこにあったのであろうか。集団的自衛権は，「自衛」とは関係なく，他国の戦争に協力する口実に用いられているのである。

　(ロ)　他国に対する武力行使

　国連憲章51条によれば集団的自衛権は，他国に対して現実に武力行使がなされることが要件とされている。上記のトンキン湾事件は，他国からの武力行使が先にあったことが偽装された事案であるが，現実にはどちらが先に武力行使したのか，集団的自衛権を行使するかどうか判断する国にとっては判明しにくい場合も少なくないと思われる。そして昨今の集団的自衛権を容認する論者の議論を聞くとき，米国に対して先に武力行使されることを要件として意識していないかのごとき議論も少なくない。既に述べたように9・11の後アメリカはいわゆるブッシュドクトリンを公表し，公然と「先制攻撃」を主張した。防衛行為としての先制攻撃（予防攻撃，攻勢防御とも）とは，武器を手にした相手から脅迫されており，攻撃の確率が高く，他の手段では自身の安全を確保することが困難な場合等に行うものである。この先制攻撃は，国連憲章51条をみれば明らかなように，個別的自衛権の行使の要件を満たしていない。また集団的自衛権の行使の要件をも満たしていない。イラクはア

メリカに対して攻撃の準備も威嚇もしておらず，アメリカのイラクへの攻撃は，先制攻撃ですらなく，予防戦争というべきものであった。日本が集団的自衛権の行使を容認すると，アメリカはこのイラク戦争のような戦争にも，日本の集団的自衛権の行使として参戦を求めてくるであろう。現在の集団的自衛権容認論者はほぼ例外なく，主要なパートナーとしてアメリカを念頭においているが，このような「集団的自衛権」の行使は，もはや国連憲章51条の集団的自衛権とは到底いいがたいのである。

(3) 武力禁止規範の強化をめざして……国際的な立憲主義

国連憲章の規範性については悲観論もないではない。アメリカの「正義の戦争」すなわち上述した98年のスーダンとアフガニスタンに対するテロ支援懲罰爆撃，同年イラクに対する安保理決議違反爆撃，01年アフガニスタンに対するテロ支援懲罰爆撃，そして03年安保理多数理事国の反対を無視したイラク戦争は，国連憲章2条4項の武力行使禁止規定の法規範性を著しく弛緩させた，との指摘がある。なるほどこの間のアメリカの国連憲章無視は目に余るものがある。しかしながら国連安全保障理事会は，アメリカのイラク戦争を認めなかったという点で機能をしていた。そしてイラク戦争開始後の国連総会で演説をした120ヵ国のうち実に9割が戦争反対を表明し，アナン事務総長も違法であることを認めた。圧倒的多数の国は，武力行使禁止規範の強化を求めているのである[38]。

日本が，集団的自衛権を認めることは，憲法の目指す平和主義から大きく後退することになる。のみならず，国連憲章の武力行使禁止規範の回復強化を求める世界の流れに反することになり，国連の集団的安全保障体制から逆行することになる。この観点からも，日本は断固として集団的自衛権を容認してはならず，同時に集団的自衛権の事実上の行使についても，速やかに是正をはかるべきである。

1 山内敏弘「平和危うくする改憲—集団的自衛権と憲法9条」毎日新聞朝刊2005年4月30日
2 祖川武夫「集団的自衛—いわゆるUS Formula の論理的構造と現実的機能」祖川武夫編『国際政治思想と対外意識』（創文社，1977年），森肇志「集団的自衛権の誕生—

7 集団的自衛権の行使を認めるべきではないとの意見の根拠　　343

秩序と無秩序の間に」国際法外交雑誌102巻1号106頁
3　村瀬信也他『現在国際法の指標』（有斐閣，1994年）287頁。注2の森肇志論文80頁注2）参照。
4　注3の村瀬信也他286頁
5　衆議院憲法調査会報告書308頁
6　高作正博「個別的および集団的自衛権」法律時報増刊「憲法改正問題」128頁。なお詳細は注2森肇志論文参照。
7　松竹伸幸『「集団的自衛権」批判』（新日本出版社，2001年）27頁以下。
8　吉国内閣法制局長官昭和47年9月14日参議院決算委員会における答弁，稲葉誠一衆議院議員からの質問主意書に対する内閣の昭和56年5月29日付答弁書，角田内閣法制局長官昭和57年3月12日参議院予算委員会の答弁，54年下田武三条約局長，59年林修三法制局長官，72年10月14日参議院決算委員会
9　1972年10月14日政府の参議院決算委員会提出資料も同旨。最近では，「集団的自衛権，9条では読めぬ―阪田雅裕・内閣法制局長官に聞く」朝日新聞朝刊2004年10月2日
10　広瀬善男『日本の安全保障と新世界秩序―憲法と国際法社会』（信山社出版，1997年）212頁
11　注10の文献215頁
12　1996年5月21日衆議院安全保障委員会における大森政輔内閣法制局長官答弁
13　1959年3月19日参議院予算委員会における林修三法制局長官答弁
14　浦田一郎「政府の集団的安全保障論―武力行使の一体化論を中心に」『変動期における法と国際関係―』一橋大学法学部創立50周年記念論文集（有斐閣）153頁
15　注7の文献20頁
16　http://www.courts.go.jp/search/jhsp0030？action_id=dspDetail&hanreiSrchKbn=04&hanreiNo=36333&hanreiKbn=03
17　橋本総理大臣の1997年12月3日参議院本会議における答弁，大森内閣法制局長官の1999年5月20日参議院防衛指針特別委員会における答弁
18　田畑茂二郎『安保体制と自衛権』（有信堂高文社，1960年）73頁，222〜223頁
19　松下伸幸『「集団的自衛権」批判』（新日本出版社，2001年1年）15頁
20　田畑茂二郎『安保体制と自衛権』増補版（有信堂高文社，1969年）
21　研究会「安保改定問題の究明」ジュリスト59年10月15日号11〜12頁
22　山内敏弘「日本国憲法と集団的自衛権」軍事民論30号21頁
23　森本敏「集団的自衛権（上）―米は後方支援を期待，議員立法で基本法を」朝日新聞朝刊2001年6月4日
24　水島朝穂「現実と遊離してしまった憲法は現実に合わせて改めたほうがいいのではないか」憲法再生フォーラム『憲法改正は必要か』（岩波書店，2004）162頁
25　1960年2月25日衆議院安保特別委員会における岸内閣総理大臣答弁
26　産経新聞1996年4月8日
27　「可能性強まる集団的自衛権行使（特集　憲法と安保）（論壇）筒井若水」朝日新聞朝刊1996年5月3日

28　朝日新聞夕刊2001年3月23日
29　同新聞2000年5月3日
30　以上浦田一郎・前掲注14論文154頁
31　朝日新聞朝刊2007年4月25日
32　http://www.kantei.go.jp/jp/singi/anzenhosyou/index.html
33　http://www.shugiin.go.jp/itdb_kenpou.nsf/html/kenpou/houkoku.htm？OpenDocument
34　「全訳・米国防総省秘密報告書」朝日ジャーナル1971年7月9日号
35　水島朝穂・前掲注24論文168頁
36　高作正博「個別的及び集団的自衛権」法律時報増刊「憲法改正問題」130頁
37　井端正幸「日米同盟と世界秩序」法律時報増刊「憲法改正問題」157頁
38　水島朝穂・前掲注24論文163頁

第5章　国際協調活動とは何か

大　槻　和　夫

1　はじめに

　近時の憲法9条改憲論では，日本がその国際的地位にふさわしい国際協調・国際貢献活動を行うために憲法9条が制約になっているので，改正する必要があると主張されている。
　ここで言われている国際協調活動とは具体的にどのような活動を指すのだろうか。日本はそのような国際協調活動に参加すべきなのか，仮に参加すべきであるとすれば，どの範囲で，どういう要件の下で参加すべきか。そのためには憲法第9条の改正が必要なのか。
　本稿は以上の問題を考察しようとするものである。

2　国際協調活動とは何か

(1)　国際協調活動の意義

　一般に国際協調活動という場合，広義では文民が行う災害救助や人道援助等の非軍事的な活動をも包含するが，このような非軍事的活動を行うについて，別段，憲法上の問題が生じるものではない。憲法9条改正との関連で問題となるのは，軍隊（自衛隊）による軍事的行動を伴った国際協調活動である。
　こうした軍事的な国際協調活動とされるものには，国際連合により正当な活動として承認され国際法上の合法性が認められる活動から国際連合による承認がなく合法性に疑問の残る活動まで，様々なタイプのものが含まれている。また，国連憲章・国際法で合法性が認められる活動は国連憲章第7章に

基づく行動（集団安全保障措置）と国連平和維持活動（ＰＫＯ）に区分することができる。

以下，こうした様々な国際的協調活動の具体的内容を見てゆきたい。

(2) 国連による集団安全保障措置

(イ) 集団安全保障とは，旧来の勢力均衡（balance of power）に代わる安全保障の方式として構想されたものである。

勢力均衡は，相対立する国家または国家同盟間の力のバランスを均衡させ，一つの勢力だけが強大化することを防ぎ，相互に相手を攻撃しにくい状態を作り出すことによって平和を達成しようとするものである。この勢力均衡は伝統的な安全保障の方式として歴史上の各国指導者により採用されてきたが，お互いの勢力の判定には不確定要素がつきまとうために，どちらも相手以上の勢力を持とうとして軍備拡大に走る傾向を生じ，その結果，却って対立を激化するという危険性を孕んでいる。とりわけ，第一次大戦前も第二次大戦前も勢力均衡が図られていたにもかかわらず，結局は戦争勃発に至ったという歴史的経験は，勢力均衡方式に対する深刻な懐疑を生み，勢力均衡方式に代わる安全保障の方式の検討を促すこととなった（参考文献①・54頁以下,②・206頁以下）。

集団安全保障はこうした勢力均衡方式への懐疑から構想されたもので，対立関係にある国家を含めて多数の国家が互いの武力不行使を約し，これに違反する国に対しては集団でこれを抑止・制裁することによって対処するというものである。集団安全保障は，武力行使禁止の規範の存在（国連憲章2条4項）が前提とされていること，敵対する国家ないし国家群が互いに対立・均衡する代わりに対立を集団のうちに内包してしまうという点が，勢力均衡方式と異なっている。

集団安全保障が機能するためには，国際社会を構成する主要国，とりわけ，安全保障理事会常任理事国間で，主要な国際安全保障問題について協調できる状態にあることが必要となる。主要国間の対立が激しく妥協の余地がない場合には，集団による抑止・制裁という集団安全保障は機能麻痺に陥る。冷戦時代には安全保障理事会はしばしば大国の拒否権行使により機能せず，国連の集団安全保障体制の限界を露呈した。また，集団安全保障体制は，大国

の違反行為を抑止することができないという限界も指摘されている（参考文献①・59頁以下）。

　㈠　国連による集団安全保障措置は，国連憲章第7章「平和に対する脅威，平和の破壊及び侵略行為に関する行動」が規定している。

　国際社会を脅かす侵略行為やその脅威が発生した場合，国連安全保障理事会は，平和に対する脅威，平和の破壊又は侵略行為の存在を決定し，並びに，国際の平和及び安全を維持し又は回復するために，勧告をし，又は憲章41条（非軍事的措置）及び42条（軍事的措置）に従っていかなる措置をとるかを決定する（憲章39条）。

　安全保障理事会は，憲章41条に基づく経済制裁などの非軍事的措置では不充分であろうと認め，又は不充分なことが判明したと認めるときには，憲章42条に基づき，国際の平和及び安全の維持又は回復に必要な軍事行動を取ることができる。

　国連創立当初，この憲章42条に基づく軍事的措置は，安全保障理事会が加盟国と特別協定（国連憲章43条）を締結し，各国が供出する軍隊に基づいて常設の国連軍を結成することが予定されていた。しかし，米ソ対立により安全保障理事会が機能麻痺に陥った結果，今日に至るまで特別協定は結ばれておらず，憲章が想定していた常設の国連軍は存在していない。

　㈢　これまで国連憲章第7章に基づいて発動された強制措置とされるものは，本来国連憲章が予定していた常設の国連軍によるものではなく，安全保障理事会決議に基づいて，その都度，「国連軍」ないし「多国籍軍」が結成され，この「国連軍」「多国籍軍」が軍事措置を発動するという形を取った。こうした方式による強制措置の先例として，①朝鮮戦争のときの「国連軍」，②湾岸戦争のときの「多国籍軍」の2例を挙げることができる（参考文献①・211頁以下）。

　このうち，朝鮮戦争時の「国連軍」は，朝鮮戦争勃発後の1950年6月25日，安全保障理事会が北朝鮮軍の武力攻撃は平和の破壊を構成するものであることを決定するとともに，即時停戦と北朝鮮軍の38度線への撤退を要請し，すべての加盟国に対して決議の実施のために韓国に対する軍事援助の自発的提供を勧告した。この安全保障理事会の勧告に基づいてアメリカを中心として15ヵ国からなる「国連軍」が派遣され，北朝鮮軍と戦闘に入った。このとき，

安全保障理事会には北朝鮮を支援するソ連が常任理事国として入っており，ソ連が拒否権を行使すれば決議が可決される見込みはなかったが，それにもかかわらずこの決議ができたのは，当時，中国代表権問題でソ連が他の国と対立し，安全保障理事会を欠席していたためであった（参考文献①・211頁，③・220頁，224頁）。

　次に，湾岸戦争の際の「多国籍軍」は，1990年8月2日のイラクによるクウェート侵攻に対して，安全保障理事会が侵攻開始11時間後にイラク軍の即時撤退を要求する決議（決議661）を行い，同年11月29日にはクウェート政府に協力している加盟国に対して，国際平和と安全と回復するためのあらゆる必要な手段を行使する権限を与えるという内容の軍事的措置容認決議（安保理決議678）を行い，これに基づいて翌年1月17日，多国籍軍による対イラク軍事行動が開始された。（参考文献①・213頁）。

　この朝鮮戦争における「国連軍」，湾岸戦争における「多国籍軍」のいずれにおいても，軍の指揮権は国連にはなく，国連の果たした役割は軍事的措置に国連がお墨付きを与えるという正当化作用に止まるものであった。

(3)　国連平和維持活動（PKO）
(イ)　冷戦時代のPKO活動（第一世代の平和維持活動）（参考文献①・212頁）
　PKO活動は，国連憲章が予定していた国連憲章第7章による集団安全保障が安全保障理事会の常任理事国による拒否権発動で機能麻痺に陥った中で，国際権力政治の制約下においても可能な形での平和維持活動を模索する中で徐々に発展してきたものである。

　1956年のスエズ動乱に際して，イギリスとフランスによる拒否権行使により，安全保障理事会が機能麻痺に陥った中で，国連はユーゴスラビアの提案により安全保障理事会から緊急特別総会に審議を移し，総会においてアメリカが提出した即時停戦・撤兵決議を採択した。その後，問題の処理を委ねられた当時のハマーショルド事務総長により国連緊急軍（UNF）が派遣されたが，この国連緊急軍は憲章第7章に基づく強制措置とは性質を異にし，国連の権威を象徴する，原則として戦闘を行わない小規模の軍事組織を紛争当事者の間に介在し，当事国の停戦と軍隊の撤退の監視に当たるというものであり，これが以後のPKO活動の端緒となった（参考文献③・229頁以下）。

ここにＰＫＯ活動とは，①停戦合意成立後に，②当事者の要請や同意を得て，③国連が中立的な第三者として（以上をＰＫＯ３原則という），その権威を象徴する小規模の平和維持軍（ＰＫＦ）や軍事監視団を現地に派遣し，当事者間に介在して緩衝機能を果たし，停戦が崩れて紛争が再開しないようにする活動をいう。

　こうしたＰＫＯ活動については，国連憲章には何も規定がなく，安全保障理事会が拒否権行使によって機能麻痺に陥る中で，国連による紛争への可能な限りの対処を模索する中で実務上の慣行として形成されてきたものである。それは，紛争の平和的解決を規定する憲章第６章の活動と強制措置を規定する憲章第７章の活動の中間的性格を持つという意味で「憲章第６章半の活動」と呼ばれる。

　そして，ＰＫＯ活動においては，憲章第７章の強制措置とは異なり，派遣される軍隊の任務は停戦維持や兵力引き離しといった活動を中立・非強制の立場から行うものであるから，軍事力の行使は隊員等の自衛のためのものに限るのが原則である。

　この伝統的なＰＫＯ活動は，冷戦が終了するまえの1988年までに計13件が実施された（参考文献①・212頁）。

　㈡　1992年のガリ事務総長により提出された報告書「平和への課題」（参考文献①・213頁以下）

　冷戦終結は常任理事国間に協調の気運を生み出し，イラクのクウェート侵攻に際しては，多国籍軍による軍事行動を容認する対イラク武力行使容認決議を採択して対応することができ，かくて，国際社会に国連憲章に基づく集団安全保障システム復活への期待が芽生えた。

　こうした冷戦終了に伴う安全保障理事会の機能復活への期待を背景に，1992年に当時のガリ国連事務総長は報告書「平和への課題」を提出し，その中で，武力紛争の発生前から終結後に至るまでの全局面で国連が平和と安全の維持，回復のために一貫して関与するべきことを主張し，①予防外交，②平和創造，③平和維持，④紛争後の平和建設の４段階での活動を提起した。その具体的内容は以下のとおりである。

　①　予防外交

　これは，当事者間の係争の発生や現に存在する係争の紛争へのエスカレー

トを防止するとともに，紛争が勃発してしまった際にはその拡大を限定するための行動をいう。

　具体的には当事者間の信頼醸成措置の促進，紛争発生の可能性に関する事実調査，紛争の早期警報，紛争発生の恐れのある地域への国連軍の予防展開，非武装地帯の設置などが想定された。

　その際，ガリ報告においては，当事国のうちの一国が相手国に脅威を感じて，その国境沿いに国連のプレゼンスを要求する場合，安全保障理事会は他方当事国の同意を得なくても，予防展開を決定できるとされた。この構想は，従来のPKO3原則のうちの「当事国同意の原則」を満たしていない。このため，例えば当事国同士に武力衝突が起こった場合，予防展開部隊は展開を要求した国の側に立ってもう一方の当事国と敵対関係に立たされ，中立性を失ってしまう危険性を孕んでいた（参考文献④）。

② 平和創造

　従来の伝統的用法では，国連憲章第6章が規定する紛争の平和的解決を平和創造と呼び，国連憲章第7章が規定する強制措置を平和強制と呼んできた。しかし，ガリ報告では，平和創造の概念を拡張し，紛争の平和的解決と強制措置の両者を含む，紛争勃発後に平和を回復するための活動の総称として平和創造という用語を使用した。

　更に，ガリ報告は，こうした広義の平和創造活動により停戦が実現した後，伝統的な平和維持活動（PKO）にもかかわらず紛争が再燃してしまった場合，再び停戦を回復するための部隊を，正規の国連軍や従来の平和維持軍とは別個の平和強制部隊として創設すべきだと主張した。この平和強制部隊は，国連憲章40条（暫定措置－事態の悪化を防ぐため，39条の規定により勧告をし，又は措置を決定する前に，安全保障理事会は，必要または望ましいと認める暫定措置に従うように関係当事者に要請することができる）に根拠を持ち，加盟国が自発的に提供する部隊により編成され，停戦の回復という明確に限定された任務のために安全保障理事会の決議に基づいて派遣される，平和維持軍よりも重装備だが，国連軍よりは軽装備の部隊であるとされた。

　このガリ報告が提唱した平和強制部隊の提唱は，国連憲章42条以下の正規の手続きを踏んだ国連軍編成の困難を回避しつつ，従来の平和維持部隊の手続に従うという便法によって，実効ある武力行使を用いた平和強制を実現し

ようとする狙いを持つものであったが，当事国の同意なしに軍事的強制力を行使するという点で，従来の中立・同意原則に基づく平和維持軍とは異質な性格を持つものであった（参考文献④）。

　③　平和維持

　冷戦末期以来，伝統的な平和維持活動は任務が多機能化・複合化し，政治・軍事を含む地域紛争の包括的な解決方式の中に組み込まれるに至った。具体的には，停戦監視や兵力引き離しなどの伝統的な軍事的機能に加えて，選挙の運営や監視，統治機構の再建，行政の監視，人権擁護努力の促進，難民の機関，戦後復興の支援などをあわせ行うことによって，紛争の根本的な原因を取り除き，平和を実現することが目指されるようになった。日本も参加した国連カンボジア暫定統治機構（UNTAC）はその例である。

　このような多機能化・複合化した新しい平和維持活動を指して，「第二世代の平和維持活動」と呼ぶことがある。

　④　紛争後の平和建設

　ここに「紛争後の平和建設」とは，武力紛争終結後に，平和を強固で永続的なものにし，政治的不安定，少数民族への差別等々の紛争の根本原因となった問題を解決するための諸活動であり，具体的には，紛争当事者の非武装化，秩序の回復，難民の送還，選挙監視，人権擁護努力の強化，政府機関の強化，経済的社会的復興活動，当事者間の敵対的な感情を和らげて信頼を強化するための活動などをさす。そして，ガリ事務総長は，平和建設の究極的な目的として，経済発展と民主主義の確立を挙げた。

　(ハ)　ガリ構想の実践と挫折（参考文献①・221頁以下）

　こうしたガリ構想は，その後の地域紛争において実践に移されたが，以下に述べるとおり，所期の成果を得られたとは言い難く，挫折を余儀なくされた。

　①　マケドニアへの予防展開（参考文献④）

　旧ユーゴスラビア紛争に絡み，1992年2月に安全保障理事会は旧ユーゴに国連保護軍（UNPROFOR）を派遣する決定を採択していたが，同年11月11日のマケドニアの要請に応じて，同年12月の安全保障理事会決定でUNPROFORの部隊の一部をアルバニアと旧ユーゴとの国境沿いのマケドニア領に展開した。これは，これまでに実施された予防展開の唯一のケースであ

る。
　②　第二次ソマリア活動（UNOSOMⅡ）（参考文献①・223頁以下，文献④）
　ソマリアでは1991年以降の内戦に旱魃が加わって飢餓が深刻化していた。
　1992年3月の停戦合意を受けて，安保理決議751（1992年）は，国連のソマリアにおける活動（UNOSOM）という監視団の派遣を決定した。これは停戦監視と人道援助輸送の安全確保を任務とするもので，従来型の平和維持活動であった。
　しかし，現地は事実上の無政府状態が続き，UNOSOMが十分な活動ができないまま，情勢は悪化の一途を辿った。
　こうした情勢悪化を受けて，アメリカの提案により，92年12月の安保理決議794は，「ソマリアの紛争によって引き起こされた甚大な人的悲劇……は国際の平和と安全に対する脅威を構成する」と決定し，加盟国が「憲章第7章の下で行動して，事務総長……がソマリアにおける人道的救援活動のための安全な環境を可及的速やかに確立するためにあらゆる必要な手段（注：湾岸戦争の際の安保理決議678以来，武力行使の代名詞として使われることになった）を講じること」と定めた。この決議に基づいて，米軍を中心とする「統一タスクフォース」（UNITAF）と呼ばれる多国籍軍が展開され，UNOSOMとの協力の下に，治安状況の改善と人道援助物資の実効的な配送の実現を目指す「希望回復作戦」を実施した。
　93年3月に至り，安保理決議814は，国連が軍事活動の責任を引き受けること，UNITAFの任務を国連の平和維持軍が引き継ぐことを決定し，新たに設立されたUNOSOMⅡの任務を人道的援助から国家再建のための紛争当事者の武装解除に拡大した。この時点で，部隊は従来型のPKOから平和強制部隊に転換された。
　93年5月に，UNOSOMⅡは武装解除に着手したが，アイディード将軍派は自派の影響力低下を恐れて武装解除を拒否し，反国連プロパガンダを展開した。
　6月5日にUNOSOMⅡの要員24名が反国連デモ隊の攻撃を受けて死亡する事件をきっかけとして，UNOSOMⅡは将軍派の強制武装解除や同派が反国連キャンペーンに利用していたラジオ放送局の破壊，将軍の逮捕などを目的とした軍事作戦を開始し，これに将軍派が抵抗したため，UNOSOMⅡは

中立性を失い，内戦に巻き込まれることになったばかりか，軍事作戦により現地民間人にも多数の犠牲者を出してソマリア人の反感を買うことになった。

10月3日，将軍逮捕の作戦に参加していた18名の米兵が戦死した上，遺体が激昂したソマリア人により引き回されるという事件が発生し，この報道を契機に米国ではソマリア撤退の声が高まった。

11月に安全保障理事会はUNOSOMⅡの任務を修正して，従来型の中立・非強制の平和維持活動に回帰させることを決議したが，その後もソマリア側の敵対行動は止まず，95年3月，UNOSOMⅡは任務を達成できないまま，活動を終了した。

このソマリアにおける平和強制活動の失敗を受け，現在の国連のホームページでは，「平和創造には，敵対行為の終結を一方の当事者に強制するために武力を行使する，平和強制と称せられる行為を含まない」と明記されるに至った（参考文献④）。

③　1995年1月ガリ事務総長の報告書「平和への課題への追補」における路線修正（参考文献①・227頁以下）

ソマリア，ボスニア（後述）での蹉跌を踏まえ，1995年1月，ガリ事務総長は報告書「平和への課題への追補」を発表し，平和強制への姿勢を消極化させるに至った。

報告書は，国連が長期的に平和強制の能力を発達させてゆくことは望ましいとしつつ，現時点でそのような試みを行うことは愚行になろうと断じた。また，平和維持活動の成功には，当事者の同意，中立性，自衛の場合以外の武力不行使という伝統的諸原則の尊重が欠かせないことが近年の経験から明らかになったとして，平和維持活動と強制行動を峻別する必要性を強調した。

こうしたガリ構想の挫折は，国連の安全保障機能に対する加盟国の失望感を生み，その後の国連平和維持活動の低調化，及び，紛争解決にあたって国連を通さず，関係国が直接行動に出る傾向の出現（NATOによる旧ユーゴ爆撃，アメリカによるイラク攻撃）をもたらした。

(4) 国連離れと人道的介入論
(イ) ユーゴスラビアの内戦（参考文献①・224頁以下，④・9頁）
冷戦時代，ユーゴスラビアは，チトー大統領の強力な政治指導のもと，独

自の社会主義路線を歩んでいたが，冷戦終焉，チトー大統領死去の後，連邦を構成する各共和国で民族主義潮流が台頭し，独立運動から内戦へと発展した。これに対して，国連は以下のとおり，旧ユーゴ情勢に介入し，紛争の抑制を試みた。

1992年3月，クロアチアへ中立・非強制の国連保護軍（UNPROFOR）が派遣された。

1992年6月，ボスニア情勢の緊迫化に伴い，ボスニアにもUNPROFORが展開し，サラエヴォおよびその周辺地域における人道援助物資輸送の支援などの任務に従事した。

1992年8月，安保理決議770は，「ボスニア情勢が国際の平和と安全に対する脅威を構成する」と確認し，加盟国が国連憲章第7章の下で行動するとして，各国に人道援助活動を行うことを呼びかけた。

1992年9月，ボスニア空域における軍事飛行禁止措置の違反に対しても，同様に加盟国による強制措置が承認された。

1993年に入って，安全保障理事会は，人道援助活動の拠点となるサラエヴォ他6都市を安全地帯に指定して軍事・敵対行動を禁止し，UNPROFORが同地域の安全と人道状況の監視を行うことにした。

1993年6月，安全保障理事会はUNPROFORに対して，安全地帯に対する砲撃や武力侵入などに対する自衛のための行動として，憲章第7章の下で武力行使を含むあらゆる必要な措置を執る権限を与え，加盟国やNATOに対しても，UNPROFORを支援するためにあらゆる必要な措置を執ることを認めた。

1995年，UNPROFORの活動を支援するNATOがセルビア人勢力に対する空爆を実施したことに対して，セルビア人勢力が反発し，UNPROFOR要員が報復の標的となって300名以上が拘束されるという事態を招いた。

1998年安保理決議1160は，コソボで起こった武力衝突に対して，第7章の下で行動して，すべての国家による旧ユーゴスラビアに対する武器禁輸を定めた。

1998年安保理決議1199は，「コソボ全土における人道情勢の急速な悪化に深い憂慮を示し，人道的悲劇が切迫していることに不安を感じ，それが起こることを防止する必要性を強調し，コソボ情勢の悪化は地域の平和と安全に

対する脅威を構成することを確認し，第7章の下で行動して，ユーゴスラビア当局及びコソボのアルバニア指導部に対しては人道状況を改善し，切迫している人道的破局を回避するために直ちに措置を取ること」を要求した。

安全保障理事会はさらに措置を取ろうとしたが，中国とロシアが武力行使には拒否権を発動する意思を明らかにしたため，1999年3月にNATOは安全保障理事会決議なしに軍事作戦（空爆）を行った。この空爆は，3月24日から6月10日まで78日間続けられ，出撃回数は3万6000回，爆撃回数は1万7000回に及んだ。爆撃による一般市民の死者数は，ユーゴ政府の発表によれば1200人から5700人の間，アムネスティ・インターナショナルの推定では400人から600人とされた（参考文献⑤・96頁以下）。

この軍事作戦の結果，ユーゴスラビアがコソボに関する協定に同意したため，安全保障理事会は決議1244で，この地域の情勢が国際の平和と安全に対する脅威を引き続き構成していると決定し，第7章の下で行動して，コソボ問題の政治的解決に関する原則を決定し，国連の管轄の下で部隊を展開することを決定した。

上記のNATOによる軍事作戦は，安全保障理事会の決議抜きに武力行使を行ったという点で，国際法上の合法性如何が議論となったが，NATO諸国は空爆がコソボにおける人道的破局を回避するために避けられない手段だったとして，後述する「人道的介入」論による法的正当化を主張した（参考文献⑤・112頁以下）。

また，この事例は，国連による正当化を得られなかった軍事力行使について，その後の安全保障理事会決議でその合法性を不問に付す結果になったという点で，後年のアメリカのイラクに対する武力行使の先例的意味を有する。

こうした旧ユーゴスラビアの処理方法について，シュミット元西ドイツ首相は，「旧ユーゴスラビア社会主義連邦共和国の構成共和国ないしは自治州であったボスニア，コソボ及びマケドニアを，西側が事実上，もしくは，法律上，保護国化し，それを維持するという政策を長期にわたって変更しないことが，最善のケースであった」と論評しているが（参考文献⑥・14頁以下），これはNATO諸国による対ユーゴ政策の本質を率直に表明したものと言えよう。

そして，「西側諸国」によるこうした問題地域への「保護国化」政策は，

現在もアフガニスタンやイラクその他の「破綻国家」「ならず者国家」と認定された国家・地域で進行中と見ることができよう。

　(ロ)　人道的介入（参考文献④）
　①　「人道的介入」とは何か
　冷戦終結後に民族・宗教等の対立による内戦型の地域紛争が頻発するようになった。こうした内戦型の地域紛争では，国家でないエスニック集団が当事者となっていることもあって，国連の権威が尊重されず，国連が平和維持活動を行っているにもかかわらず，停戦合意が破られたり，国連やＮＧＯによる人道援助の実施が妨害される，人道援助活動に携わる要員の安全が脅かされるなどの事態が生じ，その結果として，平和が維持されず，人道上看過できない悲惨な事態が生じることがしばしばであった。

　こうした事態を背景に，ソマリア，旧ユーゴスラビアにおける平和維持活動の中から，平和維持活動をより効果的に遂行するために，従来のＰＫＯ３原則を見直し，とりわけ国連憲章第７章に基づく強制力の裏づけによって活動を行おうとする試みを生み出した。具体的には，上に挙げたような状態にある地域に対しては，安全保障理事会の決議をもって，平和維持活動と平行する形で憲章第７章による強制措置の実施を認めたり，あるいは，平和維持軍自体に自衛に限定されない強制的な武力行使の権限を認めるべきだとの主張が台頭してきた。こうした考え方を「拡大平和維持」または「第三世代の平和維持活動」と称する。

　こうした主張の背景にあるのは，「人道的介入」という考え方である。

　ここに「人道的介入」とは，①国家による他国に対する軍事力の使用を伴った強制的行動（武力干渉）であって，②強制的行動（武力干渉）の対象とされた当該他国の要請ないし同意がないもので，③その目的が人権・国際人道法に対する大規模な侵害を予防又は停止させるためであるものをいう。

　②　人道的介入の先例
　歴史上，人道的介入の先例とされているものとして，以下のものがある（但し，この中には非軍事的措置による干渉の例も含めてある）。
・1827年〜1830年における蜂起したギリシャ人に対するトルコによる虐殺・弾圧に対して行われた英仏露による干渉。
・1866年〜1868年におけるクレタの抑圧されたキリスト教住民を保護するた

めにオーストリア等によってトルコに対して行われた干渉。
・1875年～1878年におけるトルコの虐殺に直面したボスニア等のキリスト教徒を保護するための大国による干渉。
・1903年～1908年におけるマケドニアのキリスト教徒を抑圧したトルコに対して欧州列強が行った干渉。
・1939年にナチス・ドイツが人道問題を理由にチェコスロバキアに侵攻。
・1965年安保理決議217は，南ローデシアの不法当局による独立宣言によってもたらされる情勢が継続することは国際の平和に対する脅威を構成すると決定し，イギリスその他の国々に対して非軍事的措置をとることを呼びかけ。
・1977年安保理決議418は，南アフリカが武器その他の物資を取得したことが国際の平和と安全に脅威を与えるとして，すべての国家に対して南アフリカに対する武器禁輸を決定。
・1992年以降のソマリアへのUNOSOM～UNITAF～UNOSOMⅡの派遣（前述）。
・1994年安保理決議940は，ハイチにおける情勢（政権が下野することを拒否していること，人道状況が悪化していること，人権が組織的に悪化していること）は，地域における平和と安全に対する脅威を構成すると決定し，ハイチの不法な事実上の政権が……安全保障理事会の関連決議に違反していると決定，憲章第7章の下で行動して，加盟国が統一した指揮下の多国籍軍を組織して……軍事指導部がハイチから退去することを容易にするためにあらゆる必要な手段を執ることを授権。
・内戦が続くルワンダについて，1993年安保理決議872でＰＫＯの国連ルワンダ援助団（UNAMIR）を派遣。その後，1994年に内戦が激化し，ジェノサイドが起こるに至って，安保理決議918はそうした「ルワンダ情勢が続くことは地域の平和と安全に対する脅威を構成する」と決定して第7章の下に行動するとし，すべての国家による武器禁輸を決定した。さらに1994年の安保理決議929は，UNAMIRが必要な力の水準にまで引き上げられるまでの間，人道的目的のために多国籍軍の活動を設立する事ができることに同意し，第7章の下で行動して，加盟国が人道的目的を実現するためにあらゆる必要な手段を執ることを授権した。この決議に従って，フラン

スの指揮下に軍事介入が行われた。
・1999年8月に，東チモールでインドネシアからの独立に関する住民投票が行われて住民の意思が明らかにされたのに対して，インドネシアの支持を受けた民兵が住民を虐殺した。このことに対する国際的圧力の前に，インドネシア政府が東チモールで平和を回復するために国際的な軍事力の展開に同意したため，1999年安保理決議1264はこれを歓迎し，東チモールの現在の情勢は平和と安全に対する脅威を構成すると決定し，第7章の下で行動して，インドネシア政府の要請に従って，オーストラリア軍が指揮する多国籍軍を展開することを授権した。

③　人道的介入論の問題性

伝統的な安全保障が対象としてきたのは複数の主権国家相互間の武力衝突であり，これに対して，一つの国家の中の武力衝突（内戦）はその国家により処理されるべきもので，みだりに他国が介入すべきものではない（内政不干渉原則）というのが，伝統的な国家主権論に基づく考えであった。このような伝統的な考え方に立つ場合，上述のような内戦型地域紛争に国連が軍事的に介入するのは，国連憲章第2条第7項「この憲章のいかなる規定も，本質上いずれかの国の国内管轄権内にある事項に干渉する権限を国際連合に与えるものではなく，また，その事項をこの憲章に基づく解決に付託することを加盟国に要求するものではない。但し，この原則は，第7章に基づく強制措置の適用を妨げるものではない」が禁止する内政干渉にあたり，許されないのではないかということが問題となる。

この点については，人道問題が深刻な場合には，国連憲章2条7項で国連の内政不干渉原則が「第7章に基づく強制措置の適用を妨げるものではない」とあることから，安全保障理事会は紛争によって生じた人道危機状況や人道援助の実施が妨害されている状況を，国連憲章39条「安全保障理事会は，平和に対する脅威，平和の破壊又は侵略行為の存在を決定し，並びに，国際の平和及び安全を維持し又は回復するために，勧告をし，又は41条〔非軍事的措置〕及び42条〔軍事的措置〕に従っていかなる措置を取るかを決定する」にいう「平和に対する脅威」と認定した場合には，強制措置の適用を決定できると解釈されるようになった。このような憲章の解釈に立つ限り，国連安全保障理事会の決議に基づいて人道的介入が行われるケースでは，その具体

的当否の問題はありえても，少なくとも国際法上の合法性についての問題は生じないことになる。

これに対して，国連安全保障理事会の決議を経ることなく，国連の外で一定の国家が，人道的介入を理由として，他国に武力介入することについては，一定の要件の下にこれを合法とみなす見解もあるが，武力不行使原則，内政不干渉原則に反すること，濫用の恐れが大きいことを理由として，違法と見る見解の方が依然として多数である（参考文献⑤・23頁）。

上に挙げた人道的介入の先例とされるものの中に，オスマントルコへの干渉などの典型的な帝国主義的介入とされるものやナチスドイツによるチェコスロバキアへの侵攻などがあるのを見ても，濫用のおそれが危惧されることは容易に頷けよう。

(ハ) 国連による，あるいは，国連によらない，国際協調活動の競合と使い分け

既に述べたとおり，ガリ構想に基づく国連主導の国際安全保障体制構築の試みの挫折は，国連外での欧米先進諸国主導の軍事活動を発生させることになったが，その場合でも冷戦時代のように国連を全く枠外に置いて行動するのではなく，まず，国連安全保障理事会において可能な限りの国際世論の賛同と安全保障理事会決議に基づく国際法上の合法性を調達するように努め，それが調達できない場合に初めて，欧米先進諸国を中心とした「有志連合」が，人道的介入論や個別・集団的自衛権等の根拠を主張しつつ，部分的に国連の枠を離れた軍事活動を展開するという行動様式が一般化した。このように，欧米先進諸国が国連と全く離れた単独行動主義に走らず，とにもかくにも国連の枠を使って紛争に対処しようとしてきたのは，以下の事情による。

即ち，冷戦以降に頻発するようになった紛争は，国家対国家の従来型国際紛争として展開することはむしろ稀で，その多くは国家内での民族・宗教等の対立に基づく内戦型紛争であったり，あるいは，国際テロリスト団体のような国境を越えて活動する非国家主体が引き起こす紛争であったりするため，伝統的な主権国家秩序に基づく紛争への対応が困難である。このため，従来であれば紛争国家の自主的解決に委ねられたり，あるいは，安全保障の問題ではない国際犯罪として処理されていたのが，新たに国際平和，安全保障上の問題として解決を迫られることになってきたが，こうした諸問題について

は，主権国家相互間の内政不干渉を軸とする伝統的な国際法規範に依拠するだけでは介入の根拠を得ることができないため，国連安全保障理事会での何らかの決議等を得ることが，介入に対する国際法上の根拠を獲得するための条件となる。

　他方，ガリ構想のような国連主導の安全保障活動には実効性に疑問があり，指揮権等実際の行動については欧米先進諸国に主導権を留保することが必要と判断されること，国連決議等が得られず，国際法上の合法性に若干の疑念を生じさせるような行動に出たとしても，欧米先進諸国が国連安全保障理事会の主導権を掌握しており，中国やロシアは自国に利害関係のある紛争については反対の意思表示をすることもあるが，冷戦時代とは異なり，基本的に欧米先進諸国主導の国際秩序に異を唱えず，これに同調する姿勢を取っているため，欧米先進諸国が結束して行動する限り，それに対し正面きって対抗措置を取ってくることは困難であると判断されていること，また，軍事行動が一定の成果を収めた場合，国連としてもその現実を追認せざるを得ない場合が多いこと，以上のような要因が，近時の，国連による，あるいは，国連によらない，軍事的国際協調活動の競合と使い分けという行動様式の一般化を招いていると言えよう。

　これは，身も蓋もない言い方をすれば，国連を利用できる限りでは利用し，利用できない場合は国連の枠からはみ出して行動するという方式と言える。

　このことは，近時，最も単独行動主義的な行動が目立ったアメリカのブッシュ（子）政権でも同様のことが言えたので，後述するアフガン侵攻，イラク侵攻でも，パウエル国務長官を中心に，国連での支持を得る努力が重ねられたことは記憶に新しい。

　㈡　欧米先進諸国による国際機関の道具化

　そして，こうした，国連による，あるいは，国連によらない，軍事的国際協調活動の競合と使い分けは，一面では，冷戦終結後における欧米先進諸国の国際的戦略行動の一環としてなされているものであり，ここでは，国連は，こうした欧米先進諸国の国際的戦略行動の道具，正当化装置としての役割を担わされている側面があることを否定できない。

　この点について，アメリカの戦略思想家ハンチントンは，世界的に話題を呼んだ論文「文明の衝突」において，以下のように，まことにあけすけに，

欧米先進諸国による国連安全保障理事会を初めとする国際機関の道具化の実情を指摘している。

「西欧諸国（ハンチントンの用語では，ここにはアメリカが含まれる）は国際的な政治・安全保障機構を支配し，経済機構に関しても日本とともにこれを支配的な影響下においている。世界的な政治・安全保障問題は米国，英国，フランスによる理事会によって，さらに世界経済の問題は，米国，ドイツ，日本による理事会で効果的な対応がなされている。

注目すべきは，これらの諸国のすべてが，非西欧的な要素を排除するという点で，きわめて緊密な関係を維持していることである。国連の安保理，あるいはＩＭＦの決定は，実際には西欧の利益を反映しているのだが，世界に対しては，世界コミュニティ（日本で言われる「国際社会」）の要望を反映するものとして提示される。……

西欧諸国は，ＩＭＦやその他の国際経済機構を通じて，自らの経済利益を促進し，自らが妥当と考える経済政策を他の諸国に強要している。非西欧世界においても，各国の蔵相レベルではＩＭＦ（の決定）は支持されているが，一般の大衆のほとんどは，ＩＭＦをむしろ敵視している。例えば，ゲオルギー・アルバトフは，ＩＭＦの役人は『他の人々のお金を取り上げ，非民主的でなじみのない経済ルールや政治行動を強要し，経済的自由を取り上げるのを喜びとするネオ・ボルシェビキ』であると酷評しているが，非西欧世界の多くの人々は，彼と同様の見解を抱いている。

西欧諸国は国連安全保障理事会を実質的に支配しており，ときに中国の棄権によって牽制されることがあるとはいえ，安全保障上の決定をほぼ思うままにしている。……

西欧諸国は，国際機構，軍事力，そして経済資源を駆使して，自らの世界に対する実質的な支配権を確保し，その利益を守り，西欧の政治・経済的価値を促進するような世界体制を維持しようとしている。」（参考文献⑪・33頁以下）。

こうした実態の延長線上に，近時，欧米先進諸国が主体となって，非欧米圏対象地域の人道的社会的政治的問題（反テロリズムから，飢餓，民族的ジェノサイド，反政府運動抑圧等の人権侵害，政治社会体制が欧米流の自由民主主義，市場経済の標準を満たしていないことまで含む）を，国連を初めとする国際機

関で取り上げ、経済援助を梃子とした利益誘導、ＮＧＯの活動に基づく関与、国際世論の喚起等々の様々な形で介入し、国際的枠組みの中でその解決を図る流れが加速してきている。そして、こうした流れは、対象地域の国家に欧米先進諸国の価値観、基準に基づいた行動を取ることを要求し、これを通じて当該地域における欧米先進諸国の利益を増進させようとする思惑と連動していることが多く、こうした様々な非軍事的国際協調活動の延長線上に、国際秩序を乱す「ならず者国家」や「テロリスト」に対する、欧米先進諸国主導の、国連による、あるいは、国連によらない、軍事的国際協調活動が展開されるようになってきている。これは、言ってみれば、人権、人道、国際標準を大義名分とする新たな「人道的国際協調的帝国主義」の台頭とでも言うべき現象である。

　こうした事態は、介入の対象とされる地域（日本を除く非欧米地域）の国々に、国連を初めとする国際機関、国際世論（ハンチントンの言うところの「世界コミュニティの要望」）に対する懐疑的な、時には、敵対的なまなざしを生むことになる。このため、近時は、紛争地域において、国連や国際機関、欧米先進諸国のＮＧＯなどの現地機関が、欧米先進諸国の傀儡とみなされて、襲撃の対象とされることも稀ではなくなってきている。

(5)　「反テロ」戦争
(イ)　9・11テロとブッシュ政権による「反テロ」戦争の発動
　2001年9月11日、アメリカにおいて4機の旅客航空機がハイジャックされ、そのうちの2機がニューヨークの世界貿易センタービルに激突し、1機はワシントンのペンタゴンに突っ込み、残りの1機は墜落するという空前の無差別テロが発生し、死者3000名を越す大惨事となった。

　このテロに対して、翌12日、アメリカのブッシュ大統領は「これは戦争だ」と述べて、「反テロ戦争」の発動を宣言した。同日、ＮＡＴＯも、同時多発テロが国外からのアメリカに対する攻撃であると判明した場合には、ＮＡＴＯ条約5条に基づき集団的自衛権を行使し得る旨の声明を発表した。また、国連安全保障理事会も、同日、同時多発テロを国際の平和と安全に対する脅威とするとともに、各国に対して、実行者等を法に照らして裁くために共同して取り組むよう要請する安保理決議1368を全会一致で採択した。14日、アメ

リカ議会は，武力行使容認決議を，上院では全会一致で，下院では圧倒的多数で採択した（参考文献⑩・70頁以下）。

(ロ) 対アフガニスタン戦争

① 2001年9月20日，ブッシュ大統領は，上下両院合同会議において，9・11テロはサウジアラビア出身のイスラム原理主義者オサマ・ビンラーディンが率いる国際テロ組織アルカーイダによって引き起こされたものであると断定し，アルカーイダを匿っているとされるアフガニスタンのタリバン政権に対してアルカーイダ指導者の引渡しを要求した。これに対して，翌21日，タリバン政権は9・11テロがアルカーイダによってなされたとする証拠が示されない限り引渡し要求には応じられないと声明し，その後，10月6日には，アメリカから要請があれば，アメリカから示された証拠に基づいて，アフガニスタン国内でビンラーディンを裁判にかける用意があると声明した。

しかし，10月7日，米軍は，タリバン政権がアルカーイダ指導者の引渡しに応じなかったことを理由に，アフガニスタンへの空爆を開始し，10月19日には地上戦が開始された。この米軍による攻撃に，アフガニスタンの反タリバン勢力「北部同盟」も呼応し，11月13日には首都カブールを制圧した。更に12月7日にはタリバン政権は拠点であった南部カンダハールからも撤退し，ここに攻撃開始後2ヵ月でタリバン政権は崩壊した（参考文献⑩・71頁）。

しかし，ビンラーディンやタリバン政権の最高指導者オマル師は逃亡して今日に至るまで杳として消息が掴めない。また，政権を追われたタリバンはその基盤になっているアフガニスタンの最大部族パシュトゥン族が居住するアフガニスタンとパキスタンの国境沿いの難攻不落の山岳地帯に身を潜め，執拗なゲリラ活動を展開している。このため，現在も，この国境山岳地帯を対象に，米軍による空爆を主体とした掃討作戦が継続されている（参考文献⑩・71頁）。

② このアフガニスタン攻撃の際に，アメリカが国連安保理事会に通知した武力攻撃の正当化根拠は，国連憲章51条に基づく個別的・集団的自衛権であった（10月7日付安保理事会議長宛書簡）。したがって，このアメリカによる根拠付けを前提とすれば，アメリカのアフガニスタン攻撃とこれに対する協力活動（日本の自衛隊も参加している「不朽の自由」作戦がこれにあたる）は，本質的には個別的・集団的自衛権の問題であって，本来の国際協調活動とは

性質を異にするものである。

　しかし，この自衛権によるアフガニスタン攻撃の正当化には，疑問が残る。

　本来，自衛権行使の対象としては，主権国家相互間の紛争において，主として相手方国家の軍隊による攻撃が行われた場合が想定されている。この点，「侵略の定義」に関する国連総会決議3314は，直接侵略行為を「一国の軍隊による他国の領土に対する侵入若しくは攻撃」，間接侵略行為を「直接的な侵略行為に相当する重大性を有する武力行為を他国に対して実行する武装部隊，集団，不正規兵又は傭兵の国家による派遣，若しくは国家のための派遣，又はかかる行為に対する国家の実質的関与」としているところである。

　しかし，テロリストによるテロ行為は，それが主権国家の実質的関与の下になされたものでない限り，テロ行為が如何に大規模なものであったとしても，国家の軍隊による攻撃と同視できるものではなく，基本的には国際的な犯罪行為に止まる。そうだとすれば，アフガニスタンのタリバン政権がビンラーディンとアルカーイダの引渡しに応じるか否かは，国際法上の問題としては，タリバン政権がアメリカ政府に対して犯罪人引渡しの義務を負っているかという問題だということになる。

　然るに，国際法上，国家は自国領域外において犯罪を行った者が自国内にいて，外国からその者の引き渡しを要求されても，これに応じなければならない一般的な義務はないとされている。

　尤も，当該国家間で犯罪人引渡条約が締結されていれば別であるが，タリバン政権とアメリカ政府との間でこのような条約が締結されていたわけではない。また，犯罪人引渡条約が締結されている場合でも，政治犯罪は引渡しの対象外とされるのが一般である。

　また，近時の国際テロ防止に関する諸条約（「航空機の不法な奪取の防止に関する条約」や「人質をとる行為に関する条約」など）では，締結国が引渡しに応じない場合には，自国で訴追することを約する「引渡しか，または訴追か」という原則が定められることが多いが，この場合でも引渡しに応じないで自国で訴追する選択肢が認められており，まして，引渡しに応じない事が，即，相手国に対する戦闘行為と同視されるというようなことは認められていない（参考文献②・285頁以下，⑫・202頁）。

　以上に述べた点に照らせば，先に述べたアメリカ政府からのアルカーイダ

引き渡し要求に対するタリバン政権の対応は，上に述べた犯罪人引渡しに関する国際法規の準則に従ったものであったと言える。

　また，9・11のテロ行為を国際の平和と安全に対する脅威とした安保理決議1368も，「すべての国に対して，これらのテロ攻撃に実行者，組織者及び支援者を法に照らして裁くために緊急に共同して取り組むことを求める」と述べていて，テロ攻撃を国際犯罪とみなす内容のものであり，これを武力行使容認決議とはみなすことは困難である（参考文献⑩・82頁）。

　以上のように，アメリカによるアフガニスタン攻撃には，国際法に照らしてみて，その合法性には少なからぬ疑義があった。それにもかかわらず，当時，アメリカの行動に対してそれほど強い異論が呈されなかったのは，国際社会において，9・11テロ被害の衝撃と被害を受けたアメリカに対する同情が大きく，反面，極端なイスラム原理主義を実行し，アルカーイダに避難場所を提供しているタリバン政権への嫌悪感が強かったことの反映であろう。この点は，後述するイラク戦争への反応との大きな相違点である。

　なお，それにもかかわらず，アフガニスタン現地での永年にわたる活動を続けてきた人達の間から，アフガニスタン現地の土着勢力であるタリバン勢力とアラブからの外来勢力であるアルカーイダとを単純に同一視することを戒め，永年続いてきた内戦と近時の飢饉旱魃によるアフガニスタンの危機的状況を訴えて，アメリカによるアフガニスタン攻撃に強く反対する声のあったことが留意されるべきである。

　③　現在，アフガニスタンでは，2つの性質の異なった軍事行動が展開されている。

　一つは，米軍主体の「不朽の自由作戦」（OEF）と呼ばれるもので，個別的・集団的自衛権を活動根拠とし，米中央軍司令部の指揮下にあり，アフガニスタンの南部・東部に拠点を構えて抵抗を継続するタリバン及びアルカーイダの掃討を目的とした軍事作戦を行っている。

　現在，自衛隊が補給支援活動の範囲で参加している海上阻止活動（MIO）は，OEFの一環として，海上パトロール，臨検等を行っているもので，その後方支援活動としての性質上，その実態はアメリカの軍事活動に対する集団的自衛権行使の一環（しかも，国際法上の自衛権行使の要件を満たしていない可能性が高い）とみなすのが，素直な理解であろう。

もう一つの国際治安支援部隊（ISAF）は，タリバン政権崩壊後に国連安保理決議1368に基づき創設されたもので，アフガニスタンの治安確保を目的とし，国連憲章第7章の下に行動し，任務を履行するために必要なあらゆる手段をとる権限を認めるものとされ，国連憲章42条に基づく武力行使を認められたものとなっている。現在，ISAFの指揮権はNATOが握っており，その活動領域はアフガニスタン全土に及んでいる。現在，NATO加盟国を中心として，37ヵ国から兵員が派遣されている（参考文献⑩・84頁以下）。

　このISAFは，OEFと異なって国連安保理決議に根拠を持つ平和維持活動・国際協調活動の一種であり，元来は，タリバン政権崩壊後のアフガニスタン国家再建のプロセスに協力し，武装解除，治安秩序維持等を担う，カンボジアや東チモールのような拡大平和維持，紛争後の平和建設を目指したものであった。しかし，その後，壊滅したと考えられていたタリバンが勢力を復活し，アフガニスタン政府及びアフガニスタンに駐留する外国軍に対する攻撃を活発化させるに至って，ISAFも否応もなくタリバン勢力との戦闘に加わることとなり，現在ではOEFとの活動上の区別が次第につかなくなりつつある。その結果，今やISAFは内戦の一方当事者という性格を持つ，ソマリア型の平和強制活動に変質したとみなすことができよう。

　㈥　対イラク戦争

　①　アフガニスタンのタリバン政権崩壊後，アメリカのブッシュ政権はアフガン戦争を勝利と総括し，これを受けて，世界中からの「テロリスト」及び「テロ支援国家」根絶を目指す「反テロ戦争」の一層の推進を目指した。

　2002年1月，ブッシュ大統領は，年頭の一般教書演説において，北朝鮮，イラン，イラクを「悪の枢軸」と名指し非難した。

　2002年9月12日，ブッシュ大統領は国連総会の場でイラクの「国連決議違反」を厳しく非難し，フセイン政権に大量破壊兵器廃棄という国連決議を遵守させるためには強硬手段も辞せずと演説した。

　これに対して，9月17日，イラクはそれまで4年間にわたり拒否し続けていた国連査察団の入国を受け入れると表明した（参考文献⑬・64頁以下）。

　2002年10月，アメリカ議会は大統領に対して，「イラクに対して軍事力を行使する権限」を付与する決議を採択した（参考文献⑫・8頁）。

　2002年11月8日，アメリカの強い働きかけによって採択された安保理決議

1441は，イラクの大量破壊兵器関連安保理決議の不遵守は国際の平和と安全への脅威であると認定し，（湾岸戦争の根拠となった）安保理決議678（1990年）が，国連加盟国に対して（イラクのクウェートからの即時撤退を求めた）決議660（1990年）等の履行のために「あらゆる必要な手段をとる」権限を与えていることを想起し，（イラクへの国連査察を定めた）決議687（1991年）に反して，イラクは情報公開を怠り，査察を妨害してきた結果，1998年12月以降査察が行われていないのを遺憾とし，安保理の諸決定の完全遵守を確保することを決意し，国連憲章第7章の下で行動するとし，イラクが大量破壊兵器の国連査察に協力してこなかったために，決議687等に重大な違反をしていると認定し，イラクに対して，武装解除義務を遵守する最後の機会を与えるとし，イラクは査察機関に即時，無条件，無制限の査察をさせること，イラクは深刻な結果に直面するだろうと安保理がくり返し警告してきたことを想起すること等を内容とするものであった。なお，この決議は，イラクが決議採択から7日以内に決議を受諾し，30日以内に申告書を提出することを求め，自由で無制限な偵察機による査察，大統領関連施設への査察など，極めて高い査察条件のハードルを課しており，イラクから見れば挑発行為とみなしても不思議ではないような内容を多々含んでいた（参考文献⑬・73頁以下，⑭・325頁）。

それにもかかわらず，2002年11月13日，イラク政府は安保理決議1441を受諾し，これを受けて国連監視検証査察委員会（UNMOVIC）と国際原子力機関（IAEA）により構成された査察団がイラクに入国して活動を開始した（参考文献⑬・77頁）。

2003年1月9日，UNMOVICのブリックス委員長は，それまでの査察活動ではイラクが大量破壊兵器を保有しているという確証は得られなかったとする中間報告書を安全保障理事会に提出した（参考文献⑬・79頁）。

2003年1月27日，査察団は最終報告書を安全保障理事会に提出したが，この報告でもイラクが大量破壊兵器を保有しているという確たる証拠は得られないままであった（参考文献⑬・81頁）。

2003年2月5日，安全保障理事会の会合で，アメリカのパウエル国務長官は，映像や盗聴テープを用いながら，イラクは生物兵器の移動製造装置や化学兵器用物質を保有し，核兵器についても製造計画を続行中であると主張し，

イラクに対する軍事攻撃の必要性を強調した（参考文献⑫・4頁以下）。

2003年2月10日、ロシア、ドイツ、フランスの3ヵ国は共同声明を発表し、国連による査察は成果を上げており、武力行使は最後の手段であるとして、査察継続と戦争回避を訴えた（参考文献⑭・326頁以下）。

2003年2月14日、UNMOVICは安全保障理事会で追加報告を行い、イラクの査察に対する協力姿勢に改善が見られるとして、査察継続を求めた。この報告に続いて、フランスのドビルパン外相は、武力行使は正当化されず、査察継続が戦争に取って代わられるべきであると、米英主導の開戦論に反対の演説を行い、会場は拍手に包まれた。

この頃から、世界各地で開戦に反対するデモが起こり、フランスでは100万、ドイツでは50万、イタリアでは300万、ロンドンで100万、ニューヨークで50万という多数の参加者があった（参考文献⑬・82頁以下）。

こうした世界を挙げての戦争反対の声にもかかわらず、アメリカのブッシュ政権は戦争開始の方針を曲げず、2003年3月17日にブッシュ大統領はイラクに対して最後通牒の声明を発した。この声明では、イラクがいまなお大量破壊兵器を保有していることは一点の疑いもないとし、その危険に対し、「アメリカは自国の安全のために武力を行使する主権的権限を有する」と、安保理での協議如何にかかわらず、武力行使に及ぶことを宣言した（参考文献⑫・8頁以下）。

3月20日、米英軍はイラクへの攻撃を開始した。軍事力において圧倒的に優勢な米英軍は有利に戦闘を進め、4月9日にはバグダードが陥落、5月1日、ブッシュ大統領は戦闘終結宣言（勝利宣言）を行った（参考文献⑭・337頁以下）。

こうした情勢の展開を受けて、5月23日、安保理決議1483は、米英軍に占領軍としての一定の役割を認めるとともに、イラクの国家再建のための人道、復旧・復興、治安回復等への支援活動を行うよう、国連加盟国に要請した（参考文献⑮・138頁）。

以上の経過の下に、イラクは米英軍を中心とした多国籍軍の占領下で国家再建の道を歩むことになったが、これら多国籍軍や国連機関に対する武力抵抗運動はあとを絶たず、これにフセイン政権下で押さえ込まれていた民族・宗派間の対立が加わって、混乱を極めることになった。

そして，対イラク開戦の理由とされた大量破壊兵器については，その後の捜索にもかかわらず遂に発見されず，ブッシュ政権による開戦理由自体が虚偽のものであった疑いが極めて強くなっている。
　②　以上の経過でなされた米軍によるイラク攻撃は，国連安保理の決議に基づかないものであった上に，開戦の理由とされたイラクの大量破壊兵器保有ということが事実に反していたもので，これを国際法上，合法と解することは極めて困難である。
　この点について，アメリカは，イラクに関する安保理決議678（1990年），687（1991年），1441（2002年）の3本の決議の競合の効果として，武力行使の権限が認められたと主張した（参考文献⑫・15頁以下）。しかし，決議678は湾岸戦争時にクウェートに侵攻したイラクに対する武力行使を認めたもの，決議687はイラクが大量破壊兵器を廃棄し国連の査察に応ずることを義務付けたもの，決議1441はイラクに更なる安保理決議違反があれば「深刻な結果に直面する」としたものであり，いずれも今回の武力行使を授権したものとはみなし難い。しかも，イラクが国連の査察に応じ，査察が継続中であったにもかかわらず，米英はイラク攻撃に踏み切ったのであるから，なおさら，武力行使を正当化することはできない。
　こうして，安保理決議にイラク攻撃の正当化根拠を求めることが困難であることから，一部には，安保理決議以外の正当化根拠を持ち出す以下のような議論もある。
　まず，アメリカによる自衛権の行使だとする議論がある。しかし，この当時，アメリカはイラクからいかなる「武力攻撃」（国連憲章51条）を受けていたわけではなかったから，イラク攻撃をアメリカによる本来的な自衛権の行使として正当化することはできない（参考文献⑫・18頁以下）。
　次に，アメリカの攻撃を「先制的自衛」もしくは「先制攻撃」によって正当化する議論がある。ブッシュ大統領は，イラク攻撃前の2002年9月17日に発表された「国家安全保障戦略」において，「合衆国はテロリストたちに対抗し自衛権を行使するため，先制的に行動し，必要なら単独行動することもためらわない」「合衆国は自国の安全保障に対する相応の脅威に対抗すべく，長きにわたって先制的行動という選択肢を維持してきた」「われわれは敵が先にわれわれを攻撃するのを許すわけにはいかない」と述べているが，ここ

で言われているのが,「先制的自衛」「先制攻撃」論である（参考文献⑫・19頁）。

ここで「先制的自衛」論というのは，相手方が自国に対する武力攻撃を準備していて，その脅威が差し迫っているときに，相手に一歩先んじて先制攻撃を行うことは，自衛権の行使として許容されるという議論である。例えば，相手国がミサイル攻撃の準備を始めており，放置すればミサイル発射にいたることがはっきりしているにもかかわらず，実際に武力攻撃が行われて被害が生じるまで座視していなければならないのはおかしいという形で論じられる。こうした「先制的自衛」論は，これまでも国際法上認められた自衛権の解釈として，これを肯定する意見もあった（参考文献③・198頁以下）。これをイラクの場合に当てはめれば，イラクが生物化学兵器という大量破壊兵器を隠し持っており，これを用いたアメリカ本土攻撃準備にひそかに取り掛かっていて，その攻撃開始時期が切迫しているというような場合がそれにあたる。しかし，実際には，今日に至るまで，イラクがそのような攻撃準備をしていたという如何なる事実も明らかになっておらず，大量破壊兵器保有の事実さえ見出せなかったのであるから，自衛権行使の一環としての「先制的自衛」として，アメリカのイラク攻撃を正当化することはできない。

しかも，ブッシュ大統領による「先制攻撃」論は，こうした「先制的自衛」として論じられてきたケースをはるかに逸脱して，「将来いつかはアメリカに対して脅威を与えるかもしれない国に対しては，その脅威が現実化する前に先制的に攻撃をしかけてこれを叩いてもよい」という議論に移行してしまっており，国際法上，到底，正当化できる議論ではない（参考文献⑫・20頁）。

次に，「人道的介入」論によってイラク戦争を正当化する議論もある。イラクのフセイン政権によって行われている非人道的・人権侵害的行為を止めさせるために行った戦争だとして，その正当性を主張するものである。しかし，「人道的介入」論の問題性は先述したとおりであり，現段階で国際法上，「人道的介入」論が確立されているとも言えない。その結果から見ても，イラク戦争後多数のイラク民間人が犠牲になった現状に照らしてみれば，イラク戦争を「人道的介入」論で正当化することは困難である。

更に，フセイン政権の圧制を止めさせ，イラクに体制変更をもたらすことを戦争目的とする議論もあった。開戦前の2月28日，アメリカのフライシャー

報道官は「アメリカの目的はもはやイラクの武装解除などではなく，イラクの体制変更である」と発言したのが，それにあたる。

しかし，このような他国の政治社会体制変更のための武力攻撃というのは，国連憲章2条4項，2条7項が定める武力不行使原則，内政不干渉原則に真っ向から反するものである。この点について，1970年の国連総会決議「友好関係原則宣言」は，「国の人格またはその政治的，経済的および文化的要素に対する武力干渉その他すべての形態の介入又は威嚇の試みは国際法に違反する」としている（参考文献⑫・21頁）。

実際上も，もし，このような正当化が公然と認められることになれば，欧米先進諸国は，自国の利害上，問題があるとみなした非先進諸国に対して，「独裁的」「非民主的」「人権が侵害されている」といった理由で，自由気儘に武力による干渉を行いうることになってしまう。これでは，先進諸国による干渉に対して，非先進諸国の国家主権というものは，なきに等しいものと化すであろう。そして，イラク戦争で起こった事態というものは，まさにこのようなものだったのである。

③ 以上のとおり，これまで出されている如何なる議論によっても，米英によるイラクへの武力行使を正当化することはできない。

従って，米英によるイラク侵攻を，現段階で国際法的に評価するとすれば，それは，先に述べた「侵略の定義」に関する国連総会決議3314中の，直接侵略行為の定義「一国の軍隊による他国の領土に対する侵入若しくは攻撃」に該当するという他はない。即ち，イラク戦争は米英による侵略戦争だったというのが，国際法上の唯一，正当な評価である（参考文献⑫・21頁以下）。

(二) 対テロ戦争の現在

ブッシュ政権が始めた「反テロ戦争」のうち，イラクについては，近時，治安改善の兆候があるとされ，アメリカはイラク政府との協定により2011年までの米軍撤退を目指すとしている。しかし，比較的沈静化したとはいえ，テロ攻撃や宗派対立の火種は完全に終息したとするには程遠い。イラクの現状は，占領軍に対する武装ないし非武装の抵抗活動が未だに継続されている上，バース党による統治秩序が破壊された後の宗派，イデオロギー，民族，地域間の対立相克がこれに加わり，更に周辺諸国や米国を初めとする列強諸国の地政学的思惑と政治的駆け引きが交錯して，複雑な権力・政治ゲームが

繰り広げられている。現在は，米軍の強権により辛うじて混沌に陥ることを防いでいるが，イラク政府は依然として弱体であり，イラク国民が将来的にもこの地域へのアメリカの関与を容認するかどうかも定かではない。このようなイラクの現状は，今日に至ってもパレスチナ問題と並んで，中東の火薬庫と呼ぶにふさわしいものであり続けている。

これに対してアフガニスタンにおいては，先に述べたように，最大部族のパシュトゥン族を基盤とするタリバンが勢力を復活し，米軍やNATO軍に対するゲリラ攻撃を活発化させている。既にタリバンはアフガニスタン全土の約72パーセントを永続的支配下に治めているとする見解もあり（参考文献⑯），現地軍司令官からはタリバンに対して軍事的勝利を収めることは不可能といった弱気の発言すら聞かれるようになっている。かくして，事態はソ連のアフガニスタンからの撤退直前頃と似通った状況になりつつある。

こうした中で，アメリカの次期オバマ政権は，イラクからは可及的速やかな撤退を目標として掲げつつも，対アフガニスタン戦争についてはその完遂を表明し，これを受けて米軍の増派へと事態は展開しつつある。

このように，アメリカのブッシュ政権が開始した「反テロ」戦争は，オバマ政権誕生の時点にいたっても混迷を続け，最終解決の目処がつくに至っていない。事態は，イラク・アフガニスタンを超えて，キリスト教圏とイスラム教圏の宗教戦争の様相さえ呈し始めている。

3 憲法9条と国際協調活動

次に，我が国において，現行憲法下で国際協調活動がどのように位置づけられてきたのかを概観する。

(1) 政府の憲法9条解釈と自衛隊の海外派兵・国際協調活動（参考文献①・313頁以下）

日本国憲法9条は，1項で「日本国民は，正義と秩序を基調とする国際平和を誠実に希求し，国権の発動たる戦争と，武力による威嚇又は武力の行使は，国際紛争を解決する手段としては，永久にこれを放棄する」と規定し（戦争の放棄），2項で「前項の目的を達するため，陸海空軍その他の戦力は，

これを保持しない。国の交戦権は，これを認めない」と規定している（戦力の不保持）。

そこで，同条の解釈として，1項で放棄されている戦争には自衛戦争も含むのか，2項で禁止されている戦力とはどのようなものを指すのかということが解釈上の問題となる。

この点について，従来の政府見解は，以下のようなものであった（参考文献⑦・400頁，417頁以下，434頁以下）。

(イ) 憲法9条1項で放棄されている戦争とは侵略戦争（パリ不戦条約で違法とされた「国際紛争解決ノ為」または「国家ノ政策ノ手段トシテ」の戦争がこれにあたる）を意味し，独立国家に固有の自衛権までも否定する趣旨のものではない。従って，自国に対して武力攻撃が加えられた場合に，国土を防衛する手段として武力を行使することは，憲法に違反しない。

(ロ) 憲法は自衛権を否定していないから，自衛のための必要最小限度の武力の行使は認められる。従って，憲法9条2項は「戦力」の保持を禁止しているが，このことは自衛のための必要最小限度の実力を保持することまで禁止する趣旨のものではなく，これを超える実力を保持することを禁止する趣旨のものである。そして，自衛隊は，わが国を防衛するための必要最小限度の実力組織であるということができるから，憲法9条2項が禁止する「戦力」にあたらず，自衛隊は憲法に違反しない。

この政府見解によれば，自衛隊は自国に対して武力攻撃が加えられた場合に，国土防衛に従事するという限度でその存在が憲法上容認されるものであるから，武装部隊を武力行使の目的を以て他国に派遣する「海外派兵」は違憲であり，許されないということになる（1954年6月24日参議院本会議決議。参考文献①・314頁）。

以上の政府見解を踏まえて，従来，日本は，国連の平和維持活動（PKO）も含めて，自衛隊の海外派遣を慎んできた。

(2) 「湾岸戦争ショック」と世論の変化

自衛隊の海外派遣をめぐる以上のような運用を見直すきっかけとなったのが，いわゆる「湾岸戦争ショック」であった。

1990年8月2日，サダム・フセイン政権下のイラクが隣国のクウェートに

軍事侵攻した。このイラクの侵攻はクウェートの主権を侵す明白な侵略戦争であったことから，国連安全保障理事会はイラクに対して即時無条件の撤退を求め，アメリカを中心とした多国籍軍は，サウジアラビアなどの湾岸地域に兵力を展開して，臨戦態勢を取った。翌1991年1月15日に撤退期限が切れると，多国籍軍の武力行使を容認する国連安保理決議678を根拠に，同月17日，多国籍軍はイラクに対する軍事行動を開始した。戦闘は多国籍軍の圧倒的優位の下に展開し，短期間のうちにクウェートを解放し，2月27日に停戦となった（参考文献⑧・44頁，123頁以下）。

　この湾岸戦争に際して，日本はアメリカから，「国際社会」の結束した決意を示すための象徴的な行為，例えば，艦艇の派遣を要請され，時の海部内閣はその対応に迷走を重ねた。

　武力攻撃が間近に迫った1990年10月，政府は第119臨時国会に国際平和協力法案を提出した。この法案は国連決議に基づいて国連などが実施する活動に日本が参加するため，「国連平和協力隊」を組織し，停戦監視や輸送，医療活動などの平和協力業務を行うとするものであったが，湾岸危機が進行する中で，自衛隊を含む「国連平和協力隊」が多国籍軍への後方支援を行う道を開こうとする意図を含んだものであった。しかし，国会ではこの後方支援活動が憲法の禁止する海外での武力行使にあたるのではないかということが問題となり，野党の強い反対の下に，1990年11月，同法案は廃案となった（参考文献⑧・45頁，230頁以下）。

　国際平和協力法案が廃案となったことで，湾岸戦争に対する日本の協力は財政支援中心とならざるをえず，4次にわたって総額130億ドル（1兆8000億円）に上る資金協力が行われたが，これに対する「国際社会」の評価は，「あまりに少なく，あまりに遅い」（too little, too late）というものであった（参考文献⑧・231頁以下）。

　この湾岸戦争の経験（いわゆる「湾岸戦争ショック」）は，日本の外交・安全保障担当者に深いトラウマを与え，「世論」でも「一国平和主義批判」「国際貢献論」が湧き上がることになった。こうした「世論」を背景に，以後，日本は，海外派兵を行わないという従来の原則を次第に修正し，PKO活動その他のいわゆる国際協調活動に参加してゆくことになった。

3　憲法9条と国際協調活動

(3) 国際連合平和維持活動等に対する協力に関する法律（国連平和維持法）
　（参考文献⑧・229頁以下）
(イ)　国連平和維持法の制定
　湾岸戦争後，国際協調活動への自衛隊の参加が問題とされる中で，1992年6月に，国連平和維持活動（PKO）への自衛隊の参加を可能にする「国際連合平和維持活動等に対する協力に関する法律」（国連平和維持法）が成立した。
　この法案の国会での審議で，社会党（当時）と共産党は，同法案が憲法の禁じる自衛隊の海外派兵に道を拓くものだとして激しく反対し，同法案の参議院での採決にあたっては，社会党は牛歩戦術で採決の引き延ばしを図り，また，同党の全衆議院議員の辞職願を集めて採決の中断を求めるなどの抵抗を試みた。しかし，「湾岸戦争ショック」を契機とした「一国平和主義批判」「平和ボケ批判」の「世論」は強く，同法制定への流れを押しとどめることはできなかった。この法案への抵抗は，「抵抗政党」としての社会党の最後を飾るものとなった（参考文献⑧・232頁以下）。
　ところで，いわゆる「国連軍」への自衛隊の参加について，1980年に発表された政府見解は以下のようなものであった。
　「いわゆる『国連軍』は，個々の事例によりその目的・任務が異なるので，それへの参加の可否を一律に論ずることはできないが，当該『国連軍』の目的・任務が武力行使を伴わないものであれば，自衛隊がこれに参加することは憲法上許されないわけではない」（参考文献⑦・444頁）。
　国連平和維持法案の審議にあたっては，従来の国連平和維持活動（PKO）の経験に照らし，従事する業務の内容によっては武力行使を伴うことがありうるのではないか，そうだとすれば，憲法上許容されない「国連軍」への参加になるのではないかということが，改めて問題とされた。
　このため，制定された同法で認められた平和維持活動は，憲法9条との適合性を意識して，①紛争当事者間における停戦合意の成立，②平和維持隊へ日本が参加することに対する当該当事者の同意，③平和維持隊の中立的立場の遵守，④以上の①～③の要件が満たされない場合における日本の撤収，⑤隊員の自衛上やむを得ない場合における必要最小限の武器使用，を条件とし（PKO参加5原則），自衛隊は以上の条件の下に平和維持隊に参加するので，

憲法上許容されない武力行使にかかわることはありえないと説明された（参考文献⑦・445頁）。

しかし，こうした説明に対しては，同法案の国会での審議で，隊員の自衛のための武器使用は各隊員個人の判断で行うとされるが，場合によっては，組織的な対応が行われるのではないか，要件が満たされない場合に撤収するとされるが，その判断が現地司令官の判断と食い違いが生じた場合にどのような対応を取るのか等について，疑義が出された（参考文献⑦・445頁以下）。

こうした自衛隊の武力行使に対する懸念を考慮して，同法成立後も，武力行使を余儀なくされる恐れのある業務，具体的には，停戦の遵守や武装解除の履行の監視，緩衝地帯の駐留・巡回，武器の搬入・搬出の検査，放棄された武器の収集・保管・処分，境界線の設定援助，捕虜の交換等（国連平和維持法3条3号イ～ヘおよびレ）の，いわゆる「PKO本体業務」については，「別に法律で定める日までの間は，これを実施しない」（附則2条）とされた（参考文献⑦・446頁）。

こうして成立した国連平和維持法とこれに基づく自衛隊の平和維持活動に対しては，一方では，現行憲法の平和主義・非軍事主義を重視する立場から，如何に国連による平和維持活動とはいえ，武力行使と一線を画することの困難な業務に自衛隊が参加することは憲法9条に違反するとの見解が，他方では，国連平和維持活動への参加を積極的に評価する立場から，PKO本体業務への参加凍結を解除すべきであり，武器使用についても，自衛隊員の自衛のみならず，他国のPKO要員や国連の職員，NGO要員などの警護も可能となるように拡大すべきだとの見解が主張された（参考文献⑦・446頁以下）。

㈹　国連平和維持活動への参加の拡大

1992年6月に制度化された自衛隊の国連平和維持活動（PKO）への参加は，その後の実績を踏まえつつ，暫時，拡大を辿った。

1998年6月，国連平和維持法が改正され，新たに国際的な選挙監視活動が対象業務に加えられることになった（国連平和維持法3条2号の2）。また，自衛のための武器使用については，隊員個人の判断によるのではなく原則として現場に在る上官の判断によるものと改められた（国連平和維持法24条4項・5項）。

2001年9月に発生したアメリカへの同時多発テロとその後のブッシュ政権

によるアフガニスタンへの「反テロ戦争」発動という情勢変化を踏まえて，2001年12月に国連平和維持法が再度改正された。

この改正では，第一に，武力行使を余儀なくされる恐れがあるとして，附則第2条が参加を凍結していた，停戦の遵守や武装解除の履行の監視，緩衝地帯の駐留・巡回，武器の搬入・搬出の検査，放棄された武器の収集・保管・処分，境界線の設定援助，捕虜の交換等（国連平和維持法3条3号イ〜へおよびレ）の「ＰＫＯ本体業務」について，凍結を解除した。

第二に，武器による警護対象について，それまで「自己または自己と共に現場に所在する我が国要員」と限定されていたのを，「自己または自己と共に現場に所在する他の自衛隊員，隊員若しくはその職務を行うに伴い自己の管理の下に入った者」に拡大し，他国のＰＫＯ職員や国連職員，ＮＧＯ要員などの警護も可能なように拡大された。

この2001年12月の改正は，アメリカによるアフガニスタンのタリバン政権打倒を視野に置き，戦後のアフガニスタンで行われる国連平和維持活動（ＰＫＯ）に協力することを想定してなされたものであった（参考文献⑧・240頁以下）。

㈣　自衛隊の国連平和維持活動等への参加

以上の国連平和維持法の制定・改正を踏まえて，1990年代以降，自衛隊による国連平和維持活動（ＰＫＯ）への参加が開始され，次第にその範囲を拡大していった。

また，国連平和維持法は，国連平和維持活動（ＰＫＯ）以外にも，国際的な選挙監視活動，人道的な国際救援活動（国連等の要請に基づき，国際の平和及び安全の維持を危うくするおそれのある紛争によって被害を受けた住民等の救援・復旧のために人道的精神に基づいて行われる活動）を対象業務としているところ（国連平和維持法3条），この人道的な国際救援活動についても，自衛隊が派遣されることが多くなっている。

以上の自衛隊による諸活動の概要は以下のとおりである（参考文献⑨・377頁）。

　　92年9月〜93年9月　　カンボジア（国連平和維持活動）
　　93年5月〜95年1月　　モザンビーク（国連平和維持活動）
　　94年9月〜94年12月　　ルワンダ（人道的な国際救援活動）

96年2月〜09年2月	ゴラン高原（国連平和維持活動）
99年11月〜00年2月	東ティモール（人道的な国際救援活動）
01年10月〜現在活動中	アフガニスタン（人道的な国際救援活動）
02年2月〜04年6月	東ティモール（国連平和維持活動）
03年3月〜03年4月	イラク（人道的な国際救援活動）
03年7月〜03年8月	イラク（人道的な国際救援活動）
07年3月〜現在活動中	ネパール（国連政治ミッション）

(4) アメリカの「対テロ」戦争への関与

(イ) テロ対策特別措置法（旧法—2001年，新法—2007年）

① 2001年9月11日の同時多発テロに対して，アメリカが「反テロ戦争」を発動し，アフガニスタンのタリバン政権に対する攻撃を開始すると，日本政府は米軍に対する給油活動等の支援策の検討に入り，10月5日に「テロ対策特別措置法」案を閣議決定し，国会に提出した。

法案に対して，社民党と共産党は自衛隊の海外活動を拡大するものだとして反対し，自由党（小沢代表）も法案は現憲法が認めていない集団的自衛権の行使に踏み込むものだとして反対した。また民主党は法制定の必要性自体は認めたものの，法案が国会の事前承認を規定しておらず事後報告にとどめていることを問題として法案の修正を求めた。その後，与党と民主党との間で法案の修正協議が行われたが，事前承認の是非をめぐる溝は埋まらず，結局，法案は10月29日，自民・公明・保守の与党3党の賛成によって参議院本会議で可決・成立し，11月2日に公布・施行された（参考文献⑩・1頁以下）。

② テロ対策特措法の憲法9条適合性について，政府は，この法律による活動は，それ自体としては武力の行使に当たるものではなく，また，その実施地域は戦闘行為が行われない地域（いわゆる非戦闘地域）に限定されているので，諸外国の軍隊による武力行使との一体化の問題を生じさせることはないから，憲法上の問題は生じない，とした（参考文献⑮・389頁）。

ここに武力行使との一体化とは，輸送協力等，それ自体が我が国の武力の行使でない行為であっても，他国の武力の行使への関与の密接性などから他国の武力の行使と一体化する場合には，その行為は憲法9条の規定に違反することとなるが，他方，いわゆる後方支援活動であっても，それが他国の武

力の行使と一体化しない限りにおいては，憲法9条との関係で問題を生じないとした（参考文献⑮・389頁）。

また，戦闘地域に該当するか否かの判断については，当該地域から目標に向けて弾道弾ミサイル等が発射されたときは戦闘行為と見るのが相当であるが，攻撃機の発進があったとしても，それをもって，直ちに人を殺傷し，または物を破壊する行為に該当するとは考えられず，非戦闘地域とみなしうるし，武器・弾薬の輸送も武力行使と一体化しない限り憲法上の問題はなく，イージス艦により収集した情報を米軍に提供することについてもその情報のみにより米軍が攻撃するわけではなく，あくまでも一般的な情報交換の一環であり，武力行使と一体化するとはいえない，などとした（参考文献⑮・389頁以下）。

③　同法に基づいて，海上自衛隊と航空自衛隊が派遣され，活動に従事した。

海上自衛隊は，インド洋（ペルシャ湾を含む），英領ディエゴ・ガルシア島，オーストラリア領域，インド洋沿岸，我が国領域からインド洋沿岸にいたる地域に所在する経由地又は燃料の積卸地となる国の領域を活動地域とし，艦船や艦艇搭載ヘリ用の燃料補給，給水活動に従事した。

他方，航空自衛隊は，グアム島，英領ディエゴ・ガルシア島，インド洋沿岸，我が国領域からインド洋沿岸にいたる地域に所在する経由地又は燃料の積卸地となる国の領域を活動地域都市，2001年11月から2007年1月まで345回にわたって輸送業務に従事したとされるが，活動内容の詳細は不明である。

④　テロ対策特別措置法は，2001年10月29日の成立時点で2年間の時限立法として制定され，その後，2003年，2005年，2006年の一部改正により期限が延長されてきた（参考文献⑩・2頁）。

2007年7月29日に行われた参議院通常選挙で与党自民党・公明党は大敗を喫し，衆議院では与党が3分の2以上の多数を占めるが参議院で野党が多数を占める，いわゆる「ねじれ国会」状態が生じた。

この状況下で，2007年11月1日で期限が切れるテロ対策特措法の延長問題が政治上の争点となり，当時の安倍内閣は同法の延長を訴えたが，その後，9月12日に安倍首相は突然辞意を表明し，問題は後継の福田内閣に引き継がれることになった。

福田内閣は，テロ対策特措法に代えて，法律で定める自衛隊の活動内容を海上補給活動に限定する新テロ対策特措法を新たに制定することとし，旧テロ対策特措法は11月1日で失効した。
　新テロ対策特措法は2007年11月13日衆議院本会議で可決，参議院に送付されたが，野党が多数を占める参議院は2008年1月11日同法を否決，同日，与党は衆議院で出席議員の3分の2以上の賛成で再可決し，憲法59条2項の規定により，同法は成立となり，1月16日施行された。
　この法律に基づき，2008年1月24日以降，自衛隊は海上での給油活動を再開した。
　同法は期限1年の時限立法として制定されたが，2008年12月12日，衆議院での再可決により更に1年間延長された。
　⑤　新テロ対策特別措置法（正式名称「テロ対策海上阻止活動に対する補給支援活動の実施に関する特別措置法」。補給支援特措法とも呼ばれる。）の概要は，以下のとおりである。
　同法1条は，同法の目的を以下のとおり規定する。
 ⅰ）我が国がテロ対策海上阻止活動を行う諸外国の軍隊その他これに類する組織（以下「諸外国の軍隊等」という。）に対し旧平成13年9月11日のアメリカ合衆国において発生したテロリストによる攻撃等に対応して行われる国際連合憲章の目的達成のための諸外国の活動に対して我が国が実施する措置及び関連する国際連合決議等に基づく人道的措置に関する特別措置法（平成13年法律第113号）に基づいて実施した海上自衛隊による給油その他の協力支援活動が国際的なテロリズムの防止及び根絶のための国際社会の取組に貢献し，国際連合安全保障理事会決議第1776号においてその貢献に対する評価が表明されたことを踏まえ，
 ⅱ）あわせて，平成13年9月11日にアメリカ合衆国において発生したテロリストによる攻撃によってもたらされている脅威（以下「テロ攻撃による脅威」という。）がいまだ除去されていない現状において，同理事会決議第1368号，第1373号その他の同理事会決議が国際連合のすべての加盟国に対し国際的なテロリズムの行為の防止等のために適切な措置をとることを求めていることを受けて，国際社会が国際的なテロリズムの防止及び根絶のための取組を継続し，その一環として，諸外国の軍隊等がテ

ロ攻撃による脅威の除去に努めることにより国際連合憲章の目的の達成に寄与する活動を行っていること，及び同理事会決議第1776号において当該活動の継続的な実施の必要性が強調されていることにかんがみ，

ⅲ）テロ対策海上阻止活動（諸外国の軍隊等が行っているテロ攻撃による脅威の除去に努めることにより国際連合憲章の目的の達成に寄与する活動のうち，テロリスト，武器等の移動を国際的協調の下に阻止及び抑止するためインド洋上を航行する船舶に対して検査，確認その他の必要な措置を執る活動をいう。同法3条1号。）を行う諸外国の軍隊等に対し，

ⅳ）補給支援活動（テロ対策海上阻止活動の円滑かつ効果的な実施に資するため，自衛隊がテロ対策海上阻止活動に係る任務に従事する諸外国の軍隊等の艦船に対して実施する自衛隊に属する物品及び役務の提供（艦船若しくは艦船に搭載する回転翼航空機の燃料油の給油又は給水を内容とするものに限る。）に係る活動をいう。同法3条2号。）を実施することにより，

ⅴ）我が国が国際的なテロリズムの防止及び根絶のための国際社会の取組に引き続き積極的かつ主体的に寄与し，もって我が国を含む国際社会の平和及び安全の確保に資することを目的とする。

　補給支援活動の実施は，憲法9条1項が禁止する「武力による威嚇又は武力の行使」に当たるものであってはならない（2条2項）。

　補給支援活動の実施にあたる自衛官は，自己又は自己とともに現場に所在する他の自衛隊員若しくはその職務を行うに伴い自己の管理の下に入った者の生命又は身体の防護のためやむを得ない必要があると認める相当の理由がある場合には，その事態に応じ合理的に必要と判断される限度で，武器を使用することができる。この武器の使用は，現場に上官が在るときは，その命令によらなければならない（8条）。

　この法律に基づき自衛隊を派遣するのに国会の承認を得る必要はなく，実施計画の決定・変更があったときにその内容と補給支援活動が終了したときにその結果を事後的に国会に報告することが求められているだけである（7条）。

⑥　旧テロ対策措置法，新テロ対策措置法その冒頭に置かれた目的規定（1条）を読むと，テロ行為防止等に関する国連安保理決議を引用し，テロリズム根絶のための国際社会の取組に寄与すると述べるなど，一見，自衛隊

の活動は国連決議に基づく国際協調活動の一環としてなされているかのように読める。

しかし、実際には、これらの法律に基づく自衛隊派遣は、国連安保理決議に基づくISAFへの協力としてなされているのではなく、米軍主体のタリバン及びアルカーイダに対する軍事行動「不朽の自由作戦」（OEF）への協力としてなされているものであり、国連決議に基づいた国際協調活動とみなすことはできない。

そして、先に述べたように、OEFの軍事活動の根拠は個別的・集団的自衛権に求められているが、その攻撃を国際法上の個別的・集団的自衛権によって正当化できるかについては、多大の疑問が残るものである。

上述のとおり、自衛隊による補給支援活動は、OEFに参加し、海上阻止活動（MIO。テロリスト、武器等の移動を阻止・抑止するためインド洋上を航行する船舶に対して検査、確認その他の必要な措置を執る活動）に携わっている諸国の艦船に対して給油等の支援を行うものであるが、その実態は軍事活動に対する後方支援活動（兵站活動）であり、アメリカの軍事活動に対する集団的自衛権行使（しかも、国際法上の自衛権行使の要件を満たしていないという疑義が残る）としての行為とみなすのが、実態に即した素直な理解であろう。

以上の旧テロ対策措置法、新テロ対策措置法に基づいて行われた自衛隊の活動は、それが米軍による軍事活動（武力行使）の後方支援活動（兵站活動）としての性格を有している点において、これまで自衛隊が行ってきた中立的な国連平和維持活動（PKO）とはその性質を明確に異にしたものであり、自衛隊の海外活動は、従来とは次元を異にした領域に踏み込んだと言える。

(ロ)　イラク復興支援法（2003年）

①　イラク戦争がバグダード陥落、ブッシュ大統領の勝利宣言により一段落した後、国連安全保障理事会は、米英軍に占領軍としての一定の役割を認めるとともに、国際社会としてイラク国民による国家再建を目指した自主的な努力を支援するため、国連加盟国にイラクに対する人道、復旧・復興支援や治安回復への支援等の取組を要請する安保理決議1483を行った。

この安保理決議1483を受け、2003年7月、日本政府はPKO協力法に基づき、世界食料計画（WFP）の要請に基づき、ヨルダン・イタリア間において、国連等の関係機関に対し、約1カ月間にわたり、自衛隊機による人道救

援物資の輸送協力を行った（参考文献⑮・138頁以下）。

② 同年7月，当時の小泉政府は，4年間の時限立法として，イラク復興支援法（正式名称「イラクにおける人道復興支援活動及び安全確保支援活動の実施に関する特別措置法」）を制定した。同法の概要は，以下のとおりである。

同法1条によれば，同法の目的は，

ⅰ）イラク特別事態（国連安保理決議678，687，1441号，並びにこれらに関連する同理事会決議に基づき国連加盟国によりイラクに対して行われた武力行使並びにこれに引き続く事態をいう。以下同じ。）を受けて，

ⅱ）国家の速やかな再建を図るためにイラクにおいて行われている国民生活の安定と向上，民主的な手段による統治組織の設立等に向けたイラクの国民による自主的な努力を支援し，及び促進しようとする国際社会の取組に関し，我が国がこれに主体的かつ積極的に寄与するため，

ⅲ）国連安保理決議1483を踏まえ，人道復興支援活動及び安全確保支援活動を行うこととし，

ⅳ）もってイラクの国家の再建を通じて我が国を含む国際社会の平和及び安全の確保に資する，

ことであるとされる。

人道復興支援活動とは，国連安保理決議1483等に基づき，イラク特別事態によって被害を受け若しくは受けるおそれがあるイラクの住民等を救援し若しくはイラク特別事態によって生じた被害を復旧するため，又はイラクの復興を支援するために我が国が実施する措置をいう（同法3条1項1号）。

安全確保支援活動とは，国連安保理決議1483等に基づき，国連加盟国が行うイラクの国内における安全及び安定を回復する活動を支援するために我が国が実施する措置をいう（同法3条1項2号）。

人道復興支援活動又は安全確保支援活動は，現に戦闘行為（国際的な武力紛争の一環として行われる人を殺傷し又は物を破壊する行為をいう。以下同じ。）が行われておらず，かつ，そこで実施される活動の期間を通じて戦闘行為が行われることがないと認められる地域（いわゆる「非戦闘地域」）で行われるものとする（同法2条3項）。

人道復興支援活動又は安全確保支援活動は，憲法9条1項が禁止する「武力による威嚇又は武力の行使」に当たるものであってはならない（同法2条

2項)。

　人道復興支援活動又は安全確保支援活動にあたる自衛官は，自己又は現場にいる他の自衛官等若しくはその職務を行うに伴い自己の管理下に入った者等の生命・身体を防衛するためにやむを得ない必要があると認める相当な理由がある場合には，その事態に応じ合理的に必要と判断される限度で，武器を使用することができる。この武器の使用は，現場に上官が在るときは，その命令によらなければならない（同法17条）。

　内閣総理大臣は，自衛隊が人道復興支援活動又は安全確保支援活動を開始した日から20日以内に国会に付議して，当該実施についての国会の承認を得なければならず，不承認の議決があった場合は速やかに当該措置を終了させなければならない（同法6条）。

　③　同法に基づき，陸上自衛隊と航空自衛隊がイラクに派遣され，2003年から2008年にかけて活動を行った。

　陸上自衛隊はイラク南部のサマワで，人道復興支援活動として，給水，医療支援，学校・道路の補修を行った。

　航空自衛隊は，C130輸送機による輸送活動を行い，人道復興支援活動としては日本からの人道復興支援物資等を輸送し，安全確保支援活動としてはイラクの治安回復活動に関連した米軍を主体とする多国籍軍の兵員・物資などを輸送した（参考文献⑰）。

　④　同法の憲法9条適合性について，政府は，本法に基づく自衛隊の活動は，イラクの安全および安定を回復するための活動を行う国連加盟国の軍隊に対する医療，輸送，建設等であり，それ自体武力の行使に当たるものではなく，活動する地域も非戦闘地域に限っていることから，他国による武力の行使との一体化の問題は生じないこと等から，憲法9条に違反するものではないと説明していた（参考文献⑮・397頁）。

　しかし，先に述べたようなイラク戦争開始に至る経緯等からイラク戦争の法的政治的正当性に疑義がもたれる中，未だに戦闘が終了していないイラクに，今度は地上部隊たる陸上自衛隊までを派遣することに対して，危惧が表明され，その憲法9条適合性についても，イラクでは戦闘行為が持続しており，「国際紛争」が継続している，自衛隊を武力紛争地域（占領地域を含む）に派遣すること自体，憲法9条1項の禁止する（国際紛争を解決する手段とし

ての)「武力による威嚇又は武力の行使」に該当する，イラク戦争は終結しておらず，自衛隊に対して抵抗組織からの攻撃があり，これに応戦すれば，憲法9条で禁止された「交戦権の行使」にあたる，「交戦権」には相手国領土の占領・占領行政などが含まれ，イラクにおけるアメリカ占領軍は，正に交戦権を行使しているので，それに自衛隊が協力することは，やはり交戦権の行使にあたる，米英の統一指揮下に入る自衛隊のイラク駐留自体が武力行使の一環とみなされうる，米英のイラクに対する武力行使が国際法上違法だとすれば，自衛隊派遣は憲法に反するのみならず，国際法にも反していることになる，などの意見が出された（参考文献⑮・396頁以下）。

⑤　自衛隊のイラク派遣に対して市民らがその差止と損害賠償を請求した自衛隊イラク派遣差止集団訴訟において，名古屋高等裁判所平成19年3月23日判決は，差止めと損害賠償の請求自体は原告等にその権利がないとして退けたものの，その判決理由中で，要旨以下のとおり述べて，航空自衛隊によるイラクでの空輸活動は，政府の憲法・イラク特措法解釈を前提としても，憲法9条及びイラク特措法に違反すると断じた（参考文献⑱）。

　ｉ）現在のイラクにおいては，多国籍軍と国に準ずる組織と認められる武装勢力との間で，一国国内の治安問題にとどまらない武力を用いた争いが行われており，国際的な武力紛争が行われているものということができる。

　ⅱ）首都バグダッドは，平成19年に入ってからも，アメリカ軍がシーア派及びスンニ派の両武装勢力を標的に多数回の掃討作戦を展開し，これに武装勢力が相当の兵力をもって対抗し，双方及び一般市民に多数の犠牲者を続出させている地域であるから，まさに国際的な武力紛争の一環として行われる人を殺傷又は物を破壊する行為が現に行われている地域というべきであって，イラク特措法にいう「戦闘地域」に該当するものということができる。

　ⅲ）しかるところ，航空自衛隊は，アメリカからの要請を受け，平成18年7月ころ移行，アメリカ軍との調整の上で，バグダット空港への空輸活動を行い，現在に至るまで，C-130H輸送機3機により，週4回から5回，定期的にクウェートのアリ・アルサレム空港からバグダッド空港へ武装した多国籍軍の兵員を輸送していることが認められる。このような

航空自衛隊の空輸活動は，主としてイラク特措法上の安全保障支援活動の名目で行われ，それ自体は武力の行使に該当しないものであるとしても，現代戦において輸送等の補給活動もまた戦闘行為の重要な要素であるといえることを考慮すれば，多国籍軍の戦闘行為にとって必要不可欠な軍事上の後方支援を行っているものということができる。したがって，このような航空自衛隊の空輸活動のうち，少なくとも多国籍軍の武装兵員を，戦闘地域であるバグダッドへ空輸するものについては，他国による武力行使と一体化した行動であって，自らも武力の行使を行ったとの評価を受けざるを得ない行動であるということができる。

iv）よって，現在イラクにおいて行われている航空自衛隊の空輸活動は，政府と同じ憲法解釈に立ち，イラク特措法を合憲とした場合であっても，武力行使を禁止したイラク特措法2条2項，活動地域を非戦闘地域に限定した同条3項に違反し，かつ，憲法9条1項に違反する活動を含んでいることが認められる。

この名古屋高裁の判決に対し，防衛省の田母神俊雄航空幕僚長（当時）は，隊員の心境を代弁するとして，「そんなの関係ねえ」と暴言を吐いた。

(5) 自衛隊の海外派遣・国際協調活動の行く末

以上のとおり，いわゆる「湾岸ショック」「一国平和主義批判」に端を発した自衛隊の海外派遣，国際協調活動への参加は，当初の伝統的なPKO活動への参加にとどまっていた段階から，アメリカのブッシュ政権による「対テロ戦争」への後方支援活動へと，その活動範囲を広げてきた。その過程において，伝統的なPKO活動の場合に見られた，停戦成立後の派遣，紛争当事者の同意，中立性，といった枠組みが次第に曖昧になり，欧米諸国とりわけアメリカの軍事行動との一体化，国連決議なしの行動への参加という方向にまで踏み出しつつある。

それは，これまでに述べてきた，冷戦終結後の国際社会における，国連PKO活動の拡大と変質，国連による，あるいは，国連によらない，国際協調活動の競合と使い分けという，国際協調活動の変遷と歩調を合わせた動きと見ることもできる。

しかし，こうした自衛隊による国際協調活動の拡大も，憲法9条との整合

性が求められる限り，海外における「武力による威嚇又は武力の行使」はできないという歯止めは依然として残るわけであって，そうであるが故に，「対テロ戦争」への支援においても，自衛隊の活動は，給油や空輸などの後方支援活動（兵站活動），住民への給水などの人道支援活動に限定されざるを得なかったのである。

　ここから先へ進んで，例えば湾岸戦争のような事態が起こった場合に多国籍軍に参加して武力の行使に及ぶとか，イラクに派遣された自衛隊が他の多国籍軍のように治安維持活動（実態は，多国籍軍による占領統治に対する武装抵抗活動の殲滅）にまで踏み込もうと思えば，憲法解釈の変更による対処は困難とならざるを得ず，かくして，憲法9条を改正して国際協調活動において武力行使を可能にしようとする試みが登場することになる。

4　政党の憲法改正案と国際協調活動

　(1)　これまでに各政党から出された憲法改正案の中で，憲法を改正して自衛隊による国際協調活動を認める必要があるとしているものに，自民党案と民主党案がある。

　自民党が2005年11月22日に発表した新憲法草案では，自衛軍は「国際社会の安全と平和を確保するために協調して行われる活動」を行うことができるとされている（草案9条の2・3項）。

　民主党が2005年10月31日に発表した憲法提言では，「憲法に何らかの形で，国連が主導する集団安全保障活動への参加を位置づけ，曖昧で恣意的な解釈を排除し，明確な規定を設ける。これにより，国際連合における正統意思決定に基づく安全保障活動とその他の活動を明確に区分し，後者に対しては日本国民の意思としてこれに参加しないことを明確にする。こうした姿勢に基づき，現状において国連集団安全保障活動の一環として展開されている国連多国籍軍の活動や国連平和維持活動（PKO）への参加を可能にする。それらは，その活動の範囲内においては集団安全保障活動としての武力の行使をも含むものであるが，その関与の程度については日本国が自主的に選択する。」としている。

　これに対して，社民党と共産党は，憲法9条の改正に反対する護憲の立場

を取っている。

(2)　護憲の立場を取る社民党と共産党の立場を取る限り，自衛隊が武力の行使を伴う国際協調活動にまで踏み込むことは困難である。このことは，現行憲法下でなされたイラク派遣航空自衛隊の活動すらが名古屋高裁によって違憲と断じられたことを以てしても明らかである。

　これに対して，自民党・民主党の改憲案によれば，自衛隊は海外での武力行使を伴う国際協調活動に正面から踏み込むことができる。そして，この点が，国際協調活動について憲法9条を改正する最大の現実的意義である。

　民主党案と自民党案の相違は，民主党案が国際協調活動の範囲を国連決議に基づくものに限定しているのに対し，自民党案は国連決議に基づくものに限定せず，従って，それ以外の活動についても参加の含みを残している点にある。

　従って，例えば，アフガニスタンにおける活動について言えば，民主党案では国連決議に根拠を持つISAFには参加できるが，アメリカが行っているＯＥＦについては少なくとも国際協調活動を理由としては参加できないことになるのに対し，自民党案では，少なくとも憲法上は，そのような縛りには拘束されないことになる。

5　国際協調活動のために憲法9条の改正が必要か

(1)　以上に述べてきたことを踏まえて，冒頭の問に戻ってみたい。即ち，日本は国際協調活動に参加すべきなのか，仮に参加すべきであるとすれば，どの範囲で，どういう要件の下で，参加すべきなのか。そのためには憲法9条の改正が必要なのか。

(2)　まず，国際協調活動と言われるもののうち，国連決議に基づかないでなされるものについては，それは集団的自衛権ないし人道的介入論の是非に帰着する問題であって，国際協調活動であるという一事を以て，これを正当化することはできないと言わなければならない。

　そして，人道的介入論が未だ国際法上の認知を得ていると言いがたいこと

は先述したとおりであるから，結局，国連決議に基づかない国際協調活動の是非という問題は，集団的自衛権に基づく行動の是非という問題に還元されることになろう。

(3) 次に，国連決議に基づく活動のうち，①停戦合意成立後に，②紛争当事者の要請や同意を得て，③国連が中立的な第三者として行う（ＰＫＯ３原則），伝統的な平和維持活動（ＰＫＯ）については，現行憲法下でも，既に国連平和維持法が制定され，これに基づいて自衛隊によるＰＫＯ活動が積み重ねられているところである。

確かに，伝統的ＰＫＯ活動でも，それが軍による紛争地域での活動である以上，武力行使に巻き込まれる危険性は常に付きまとっている。従って，自衛隊の任務を専守防衛に限定すべきであるとする立場からの，伝統的ＰＫＯ活動への参加に否定的な見解も十分に傾聴に値する。

しかし，伝統的なＰＫＯ活動は，活動内容がＰＫＯ３原則に従ったものである限り，国際社会の調停者という国連本来の任務に適合した，それ自体は非権力的平和維持的活動であって，そうしたものとして国際社会での評価も定着している。

従って，筆者は，ＰＫＯ３原則の範囲内での伝統的ＰＫＯ活動への自衛隊の参加については，平和維持のための国際協調活動として，これを容認してよいと考える。

そして，この範囲に止まるのであれば，憲法９条の政府解釈を前提とする限り，憲法９条改正の必要はない。

(4) それでは，ここから進んで，ガリ報告以来の拡大平和維持活動や平和強制活動，更には国連憲章第７章に基づく集団安全保障活動についても，自衛隊は参加すべきか否か。

国際協調活動への参加を可能にするために憲法９条を改正すべきか否かという問題は，結局，上の問題に帰着する。

そして，この問題を考えるにあたっては，まず，現在の国連とその活動をどう評価するかということが，問題となる。

① この点について，従来の我が国では，国連とその活動を理想主義的見

地から捉え，剥き出しの権力と暴力が支配する国際社会から，法の支配に服した公平な国際社会を実現するための機関，ひいては，世界連邦に至る過渡的機関として国連を評価する見解が有力であった（これを便宜上「国連に対する理想主義的見方」と呼ぶ）。国連をこのような機関として捉えるならば，国連決議に基づいて行われる集団安全保障措置，平和維持活動は，時に様々な矛盾・問題はあったとしても，基本的には，国際平和の維持・創造に資する国際的な公共性を有する有意義な活動と評価されることになろう。こうした考え方からは，日本も憲法9条を改正して，積極的に国際協調活動に参加すべきだという意見は，有り得る一つの選択肢となる。

　尤も，このように，国連の存在意義を積極的に認める立場からも，同時に，憲法9条の平和主義を積極的に肯定し，日本は非軍事的分野での国際協調・国際貢献に徹するべきだという意見も考えられ，実際にもこうした意見は有力である。

　② これに対して，国連と言っても，それは主権国家の集合であり，各国がそれぞれの国益を追求し，調整する場に過ぎず，国連の活動といえども各加盟国，とりわけ大国の利害が反映されざるをえず，国際協調活動といっても国際的公共性を帯びた活動とは一概には言い難いと考える見解（「国連に対する現実主義的見方」と呼ぶ）が考えられる。

　国連とその下で行われる国際協調活動を上のように捉える場合，我が国が国際協調活動に参加するかしないかは，我が国の国益に照らしてその是非を判断すべき性質のものと考えられることになろう。その場合，我が国の国益とは何なのかが問題とされなければならず，併せて，それは国際的公共性の見地に照らしてみても是認される性質のものなのかということが，改めて，考えられるべきであろう。

　③ 筆者は，国連に対する理想主義的な見方も現実主義的な見方も共に一面的であり，国連とその活動は，両者の側面を併せ持つものとして把握すべきであると考えている。

　但し，国連を理想主義的に捉える余り，その現実主義的側面に眼を覆うことがあってはならないと考えており，とりわけ，安全保障の分野ではそうだと考えている。

　このことは，安全保障理事会において大国に拒否権が認められていること

に制度的にも反映しているのであり，また，その実態は，先に紹介したハンチントンの見解に近い側面があると考えている。

　その意味で，筆者は，とりわけ安全保障分野における国連とその活動は，現実主義的見方により比重を置いて評価すべきだと考えており，近時の国連による，あるいは，国連によらない，国際協調活動の競合と使い分けという現象も，基本的に，欧米先進諸国による国連その他の国際機関の道具化，「人道的国際協調的帝国主義」の展開という側面があると考える見解に立っている。

　こうした見解に立つとき，伝統的ＰＫＯ活動の範囲を超えて，国連決議に基づく軍事的国際協調活動に参加するべきか否かという問題は，結局，日本が専守防衛と平和主義に基づく自己制約から一歩踏み出して，軍事力に裏打ちされた国際権力政治のプレイヤーとして登場すべきか否かという問題に帰着すると考える。

　(5)　ところで，軍事力に裏打ちされた国際権力政治のプレイヤーとして登場するということは，言い換えれば，時と場合によっては，軍事力の行使をためらわないということでもある。予め使うことを禁じられた軍事力というのは軍事力の意味をなさないのであって，田母神元航空幕僚長の発言などから伺われる自衛隊が現在置かれている状況に対する自衛隊内のある種の苛立ちというものは，結局は，この点に由来するものではなかろうか。

　ここで，改めて問われるべきは，軍事力の行使をためらわないというのは，具体的には，どういうことを意味するか，ということである。

　軍事にかかわる英雄主義（ヒロイズム）は，往々にして，「死を賭した覚悟」の強調に帰着し，その自己犠牲が顕彰の対象とされる。そして，そのことが，あたかも武人の誉れであるかのごとく意識され，軍国主義的価値観の根幹に据えられる。

　しかし，言うまでもなく，軍事行動の目的は対象の殲滅，殺害，破壊なのであって，自分たちが殲滅されていたのでは，軍事行動の目的は達成されない。自分達は何としても生き残り，対象を殲滅し続けること，要するに「殺されないために殺す」ことが，軍事行動のアルファでありオメガなのである。

　そして，武力抗争は，お互いの生命を賭けた「食うか，食われるか」の過

程であるから，そこでは「手段を選ばない」ことが求められ，究極は「何でもあり」に行きつく。従って，軍事行動においては，戦いが熾烈であればあるほど，いわゆる「附随的損害」が不可避的に付きまとう。例えば，密林を隠密行動で移動する部隊が現地人を案内人として同行させたとして，この現地人をそのまま帰せば部隊の所在が明らかになってしまうとすれば，当該現地人を口封じのために殺害することが必要となる（東南アジア諸島での日本軍兵士の例）。また，ゲリラによるテロ行為が頻発している地域で交通整理に当たっている兵士は，停止指示に従わない乗用車に対しては無警告で射撃し運転者を殺害しなければ，自分が逆にやられる可能性がある（イラクでの米軍兵士の例）。戦場ではこうした例は枚挙に暇がないのであって，要するに，武力の行使に至る可能性のある軍事行動に踏み込むということは，こうした「手を汚す」行為を自らが引き受けるということを意味するのである。

(6) それ故，今後，日本の国益を守るために憲法9条を改正して国際協調活動その他の海外での武力行使を可能にするべきか否かという問いに対しては，以上に述べたような敢えて「手を汚す」行為に及んででも守るべき国益，日本の価値観とは何なのかということが，前提問題としてまず問われなければならない。

そのことは，これまで戦後日本が国是としてきた憲法9条の平和主義，それは，結局，殺すことも殺されることも拒否するということに帰着するのであるが，この平和主義に取って代わる新たな価値観が提示されうるのか，という問題である。

それは「日本」だというのなら，そこで言われている「日本」とは何なのか，「国際社会の平和構築」だというのなら，そこで言われている「国際社会」とは何なのか，が問われるべきである。

このような問いに対する明確な答えなしに，「既定方針だから」と惰性的にことを運んだり，「外交上のお付き合いに必要だから」と軽く考えたり，「所詮，国際社会は軍事力がものをいうから」とニヒルに構えて済ませたりするには，軍事という問題は，余りにも重いと言わなければならない。

そして，こうした問いに対する納得のゆく答が得られないのであれば，我々は憲法9条が掲げる「殺すことも殺されることも拒否する」という平和主

義の原則から離脱することには慎重でなければならない。

【参考文献】
① 防衛大学校安全保障学研究会編著『安全保障学入門』（亜紀書房）
② 田畑茂二郎『国際法新講・上』（東信堂）
③ 田畑茂二郎『国際法新講・下』（東信堂）
④ 浅井基文「国連憲章と国際的な武力行使に関する考察」サイト「21世紀の日本と国際社会　浅井基文のページ」の「コラム　2005」に収録
　　http://www.ne.jp/asahi/nd4m-asi/jiwen/thoughts/2005/94.html
⑤ 最上繁樹『人道的介入』（岩波新書）
⑥ シュミット『大国の明日』（朝日新聞社）
⑦ 芦部信喜監修『注釈憲法(1)』（有斐閣）
⑧ 赤根谷達雄・落合浩太郎編『日本の安全保障』（有斐閣）
⑨ 防衛省編「平成21年版日本の防衛（防衛白書）」
⑩ 衆議院調査局「テロ対策特別措置法に関する資料」
⑪ 鴨武彦他編『国際政治経済システム1　主権国家を超えて』（有斐閣）
⑫ 最上敏樹『国連とアメリカ』（岩波新書）
⑬ 酒井啓子『イラク　戦争と占領』（岩波新書）
⑭ 寺島実郎他編『イラク戦争　検証と展望』（岩波書店）
⑮ 畠基晃『憲法9条　研究と議論の最前線』（青林書院）
⑯ 追い詰められる米・NATO軍「リブ・イン・ピース」の「イラク・アフガニスタン戦争」に収録
　　http://www.liveinpeace925.com/iraq_afgan/axis_of_logic081208.htm
⑰ 「新防人考　変ぼうする自衛隊　第二部　続・イラク派遣の実像〈3〉空輸の実態」東京新聞2007年3月28日
　　http://www.tokyo-np.co.jp/feature/sakimori/news/070328.html
⑱ 名古屋高等裁判所平成19年3月23日判決
　　http://www.haheisashidome.jp/shiryou/07hanketubun.pdf

第6章　平和的生存権について

藤木邦顕

1　自民党憲法草案の規定

　自民党憲法草案においては，日本国憲法の前文にある「我らは，全世界の国民が，恐怖と欠乏から免れ，平和のうちに生存する権利を有することを確認する。」というくだりをすべて削除している。日本国憲法のこのくだりは，「平和的生存権」を宣言するものとしてこれまで幾多の平和に関する訴訟の根拠として援用されてきたところであり，9条とならんで日本国憲法の平和主義を表すものとして，際立った特徴を有している。これを削除することは「平和的生存権」の文理上の根拠を奪うものであるが，はたしてこれは妥当だろうか。

2　日本国憲法における平和的生存権論

(1) 前文の規定
　日本国憲法前文は，全世界の国民が「平和のうちに生存する権利」を有することを確認する旨謳っている。なるほど，「平和」という言葉は，目指すべき理念や目的を表す抽象的概念であり，時代とともに意味内容が変化発展していくことは避けられず，一般的には，何が「平和」であるかを一義的に定義付けることは困難であろう。そして，平和が常に他者との関係の中で初めて達成し得るものであることも，これを達成する手段，方法が，一般的には多様であることも疑いない。しかし，日本国憲法が，憲法上の概念として用いられる場合の「平和」の言葉に，一定の具体的意味内容を付与していることを，改めて指摘しておきたい。

すなわち，日本国憲法は，まず前文において「平和を愛する諸国民の公正と信義に信頼し，われらの安全と生存を保持しようと決意し」と規定しており，後述の平和のうちに生きる権利の歴史的・世界的展開と併せて鑑みれば，まずは何よりも，国民の安全と生存を脅かしたり脅かされたりすることのない状態をいわば最低限の「平和」であると捉えていると考えられる。また「全世界の国民が，ひとしく恐怖と欠乏から免れ，平和のうちに生存する権利を有することを確認する」との規定はこれを裏付け，全世界の国民がひとしく「恐怖」すなわち生命，身体への侵害をはじめとする自由の侵害，及び「欠乏」すなわち人間として生存するための最低限の資源が提供されない状態から免れて，平和のうちに生存するというのであるから，やはり安全と生存を脅かしたり脅かされたりすることがない状態にあることが，一応最低限の「平和」であると捉えているといえよう。

(2)　第9条との関係
　しかし日本国憲法上の「平和」の概念はこれにとどまるものではない。
　後述のように，日本国憲法は，9条において一切の戦争を放棄し，戦争のために用いられる戦力を一切放棄することを定めた。平和を求めると言いつつ戦争を行ない，そのための戦力を持つことが，国民の安全と生存を脅かしたという厳然たる歴史事実を背景に，日本国憲法は，一切戦争をしない，そのための戦力も一切持たない，交戦権も否定すると表明して徹底した平和主義の統治構造をとることにしたのである。日本国憲法上の「平和」の概念は，この9条によってさらに具体的に意味付けされた。すなわち，日本が国権の発動としていかなる戦争もしないこと，陸海空軍その他一切の戦力を保持しないこと，交戦権を認めないこと，これらが国によって遵守され国民の安全と生存が守られる状態を丸ごと「平和」であると意味付けされているのである。
　「平和」を達成する手段，方法は，一般的に多様であるといえよう。
　憲法は，日本国と日本国民に対し，「平和を維持し，専制と隷従，圧迫と偏狭を地上から永遠に除去しようと努めてゐる国際社会において名誉ある地位を占める」ことを期待し，その具体的方法については憲法の範囲内で日本国と日本国民の創意工夫に委ねるといえる。

しかし，数ある平和実現に向けた手段の中で，先述の日本国憲法において意味付けられた「平和」を達成するために，憲法が政府に明確に課した手段がある。紛れもなく9条に規定された，一切の戦争を放棄し，戦力を一切保持しないこと，交戦権を認めないことである。これら9条に規定された内容を含んだ「平和」を達成しようとするのであるから，当然の帰結である。
　このように，日本国憲法が規定する「平和」を達成するために，政府が最低限義務付けられた実現手段は，一切の戦争をしてはいけない，一切の戦力を持ってはいけないという極めて具体的で明確な禁止条項の遵守なのである。

3　日本国憲法9条及び前文の平和的生存権の歴史的・国際的普遍性

　「平和のうちに生きる権利」という考え方は20世紀に入って，特に第一次世界大戦後にいかに大規模な戦争を避けるかについての外交努力の中で生まれてきたものといえる。
　1919年の国際連盟規約，1928年の不戦条約（「戦争抛棄ニ関スル条約」）を経て，第二次世界大戦終結直後の1945年10月24日に発効した国際連合憲章は，戦争の違法化を宣言するとともに，形式的意味の戦争だけではなく武力の行使や武力による威嚇までも原則的に禁止とした。
　また，1941年1月16日のルーズヴェルトの議会あて年頭教書「四つの自由」宣言をふまえた大西洋憲章（1941年8月14日）は，平和と人権の相互依存性についての明確な認識に立って，「ナチ暴政の最後的撃滅の後に，両国はすべての国民が，各々自らの領土内で安全な生活をいとなむための，またこの地上のあらゆる人間が，恐怖と欠乏からの自由のうちにその生命を全うするための保証となる，平和を確立することを願う」と謳った。
　第二次世界大戦後の1948年の世界人権宣言，そして1966年の国際人権規約（A規約・B規約）は，「平和と人権の密接不可分性」の認識を示し，平和のための人権保障を強調している。
　さらに1976年，国連人権委員会は，「すべての者は，国際の平和と安全の条件の下に生きる権利……を有する」と宣言し，同年のユネスコの「人権，人間的必要及び新国際経済秩序の確立に関する専門家会議」の最終報告書は，

「人権と自由が尊重され，かつ武力の行使は禁止されるとする趣旨の宣言が国連憲章でなされたことによって，各人の基本的権利の一つが国際法によって具体化されるに至っている。それは，すなわち，平和への権利である」として「平和のうちに生きる権利」を明言する。

次いで，1978年12月15日に国連総会が採択した「平和に生きる社会の準備に関する宣言」は，「各国民と各人は，人種，思想，言語，性による別なく，平和に生きる固有の権利を持っている。この権利の尊重は，他の人種の尊重と同じく，全人類の共通の利益であり，大小にかかわりなく，全世界諸国民のあらゆる分野における前進のための不可欠の条件である」と述べる。

1984年11月12日の国連総会における採択にかかる「人民の平和への権利についての宣言」は，「人民の平和的生存の確保は各国家の神聖な義務であることを認識して」「地球上の人民は平和への神聖な権利を有することを厳粛に宣言する」等として，「平和への権利」を再確認している。そして，1985年11月11日の国連総会も，上記の1984年「宣言」を受けて，「平和がすべての人間の不可譲の権利である」としている。

このように，「平和的生存権」は，世界的レベルで承認されるに至っている。こうした国際法の深化の歴史は，日本国憲法が採用する徹底した平和主義の理念の正しさを裏付けるとともに，平和的生存権の意味内容を補充し，具体化させるものである。

4　平和的生存権をめぐる裁判例

(1)　恵庭事件

1962年12月に，北海道千歳郡恵庭町にある陸上自衛隊の演習場近くの酪農業を営む兄弟が牧場付近での爆音，大砲の発射音によって乳牛の早産や流産，乳量の減少に悩まされて，演習本部と射撃陣地の通信回線を数ヵ所にわたって切断し，自衛隊法121条に規定する防衛供用物件の損壊罪に問われた。被告人となった兄弟は自衛隊が憲法違反であることを主張した。

1967年3月29日の札幌地裁判決は，自衛隊法121条の防衛供用物件とは，武器・弾薬・航空機など同列に評価しうる程度の密接かつ高度な類似性の認められる物件を指すとして構成要件該当性の点で兄弟に無罪を言渡した。し

かし，自衛隊法121条を含む自衛隊法及び自衛隊の合憲性については，刑事事件の主文に直接かつ絶対に必要な場合のみ立法その他の国家行為の憲法適否に関する審査決定をなすべきことを意味するとして判断しなかった。検察側が控訴せずに無罪判決が確定した。

(2) 長沼事件

1969年7月，防衛庁が北海道夕張郡長沼町に地対空ミサイル・ナイキJ基地の建設のために申請していた馬追山保安林の一部35ヘクタールについて，農林大臣が保安林指定の解除を告示した。これに対してこれに反対する地元住民173人が解除告示の日に保安林解除指定処分の取消を求める訴えを提起し，同時に執行停止の申立てをした。

1969年8月22日，札幌地裁の福島重雄裁判長は，原告らの申立を認めて執行停止を決定し，本訴の審理においては，憲法学者・国際法学者・軍事専門家や自衛隊幹部の証人尋問を行ない，1973年9月7日，自衛隊は憲法に違反し，保安林指定の解除は公益上の必要を欠くので取消を免れないと判決した（札幌地裁昭和48年9月7日判決，判例時報712号24頁）。

この事件の判決では，原告らの主張した平和的生存権が訴えの利益を認める根拠として援用され，保安林指定の目的も森林法を憲法の中に位置付けて，地域住民の平和の内に生存する権利すなわち平和的生存権を保護しようとしているものと解するのが正当であるとされた。そして，平和的生存権をその核心部分において承認し，問題となったミサイル基地は，「一朝有事の際にはまず相手国からの攻撃の第1目標になるものと認められるから，原告らの平和的生存権は侵害される危険があると言わなければいけない。しかも，このような侵害は，いったん事が起きてからではその救済が無意味に帰するか，あるいは著しく困難となることもまたいうまでもないから，この点からも原告らには本件保安林指定の解除処分の瑕疵を争い，その取消を求める法律上の利益がある」と判示した。

同札幌地裁判決は，農林大臣の控訴によって1976年8月5日原判決取消，原告らの訴え却下という主文で覆された。しかし，その大きな理由は，保安林指定解除にともなって保安林の果たしてきた水源涵養機能や洪水調節機能が用水路補強や堰堤設置といった代替施設によって確保されるために原告ら

4 平和的生存権をめぐる裁判例

住民に保安林指定解除処分を争う具体的利益がなくなったとする点にある。そのため，平和的生存権や9条問題については，実質判断に踏み込まず，とくに憲法9条と自衛隊については統治行為であって，一見明白に違憲違法と認められるものでないかぎり司法審査の対象ではないとした（札幌高裁昭和51年8月5日判決，判例時報821号21頁）。

　高裁判決に対して，住民らが上告したが，最高裁は1982年9月9日，札幌高裁の判断を支持し，保安林指定解除処分に基づく立木竹の伐採にともなう利水機能の低下の影響を直接に受ける点において，保安林の存在による洪水や渇水防止上の利益を侵害されているところにあるので，代替施設の建設によって洪水・渇水の危険が解消され，その防止上からは保安林の存続の必要性がなくなったら認められるときには，訴えの利益は失われると判断した。平和的生存権に関する札幌高裁の判断については，原判決の結論に影響のない点についての判示の不当をいうものにすぎないとして直接の判断を避けている（最高裁昭和52年9月9日判決民集36巻9号1679頁）。

(3) 百里基地事件

　1956年5月，防衛庁は茨城県東茨城郡小川町百里原に航空自衛隊基地を建設することとして用地買収を始めた。地元は百里基地反対期成同盟を結成して激しい反対運動が展開されたが，当初反対運動に参加していた原告が反対運動に批判的になり，自分の所有する不動産を反対期成同盟の側にいた被告に売り渡す契約を結び，農地については知事の許可を停止条件とする所有権移転の仮登記を行なった。ところが，代金支払時期をめぐって，本登記実行のときとする被告と仮登記完了とする原告が対立し，原告は代金不払いがあるとして契約を解除し，防衛庁に対して同じ土地を売り渡した。そのうえで，原告及び買い受けた国は所有権移転登記と仮登記の抹消を求めて提訴し，逆に被告も国の所有権移転登記の抹消と所有権確認を求めて反訴を提起した。この事件で被告は原告と国との売買契約は違憲な自衛隊基地の建設のための売買契約は公序良俗に反すると主張し，また，国との売買契約は憲法98条の国務に関する行為であって，合憲性の審査を受けると主張した。

　1977年2月17日，水戸地裁は代金支払時期は仮登記の完了時の約定であったとし，原告による契約解除は有効であるとした。そして，9条は国家統治

体制の指標を定めた規範であり，これと法域を異にする私法上の行為を直接規律してその効力を決するものではないし，国務に関するその他の行為とは少なくとも国権の意思，公権力作用と関係を持つ個別具体的な公法上の行為をさすものであって，土地売買契約のような私法上の行為にまで及ぶものではないとして，憲法9条との関係は問わなかった。その論旨の中で，平和的生存権についていわば傍論中の傍論の扱いであって，「憲法前文第2段にいう『平和の内に生存する権利』はその内容が抽象的なものであって，具体的，個別的に定立されたところの裁判規範とは認められないから，これを根拠として平和的生存権なる権利を認めることはできない」とふれたのみであった（水戸地裁昭和52年2月17日判決，判例時報842号22頁）。

　被告側の控訴による東京高裁判決でも売買代金支払時期は原告の主張する仮登記完了時であって，権利濫用や信義則違反などの主張は成立しないとした。この基本的判断の枠組みのなかであるが，憲法9条と私法行為の関係について，私人間の法律行為が現実に民法90条にいう公序良俗に違反すると言うためには，その「人権侵害が侵害の主体や侵害される人権の種類，性質，侵害の程度など当該事案の特質から見て社会の存立，発展を脅かす反社会的な行為であり，しかも，そのことが単に一党一派の信念や倫理観に反するというだけでは足りず，その時代の社会一般の認識として確立されていて，当事者の意思に反してかかる法律行為の効力を否認することが当然であると一般に認容されるようなものでなければならない。9条の平和主義については，相容れない世界観やイデオロギーの対立があり，国民の間に客観的一義的な意思の醸成されることを望むのは不可能に近いので，本件行為が憲法9条に反するが故に公序良俗に反するとは言えない」とした。

　平和的生存権については，個々の国民が国に対して戦争や戦争準備行為の中止などの具体的措置を請求しうるそれ自体の独立の権利であるとか，具体的訴訟における違法性の判断基準になりうるものではないとしながら，「それを独立の権利と呼ぶかどうかは別としても，あらゆる基本的人権の根底に存在する最も基礎的な条件であって，憲法の基本原理である基本的人権尊重主義の徹底化を帰すためには，「平和的生存権」が現実の社会生活のうえにも実現されなければならないことは明らかだろう」とする（東京高裁昭和56年7月7日判決，判例時報104号3頁）。

4　平和的生存権をめぐる裁判例

原告からの上告に対し最高裁は1989年6月20日判決して上告を棄却した。その基本的な判断は，憲法9条は司法上の行為を直接規律することを目的とした規定ではないということであり，「国が行政の主体ではなく，私人と同様の立場に立って私人との間で個々的に締結する司法上の契約は，当該契約がその成立の経緯および内容において実質的に見て公権力の発動たる行為と何ら変わりがないといえるような特段の事情のない限り，憲法9条の直接作用を受けず，私人間の利害関係の公平な調整を目的とする私法の適用を受けるにすぎないものと解するのが相当である」と判示した。また，平和的生存権については，その存否を直接に判断したのではなく，「上告人が平和主義ないし平和的な生存権として主張する平和とは理念ないし目的としての抽象的概念であるから，憲法9条を離れてこれとは別に民法90条にいう『公の秩序』の内容の一部を形成することはなく，したがって私法上の行為の効力の判断基準とはならないというべきである」と述べたのであって，もっぱら憲法9条が私法上の行為の判断基準とはならないことに判断の中心がある（最高裁平成元年6月20日判決，民集43巻6号385頁）。

(4) 沖縄県知事職務執行命令訴訟

1995年5月，沖縄県において米軍用地特別措置法に基づく土地調書に地主が署名を拒否したことから，同法に基づいて那覇防衛施設局が当該土地の市町村である那覇・沖縄・読谷の各市・村長に代理署名を求めたが，三市・市長はこれを拒否，沖縄県知事も拒否したために1995年12月内閣総理大臣が沖縄県知事に対して地方自治法151条の2に基づく職務執行命令訴訟を提起した。

福岡高裁那覇支部は，1996年3月25日に実態審理をほとんど行なうことなく，県知事に代理署名を命じる判決をした。しかし，平和的生存権については，以下のような判断を示している。憲法前文にいう「平和のうちに生存する権利」がすべての基本的人権の基礎にあってその享受を可能ならしめる理念的基底的権利であることは明らかである。しかしながら，「平和のうちに生存する権利」の「平和」とは理念ないし目的としての抽象概念であって，右「平和の内に生存する権利」もう一つの基本原理である国民主権の下に，国民の負託を受けた個ないし内閣が憲法前文ないし9条の理念を尊重して，

その政治責任において行なう諸施策によって具体的に実現されていくものであり，その抽象性を免れない。そのことは，右権利を憲法13条の生命，自由および幸福追求に対する国民権利として理解する場合でも同様であり，平和的生存権を持って憲法上各個人に保証された具体的権利ということはできない（福岡高裁那覇支部平成8年3月25日判決，判例時報1563号26頁）。

　この判決に対して県知事は最高裁に上告したが，最高裁は1996年8月28日にはやばやと上告却下の判決を下した。最高裁判決は，駐留軍用地特措法の合憲性についてはすなわち安保条約の合憲性をいうことであって，安保条約および日米地位協定が一見明白に違憲無効でなければその合憲性を前提として駐留軍用地特措法の憲法適合性を審査することとなるとして，平和的生存権にふれることなく，職務執行命令を認めた（最高裁平成8年8月28日判決，民集50巻7号1952頁）。

(5)　湾岸戦争90億ドル支出訴訟・掃海艇派遣訴訟

　1990年8月イラク軍のクウェートへの侵攻から，いわゆる湾岸戦争が勃発し，日本はアメリカの要請に基づいて，総額130億ドルの財政支援を多国籍軍に対して行なうとともに，自衛隊機の湾岸地域への派遣と戦争終了後の1991年4月から海上自衛隊の掃海艇をペルシャ湾岸に派遣して機雷除去などの支援を行なった。戦費の支出と自衛隊の海外派遣に対する国民の反対論が多く出され，東京・名古屋・大阪・広島・福岡・鹿児島で戦費支出または掃海艇派遣差止の訴訟が提起された。

　東京の湾岸戦争関連訴訟について，東京地裁は1996年5月10日，請求を棄却し平和的生存権の主張に対して「平和」とは理念ないし目的としての抽象概念であり，ひとり個人の内心において達成しうるものではなく，常に他者との関係も含めてはじめて達成しうるものであり，これを達成する手段方法も多様であるから，「平和のうちに生存する権利ということからただちに一定の具体的意味内容が確定されるものではなく，それを実現する手段・方法が特定されるものでもない」として従来の裁判例にあるように平和的生存権は機個々の国民が国の平和実現のための施策の履行請求や作為義務の存在確認，国の平和遵守義務違反についての違憲違法確認や差止請求を求める具体的権利であるとか，具体的訴訟においての違反性の判断の基準になるといっ

たような裁判規範性を有するそれ自体独立の権利ということはできないとした（東京地裁平成8年5月10日判決，判例時報1579号62頁）その控訴審である東京高裁も1997年7月15日に東京地裁の判断を支持した。

(6) イラク自衛隊派遣差し止め訴訟
　90億ドル支出と湾岸戦争後の掃海艇派遣に関する訴訟は，日本の新たな戦争関与の形態に対する訴訟ではあったが，1990年代には自衛隊が現に進行している武力行使に参加する事態はなかった。2003年3月20日，アメリカ・イギリスを中心とする連合軍がイラクのサダム・フセイン政権の打倒をめざしてイラクへの攻撃をしかけ，同年5月2日にフセイン政権が崩壊してアメリカを中心とする連合軍参加各国が暫定統治機構をつくり，占領統治をはじめた。日本の当時の小泉政権は，2003年7月にイラク特措法を制定し，同年12月に航空自衛隊を，翌2004年1月から陸上自衛隊をイラクに派遣した。
　これに対して名古屋・大阪・札幌・甲府・熊本・東京などでイラクへの自衛隊派遣差し止めを求める訴訟が起こされた。イラク戦争という国際法違反・憲法違反があまりにも明白であり，かつ陸上自衛隊は2006年7月まで，航空自衛隊は2008年12月まで活動を続けたという事態に対する訴訟であった。そして，2008年4月17日，名古屋高裁はイラクへの自衛隊派遣は憲法9条1項に違反する活動であり，訴訟の根拠としての平和的生存権の権利性を認め，平和的生存権は局面に応じて自由権的，社会権的または参政権的な態様をもって表れる複合的な権利であるという画期的な判決を下した（名古屋高裁平成18年4月17日判決，法と民主主義431号45頁）。

5　平和的生存権をめぐる学説

(1) 権利＝実定法上の権利＝裁判規範というモデル
　上記名古屋高裁判決までのイラク自衛隊派遣訴訟に対する判決の動向は平和的生存権の権利性について否定的であった。イラク自衛隊派遣訴訟大阪地裁判決（大阪地裁平成18年7月20日判決），同事件控訴審の大阪高裁判決（大阪高裁平成19年12月26日判決）は，百里基地水戸地裁判決以来の平和的生存権否定の論理を踏襲して前述のように平和的生存権の具体的権利性を否定して

いる。その理論的根拠は,「権利」＝実定法上の権利＝裁判規範というモデルにある。その基調は,権利とは実定法規範によって個人に一定の個別的具体的な内容の利益が認められ,それによって個人が相手方（その利益の実現の義務を負う者）にその実現を要求する力を与えられたときに成立する。そしてその実現が妨げられた時には,裁判によってその実現が保障されるというものである。したがって,憲法上の権利であっても実定法すなわち法律によって認められていないものは権利ではなく,これが裁判によって保障される道はないと考える。このような考え方は多くの人権については正当であるが,憲法によって保障されながらときの国会の支配勢力によって認められなかったものは全て権利ではないとしてしまうところにおいて,憲法が保障しているはずの権利を法律の認める限度内においてのみ承認する,いわば法律のレベルに格下げしてしまうことになろう。

　憲法が保障する人権,とりわけ憲法制定権力が憲法の根本原理として定める原理に関する権利は実定法上の規定がなくとも,裁判による救済・確保を求めることができるというべきである。現行訴訟法体系がそのための訴訟類型を設けていないとすれば,その実現のための訴訟の成立には大きな困難が伴うであろうが,現行法上の訴訟類型または権利カタログの中にある類型を類推し最も近い類型を用いながら,その実現をはかることが憲法の番人である司法の使命である。

(2)　前文の法的効力についての学説

　ところで,以上のようなモデルを提唱し,一連の平和的生存権否定判決の理論的根拠となったのが,大西芳雄教授の1963年の論考「前文の内容と効力」（清宮四郎・佐藤功編『憲法講座(1)』所収）である。同論文では,第一次世界大戦後の各国憲法において,前文が単に制定の歴史事実のみならず制定の趣旨目的を宣言するようになったため,改めて前文の法的性格が問題となっているとし,その初めの例となったのがワイマール憲法について検討する。そしてワイマール憲法の前文はドイツ国民が憲法制定に寄せた願望と制定権がその国民にあることを示したものとみて,そこにすべての憲法法規の基礎となり,妥当性の根拠となる基本的性格を認めたことを正当に評価しなければならないとする。そのうえで,日本国憲法の前文は,憲法全体の価値体系のあ

り方を示した実定的な憲法法規であって，しかも憲法法規の段階的構造のなかでも最も基礎的な，したがって最も上位の規範であると位置付けることができるとする。そして前文の法的効力が論じられ，前文が法規範性を有することは論を待たないが，直接に違憲性判断の根拠となりうる効力，すなわち裁判規範性を持つかということについては，直接裁判規範性を持たず，憲法本文各条項の解釈の指針にとどまるという。その根拠は前文の内容が抽象的であって，明白な限界を画するような具体性を持っていない，すべての法規が裁判規範性を持つとは限らない，前文を憲法法規中の最上級規範とみるなら，前文は各条文の意味を定める枠，すなわち解釈基準としての役割を持ち，裁判の基準となるのは具体性を持った各条文であって前文でないというにある。

この論説は，前文の効力を低いものと見るのではなく，かえって憲法全体の中に貫かれる価値を示す点で憲法の中でも最高位の原理を示す，いわば，この原理を変えてしまうとそれは日本国憲法ではなくなるという根本的な価値の体系を示すものであり，かかる高位な規範性を持っているが故に直接の裁判規範ではなく，各条文の解釈指針を示すものと考えるものである。

大西説の背景としてドイツの1919年制定のワイマール憲法に関する当時のドイツ憲法学・国法学の権威者のさまざまな文献が引用されているが，その中には「『ドイツ国民はこの憲法を制定した』とか『国家権力は国民に由来する』とか『ドイツ国は共和国である』などの文言は決して法律ではなく，したがって憲法律でもない。それらはまた概括規定とか基本原則というものでもない。だからといってそれらは何か価値の低いものだとか，無視していいものでもない。それらは，法律や規定以上のもの，すなわち，ドイツ国民の政治的形式を決定し，憲法律の諸規範を含むその他一切の規範の基礎的な前提をなすところの具体的な政治的決定である。ドイツ国内において存在する法律的なるものとか規範的なるものとかに関するものはすべてこの決定にもとづいてのみ，かつその枠内でのみ妥当する。これらの決定は憲法の中核をなしている」というカール・シュミットの『憲法論』もあった。大西説は，カール・シュミットからさらに具体的にワイマール憲法において国民主権，共和制，基本的人権の尊重が前文に示された価値であるとする当時のドイツの国法学者の論も引用しつつ，日本国憲法前文は，本文各条項の解釈基準を

なすと結論づける。この説が前文の規範性，しかも憲法全体の価値を示す高位の規範性をもったものであるという分析をしながら，その中にある平和的生存権が具体的権利でないとする理由には納得しがたいものがある。「ある規定が最上位規範として他の諸規定の妥当性の根拠となり，それ故にそれらの解釈基準になることは，その規定が裁判規範となり得ないことを意味するものではない」と批判されるところである。

もっとも大西説によっても，「ただ，本文に欠陥がある場合には前文が直接適用されると言う結論が理論的には出されるが，具体的にはそうした欠陥があるとは考えられないから，実際にはその問題が起こる余地はない」と前文が直接に適用される場面のありうることを認めている。これは，前文が単なる政治的宣言ではなく最上位規範として憲法全体の価値を示していると位置付けることからする理論的帰結である。

(3) 平和的生存権肯定説

一方，平和的生存権を肯定する学説をみると，憲法全体の構造についての理解は，上記大西・佐藤功説とさほど異論があるわけではない。

1962（昭和37）年に発表された平和的生存権の嚆矢の論考である星野安三郎説は，日本国憲法の三つの原理，国民主権，基本的人権の尊重，永久平和主義の統一的な原理として，平和的生存権を保障する規範の全体，「平和国家の憲法」ととらえることができるとした。（「平和的生存権論序論」『日本国憲法史考』〔法律文化社，1962年〕

1969年発表の高柳信一説では，平和が永久に志向・創造さるべき人権中「最大不可欠の基礎条件」としての人権であり，代表者（多数決の論理）の政策に侵害されない優越的価値として法的に確保さるべきことを説く。いずれも平和的生存権を裁判規範として肯定する説であるが，前文に示された平和のうちに生存する権利は，憲法全体を貫く最上位価値とする点で，裁判規範としての平和的生存権に否定的な大西・佐藤説と変わるところがない（「人権としての平和」世界283号〔1969年6月〕）。

平和的生存権の内容について大きく深化させた深瀬忠一説は，平和的生存権が自由権の側面と参政権の側面と社会権の側面があることを提唱した。

同氏の説にいう自由権的態様とは，戦争準備からの自由としての権力的侵

害抑制を排除する権利であり，参政権的態様とは戦争軍拡に反対ないし抵抗し，または平和な世界を作り出すために，国家行為に能動的に参加ないし影響を及ぼす権利であり，社会権的態様とは国や地方公共団体の公権力の積極的発動によってよりよい「平和的生存権」の確保・拡充措置をとらせる権利であるとする。また，参政権的側面とは，結局国民主権の表れであり，憲法制定権力をもつ国民が政府の行為によって憲法が侵害されているとき，その是正を求めるという当然の権利を行使するものである（「長沼判決の積極的・創造的側面の考察(1)」法律時報45巻14号）。これに関して小林武説は，「公権力の実施する政策を違憲と考える個々の市民が，憲法上保障された裁判への権利を武器として「原告」という，一人一人が自らの姿を顕現させる形でその是正を求めることは，疑いもなく主権者にふさわしい行為である」としている。

6　改めて平和的生存権について

(1) 憲法前文から

今一度日本国憲法前文の平和的生存権を示す段落を見てみよう。

「日本国民は恒久の平和を念願し，人間相互の関係を支配する理想を深く自覚するのであって，平和を愛する諸国民の公正と信義に信頼して，われらの安全と生存を保持しようと決意した。われらは，平和を維持し，専制と隷従，圧迫と偏狭を地上から永遠に除去しようと努めている国際社会において名誉ある地位を占めたいと思う。われらは，全世界の国民が等しく恐怖と欠乏から免れ平和のうちに生存する権利を有することを確認する。」

この段落を虚心坦懐に読めば，憲法が最上位規範としている平和の維持，永久平和主義が国民主権主義とあいまって実現されるものであり，平和的生存権とはまさに憲法制定権力をもって憲法の根本的価値を定めた国民の平和を求める行動の権利であると容易に理解できる。

そして国民主権原理について前文は

「日本国民は正当に選挙された国会における代表者を通じて行動し，われらとわれらの子孫のために，諸国民との協和による成果と，わが国全土にわたって自由のもたらす恵沢を確保し，政府の行為によって再び戦争の惨

禍がおきることのないようにすることを決意し，ここに主権が国民に存することを宣言し，この憲法を確定する。」
としている。憲法前文では国民主権主義についての宣言が先に出ているが，そのなかでも「政府の行為によって再び戦争の惨禍がおきることのないようにすることを決意し」「ここに主権が国民に存することを宣言」するとは何を意味するのだろうか。まさに国民主権の目的が平和主義の維持発展のためにあることを宣言しているのである。

(2) 平和的生存権の性質・法的効力

憲法に具体的な規定がない，あるいは法律による規定がないことがすなわち裁判規範とならないのだろうか。最上位規範としての憲法前文が平和主義とならんで国民主権主義をかかげていることから，平和主義の侵害に対する是正を求める国民の裁判を受ける権利を認めることは，なんら憲法の趣旨に反することではない。そして，具体的な訴訟の形式は，行政事件訴訟法3条の抗告訴訟，同法5条の民衆訴訟の訴訟類型の類推適用でも，国家賠償法による個人の損害賠償請求の理由中の判断の形式を用いても可能である。

前述のイラク自衛隊派遣差し止め訴訟名古屋高裁判決は，「平和的生存権は，現代において憲法の保障する基本的人権が平和の基盤なしには存立し得ないことからして，すべての基本的人権の基礎にあってその享有を可能ならしめる基底的権利であるということができ，単に憲法の基本的精神や理念を表明したに留まるものではない。法規範性を有するというべき憲法前文が上記のとおり『平和のうちに生存する権利』を明言している上に，憲法9条が国の行為の側から客観的制度として戦争放棄や戦力不保持を規定し，さらに人格権を規定する憲法13条をはじめ，憲法第3章が個別的な基本的人権を規定していることからすれば，平和的生存権は憲法上の権利として認められるべきである。」と判示する。憲法前文・9条・第3章を素直に読み，全体が憲法典をなしているという素直な考えに立てば，この解釈は当然のことである。

(3) 違憲法令審査権との対比

違憲法令審査権を裁判所が有することは，日本国憲法では明文の規定があ

るが，アメリカにおいてはもともと憲法にない考え方であった。1803年3月24日のマーベリー対マディソン事件最高裁判決において，ジョン・マーシャル裁判長が適用したものであるが，司法審査権をアメリカ憲法に内在する原理であるとした。これが踏襲され，アメリカ合衆国ではゆるぎないものとなっているし，日本国憲法のように継受された国もある。平和的生存権が国民主権原理と結び付いて，国家の行為に対する国民の違憲状態解消を求める訴権として機能することは日本国憲法に内在する原理であろう。このような憲法の中の最上位価値を定めた前文の中にある平和的生存権を権利性のあるものとすることは，決して不可能ではなく，憲法の要求するところと解するべきである。

このように平和的生存権は憲法解釈論としても，あるいは政治的宣言としても大いに効力を発揮するものであって，これをさらに棚上げ的に解釈したり，ましては削除するのは時代に逆行し，世界の動きに背を向けるものであろう。

第7章 憲法9条の改定により人権状況はどのように変化するか

笠松 健一

　(1)　1990年代以降，各界から憲法改正提案がなされているが，いずれの提案も，その焦点は9条の平和条項の本質的改定である。すなわち，提案されるほとんど全ての改憲案が，9条2項を廃止して自衛隊を憲法上の制度とするかまたは自衛軍を持つとする。また，自衛権の保持を明確にし，あるいは，集団的自衛権を憲法上認めようとし，さらには軍隊に対する憲法上の制約を全く置かず，アメリカに従って先制攻撃をも認めようとするものもある。しかし，憲法上，軍隊を保持することは，単にわが国の安全保障政策の根本的な大転換となるだけではなく，わが国の人権状況も大きく変容させるものと言わなければならない。そのことを端的に教えてくれるものが，自民党が2005年11月22日に発表した新憲法草案である。この新憲法草案は，9条だけでなく，人権保障規定にも重大な変更を加えようとするものであるが，自衛軍を持つことによって，必然的に人権に制約を加えざるを得ないことを自白した文書でもある。しかも，自民党の本音は，この新憲法草案には止まらないと言われる。2006年には，教育基本法の改正を強行し，愛国心教育を法定化した。これを踏まえて，自民党では，更に復古的で人権制約的な憲法改定案を検討していると見られる。このように，自民党の右派の側からは生ぬるいと評価されている新憲法草案であるが，それでも，この新憲法草案は，自衛軍の保持に応じて必然的に導入される人権制約を明確に表しているのである。

　(2)　自衛軍を持つことにより，いわゆる軍事的公共性が政策の中で最優先されることになる。例えば，軍事機密の保護は最優先され，国民の側の知る

権利は大幅な制限を受ける。もちろん報道の自由も，刑罰によって規制されることとなろう。人権は，軍事の壁によって，大きく制限される。

　自民党の新憲法草案は，それを極めて巧妙な形で，それと悟られないような形で，表現している。それが，憲法12条と13条という人権の総則規定の中の，「公共の福祉」という言葉を「公益及び公の秩序」に変更するという改定である。自民党の説明によれば，「公共の福祉」という言葉は内容が不明確で分かりにくいので，明確で分かりやすい「公益及び公の秩序」という言葉に変更するという。しかし，これは全くの詭弁である。

　確かに，「公共の福祉」という言葉は，戦後初めて使われた言葉である。第二次世界大戦終了までは，わが国には「公共の福祉」という言葉は存在しなかった。そのため，戦後しばらくの間は，この新しい「公共の福祉」という概念について，解釈の混乱が生じた。憲法訴訟の中でも，裁判所が「公共の福祉」を，個人を越える国家的な利益を指すものとして理解していた時期もある。しかし，憲法施行後60年経ち，憲法学会での議論が積み重ねられ，裁判例が積み重ねられる中で，次第に「公共の福祉」の内容が明確化されてきた。現在では，「公共の福祉」は，人権と人権が衝突した場合の調整原理であると理解されている。

　つまり，人権を制約するものは他者の人権以外にない。ある人の人権は，他者の人権を保障することによる調整を受けて制限されることはある。しかし，個人を越える公共の利益や国家的な利益によって人権が制限されてはならない。これが現在の通説である。「公共の福祉」という言葉は，60年の歳月を経て，ようやくその内容が明確になってきたのである。

　ところが，そのような現在の議論状況を全く無視して，自民党は，「公共の福祉」という言葉が不明確であるとして，「公益及び公の秩序」による人権の制約を憲法に明記しようとしているのである。

　しかし，「公益及び公の秩序」とは，明らかに個人的な利益を越えるものである。国家的な利益とも容易に結び付くものである。つまり，自民党の新憲法草案は，国家的な利益によって，人権を制約しようとしているのである。

　(3)　しかも，12条・13条は，人権の総則規定であるから，「公益及び公の秩序」による人権制限は，一般的に全ての人権に及ぶこととなる。表現の自

由も，集会結社の自由も，苦役からの自由も，信教の自由も，生存権や教育の権利もいずれも「公益及び公の秩序」による制限を受ける。憲法が詳細に規定する刑事手続における適正手続条項でさえも，「公益及び公の秩序」による制限を受けるのである。これでは，人権規定に法律の留保が置かれ，法律によりさえすれば簡単に人権を制約することができた明治憲法時代とほとんど変わりはない。

(4) では，軍隊を持つことによって，上記の各権利には，どのような制約が課せられることとなるのだろうか。表現の自由・知る権利の関係では，明らかに軍事機密の保護が優先する。軍事機密の前には，報道の自由・取材の自由も大きく制限される。最近になってようやく，靖国神社への戦犯の合祀に対して，当時の厚生省が強く働きかけたことが明らかになった。現憲法の下でも，それら事実が明らかとなって報道されるまでに，長い年月がかかっている。知る権利よりも軍事機密が優先される社会では，そのような情報は，何時までも日の目を見ることはないであろう。そして，軍隊に対する批判は許されないこととなろう。現在，東京ではイラク派兵反対のビラ配りをしたことが刑罰によって規制されようとしているが，表現の自由に対して「公益及び公の秩序」，特に軍事的公共性が優先する社会では，軍隊の行動に対する批判は，徹底的に弾圧されることとなろう。戦前の治安維持法の再来を覚悟しなければならない。そして，軍隊を批判する集団も弾圧を受けることとなる。現在，多数の法律家団体や労働組合，各地にできた9条の会が軍事行動に対して批判的な意見表明を行なっているが，これらの団体も規制されることとなろう。

(5) 苦役からの自由も「公益及び公の秩序」による制限を受ける。現憲法の下では，苦役からの自由によって，徴兵制は許されないと考えられている。しかしながら，苦役からの自由が「公益及び公の秩序」による制限を受けることとなると，徴兵制は，憲法上許されることとなる可能性がある。苦役からの自由よりも，国家の安全を守るという国家的利益が優先されるからである。

(6)　教育の権利関係も大きな影響を受ける。愛国心教育が堂々とまかり通ることとなり，国のために死ぬことが国民の崇高な義務として神聖化される惧れがある。自民党の新憲法草案では，前文の中に，「日本国民は，帰属する国や社会を愛情と責任感と気概をもって自ら支え守る責務を共有し」という文章を書き入れようとしている。正に，国を守ることが崇高な義務とされているのである。

(7)　信教の自由も大きく変更される。自民党の新憲法草案では，明確に政教分離の緩和が規定されている。すなわち，現憲法の20条3項は，世界的に見ても厳格な政教分離の規定を置いている。これは，戦前，靖国神社と国家神道が，戦死した者に対する悲しみを国の英雄として靖国神社に祭ることによって喜びに転換し，破滅的な戦争に突き進んでいったことへの反省から，戦後，国家と宗教が結び付くことによって，戦前のような悲劇が起こることのないように，厳格な政教分離の規定を設けたのである。そして，そのような厳格な政教分離規定の下で，首相の靖国神社公式参拝や，地方自治体の地鎮祭への関与や玉ぐし料の支出が問題となってきた。

　ところが，自民党の新憲法草案は，この戦前の反省に立った政教分離規定を大きく緩和し，「社会的儀礼又は習俗的行為」の範囲内に収まる宗教的活動であれば，国も地方自治体も制限されないと変更しようとしている。これは，明らかに，首相の靖国神社への公式参拝を憲法上，何の問題も生じないように変更しようとの意図の表れである。そして，この改定は，明らかに軍隊をもつことと密接に関係する。

　軍隊を持ち，軍隊が海外で軍事活動をするようになれば，当然に死者が出る。これまで，戦後60年間，日本人は，犯罪や他国の軍隊による戦争に巻き込まれる以外には，海外で人を殺さず，また殺されることもなかった。しかし，9条を改定し，軍隊を持って海外で活動する以上，自衛軍は人を殺し，また殺されることとなる。新たな戦死者が出てくるのである。これまで，靖国神社は，戦前までの戦死者の一部と，戦後の自衛隊員の死者の一部を祭るだけであった。しかし，これからは，新たな戦死者がおびただしく出てくる。この新たな戦死者を国家の英雄として祭り，戦死という悲しみを，国家の英雄として祭られるという喜びに変え，喜んで死んでくれる日本人を作りだし

ていくには，靖国神社が必要なのである。そして，靖国神社への首相の公式参拝が，憲法上問題になっては困るのである。20条の改定は，明らかにそのような社会を目指している。

(8)　適正手続条項も変容を迫られることとなろう。我が国以上に厳格な適正手続が保障されてきたアメリカでも，同時多発テロの後，テロとの戦いと称して，令状なしの逮捕や身体拘束が常態化しているという。軍事的公共性を前面に押し出された時，刑事裁判に求められる適正手続保障は，もろくも崩れ去るのである。これは，我が国の戦前の治安維持法下での人権侵害の歴史を見ても明らかであろう。

(9)　生存権規定の変容も覚悟しなくてはいけない。自民党は，新憲法草案までに各種改憲案を発表してきたが，その中には，明確に生存権規定をプログラム規定とする案が含まれている。現在でも我が国の軍事費は莫大な金額に及んでいるが，自衛軍を持つことが憲法に明記され，自衛軍が海外に派兵され海外で活動することとなれば，軍事費の増額は避けられないであろう。軍事費の増額は現在でも深刻な赤字を抱える国家財政に，さらに深刻な影響を与える。結局，そのために切り捨てることができるのは，福祉予算である。
　生存権規定をプログラム規定として明記するという発想は，明らかに福祉切り捨ての発想である。それは，結局は，福祉予算を軍事予算に回すために他ならない。

(10)　以上，軍隊を持ち，軍事的公共性が人権保障に優先したとき，一体人権保障の体系はどのような変更を迫られるかを，自民党の新憲法草案を題材に見てきた。このような人権が抑圧された社会の発現を許すのか否か，今，極めて重要な局面を迎えている。

〈編　者〉
大阪弁護士会憲法問題特別委員会

〒530-0047
大阪府大阪市北区西天満1-12-5
大阪弁護士会館内（編集担当：大槻和夫）

憲法第9条改正問題と平和主義──争点の整理と検討──

2010(平成22)年2月20日　初版第1刷発行

編　者	大阪弁護士会
発行者	今井　　貴
	渡辺　左近
発行所	信山社出版

〒113-0033　東京都文京区本郷6-2-9-102
　　　　　　電話　03(3818)1019
　　　　　　FAX　03(3818)0344

印　刷　亜細亜印刷
製　本　大三製本

Printed in Japan.

© 2010, 大阪弁護士会　　落丁・乱丁本はお取替えいたします。

ISBN978-4-7972-2582-2 C3332

─────日本立法資料全集─────

日本国憲法制定資料全集
　芦部信喜・高橋和之・高見勝利・日比野勤 編著
　　第1巻　憲法問題調査委員会関係資料等　　　　　　　33,010円
　　第2巻　憲法問題調査委員会参考資料　　　　　　　　35,000円
　　第4巻(1)　憲法草案・要綱等に関する世論調査　　　45,000円
　　第4巻(2)　憲法草案・要綱等に関する世論調査　　　40,000円
　　第5巻　草案の口語体化、枢密院審査、GHQとの交渉　45,000円
　　第6巻　法制局参考資料・民間の修正意見　　　　　　30,000円

皇室典範
　芦部信喜＝高見勝利 編著　　　　　　　　　　　　　　36,893円

皇室経済法
　芦部信喜＝高見勝利 編著　　　　　　　　　　　　　　48,544円

議院法［明治22年］
　大石眞 編著　　　　　　　　　　　　　　　　　　　　40,777円

価格は税別

―――― 好評既刊 ――――

憲法叢説 (1)(2)(3) 　　　　　　　　　　　　各2,816円
　芦部信喜 著

テロリズムの法的規制 　　　　　　　　　　　7,800円
　初川満 著

緊急事態と人権――テロを例に 　　　　　　　10,000円
　初川満 著

核軍縮不拡散の法と政治（黒澤満先生退職記念）　12,000円
　浅田正彦＝戸崎洋史 編

立憲平和主義と有事法の展開 　　　　　　　　8,800円
　山内敏弘 著

近代日本軍制概説 　　　　　　　　　　　　　3,800円
　三浦裕史 著

価格は税別

――――好評既刊――――

人権論の新構成〔新装第2刷〕　　　　　　8,800円
　　棟居快行 著

憲法学再論　　　　　　　　　　　　　　10,000円
　　棟居快行 著

司法的人権救済論　　　　　　　　　　　　8,800円
　　井上典之 著

実効的基本権保障論　　　　　　　　　　　8,738円
　　笹田栄司 著

選挙法の研究　　　　　　　　　　　　　10,000円
　　野中俊彦 著

ブリッジブック憲法　　　　　　　　　　　2,100円
　　横田耕一 = 高見勝利 編

価格は税別

——— 好評既刊 ———

ドイツ憲法Ⅰ——総論・統治編　　　　　　　　　15,000円
　　クラウス・シュテルン著（赤坂正浩＝片山智彦＝川又伸彦
　　＝小山剛＝高田篤編訳）

ドイツ憲法Ⅱ——基本権編　　　　　　　　　　　13,000円
　　クラウス・シュテルン著（井上典之＝鈴木秀美＝宮地基
　　＝棟居快行編訳）

憲法訴訟論　　　　　　　　　　　　　　　　　　6,300円
　　新正幸 著

立憲主義と市民　　　　　　　　　　　　　　　10,000円
　　浦田一郎 著

憲法訴訟要件論　　　　　　　　　　　　　　　12,000円
　　渋谷秀樹 著

立憲国家と憲法変遷　　　　　　　　　　　　　12,000円
　　赤坂正浩 著

価格は税別

◇学術選書◇

1	太田勝造	民事紛争解決手続論(第2刷新装版)	6,800円
2	池田辰夫	債権者代位訴訟の構造(第2刷新装版)	続刊
3	棟居快行	人権論の新構成(第2刷新装版)	8,800円
4	山口浩一郎	労災補償の諸問題(増補版)	8,800円
5	和田仁孝	民事紛争交渉過程論(第2刷新装版)	続刊
6	戸根住夫	訴訟と非訟の交錯	7,600円
7	神橋一彦	行政訴訟と権利論(第2刷新装版)	8,800円
8	赤坂正浩	立憲国家と憲法変遷	12,800円
9	山内敏弘	立憲平和主義と有事法の展開	8,800円
10	井上典之	平等権の保障	続刊
11	岡本詔治	隣地通行権の理論と裁判(第2刷新装版)	9,800円
12	野村美明	アメリカ裁判管轄権の構造	続刊
13	松尾 弘	所有権譲渡法の理論	続刊
14	小畑 郁	ヨーロッパ人権条約の構想と展開〈仮題〉	続刊
15	岩田 太	陪審と死刑	10,000円
16	安藤仁介	国際人権法の構造〈仮題〉	続刊
17	中東正文	企業結合法制の理論	8,800円
18	山田 洋	ドイツ環境行政法と欧州(第2刷新装版)	5,800円
19	深川裕佳	相殺の担保的機能	8,800円
20	徳田和幸	複雑訴訟の基礎理論	11,000円
21	貝瀬幸雄	普遍比較法学の復権	5,800円
22	田村精一	国際私法及び親族法	9,800円
23	鳥谷部茂	非典型担保の法理	8,800円
24	並木 茂	要件事実論概説	9,800円
25	椎橋隆幸	刑事訴訟法の理論的展開	続刊
26	新田秀樹	国民健康保険の保険者	6,800円
28	戸部真澄	不確実性の法的制御	8,800円
29	広瀬善男	外交的保護と国家責任の国際法	12,000円
30	申 惠丰	人権条約の現代的展開	5,000円
31	野澤正充	民法学と消費者法学の軌跡	6,800円
32	半田吉信	ドイツ新債務法と民法改正	8,800円
33	潮見佳男	債務不履行の救済法理	近刊
36	甲斐素直	人権論の間隙	10,000円

価格は税別